湛庐 CHEERS

与最聪明的人共同进化

HERE COMES EVERYBODY

硅谷搅局者

Troublemakers

Silicon Valley's Coming of Age

[美] 莱斯利·柏林 著
Leslie Berlin

王天 译

四川人民出版社

硅谷 七剑客

TROUBLEMAKERS

FAWN ALVAREZ

ALLAN ALCORN

SANDRA KURTZIG

ROBERT TAYLOR

NIELS REIMERS

MIKE MARKKULA

NIELS REIMERS

ROBERT TAYLOR

罗伯特·泰勒
互联网之父

墓志铭

我们任何一个人都不如我们所有人加在一起聪明。

重要突破

互联网前身阿帕网（ARPANET）创建者。
最早设计了个人电脑阿尔托计算机 (Alto computer)。
最早开发出以太网技术，以及文字处理程序 Bravo，为 Microsoft Word 奠定基础。

思维特质

大局观思维：拥有"完成一件大事"的终极目标，先人一步、有远见地洞察互联网以及计算机的发展脉络与全局。

社群思维：坚定技术一定要被应用于连接一群志同道合的人，社群的力量可以帮助技术更好地发展，而网络能够克服阻碍了拥有共同兴趣的人协同工作的地理屏障。

局外人视角：在富有创意精神的计算机科学家面前，愿意把自己的角色更多地定义为"指挥家"，而非"演奏者"。

伯乐精神：具有魔术般的领导力，能够神奇地网罗到整个计算机科学领域最优秀的人才。这不仅要归功于他的知人善任，还要归功于他能够洞悉人性、不计前嫌。

接力棒精神：为人正直，适当的时机会选择退居幕后，乐于为有才华与天赋的人提供成长机会，将接力棒传递下去。

ALLAN ALCORN

艾伦·奥尔康
世界第一款家用电子游戏《乒乓》设计者

人生信条

生命很短暂，是时候创造自己的人生了。

重要突破

电子游戏巨头雅达利公司（Atari）首席工程师。
世界第一款家用电子游戏《乒乓》设计者。
"黑客未来"（Hack the Future）科技节创始人。

思维特质

远见思维： 极致认同 20 世纪 60 年代是聪明人为自己重写规则的时代。所以，当诺兰·布什内尔（Nolan Bushnell）和特德·达布尼（Ted Dabney）离开安佩克斯电气制造公司（Ampex）创立雅达利公司，奥尔康十分赞同。

冒险家精神： 当面对来自布什内尔的工作邀请时，奥尔康自愿离开安定的工作岗位，并降低工资，"孤注一掷，试一把"。生命很短暂，是时候创造自己的人生了。

透视本质的思维能力： 雅达利坚实的创业铁三角正是源于三人的能力互补：达布尼是一位杰出而实际的工程师，布什内尔经验不足，却是一位梦想家且学东西很快，而奥尔康自己则是那个能够设计出伟大的电子游戏并让它成为现实的人。

极致精神： 从设计到制作，从芯片到显示器，每一个环节都要精益求精、不断突破。

FAWN ALVAREZ

福恩·阿尔瓦雷斯
硅谷崛起的见证人

人生信条

如果我要提出什么东西，最好知道自己在说什么。

思维特质

升维思维： 能够跳出自己的"现状"，通过确认更高一个阶层会面临的问题，从而解决实际问题，以实现自我的阶层跃迁。

狼性思维： 只要坚定了目标，就会去制订相应的执行计划，迅速实现自我的迭代，以适应新目标的新诉求，成功从蓝领跃迁为白领，甚至管理者。

批判性思维： 无论是在生产线，还是在预测组，她都能够通过质疑环节中的问题，减少沟通成本，进而提升产出的效率。

MIKE MARKKULA

迈克·马库拉
苹果公司
最初真正的掌舵人

人生信条

生命在于实现目标。如果有的目标很重要，那就删去一些别的目标。

重要突破

"苹果营销哲学"奠基者。
苹果 II 计算机商机第一发现者。
为苹果编写商业计划书第一人。
领导苹果上市，成就美国史上最成功的 IPO。
仅仅 6 年，引领苹果公司进入《财富》500 强之列。
乔布斯的私人导师，父亲一般的存在。

思维特质

伟大的计划师： 马库拉 20 岁时，就已经准备了一份详细的财务计划书，目标是在 15 年内实现财富自由，他提前 4 年完成了目标。

真正的企业家精神： 坚持永远不该怀着赚钱的目的去创办一家公司——你的目标应该是做出让你自己深信不疑的产品。这才是创办有着旺盛生命力公司的初衷。

举一反三思维： 在马库拉的思维中，没有冲动地开干，而是要对每一步都精打细算。虽然他从没有上过任何商业课程，也没有接受过正式的培训，但他相信，帮助他解决工程难题的方法同样也适用于商业计划的制订。

指数型思维： 从注资苹果公司，并要求最高质量地完成市场营销、公关宣传以及广告战役的那一刻起，马库拉就一直在努力工作，想让这家年轻的公司看起来专业、值得信赖、时尚且充满创意。他的管理风格更适合来掌管一家多维度、多部门的跨国公司。

用户思维： 马库拉懂得如何读懂客户的想法，以及如何对产品进行定位，好让客户产生兴趣，把问题变成财富，最终奠基了"苹果营销哲学"。

竞争精神： 一直以来，马库拉都在"期待"IBM 的进入，他只希望苹果公司已经占到了足够的地盘来暂时抵挡进攻。

NIELS REIMERS

尼尔斯·赖默斯
重组 DNA 技术专利
关键推动者

人生信条

成就梦想。

重要突破

全美第一的大学技术许可工作者，入选 IP(知识产权) 名人堂
成立技术许可办公室，使斯坦福大学累计收入达到近 20 亿美元 。
推动了重组 DNA 技术、FM 声音合成以及一项对于核磁共振成像仪 (MRI) 的开发颇为
关键的专利申请。

思维特质

跨界思维：赖默斯率先想到要向商业市场发放斯坦福大学的发明许可，进而把斯坦福大学的很多科研想法变成能够让学校获利的产品。他还善于在生物科技产业的法律、学术和商业领域构建一张联系网。

动态视角：从赖默斯加入斯坦福国际研究院并担任项目承包管理副主任的那一年开始，他对发生在大学中的反科技示威便有了一些谨慎的怀疑态度。因为，他坚信科技拥有为人类做好事的潜力。

营销思维：在斯坦福大学成立了技术许可办公室项目后，他们一致认为应该把这个新小组的办公室当成一个营销车间。"成功最重要的三个要素是：营销，营销，还是营销"。

创业精神：赖默斯希望技术许可办公室这个新创部门里有创业精神。这个办公室不仅要快速地评估一个想法的应用前景，还要与市场相结合。他力推"创业精神之重要"，并反复宣扬寻找"推广科技的最好方法"的重要性，因为"发明很容易过期"。

执着精神：为了让重组 DNA 技术的专利被许可，赖默斯足足坚持了 6 年。

SANDRA KURTZIG

桑德拉·库尔茨格
硅谷女王
硅谷首位带领
科技公司上市的女性

人生信条

为什么女人不行？

重要突破

ASK 计算机系统公司（ASK Computer Systems）的董事长兼 CEO，并将之打造成了世界上第 10 大独立软件供应商之一。

硅谷首位带领科技公司上市的女性。
一手把贝尔实验室带进现代计算机时代。

思维特质

远见思维：坚信"计算机会是我未来的一部分"。能够在混乱的反科技浪潮中，看到分时计算机的价值，一手将贝尔实验室带进了现代计算机时代。并且，创建了硅谷最成功的软件公司 ASK，掀起了科技创业的巨浪。

辩证思维：在面对身为母亲和创业者的双重压力时，能够辩证各方的有利因素和不利因素，找到要害，做到真正的平衡点与兼具。

定位思维：库尔茨格很准确地定位了自己的方向 —— 一位服务提供者，计算机应用程序编写者。

着眼长处思维：在 ASK 计算机系统公司成立之后，库尔茨格不再做编程的工作，而是放手给其他更专业、产出更高的人，她则更好地发挥自己的长处 —— 把客户的需求转述给技术人员，专心担任起 CEO 的角色。

决断力思维：无论是在企业经营出现困难时做出的精简业务的决定，还是主动退出航空巨头波音公司的业务，她都能在权衡利弊之后迅速做出决断。

只招聘成年人：即使 ASK 计算机系统公司成立初期，员工不到 10 个，但团队的战斗力却很强——他们打算承包来自 7 个不同客户、运行于 3 家不同厂商的计算机程序项目，这完全仰仗于她招聘的人才都是"成年人"。

ROBERT SWANSON

罗伯特·斯旺森
生物技术产业开山鼻祖
基因泰克公司创始人

人生信条

如果舍弃创立一家公司的机会，到 85 岁时自己会怎么想。
从这个角度来看，答案非常清楚：如果我不干，将来我不会喜欢自己。

重要突破

一手缔造基因泰克公司（Genentech），引领其成为第一家上市的生物科技公司。
人工合成胰岛素市场第一开拓者。
率先推动了"虚拟企业"模式。

思维特质

竞争精神： 拥有持续学习的能力以及善辩的口才，短短 5 年内便获得了麻省理工大学的学士与硕士学位，26 岁便加入了国际顶尖的风险投资公司 —— 凯鹏华盈。

梦想远大的精神： 斯旺森一开始就梦想远大，他坚信：任何由生命有机体制造的产品都在基因泰克公司的业务范围之内。

洞察思维： 在所有人都对重组 DNA 技术意兴阑珊时，只有斯旺森看到了这个想法的革命性与颠覆性，并全情投入地实现了它，而且第一个发现了人工合成胰岛素的市场价值。

颠覆者视角： 一直以来，斯旺森都有一个"改变世界"的梦想，所以即使在经历了被辞退以及贷款危机的情况下，他仍然对重组 DNA 技术保持了初心，坚信该技术能够创造新的未来。

迂回思维： 能够实现变通，找到替代方式——用虚拟办公模式减少投资人的风险，成功地打造了基因泰克公司。

正在我为自己的新书《AI·未来》进行国际宣讲推广时，读到了莱斯利·柏林的《硅谷搅局者》。柏林以非常直接、清晰的视角重新探视硅谷的创业公司、创新精神及成长历程，带给我们新感悟、新发现。

柏林所说的搅局者，都是未来科技、产业、经济格局的改变者。作为未来格局的开创者，他们都具有两点共性：无畏与坚持。因为开创未来是一项令人焦虑的工作，未来蓝图需要奋力前行、坚韧描绘。

作为新经济、新生活的受益者，如果要理解今天正在发生的事情，就要了解过去曾经发生过什么。阅读《硅谷搅局者》这本书，可以让我们受益匪浅。

李开复
创新工场董事长兼首席执行官
创新工场人工智能工程院院长

世人只记得绝代风华的破局者，却不知，如果没有那些朴实无华、势均力敌的搅局者，破局者无法绽放极致的灿烂，世界也绝不会传颂那些脍炙人口的对弈。看腻了罗伯特·诺伊斯（Robert Noyce）和史蒂夫·乔布斯的传记，当换成迈克·马库拉的视角时，你会发现，世事非如所料，直路其实曲折，山外别有风景。以往的硅谷成长史，只把焦点对准了明星，把背景虚化了。这里用7个精彩绝伦的故事还原了那些被虚化的细节，还原了一个颠扑不破的事实：创新是一项集体运动，除了破局者，还有搅局者和观局者。

吴甘沙

驭势科技（北京）有限公司联合创始人兼 CEO

《硅谷搅局者》这本书来得正是时候！重温硅谷早年先锋人物的风云故事，体察创业领袖们的使命担当，了解伟大变革时代的历史渊源，是对互联网诞生50周年最好的纪念。

段永朝

苇草智库创始合伙人

莱斯利·柏林是一位研究硅谷历史的大师，《硅谷搅局者》是一本标志性的杰作，内容丰富多彩。作者通过讲述一群才华横溢、雄心勃勃的非凡人物的故事，引出了5大产业的崛起之旅，这5大产业不仅定义了今天的科技，还重建了整个世界。

埃里克·施密特（Eric Schmidt）

谷歌公司前 CEO、Alphabet 公司董事长

莱斯利·柏林把历史学家敏锐的观察、精彩的写作手法和引人入胜的故事相结合，写出了《硅谷搅局者》这本关于硅谷崛起的标志性著作。书中描写的这些了不起的搅局者的事业之路相互交织，才华和激情相互碰撞，为硅谷的成形期注入了勃勃生机。对于任何想要了解美国科技之路的人，《硅谷搅局者》都是一本必读之作。

朱莉娅·赛勒（Julia Siler）

《纽约时报》畅销书 *The House of Mondavi* 作者

《硅谷搅局者》是莱斯利·柏林继英特尔公司创始人罗伯特·诺伊斯的传记《硅谷之父：

微型芯片业的幕后巨人》（*The Man Behind the Microchip*）之后的又一部佳作，这是一本关于硅谷 20 世纪 70 年代"突破时期"的权威叙述。本书重塑了 7 位罕为人知但影响非凡的人物的传奇职业生涯，是他们塑造了硅谷独特的高科技生态系统。本书的趣味性与权威性相得益彰，如果你想了解科技革命是如何在旧金山湾区扎下根来，并最终改变了整个世界的生活方式，《硅谷搅局者》是一本必读之作。

戴维·肯尼迪（David M. Kennedy）

普利策奖获得者

斯坦福大学康纳德·麦克拉克伦历史学名誉教授

第一千零一名挑战者

余晨
易宝支付联合创始人
畅销书《看见未来》作者

> 告诉你吧，世界，
> 我——不——相——信！
> 纵使你脚下有一千名挑战者，
> 那就把我算做第一千零一名。
> ——北岛《回答》

　　"硅谷"对于我来说，有着特殊的情结。1986 年，因为我在苹果公司赞助的全国青少年计算机竞赛中获奖，有幸和其他几位中学生一起受邀参观硅谷的苹果总部。当时我们心目中的英雄史蒂夫·乔布斯刚好在几个月前被苹果公司扫地出门，没有见到他成了我们心中最大的遗憾。硅谷的朝圣之旅对于年轻的我来说，无疑是震撼的。成年后，我到美国攻读计算机科学的研究生，之后又在硅谷工作了多年，和这片神奇的土地结下了不解之缘。几年前，作为央视大型纪录片《互联网时代》的科技顾问，我有幸在硅谷采访了《硅谷搅局者》这本书中第一个出场的人物：罗伯特·泰勒，泰勒不仅被称为"互联网之父"，也深刻地影响了我们今天使用的个人计算机。

关于硅谷的书籍汗牛充栋，但多是描绘硅谷成名之后的风光史，介绍的也多是一些耳熟能详的名字，诸如乔布斯、埃隆·马斯克之类的巨擘。很少有人仔细探究硅谷的发家史，甚至是"硅谷"这个词还不存在的时候，到底是由一群什么样的人，奠定了硅谷如今的基础，让这块位于美国 280 公路和 101 公路之间的狭长海湾，成了如今举世瞩目的科技圣地。《硅谷搅局者》这本书罕见地挑选了一个特殊的时期（1969—1976 年），通过对 7 位主要人物的刻画，向我们展示了硅谷波谲云诡的历史画卷中，动人心弦却罕为人知的篇章。

硅谷的过去必将会影响未来，历史的教训将推动更深远的创新。

毫不夸张地说，书中这 7 位主人公是硅谷真正的奠基者和幕后英雄。罗伯特·泰勒，本书中第一位出场的人物，是互联网和计算机界当之无愧的泰斗。泰勒曾预言，用不了多少年，人们就可以在机器上进行比面对面交流更高效的沟通。在你享受互联网和个人计算机带来的便利时，一定不要忘了他所做的贡献。泰勒曾说服美国国防部建立起互联网的"始祖"——阿帕网，后来他在施乐公司担任管理者，运作了著名的研发中心——帕洛阿尔托研究中心。这个研发中心聚集着一大批世界顶尖的科技人才，研发出了激光打印机、个人计算机等许多改变了我们生活方式的科技产品。乔布斯曾两次拜访帕洛阿尔托研究中心来汲取灵感和思路。乔布斯曾指责微软公司从苹果公司那里抄袭了窗口操作系统的设计，但乔布斯自己的设计最早却是从帕洛阿尔托研究中心那里借鉴的，可见泰勒对现代数字科技的影响力。而当我到硅谷泰勒的家中做采访时，他用得克萨斯的语调谦逊地说道："我从不把自己称作互联网之父。我始终站在巨人的肩膀上，因为我的身后有一群非常聪明的人，是他们成就了一切。"

硅谷的崛起，绝不仅仅是几个人的功劳，这些搅局者背后代表的是一大批不甘平庸的实干家和梦想家。他们就如同不同轨道上运动的原子一样，聚在了一起，释放出了改变世界的能量。

搅局者们没有蓝图可以追随，他们拥有的，是使命必达的信念和不断试错的勇气。

哪怕全世界都在反对，搅局者也要做那第一千零一名挑战者。

在我看来，搅局者身上最宝贵就是"黑客精神"——善于克服种种限制，通过独立思考和自由探索，用非常规的手段解决问题，这种精神深深地植入了硅谷的基因，成为近几十年来美国高科技发展的精神源泉。Facebook 创始人马克·扎克伯格就十分推崇"黑客文化"，公司的新园区，不仅有"黑客之路"，还有地上写着硕大"Hack"字样的黑客广场。

这样一群不走寻常路的搅局者们颠覆历史、开创未来，靠的就是两个词：坚持和无畏。如果不是泰勒固执地多次邀请：劳伦斯·罗伯茨（Lawrence G. Roberts）来负责阿帕网项目，最后不惜以"切断资金"来施压，也许互联网的诞生将会大大延后。如果不是尼尔斯·赖默斯坚信重组 DNA 技术的潜力并持续申请专利，也许就没有之后人工合成胰岛素、生长激素等众多取得巨大社会效益和商业效益的产品。

正如本书作者莱斯利·柏林提到的那样，泰勒把计算机科学家凑到一起来开发计算机产业所需要的硬件和软件，而赖默斯编织了一张支撑起生物科技产业的法律、学术和商业的联系网。硅谷的进程是相互独立发生的，但随着硅谷的不断成长，不同的产业之间开始聚合成一股更加强大的力量，这背后的人际网络和机构网络，造就了今天的硅谷。仙童半导体公司"八叛徒"、PayPal 黑帮、Salesforce 帮、Y Combinator 派系等就是最好的证明。

硅谷成功的背后，还有很多其他的关键因素。例如旧金山作为 20 世纪60 年代开始的反主流运动的中心之一，孕育了以青年为主体的反叛精神。硅谷还有以斯坦福大学等为代表的雄厚教育和学术资源，为硅谷的发展提供了人才储备和知识储备。而加州适宜的气候，优美的环境，狂野的西部气质，吸引了从精英到流浪者的众多人口的大规模迁徙。

天时地利人和，硅谷的辉煌不是一蹴而就的。硅谷未来的走向，更是牵动着无数人的心。回顾过去，搅局者们颠覆了传统；展望未来，硅谷的精神或许会被希望改变世界的人们复制，新的硅谷或将诞生于全球的各个角落。

塑造硅谷的七剑客

吴晨
《经济学人·商论》执行总编辑

《硅谷搅局者》讲述了 20 世纪七八十年代硅谷的成长故事，也就是硅谷如何从旧金山南面的一片山丘果园成为全美最重要的高科技创新创业中心的故事。但不同的是，这本书并没有采用宏大叙事的视角，也没有记述如史蒂夫·乔布斯那般如雷贯耳的大佬的创业故事，而是另辟蹊径，从塑造硅谷的七剑客身上，试图回答硅谷之所以能够成为硅谷的根本原因。

在促进硅谷的成长，推动高科技创新与创业的人当中，除了创业家和亿万富豪之外，还有一大批不知名的人，他们的努力共同塑造了硅谷的生态。在推动创新的过程中，有很多被忽略的拓荒者与跨界者。政府、大企业和大学在推动硅谷成为硅谷的过程中也扮演了重要角色，它们能这么做也是事在人为，有幕后的推动者。这些人共同组成了塑造硅谷的七剑客。《硅谷搅局者》这本讲述七剑客的书引发我们思考的是，如何构建一个充满活力的创新创业生态圈，这样的生态圈需要发动政府与科研机构的力量，需要编织和利用庞大的关系网络，这绝不是个人英雄主义的创业者的个人秀。

美国国防部高级研究计划局在推动美国高科技发展的过程中扮演了重要

角色，无论是互联网还是芯片，都源自它的支持。美国国防部高级研究计划局之所以能如此，一方面是，它在推动基础研究与应用中找到了一些窍门；另一方面是，它能够培养出抵抗官僚主义的搅局者。

美国国防部高级研究计划局信息处理办公室主任罗伯特·泰勒就是搅局者中的代表人物。一方面，泰勒的专业背景既能让他很好地与其他科学家沟通，又能超脱某个领域科学家的视野局限，看到整个产业的潜力和方向。另一方面，泰勒清楚官僚机构的规则，并且勇于打破规则，能够为科研创造最好的环境，争取到最多的资源。

20世纪70年代，泰勒离开美国国防部高级研究计划局，进入施乐公司在硅谷设立的帕洛阿尔托研究中心，担任计算机实验室的主管。在这里，他充分发挥了应对官僚机构（作为大公司的施乐自然也充满了官僚）和激励科学家的能力，并形成了一套很好的管理方法。在他的率领下，帕洛阿尔托研究中心的科学家不到4年就研发出了阿尔托计算机，这是一个由硬件、软件、网络、打印机和服务器组合的计算机系统。阿尔托计算机的图形界面和鼠标给乔布斯留下了深刻的印象，也奠定了个人计算机的发展方向。

推动创新与创业的另一个重要因素是科研与商业的跨界，也就是跨越学院与创业之间的鸿沟。斯坦福大学专利办公室的尼尔斯·赖默斯就是这样一位跨界者。

赖默斯的想法很简单：专利申请办公室帮助大学的研究者申请专利，收取15%的专利使用费作为工作经费，其余1/3收益作为奖励给发明者，1/3由发明者的院系和大学平分，作为未来的科研经费。

要推行这一想法，赖默斯需要克服一些科学家根深蒂固的观念，以及来自科学家同侪之间的压力。实际上，在科学开拓的公共性与商业的逐利性之间，很难取得平衡。比如，一些开拓性的科学研究奠基在前人的研究之上，同时也可能获得不少国家经费的支持，如果申请了排他性的专利，就可能被其他科学家认为发明者是在自私地逐利。

赖默斯坚信，公司是将学术界的想法转移到更广泛的公众身上的最佳载体，为了实现这一点，他愿意和任何人或者机构作斗争。最终，仅凭重组DNA技术一项专利，就创造了 2.55 亿美元的许可收入和专利费，也为斯坦福大学专利办公室挣了差不多 4000 万美元的佣金。斯坦福大学随后成为硅谷最重要的学术投资者，而教授创业也变得司空见惯。但是，如果没有赖默斯推动并打破官僚和教授文化的创举，产学研一体化的创新就不可能走得那么顺。

即使苹果这样伟大的企业，在乔布斯的光环下，创业史的许多重要故事也变得泯灭无闻。它的第一位投资人和第一位董事长迈克·马库拉的故事就值得大书特书。

马库拉不仅为苹果公司撰写了第一份商业计划书，搭建了一个成年人的管理平台，更重要的是，他从计算机行业的现状和未来消费市场的发展中看到了跨界的机会，从而推动苹果公司努力开创个人计算机这一全新市场。

马库拉的跨界源于他巧妙地把新技术的创意与未来计算机市场的判断结合了起来。当时大企业专注于机构客户，对于针对个人的计算机不感兴趣；而那些富有创造力的极客们专注于捣鼓新东西，却没有商业头脑。要成功推出个人计算机这样的新品类，需要有能看到两者的关联以及有可能跨越中间鸿沟的人。

马库拉恰恰是这个人，他有管理经验，懂得制造，能清晰地看到未来。此外，他联合时任总裁的迈克·斯科特（Mike Scott）和销售总监吉恩·卡特（Gene Carter），三人构成了苹果公司最早期企业经营的核心。他们都是在半导体行业摸爬滚打到中层，在生产制造和营销方面拥有丰富的经验，都经历过生产灾难、供应问题、流程失败和设计故障，在确保早期苹果计算机的产量上，他们厥功至伟。苹果公司的联合创始人史蒂夫·沃兹尼亚克（Steve Wozniak）就曾经感叹："这个世界永远都不会知道斯科特有多么重要。他是苹果公司灵活而易于扩展的生产运作模式幕后的策划者。"

硅谷在不断地前进，不是所有的"搅局者"都能永远跟上它的步伐，不过，这恰恰让他们变得更容易亲近，也更真实。在美国国防部高级研究计划局里游刃有余的泰勒，到了施乐公司的帕洛阿尔托研究中心虽然仍能施展拳脚，却陷入了郁郁不得志的困境中。反思一下，其实部分原因是他没能及时更新观念，走出圈层，错失了把好的科学创意商业化的机会。实际上，推动科学家有所突破是一种跨界，把好的科学发明商业化则是另一种跨界。当泰勒哀叹如此优良的阿尔托计算机为什么会被施乐公司束之高阁时，他一定希望能得到内部商业圈的推动者的帮助，但最终还是没能跳出计算机科学圈，遇到像马库拉那样的伯乐。

1980 年的泰勒没有意识到，硅谷正在迈入新时代。在这个时代，重要的已经不再只是创新，而是如何去推广、如何了解市场、如何培育市场。20 世纪 80 年代初的美国资本市场，已经成为风险投资家和初创企业的乐园。在圈子之外，即使只是一墙之隔，也不一定为人所知。打破这样的圈层，会带来更多的机会，不过这已经是硅谷成长史之外的故事了。

开创与无畏，成就硅谷的搅局者精神

上千万人观看了史蒂夫·乔布斯在斯坦福大学 2005 年毕业典礼上的致辞视频。至此，高管们和记者们开始争相引用其中的句子；伦敦的维多利亚和阿尔伯特博物馆（Victoria and Albert Museum）也常年在播放该演讲的视频片段；而有位帕洛阿尔托市的居民甚至每年都会将某自行车道两旁的树木用乔布斯的照片和语录装饰起来，其中许多素材就来自这段致辞。这次演讲发表于 6 月一个晴朗的清晨，长度虽然只有 14 分钟多一点，却卓尔不凡。在这段演讲中，乔布斯谈及了他被领养的经历、他的癌症诊断过程、他的工作及家人，还有他的灵感之源。

从第 6 分钟起，乔布斯讲述了他在 30 岁时被苹果公司开除的故事。"我成年后的整个生活重心消失了，这对我的打击是毁灭性的。"不过，他接着说了一句很容易被忽略，但对于任何想了解硅谷是如何运转的人来说都至关重要的话："我觉得自己对不起前一代的创业者，因为我丢掉了他们传给我的接力棒。我去见了戴维·帕卡德（David Packard）和罗伯特·诺伊斯，想向他们道歉，我彻底搞砸了。"[1]

在乔布斯的整个职业生涯中，他和老一辈的创业者交往甚密，其中包括英特尔公司的创立者罗伯特·诺伊斯和安迪·格鲁夫（Andy Grove），以及美国国家半导体公司前员工雷吉斯·麦克纳（Regis McKenna），后者创立了在硅谷处于领军地位的市场公关公司。2003年，我问乔布斯，为什么花这么多时间和半导体产业的前辈们在一起。他说："我想闻一闻硅谷第二个美好时代的气息，是那个时代的半导体公司引领我们进入了计算机时代。如果你不知道之前发生过什么，就很难理解今天发生的事情。"[2]

不过，乔布斯在这次演讲里没有提及的是，在回到苹果公司之后，他又把接力棒传给了新一代的创业者。谷歌公司联合创始人谢尔盖·布林（Sergey Brin）和拉里·佩奇（Larry Page）在创立公司的时候，也曾拜访过乔布斯以寻求建议。Facebook创始人马克·扎克伯格更是把乔布斯视为导师。[3]我曾看见扎克伯格在帕洛阿尔托市的一家低调的墨西哥餐馆的隐秘角落里吃饭，一如多年前我看见乔布斯在这里就餐的情景。扎克伯格坐在同一把椅子上，同一张桌子前，就像乔布斯一样，独自一人，背对着窗口。

《硅谷搅局者》这本书所讲述的时代故事标志着硅谷第一次大规模代际交替的发生。在这一时期，半导体产业的先锋们把接力棒传给了年轻而富有进取心的新人，而这些新人开发的创新产品有朝一日则会占据我们生活的核心。[①]结果是惊人的。1969—1976年，旧金山以南的狭窄半岛成了过去150年来最重要和最多样化的技术创新爆发地。就在这块56公里长的地方，创新者们只用了7年时间，就开发出了微处理器、个人计算机和重组DNA技术。创业者们成立了苹果公司、雅达利公司、基因泰克公司，还有像红杉资本（Sequoia）和凯鹏华盈[②]这样的先锋风险投资公司。有5项主要的产业在硅谷诞生：个人计算机、电子游戏、高级半导体逻辑元件、现代风险投资以及生物科技。在这个重要的时期，斯坦福国际研究院（Stanford

---

① 硅谷于20世纪30年代和40年代成立的第一波科技创新公司（如惠普和瓦里安联合 [Varian Associates] 这样的公司）的前员工们一般对之后兴起的半导体公司鲜有直接参与。
② 凯鹏华盈（Kleiner Perkins Caufield & Byers）的英文名是由4位创始人的名字命名的，最开始时叫作克莱纳·珀金斯公司。——译者注

Research Institute）的一个实验室收到了从阿帕网（Arpanet，互联网的前身）传输过来的第一条数据。斯坦福大学引领了把学术研究变为商业产品的新模式，此后这种新模式为大学带来了近 20 亿美元的收益。[4] 一个与软件相关的独立产业诞生了。[①] 施乐公司（Xerox）开设了帕洛阿尔托研究中心（PARC），并在计算机图形用户界面、图标、以太网和激光打印机的发明上一路领先。胸怀远见的新秀 CEO 们还将为今天已经颇为稳固的"硅谷—盛顿政治联盟"打下基础。

1969 — 1976 年标志着硅谷的"成年"。在这段关键时期里，硅谷从一个相对不那么有名的、以微芯片产业为中心的经济区域发展成了一架经济引擎，在过去的 5 年中，硅谷每年工作岗位的增长率都是全美平均值的两倍。[5] 在这个过程中，硅谷催生了数不胜数的模仿者和新产业，引领我们进入了现代化世界。《硅谷搅局者》这本书试图厘清这些变化的脉络，讲述引发这些变化的芸芸众生的故事。在本书开篇的 1969 年，变革正在动荡政局的阴影中滋生，而在本书故事结束的 1983 年，世界已经开始能够感受到这些革命性的创新所带来的影响。时至此刻，新一代的发明家们和产业组合已经像明星般冉冉升起。

1969 年，"硅谷"这个名字还不存在，还要再过两年，这个以李子树和杏树果园著称的区域才会被赋予它今天的称呼。如今在硅谷，几乎要花 200 万美元才能买下当时还只要 6 万美元的商品房，一台比今天仅价值 250 美元的可编程恒温器的计算能力还差的计算机要卖数十万美元。[6] 1969 年，"生物科技"这个词还没有被发明出来，用重组 DNA 技术来创造混合生命形态听起来更像是科幻小说中才有的情节。当时的计算机要占一个屋子，而不是一张桌子，更不可能放在口袋里或者戴在手腕上。硅谷的公司制造的产品是针对工程师的，而非普通消费者。普通人能想到计算机的场合，也就仅限于当他们发现银行账户上的数字不对，而想找罪魁祸首的时候。

---

① 1969 年，IBM 公司因面临反托拉斯诉讼，所以将其硬件、软件和服务业务拆分开来，这之后，独立软件供应商的营业额从 2000 万美元爆炸式地增长到了 4 亿美元。

今天，我们把硅谷当成信息经济的枢纽，然而在 1969 年，它只是一个制造业中心。当时，60% 的人都在本地电子产业从事制造工作；[7] 像洛克希德公司（Lockheed）和 GTE 西尔维尼亚公司（GTE Sylvania）这样的国防工业承包商是本地高科技经济的支柱，复杂的全球电子产业供应链才刚刚成形；联邦法律当时还不允许把养老基金投资给那些高风险、高回报的年轻公司；创业者们都是些令人生疑的家伙——这些怪胎们没法静下来，去爬一家体面公司的职场台阶。[8]

可就在十几年里，来自像苹果、雅达利及其竞争对手公司的产品，已然开始塑造人们工作和娱乐的方式了。科学家们用重组 DNA 技术来合成人工胰岛素，最高法院也宣布了基因工程设计的生命体可以受到专利保护。[9] 软件公司开始上市。养老基金也通过风险投资家们注入上亿美元来支撑那些风险最大的早期投资。美国经济开始围绕着信息和服务，而非制造业来重塑自己，政治家们再也不认为对通用汽车公司或者其他大公司有益的东西就是对美国有益的。创业者们成了美国商业界的新英雄。

20 世纪 60 年代为硅谷定下了大部分的基调，工程师和科学家们正忙着创造第一块微芯片，创业者们开设的新公司则提供了慷慨的股票期权并建立了平稳的组织结构。不过，真正为我们所熟知的世界打下基础的是接下来的十几年，也正是本书所讲述的这些年代。

今天，世界上市值最高的 6 家公司，其中 5 家是高科技企业，3 家在硅谷；[10] 当高科技产业贡献了美国 9% 的工作、17% 的国内生产总值和 60% 的出口份额时；[11] 当每分钟就有时长 400 小时的录像被上传到一个视频网站，[12] 每天有 2000 亿封电子邮件被发出时[13]；当电子游戏产业的规模比电影产业的还大，生物科技产业仅在美国就创造了 3250 亿美元的收入时；[14] 当美国的制造业工作不断消失，多数输给了自动化时；[15] 当电子制造和设备产业一年就在广告宣传上花费 6000 万美元时；[16] 当前任美国总统奥巴马为专门探讨未来创新的一期《连线》杂志充当客座编辑，他的继任者唐纳德·特朗普也凭借对线上社交网络的灵活使用获得了胜利，并因为传播不实信息而受到谴责时，这一刻，我们与科技是如此亲密。据调查，46% 的美国人离开智能手机就没法生活，1/3 的成年人宁愿放弃性爱也不愿意放弃手机。[17] 是时候，我们该问问自己何以至此了。

若想理解现代化世界，就要对硅谷的突破时期了然于心。细细分析1969 — 1976 年这段时期，就会很容易发现，硅谷不是靠几名孤立的天才建设起来的。任何在硅谷工作过的人都知道，虽然聚光灯只能聚焦在一个人身上，释放出明星般的短暂光辉，但那些刚好站在光环之外的人们对成功的贡献也不可或缺。在几年前的一个聚会上，我遇到了一位担任过硅谷某知名公司首席运营官的人，他与一位超级明星 CEO 做过搭档。这位首席运营官就他俩的合作情况唱了一首歌，只有一句歌词，那就是："我干了所有的活，他却得到了所有的荣誉。"发明创造是一项团体运动，其中充满了和运动相似的激情，也少不了戏剧性。"在做一件特别难的工作时，小团队会给你一种丝丝入扣的协作感。这很难描述，有点儿像爱。这就是爱吧。"艾伦·凯（Alan Kay）说，凯是一位富有远见卓识的计算机科学家，曾就职于苹果公司和雅达利公司，"你要滋养这个东西，让它活过来。"[18]

硅谷今天乃至过去几十年的成功，就植根于那些超越了公司、产业乃至代际的人际关系与合作。这一时期，在硅谷工作的人们把技术从五角大楼的办公室和学校的实验室带到了我们身边。这段历史内容之丰富、情节之复杂，远远超越了几位著名创业者的个人故事，然而它们却从未被讲述过。在《硅谷搅局者》这本书中，因为着眼于若干同期的发展，所以我们将会揭示让历史成真的诸多交织的故事与人物。

这段历史是一些自命不凡的人的故事，他们不是一次，而是反复地打破了自己的职业和同行们所遵循的行规。创业者不是硅谷仅有的奇才，那些身着西装的律师、风险投资家和天使投资人们甘愿冒着搞砸自己职业的风险，支持了这些"光脚"的创业嬉皮士。公共关系专家发明了纵横全美的媒体新宠——高科技创业者，好让复杂的技术对消费者更富有吸引力。CEO 们跨越行业的藩篱，携起手来对政客施加影响。科学家和金融家们则敢于与作为生命之本的 DNA 嬉戏。

《硅谷搅局者》讲述了这些创业者的故事，其中包括硅谷历史上一些最有名的名字，也深度刻画了 7 位历史人物。罗伯特·泰勒启动了互联网的前身——阿帕网，并策划了个人计算机的设计；迈克·马库拉担任了苹果公司的第一任董事长，他拥有的苹果股份与史蒂夫·沃兹尼亚克和史蒂夫·乔布斯不相上下；桑德拉·库尔茨格是一位早期的软件创业者，也是第一位带领科技公司上市的女性；罗伯特·斯旺森参与创立了基因泰克公司；艾伦·奥尔康设计了第一款大获成功的电子游戏——雅达利的《乒乓》（Pong）；福恩·阿尔瓦雷斯从一家工厂的装配线走进了 CEO 办公室；尼尔斯·赖默斯重塑了大学里的发明走向公众的方式，并在这个过程中帮助启动了生物科技行业。

我选择这 7 个人，不仅是因为他们做过什么，而是因为他们之为人，以及他们的工作值得我们更多地关注，他们引人入胜的故事是建立硅谷的这股力量的直接例证，其回响也将继续萦绕在我们今天的生活之中。

"搅局者"虽然不总是从一个模子里刻出来的，但他们有两点共性：坚持与无畏。他们推进的任何一项变革都不是轻而易举就获得了成功。开创未来是一项令人焦虑的工作。那些传递接力棒的上一代人有时也并不知道该如何面对新技术。在没有设计可以按图索骥，没有地图可以追随前行的时候，"搅局者"并没有害怕。

他们的蓝图，且行且绘。

扫码下载"湛庐阅读"App，
搜索"搅局者"，
查看本书的所有注释。

目录

TROUBLE-MAKERS

第一部分

到　来

硅谷的成年

1969—1971

1968 年快要结束之际，美国正处于一片混乱之中。就在前几个月，杀手的子弹击倒了马丁·路德·金和罗伯特·肯尼迪。警察在美国民主党全国代表大会场外的人行道上用棍棒和催泪瓦斯对付示威者；在场内，巨大的分歧正威胁着民主党的未来。① 越南战争每个月都会夺走 1200 名美国士兵的生命，80% 的死者的年龄在 18～25 岁之间。"不管你看哪儿，都有点儿不对劲儿"，这就是当时的状况。[1]

不过，对于 10 年前才在斯坦福大学附近扎根的尚属年轻的电子产业而言，1968 年晚期却充满了奔放的乐观情绪。在旧金山湾区开发出来的技术把美国人送出了地球的大气层，还把宇航员拍摄的照片发回了地球。像洛克希德公司、IBM 和西尔维尼亚公司这些知名且重要的企业已经在这个区域建立了研究或者生产机构。土生土长的电子巨头惠普公司此刻已经有 30 年的历史，员工达数千名之多。在过去 4 年中，就有 8 家微芯片公司在这条 60 多公里长的狭窄半岛上诞生，电子公司欣欣向荣。[2] 一本杂志把这段时间称为"电子宝瓶座时代"②。[3]

与此同时，旧金山湾区的人口也在爆炸式地增长。居民数量在 20 年里翻了 3 倍，从 1950 年的约 30 万人增长到了 100 多万人。[4] 这就好比在 20 年里，每 15 分钟就有一个人搬来硅谷。新来者多半是年轻人，基本都受过良好的教育。他们一般来自本州或者其他地方：南加州、波士顿、芝加哥、犹他州或者中西部的农村小镇。他们要么独自而来，要么携家带口，汽车的后

---

① 这次大会标志着美国民主党的转折点。民主党在 1933—1968 年赢得了 9 次选举中的 7 次，但在 1968—2008 年中的 10 次选举中只获胜了 3 次。

② 宝瓶座时代是一个天文年代，将于公元 27 世纪开始，也有学者说它已经在 1926 年开始。——译者注

备箱塞满了从家里搬出来的大堆衣物、书籍、家居用品，整齐地夹在床单和毛巾之间，后备箱差点都关不上了。他们来这里，有的是为了上大学，有的是来追寻成为嬉皮士的梦想，有的是为了找一份工作。他们知道，电子制造业的公司会对不熟练的劳工进行培训。这些新来者和之前来的人一起合作，将要开启一个新时代，其中的发明前所未见，创造力枝繁叶茂，技术卓尔不凡，直至今日也罕有匹敌。

到了1969年，新来者已经改造了他们周围的这片土地。在这个有着"心灵欢乐谷"之称、遍布芬芳的果园、富有田园风光的农业区域，他们修建了城郊与购物中心。他们促动地方政府开办了学校、修建了公园。每年早春，他们都会用水管冲刷那些留下的果树，免得它们烦人的果子掉在已精心修剪过的院子里或者崭新的人行道上。

一开始，这些改变很难被察觉。"我们看着电子工厂像蘑菇一样在红木城和圣何塞成长起来，一点儿也没有意识到或者理解这种变革的尺度。"斯坦福大学教授兼小说家华莱士·斯特格纳（Wallace Stegner）回忆说："某个春天，我们开车穿过山谷，那些曾经看不到头的鲜花变成了一小片一小片的花丛。再后来的一个夏天，我们发现，再也没有果园可以让你稍微给点钱就能一桶一桶地摘杏子了。"[5]

到了1969年，新来者已经创造了一种新的商业文化，其主要以硅基微芯片为中心。硅是在1956年来到这个山谷的，诺贝尔奖获得者威廉·肖克利（William Shockley）当时创立了一家公司来生产晶体管。就在第二年，肖克利手下的8位顶尖的年轻科学家和工程师们离职创办了仙童半导体公司（Fairchild Semiconductor），这也是硅谷第一家成功的硅芯片公司。[6]在后来的十几年里，仙童因为它的研究者、工程师、销售人员和营销队伍所带来的高质量产品和创新纪录而声名鹊起，仙童也获得了巨大的利润。1965年，仙童的股票成为纽约证券交易所里增长最快的股票，股价在一个月里就上涨了50%。[7]仙童的成功鼓舞了其他人来创办自己的公司，形成了席卷硅谷的第一波创业浪潮。

虽然很多东西从旧金山湾区消失了，但也有很多东西正在萌生。一个田园牧歌的天堂被翻了个底朝天，任何事情都有可能在这里上演。

1

互联网的诞生，五角大楼里的普罗米修斯

罗伯特·泰勒

Prometheus
in the Pentagon

事情的开端源自一次始料未及的崩溃。

1969 年 10 月 29 日，一台位于加州大学洛杉矶分校的价值 700000 美元的 Sigma7 计算机，给一台位于斯坦福国际研究院的稍微便宜点儿的 SDS 940 机器发送了一条信息。

1969年10月29日的一次大崩溃

洛杉矶分校的这台计算机看起来功能强大。超过半打冰箱那么大的部件在一间专门为其准备的房间里摆了一圈，一位专家坐在放于房屋正中打字机一样的控制台前，操控着整台计算机。

但当洛杉矶分校的计算机发送的这条信息——LOGIN（登录），沿加利福尼亚海岸而上时，在收到字母 G 之前，斯坦福国际研究院的计算机就崩溃了——虽然单词的字母是逐个输入的。

在重新编程之后，洛杉矶分校又重新发送了这条信息，而斯坦福国际研究院的计算机成功接收到了。第一个计算机网络阿帕网就这么上线了。[1]

后人经常称这次传送为"互联网的诞生日"，在各种会议、书籍、演讲和新闻报道中都被广为传颂，人们用铭牌纪念着它的荣耀。一位在洛杉矶分校做过网络工作的人用一种特殊的语言重述了首次登录的失败："第一条信息就这么发送了，互联网说，看啊！"就像某种警示。这条消息确实充满了预言的意味。[2]

当然，这条信息并没有这么多含义。这条"LOGIN"的信息就像是亚历山大·格拉汉姆·贝尔（Alexander Graham Bell）说的那句"华生先生，过来一下"[①]的计算机版：不过是一种用来确认信息是否收到的简易方法。无论这条信息的成功传送对今天来说有多么重要的意义，但在1969年，它根本算不上重大成就。只在洛杉矶分校和斯坦福国际研究院还有一点点的掌声，这点掌声让参与此项目的人也松了一口气。不过，新闻办公室并没有报道，也没有记者在关注信息是否得到了成功传送。洛杉矶分校的日志记录里也就只有简单的一句算得上是认可："2230和SRI主机对上话了。"在大学里，五角大楼给这个新网络提供了资金，在马萨诸塞州的坎布里奇，一家叫作博尔特·博拉奈克和纽曼（Bolt Beranek and Newman）的小公司生产了设备并编写了大部分软件，大多数参与这项网络开发的人几乎都没有注意到这次传送。

硬闯助理国防部长办公室

3年前，也就是1966年，在离硅谷5000公里远的华盛顿特区，罗伯特·泰勒和他23岁的新助理巴里·韦斯勒（Barry Wessler）吃过午饭正往回走。更准确的说法是：泰勒在走，韦斯勒得小跑才能跟上他。泰勒34岁，身体瘦小，烟斗里升腾起的烟雾模糊了他的面容，这张脸不止让一个人想起约翰·肯尼迪。泰勒从来都是风风火火的。每天早上，他开着昂贵的宝马503，从马里兰州郊区的家里以最快速度一路驶来，轮胎"尖叫"着开进五角大楼的停车场。他拿着沉重的硬皮公文包，嘴里叼着烟斗，大步流星地穿过五角大楼的大厅，前往自己位于D环楼的办公室。泰勒灵巧地穿梭于骑着三轮车的士兵之间，这些士兵在五角大楼无尽的走廊和楼层间的坡道上骑行，投递邮件。有时候，泰勒不来办公室，直接从机场飞波士顿、匹兹堡或者帕洛阿尔托，检查他资助的研究项目的情况。每年，他都有1500万美元的预算用以推进计

---

① 这是人类在电话里说的第一句话。——译者注

算机技术的发展。

泰勒和韦斯勒在美国国防部高级研究计划局^①工作，这里监管着美国国防部的各项研究提案。泰勒掌管着该机构的信息处理技术办公室。虽然他支配的 1500 万美元的预算只是高级研究计划局每年 2.5 亿美元年度预算中很小的一部分，但他可以把这些资金全部投入到计算机技术上。[3]

国防部相信，高级计算机技术能够给美国带来一些优势，泰勒本人也对计算机抱有热忱的信念。他认为，没有什么技术能够"如此强烈地影响人类所有的事业"。不仅如此，他还非常自信地认为，"在计算机技术领域，美国遥遥领先于世界其他国家"。他相信计算机技术能够帮助美国赢得冷战。[4]

和助理走着走着，泰勒忽然停了下来。"我们走另一条路！"泰勒经常叫嚷着说话，不是因为愤怒，而是因为没耐心。他转身朝另一个方向走去，韦斯勒紧随其后。

几分钟之后，他们径直穿过了 E 环楼，"大人物"的办公室就在由秘书把守的厚重木门里。泰勒欢快地说了一句"嗨，我就进去和他说几句话"，就绕过了助理国防部长的秘书。秘书还没来得及站起来，泰勒就打开门溜了进去，然后坐在了助理国防部长的对面。

助理国防部长看到泰勒突然出现在他面前，瞠目结舌。才过了几分钟，泰勒就已经在抱怨五角大楼里拜占庭式的严格交流规定了。他指出，一个人如果要想和一个比自己的等级或地位高的人说话，按照规定，低位者的秘书需要致电高位者的秘书，来预约一次通话，然后，在事先约好的时间，低位者的秘书需要再次给高位者的秘书致电，然后高位者的秘书将高位者请来前就让低位者在电话旁等着。"做这么多就只是为了跟一个人说几句话。"他抱怨道。

---

① 美国国防部高级研究计划局（Defense Advanced Research Projects Agency，简称 DARPA）成立于 1958 年，是美国国防部下属的一个研究机构，负责研发用于军事用途的高新科技。它的前身是"高级研究计划局"（Advanced Research Projects Agency，简称 ARPA），1972 年 3 月更名为美国国防部高级研究计划局。——编者注

就这么硬闯进一个比自己级别高好几级的人的办公室，泰勒恰恰违反了每一条规定。

这时，大吃一惊的助理国防部长站了起来，眼冒怒火，他的秘书开始道歉。

泰勒开始谈自己办公室资助的项目，以及他感到兴奋和有所顾虑的地方。韦斯勒注意到，助理国防部长走回了自己的座位，打发走了秘书，开始倾听，并不断点头。[5]

我想建造一个网络

泰勒认为，官僚体系的主要作用就是阻碍交流，没有什么东西能比阻碍人们共享想法和获取反馈更让他恼火的了。和任何得克萨斯人一样，泰勒喜欢美式足球，泰勒总是为自己在大学里因为个子太矮不能参赛而感到懊悔。在整个职业生涯里，他把与官僚体系的每次交锋都当成一次需要运筹帷幄的新战局。他应该快速冲锋，就像他在助理国防部长的办公室一样，还是应该拿捏局面争取一些优势？巧设策略和坚定信念都可能带给他想要的东西。

泰勒运气很好，高级研究计划局主任查尔斯·赫兹菲尔德（Charles Herzfeld）对五角大楼的官僚主义也持有相同的看法。赫兹菲尔德来自维也纳，是芝加哥大学培养出来的物理学家。在一段纪念他的文字里，有这样一句："一位华盛顿的老手，听得出高级扯淡，也不怕直言指出。"[6]他俩的一次非正式交谈，起因也是泰勒跑到赫兹菲尔德 E 环楼的办公室猛敲门，结果带来了那次 10 月 29 日的信息传送，让阿帕网上了线。

泰勒走进赫兹菲尔德的办公室，开门见山地说出了自己的想法。

"我想建造一个网络。"

"说说看。"赫兹菲尔德回答。

泰勒并不是通过接受传统教育成为一名"计算机设计专家"（computerist）

的——他喜欢这么叫。他第一次与计算机的接触根本算不上真正的接触。当时，泰勒正在得克萨斯大学写生理心理学硕士论文。他的研究方向是要搞清楚大脑如何定位声音的来源，这就产生了很多页需要分析的数据。泰勒的导师让他去学校的计算机中心，用备受珍爱的计算机上的统计工具来分析数据。[7]

计算机中心像个大山洞。一堵墙分隔开了房间那么大的计算机和它的用户。就在墙下，一位穿着白大褂的学生坐在一张很高的办公桌前。泰勒看不见那台计算机，但能听到它低沉的嗡嗡声。

这位学生同意泰勒使用这台计算机，并跟他解释了用法。首先，泰勒需要把一摞空的卡片——每张有美钞那么大，拿到计算中心的一台打孔机那儿去。接着，他需要通过在上面打出特定图案的小孔来输入数据，每张卡片最多 72 个数字，与他的数据集一一对应。接下来计算机就会读入卡片……

泰勒打断了这位学生，他不知道自己是不是听错了。"你是说我得坐下来，先在这些卡片上打孔来输入数据，然后再把卡片拿给另一个人，让他在计算机里输入数据，然后我再回来拿打印在一张很长很长的纸上的结果？"

"是的。"学生回答道。依照这种情况，若想拿到结果，可能要等上几个小时乃至几天的时间。[8]

泰勒怒气冲天地离开了大楼。"肯定有更简单的办法。"他想。这应该与把算式手动输入实验室的门罗计算器（Monroe calculator）一样快。这台计算器非常笨重，就像一头打字机大小的怪兽，里面有超过 100 个噼啪作响的圆形齿轮。他刚刚就手动操作了一番计算器。

毕业大约一年后，泰勒接受了一份来自格林·马丁公司①的工程师的工作，从事"潘兴"导弹系统的设计。虽然这只是一份案头工作，但还是有点

---

① 格林·马丁公司（Glenn L. Martin）后来改名为马丁·玛丽埃塔公司（Martin Marietta），1995 年，与洛克希德公司合并，改名为现在的洛克希德·马丁公司，是一家航空航天制造商和国防工业承包商。——编者注

儿难度。泰勒需要分析和集成计算机化的测试和校验过程，偶尔也需要穿上特殊外套，去低温测试实验室运行导弹某些部件的试验。这个地方非常冷，必须不停地眨眼，以防眼球被冻住。[9]

一次休息期间，泰勒读到了一篇改变了他职业生涯的论文。论文只有短短 7 页，刊登在一本名为《电子学人因公报》（*Transactions on Human Factors in Electronics*）的新技术期刊上。这篇论文讨论了作者约瑟夫·利克莱德（Joseph Licklider）提出的"人机共生"问题。像泰勒一样，利克莱德是一位衷情于定量分析技术的生理心理学家，他的研究更着重于感知的物理学，而非个人感受的微妙细节。

这篇论文与其说是一项科研报告，不如说是对未来前景的展望。"我们希望，在未来若干年里，人脑和计算机能够非常紧密地结合，这种结合能够以人脑从未有过的方式来进行思考，以今天的信息处理机器尚未尝试过的途径来处理数据。"在利克莱德的想象里，计算机能够成为一种超越计算的工具；如果计算机反应灵敏，使用起来方便，还能够帮助人进行思考和创造。[10]

"当我读到这篇论文时，超级兴奋！"泰勒回忆说，"对啊，这就是我的打孔困境的答案。这个值得做一下。"[11] 多年来，泰勒总会听到有人说，计算机就像一个巨大的大脑，但他一直不理解这个比喻。得克萨斯大学计算机中心的那台过度发育的计算机和它世界各地的姊妹机器一点都不像人类的大脑。利克莱德的交互式计算机才像大脑：它是一件扩展人类思考和创造能力的工具。

在读过那篇论文的两年之后，泰勒见到了利克莱德本人。当时泰勒正在美国国家航空航天局（NASA）工作，为计算机研究分配资金，而利克莱德掌管着高级研究计划局的信息处理技术办公室，几年后泰勒也会担任这份工作。两个人很快成了朋友，关系非常好，利克莱德的妻子路易丝·利克莱德（Louise Licklider）后来告诉泰勒："你就像我们的一个很特别的'儿子'，我们爱你。"[12] 利克莱德和泰勒经常一起出差，很多个夜晚都在路途中的无名小酒吧里共同度过。有时候他们会谈论各自的工作，分享关于那些为实现利克莱德的愿景而努力工作的研究人员的看法，但也会经常相互分享自己的故事。泰勒喜欢唱歌和演奏吉他。有一次在希腊，泰勒走上舞台和当地的乐团共同表演。利克莱德坚持要待到凌晨，听他这位同事演奏完每一首曲子。

真是一个难忘的夜晚。

分时计算机，跨时代的新型计算机

1965 年，泰勒加入了高级研究计划局的信息处理技术办公室，担任助理主任，在利克莱德的继任者伊万·萨瑟兰（Ivan Sutherland）手下工作，而萨瑟兰是交互式计算机的另一位主要倡导者。泰勒和萨瑟兰在工作上的合作很紧密，办公室里除了秘书也就只有他们俩。泰勒很喜欢到那些由高级研究计划局资助计算机科学新课程开发的院校去出差。1960 年以前，高等院校还没有计算机系。对计算机感兴趣的人都扎堆在工程系、数学系或者物理系。不过，利克莱德、萨瑟兰和泰勒用高级研究计划局的资助资金改变了这一切。如今，在麻省理工学院、卡内基梅隆大学、犹他大学、伊利诺伊大学、加州大学伯克利分校以及斯坦福这样的大学，都已经有了羽翼渐丰的计算机系。很多这样的科系都围绕着高级研究计划局资助开发的新型计算机而建立。有一种叫作分时计算机的新型计算机，能够在两个人各自运行的程序之间快速地切换，使每个坐在像打字机一样大的终端前的用户产生一种幻觉，认为自己在独自使用分时计算机。分时计算机不仅需要打孔卡，还能够直接显示一些结果。

泰勒在高级研究计划局工作的 4 年里，在美国联合航空公司（United Airlines）累积了 80 万公里的航空里程，并养成了造访各个院校的计算机系的习惯。[13] 通常，他都是自己租一辆便宜的车，开到学校里。在了解了研究团队的项目现状并提供协助之后，他会寻找一些对计算机感兴趣的研究生。泰勒觉得，研究生是计算机科学领域做着一些最有趣工作的人。

让泰勒吃惊的是，许多学生告诉他，分时计算机帮他们找到了朋友和同事。当某人登录计算机，看完目录后就能知道从他上次登录之后有什么变化，如果有人添加了一个新程序或者一些巧妙的代码，也很容易就能找到是谁做的，然后便能和写代码的人把酒言欢。利克莱德曾经设想，计算机能够通过把人和机器连接起来以帮助人们进行思考和创造。现在泰勒发现了计算机的另一项潜力：把人和人连接起来。在某种意义上，一台分时计算机就是一个轮子的中轴，而每个轮辐的尽头都是一个人。

泰勒对围绕着一个因共同核心而创造起来的社区的力量充满了信念。一位临床心理学家（泰勒不想被混淆成的那种）可能会指出，[①] 泰勒正是在这样的社区里长大的。1932 年，当泰勒出生刚满 28 天时，一位牧师和他的妻子便领养了他。泰勒认为自己的父亲是一位安静的知识分子，而不是那种世人眼中总会激动地拍打桌子的布道者，"父亲在 20 世纪 40 年代晚期把得克萨斯西南部的教义介绍给了存在主义者"。大萧条时期，在得克萨斯很难找到工作。泰勒自 3 岁起的幼年记忆，便是和父母在祈祷聚会结束后离开教堂时汽车后座上堆满的食物——这些便是他父亲每月的工资。

到 12 岁时，泰勒就已经在 6 个镇子里住过，大多数都是些小镇。然而无论住在哪里，他都会浸泡在教堂社交、教会聚餐、教会服务以及教会野营的世界里。好几个夏天，他都在得克萨斯山野里由牧师和他们的家人搭建的营地里度过。很容易想象，这种四处巡游而又根基稳固的童年给他上了深深的一课，并帮助他理解了网络在连接世界各地的人上的潜力：社区的形成并不是因为人与人之间的距离相近，而是因为他们拥有共有的信仰和兴趣。[②]

虽只有一台终端，但你想去哪都行

泰勒对于把"正确的人"连接在一起尤其感兴趣。作为牧师的儿子，一

---

① 泰勒不想读心理学博士的部分原因是，他需要通过诸如儿童心理学和一些其他"软"学科领域的考试，他觉得这些都是"扯淡"。

② 泰勒称童年对他的影响主要在于，父母总是说他非常特别，因为他们选择了他成为儿子，而不是像别的父母一样只能接受出现的任何孩子。他承认这种说法给了自己一种无法动摇的自信。苹果公司联合创始人史蒂夫·乔布斯也曾提到养父母说过同样的话。

个也曾经立志要当牧师的人，他在对事物的判断上表现得非常无情。对他来说，人要么是天才，要么是傻瓜。而他，只对天才感兴趣。当遇到一个有价值的人时，他便觉得有义务发掘更多这样的天才，与他们进行合作。

为了达到这个目的，泰勒在高级研究计划局的一项早期行动就是，改革由信息处理技术办公室资助的实验室领头人（"主要研究者"）召开的强制会议。泰勒把主要研究者会议改造成了一次目的地会议。①在利克莱德和萨瑟兰的管理下，这个会议的时间缩短了，大概就几个小时，而且经常被并入一些较大的会议，比如春季或秋季的计算机联会。现在，泰勒把会议都安排在风景怡人的地方，比如，滑雪季节安排在犹他州的阿尔塔（Alta）滑雪场；马尔迪·格拉斯音乐狂欢期间安排在新奥尔良；冬天则安排在夏威夷。正式会议也都定在滑雪场，或者干脆边看电影《富城》（*Fat City*）边开。泰勒希望主要研究者之间能够充分交流，不只是在会议桌前，也要在缆车上或者沙滩上。

在正式会议中，泰勒会请每位主要研究者做一段演讲，并敦促他们准备一个他自己也想听的演讲。在演讲之后，"我会让他们相互争论。这是非常健康的交流方式，对我也很有帮助，因为我会对大家的优势和弱点有更多的了解"。[14]

在这些会议中，泰勒把自己设定为一个局外人，更像是一位指挥家而非演奏者。对他来说，这不是一个很难扮演的角色，因为在场的几乎每个人都有物理学、工程学或者数学的博士学位，他们绝大部分来自东西两岸，并在那接受教育。然而，计算机科学此时还是一个新兴科目，第一代博士生才刚准备毕业。[15]泰勒也只有一个心理学的硕士学位。在会上，他带着得克萨斯口音夸耀了自己的"英雄"事迹：曾赶过牲口，曾因好奇而爬到一头900公斤重的婆罗门牛的背上，还曾在油田里工作过。

多年之后泰勒才发现，有些主要研究者对由他来负责一切并不高兴。因为他是信息处理技术办公室唯一一位没有博士学位的领导者，也是唯一一位

---

① 前往开会地点本身也是会议的目的之一，地点一般选在风景区或度假区。——译者注

没有在该领域做出过什么重要成绩就获得了这份工作的人。

尽管如此，泰勒说，他在高级研究计划局工作的整个期间，都没有觉得自己低人一等，即使他知道自己不是接替萨瑟兰担任办公室主任的第一人选。[16]"我没有觉得有谁比我更聪明，"他说，"除了利克莱德。"泰勒16岁就从高中毕业，他的IQ分数高达154分，在他小时候，他所在小镇的报纸就报道过这件事。泰勒在大学获得了心理学和数学的双学位，也在宗教、英语和哲学上进修了大量课程。[17]他虽然没有主要研究者们那么深厚的计算机科学知识，但思维宽度极其广阔，且漫无边际。在会议上，泰勒不怕提出一个又一个的问题，这种方法虽然显得独断，但也确实帮助专家们厘清了思路。按照助理韦斯勒的说法："泰勒不一定对技术细节有深刻的理解，但你如果带着问题而来，走的时候就肯定会有答案。"泰勒的不同背景也意味着，他在任何技术上或是社会上的正统规范里都没有什么既得利益。他能和主要研究者保持适当的距离，他没有和其中任何一个人一起上过学，没有做过他们的同事或者学生，也不会为这些实验室培养人才，因此他们之间不会有利益关系。

泰勒在主要研究者会议上和大学校园里倾听与探寻时，脑海中产生了一个想法。既然几乎所有的主要研究者都在分时计算机上工作，为什么不想出一种方法把所有的计算机都连接起来呢？如果把几台终端连接到一台分时计算机上，就能让来自不同校园的各种各样的用户聚到一起。想想看，如果能把这些每台都有几十个用户的分时计算机连在一起会发生什么？整个社区就会不断地成长起来，直到它成为一个泰勒称为"联网的超级社区"或是"元社区"的东西。[18]泰勒在1968年写道："网络能够克服阻碍了拥有共同兴趣的人协同工作的地理屏障，无论他们是学生、科学家、士兵、政治家或者是所有的人。"[19]

泰勒决心创建这样的网络，契机是在他回到五角大楼后，碰巧看见了他隔壁的小房间有三台计算机终端，而每台都和一台不同的分时计算机相连接的情景：这三台分时计算机，一台在麻省理工学院，一台在加州大学伯克利分校，剩下的一台在圣塔莫尼卡的系统开发公司（System Development

Company），它们都不能与彼此通信。[20] 不过，这三台分时计算机的使用情况，泰勒都了解。每个地方面临着同样的问题，使用的人也都有同样的想法。"你不用脑子想也能发现，这个应该设计成这样——你只有一台终端，想去哪里都行。"多年后，泰勒回忆起看到一排机器并想象用网络把它们连起来时这么说道。[21]

取得国会支持，可以成真了

泰勒说，他去高级研究计划局就想做"一件大事"。在计算机网络这件事上，他发现了机遇。"网络"这个想法曾经在他脑海中出现过，他当时觉得"果真如此该有多好"。在 1963 年的一份给主要研究者的备忘录中，利克莱德提及了"互联星系网络"（Intergalactic Network）的想法。1966 年秋天，在泰勒看见这三台计算机终端的时候，他和利克莱德已是多年的好友，但泰勒说，他从没把自己的想法和利克莱德想象的"互联星系网络"联系起来。他说，虽然利克莱德在听到这个想法时表示非常支持，但他们在高级研究计划局的阿帕网项目开始之前都没有谈论过计算机网络。泰勒说："可能我们的讨论让我下意识地提出了这个想法：也许我们能把所有这些计算机都连接起来。我记得当时这个想法还很模糊。"[22]

泰勒让"网络"这个想法从"果真如此该有多好"阶段，发展到了"我们现在就能做"的阶段。他知道，计算机科学界会有足够多的人，可能上百人，欣赏互联网的价值，并能搞清楚如何建设这个网络。为了展示网络在技术上是可行的，泰勒资助了一个小型实验，把几个字节的数据沿着电话线慢悠悠地传来传去，一头是麻省理工学院林肯实验室的 TX-2 计算机，另一头是位于系统开发公司的不兼容的 Q-32 计算机。实验表明，在两台不同的计算机之间进行远程通信虽然是可行的，但还需要做大量工作使之变得更快速、更可靠并更易于扩展。

泰勒知道，现在建设这个网络还有一个有利因素：高级研究计划局会出这笔费用。如果项目需要分块集资，由不同的政府机构或是大学独自资助不同部分的开发，整个工作进程会因为争吵如何公平分配资源、相互冲突的汇报流程以及设计需求而被拖慢。

1966 年秋天，泰勒很可能在查尔斯·赫兹菲尔德的办公室已汇总了所有这些理由，并解释了为什么高级研究计划局应该资助研究计算机网络。泰勒的主要兴趣在于把高级研究计划局资助的研究者连接起来，以便更好地发挥他们大脑的潜力。泰勒告诉赫兹菲尔德说，计算机网络能够允许一个地方的主要研究者使用其他地方的程序和数据，减少重复导致的浪费。另外，因为网络能够把不同类型的计算机连接起来，国防部也能够直接受益：网络能够解放在现场或者五角大楼里工作的人，他们可以购买最适合工作的计算机，而不用每个人都锁定在一个单一的系统上。泰勒认为，这个网络只有快，才有建设的价值，否则，"用户觉得自己就在计算机附近的幻觉就会消失"[23]。和关于互联网起源的流行说法不一样，泰勒从未说过网络会对国家安全有利。[24] 此后，赫兹菲尔德和他的继任者泰勒在向国会请愿，要求继续资助高级研究计划局的阿帕网项目时提出，网络即使是在受到核武器攻击时也能继续保持通信。但这并不是泰勒创建网络的动机。

在泰勒提出建立网络的建议时，赫兹菲尔德沉默了近半个小时。两个人都知道，信息处理技术办公室这个财年的预算已经做好了。不过，用已经定好去向的资金来资助新项目也并非罕见，新项目可以作为一项既有工作的维护活动写进下一年的预算。但国会更倾向于资助已经在进行中的项目，而非冒险去投资新项目。

泰勒的眉毛往上挑了挑，他想暗示别人该说话了时总会这么做。

赫兹菲尔德点点头。这不是他第一次听说网络了。好几年前，他就听利克莱德分享过一个关于巨大的计算机网络的设想。那时，这还只是一个梦想，一如其名"互联星系网格"所示。但是现在，按泰勒所说，这个网络可以成真了。[25]

"做吧。"赫兹菲尔德说。他告诉泰勒，他至少可以资助 50 万美元。[26]

阿帕网项目，在计划与现实的对立中启动

若想说服别人来支持阿帕网项目就没这么容易了。这个项目对信息处理技术办公室和高级研究计划局来说都有点出格。按照一般程序，某位研究者——一般来自一所大学，会启动一个项目并提交一份拨款提案。这些提案更像"对话"，因为大部分研究员泰勒都认识。实际上，很多正式的提案都是在项目开始之后好几个月才写完的。

阿帕网项目是高级研究计划局自己启动的，更准确地说，是罗伯特·泰勒启动的，他下定决心要把网络建造成功。泰勒的第一步棋是，请阿尔·布卢（Al Blue）起草阿帕网项目，布卢是一位精通高级研究计划局法律、合同和财务协议的专家。尽管布卢在高级研究计划局工作了很多年，还是依旧无法理解这种围绕在信息处理技术办公室周围的计算机世界和高级研究计划局其他部门所感受到的真实世界之间的"奇怪对立"。泰勒的信息处理技术办公室正资助着最先进的分时计算机，现在又要搞新的计算机网络，而高级研究计划局的其他部门却还在使用基于打孔卡片的批处理计算机。对于某些报告，布卢得离开信息处理技术办公室时髦的终端，还有那些关于编程和网络的高层次谈话，去卡梅伦站（Cameron Station）递交他手工标注的文档，好让操作员在卡片上打孔，再交给计算机操作。以布卢从泰勒办公室学来的新视角来看，这些他用了好多年的方法都非常"原始"。[27]

很容易看出阿帕网项目对泰勒到底意味着什么：为了确保能够成功启动这个项目，他愿意承担更多官僚体系中的责任和文书工作，为此他得雇用一位新员工来帮忙。除了布卢，他还需要一位项目主管。阿帕网项目只是泰勒资助的 17 个项目之一，它需要让信息在不兼容的计算机系统之间传递。当时，操作系统、编程语言和字号还没有统一的标准。[28]

对于网络建设，泰勒既不是技术专家，也没时间每天投入其中。他需要有一个值得信任、对技术敏感的人，更重要的是，这个人需要得到主要研究者的尊敬。泰勒知道应该找谁来做这份工作：劳伦斯·罗伯茨。罗伯茨是麻省理工学院林肯实验室的首席研究者，拥有麻省理工学院的工程博士学位，

在计算机图形学领域有着杰出的贡献，他做过一个名叫"概念网络"的项目，这让他的才能获得了泰勒的关注。罗伯茨是一位坚韧不拔而且产量丰硕的科学家，年仅 29 岁，他将成为计算机网络领域的领军人物。

但问题是，罗伯茨不想带领阿帕网项目。他不想离开自己的研究工作，更不想成为泰勒的下属。这不是因为泰勒个人有什么问题，而是因为罗伯茨认为，就根本不该有麻省理工学院工程博士被得克萨斯大学心理学硕士领导这种事情。

因此，当泰勒邀请罗伯茨来高级研究计划局负责阿帕网项目时，罗伯茨拒绝了。几个月后，他还是一再拒绝。

不过，泰勒也是一个固执的人，他热切期望网络能够成为现实，坚持由罗伯茨来实现它。最后，他终于找到了一个让罗伯茨就范的方法——威胁。[29]

泰勒叫高级研究计划局主任赫兹菲尔德给麻省理工学院林肯实验室打了一个电话，提醒负责人说，他们 51% 的资金都来自高级研究计划局，并暗示负责人，罗伯茨也应该知道这件事，他最好接受阿帕网项目的领导工作，这对他个人和林肯实验室都有好处。

没过几天，罗伯茨就被叫进了林肯实验室负责人的办公室，他被告知："如果你考虑一下这份工作，对我们大家都好。"[30]

1966 年 12 月，罗伯茨来到了华盛顿特区。第二个月，他便去阿帕网项目主管的任上报到了。[31]

私下里，罗伯茨并不认为自己是一位项目主管。他觉得自己是一位待职中的办公室主任，只要有机会搞清楚这里的文书工作和职场关系，他就会把一切接手过来。泰勒只是临时占着下一任的位置，新人早该进来了，一个泰勒的前任想要的新人，从利克莱德到萨瑟兰，再到罗伯茨。[32]

泰勒和罗伯茨的矛盾没有在表面上展现出来，这一点两人都有功劳。罗伯茨一家最早从波士顿搬到华盛顿的时候，和泰勒一家共度了圣诞节。很快，这样的社交就结束了。然而，即使是在罗伯茨被任命为首席科学家，并开始向高级研究计划局的副主任汇报之后，即使在某些人眼里，罗伯茨似乎想让人们觉得是他，而不是泰勒运转着信息处理技术办公室，他们在办公室里依然保持着友好的关系。

泰勒让罗伯茨大施拳脚，重要的是要把网络建起来。罗伯茨是能干成这件事情的人。泰勒之后回忆说："请到他，可能是我在高级研究计划局阿帕网项目中最难也是最重要的一步。"[33]

罗伯茨比泰勒小 5 岁，瘦高个儿，下巴上有一道沟，他有一双热切的黑眼睛，发际线好像被他那炽热的大脑烧退了不少。罗伯茨做事只有两档速度：要么停下来，要么全速前进。不过，没人见过第一种。"你和拉里① 一起工作时，只要一进办公室就开始跑个不停，直到哨子吹响，然后你还得继续跑。他每分钟都好像很忙。拉里吃饭的样子，就像把煤铲到蒸汽机里面去一样。"布卢回忆道。[34] 事实证明，选择由罗伯茨来掌管阿帕网项目是一个很有洞见的选择。

1967 年 3 月，罗伯茨和泰勒在密歇根州安娜堡共同主办了一次高级研究计划局主要研究者大会，他们告诉研究者，高级研究计划局将会建立一个计算机网络，所有人都要登录网络。主要研究者的反应并不热烈。他们自己的工作都忙得不可开交，更没理由把登录网络加到自己的职责里去。拥有更强大的计算机的研究者害怕，那些计算能力差一些的计算机会通过网络来占用他们宝贵的计算周期资源。"如果不是我一直致力于设法让高级研究计划局资助的一些参与者去计较'谁会偷走我 10% 的内存周期'，而是去投身于一个格局更高一点的目标，就不会有阿帕网的存在。"泰勒之后写道。罗伯茨也同意这一点："他们就想自己买自己的机器，然后藏起来。"

面对大家意兴阑珊的样子，泰勒和罗伯茨开始施压。他们解释说，除非把既有的计算机连入网络，不然他们是不会为主要研究者购买新计算机而拨

---

① 劳伦斯·罗伯茨的爱称。——译者注

款的。用罗伯茨的话来说就是："你们已经把网络所有的资源用光了。"泰勒和罗伯茨还说，如果首席研究者不想让网络成为他们所害怕的资源流失通道，就应该帮助设计它。[35]

会议的基调开始有了变化，许多主要研究者虽然一开始反应并不积极，但开始对网络这个概念有了好奇心。他们虽然还是有点惶恐不安，但却对相关问题越来越感兴趣。如后来加入这个项目的一位工程师罗伯特·汗（Robert Khan）所说："创建和设计网络实际上是一项非常高难度的智力活动，就像发射的第一枚导弹或者送上太空的第一枚火箭一样，你也不知道这能不能做成，或者存活下来。"[36] 这种利用尖端想法，从头开始设计一个东西的机会，对研究者来说非常具有吸引力，即便是只参与网络的一部分设计。罗伯茨主持的技术讨论变得热烈起来，泰勒控制着节奏，确保那些听起来不错的主意能够被转化成实用的成果。麻省理工学院的韦斯·克拉克（Wes Clark）回忆说："如果有人提议说，要做到这一点，需要买一些相关的器具。泰勒就会说：'好吧，我们来仔细预估一下，应该拨多少经费来买。'然后他就会转过去问布卢：'我们可以这么做吗，布卢？'接下来卢布就会想半秒钟，然后回答：'是的，我们可以这么做。'"[37]

在安娜堡举行的技术讨论会议持续了很长时间，在泰勒开车送几名参会者去机场的路上，大家还在讨论。在车里，克拉克提出了一个点子：与其让计算机直接联网，工作组应该创造一种由路由器组成的底层中枢网络，以便计算机之间的连接更为简洁，网络也会更可靠。[38] 他的这个点子是极其关键的一步。

泰勒启动了阿帕网项目。他为这个项目拉来经费，还帮忙劝诱研究者们来添砖加瓦。难怪包交换技术（Packet switching technology）的发明者保罗·巴兰（Paul Baran）把高级研究计划局的网络称为"泰勒的宝贝"。[39] 但就在安娜堡会议之后，当建造网络的项目最终确定时，泰勒退居到了幕后，罗伯茨走到了台前。

罗伯茨花了很多时间来绘制网络配置方案的草图，并和主要研究者开展各种小组会议，讨论从软件协议、硬件设计、合理的带宽分配，到数据包的存储和路由等各种问题的解决方案。到了1967年夏天，一系列主要问题都得以解决。网络将采用包交换的方式，并运行于克拉克提议的一种子网系统。最早的4个试点是加州大学洛杉矶分校、斯坦福国际研究院、加州大学圣塔芭芭拉分校以及犹他大学。一般情况下，各种决定都通过合议做出，但在必要的情况下，罗伯茨会投下最后决定性的一票。

到了1967年年中，泰勒在阿帕网项目里的主要职责已经转移到了向高级研究计划局的老板汇报进度，并让他对这个项目持有高涨的热情，以保证资金不会断流。泰勒的圣诞假期大部分在利克莱德的家里度过，两人正在合著一篇向商业界介绍网络的文章《作为一种通信设备的计算机》（*The Computer as a Communication Device*）。他们在这篇文章中写道："在几年内，人们就能通过计算机来交流了，这会比面对面交流更有效率。"此文第二年春天发表在《科学与技术》（*Science and Technology*）杂志上。[40] 两位作者解释了网络如何能让人以一种新的方式"与丰富而生动的信息互动"，我们应当成为一名积极的阅读者，而不是消极的参与者。文章的结尾是关于网络的一句预言式的声明："对社会来说，网络带来的冲击可好可坏，这主要依赖于一个问题，'上网'是一项特权还是一项权利？如果只有一组受眷顾的人群才有机会享用'智能放大'的好处，网络可能会扩大智力上的断层。"泰勒估计这篇文章"基本上没人"会读到。这份旨在为管理层中的技术者服务的杂志，在这篇文章发表之后不久就停办了。①

泰勒说，在安娜堡会议之后，他插手过一次阿帕网项目。1968年7月，信息处理技术办公室发布了建设网络的投标邀请。这项巨大的工作需要编写复杂的软件、设计和制造专用的叫作接口信息处理机（Interface Message Processor，简称IMP）的路由器，还要完成其他若干任务。最后，有12家公司投了标。[41] 泰勒说，阿帕网项目工作组的一个小组委员会选择了一家名叫

---

① 这篇文章也描述了一种叫作OLIVER的人工智能体，它可以在网络机器时代担任一种超级个人助手的角色（"这是利克莱德的点子。"泰勒说）。文章结尾展望了一种书呆子式的天堂，文中所描述的地球不存在失业，因为"全世界的人都陷入了在线交互式排错的无穷高潮中"。

雷神公司（Raytheon）的大型国防工业制造商来承担工作。泰勒认为，雷神公司是一个很糟糕的选择。中标的公司需要和学术界的研究者一起工作。雷神公司的"指挥加控制"文化和学术界的"你不能强迫我做"的文化不太会兼容。"这就像油和水一样，合不到一起去。"泰勒说。[42]

泰勒推翻了小组委员会的决议，把合同给了博尔特·博拉奈克和纽曼公司，利克莱德曾在这家小公司工作过，这家公司的大部分员工是麻省理工学院的毕业生。泰勒觉得这样在文化上会更加匹配。[43]这不是一个技术问题，而是人与人互动的问题。而且，有着最后话语权的人不是工程师，而是一位心理学家。[44]

鼠标之父恩格尔巴特

泰勒除了负责高级研究计划局的阿帕网项目，还有很多其他职责。他参与了犹他大学的一个计算机图形学项目的启动，参与这个项目的有些研究生将来会成为皮克斯动画公司、迪士尼公司、奥多比公司（Adobe）、硅图公司（Silicon Graphics，简称SGI）、施乐帕克研究中心以及雅达利公司的核心人员。[45]凭着对"连接志同道合的人"这一使命的永恒关注，泰勒还为和首席研究者一起工作的研究生开立了一个会，这里面的许多研究生将会在计算机科学领域从事先锋性的关键工作。

泰勒继续"旅行"，会见网络项目的主要研究者，这些研究者除了网络之外还在做其他高级研究计划局资助的项目。其中有位叫道格·恩格尔巴特（Doug Engelbart）的工程师，他脸部轮廓分明，刚刚42岁，在斯坦福国际研究院工作。恩格尔巴特做过一个演示，泰勒印象非常深刻。泰勒从1961年开始就在悄悄地资助着恩格尔巴特令人瞩目的研究，那时泰勒还在美国航空航天局工作。他资助恩格尔巴特来创建一个新型的交互式计算系统，这种计算机系统拥有诸多功能创新，其中之一就是世界上第一个计算机鼠标。[46]泰勒后来说："还记得当年美国航空航天局给菓真（Tang，宇航员饮用的亮橙色的饮料）打广告说，它是对文明社会的一大贡献吗？实际上，还有一个更好的例子，但他们当时不知道。"他俩第一次为阿帕网项目见面时，恩格尔巴特是所有研究者中唯一一个立刻就表达了支持的人，泰勒对他的敬意与日俱增。恩格尔巴特自愿提出，让斯坦福国际研究院来保存与项目相关的所有文档，并提供印刷副本给大家，而且之后还可以通过网络来做这件事。

泰勒到高级研究计划局工作后，继续资助着恩格尔巴特的工作，给这位研究者拨了差不多 50 万美元的资金。恩格尔巴特这个人天生言语温和、不露锋芒，泰勒一直在鼓励他。在 1966 年左右的一次晚餐上，泰勒忽然扭头转向这位研究者。"恩格尔巴特，你的问题是心不够大，"他说，"你真心想做什么？"恩格尔巴特有点儿慌乱，承认说，他如果有足够多的钱的话，会买一台 100 万美元的分时计算机，好更快地测试和发展自己的想法。泰勒说："好啊，那我们来写个提案吧。"然后，他们就写了。[47]

1967 年 10 月，泰勒去斯坦福国际研究院参加了一次凭请柬入场的活动，评审恩格尔巴特的新型计算机系统，这台计算机系统叫作 NLS（oN-Line System 的简称）。恩格尔巴特把为数不多的宾客召集到几台终端前，然后，一只手挥舞着他新奇的鼠标，另一只手操作着他开发出的一种专用和弦键盘 ①。恩格尔巴特所展示的，是泰勒见过的与利克莱德关于计算机的设想最接近的东西。恩格尔巴特还演示了在屏幕上点击鼠标就可以编辑文档。这是 1967 年，大部分计算机只能通过吐出一叠叠的纸来输出信息。恩格尔巴特一会儿在窗口之间切换，一会儿又叫参与者操作终端机，教他们通过增强某些单词的亮度调出新的信息——这是世界上第一次超链接的演示。恩格尔巴特还展示了一个相当于原始 PowerPoint 的交互式演示。他在自己的计算机上打的每一个字，都会在另一台终端上显示出来，如果有人在另一台终端上移动一下鼠标来跟踪屏幕上的一个点，轨迹也会在其他几台终端上显示出来。

泰勒推动交互式计算机已经有好些年了，现在，恩格尔巴特把它做成了。这次演示算不上是突如其来，因为恩格尔巴特一直都在向泰勒汇报进度。不

---

① 只有少量按键的专用键盘，一个键就可以代替普通键盘几个键的功能，就像可以通过组合弹奏出不同音乐的和弦一样。——译者注

过，这仍然是一次惊喜。

后面还有更多东西。恩格尔巴特解释说，他做的所有东西都能在阿帕网上使用，只要网络技术足够发达。一位居住于加州的研究者在他的交互式终端上指一个点，几千公里之外，比如在麻省理工学院，某人就能够通过一台网络计算机看到光标的移动。

泰勒告诉了利克莱德这次的演示情况，两人在他们1968年的《作为通信设备的计算机》一文中对演示进行了详细的描述。他们告诉读者："如果我们从恩格尔巴特的演示中得到的推断是正确的，那么你将来的时间会更多地花在计算机协助实现的远程会议中，而不是去开会的路上。"

更重要的是，泰勒坚持要恩格尔巴特去寻找一种方式，让更多人能看到他的系统所能做的事情。"我与整个计算机界都有合作，包括与恩格尔巴特，"泰勒回忆道，"和所有的合作项目比起来，恩格尔巴特的项目非常特立独行，我希望其他项目的人都能看到它。"

"对于我来说，这就是计算机应用的未来。"泰勒解释道。[48]人机交互领域每年都会吸引更多人的关注，但只有一小群人，也就是恩格尔巴特的实验室团队和那些受邀而来的项目评审者才能亲眼见过真实的演示，还只是以一种非常低调的方式。若想改变计算机科学发展的轨迹，还需要一些更大、更戏剧性的东西。

没人见过像这样的东西

"你得让更多人知道你做的事情。"在这次仅对受邀者开放的演示结束时，泰勒再一次告诉恩格尔巴特。恩格尔巴特承认，他也考虑过这个问题，主要是因为他感到害怕："如果我们得不到人们的关注，高级研究计划局可能很难继续支持我们。"[49]泰勒和恩格尔巴特仔细讨论了寻找合适的演示渠道的问题，最后他们选择了秋季计算机联会。这项会议是计算机技术这一年轻产业的两个最重要的会议之一，将于1968年12月在旧金山举行，参会者超过2000

人，大部分都是研究者。

恩格尔巴特虽然喜欢这个渠道，但还是有一些犹豫，因为演示一次的代价非常昂贵。他没法搬动系统，因为它运行在巨大的分时计算机上。唯一的演示方法是在旧金山准备一个巨大的屏幕，然后想办法把它连接到50多公里以南的斯坦福国际研究院的机房里。泰勒帮恩格尔巴特写了拨款提案。

泰勒毫不犹豫地说，自己的办公室会为这次演示埋单。[50] 提出这个建议的时候，他已经开始偏离自己在高级研究计划局的职责了。他成了一位热情的布道者，[①] 而不是花大力气在支持先进科研项目上。不过，他的这种举动还是推动了科研的发展。他坚信，公开展示恩格尔巴特的成果能够推进这个领域的发展。泰勒在其他方面也给予了恩格尔巴特一些帮助。当恩格尔巴特的首席工程师比尔·英格利希（Bill English）认定，唯一能够达到所需效果的投影仪在美国航空航天局手里时，泰勒帮忙借来了投影仪。

1968年12月9日，恩格尔巴特在计算机联会上的演示后来被称为"演示之母"（Mother of All Demos）。即使是当时世界上最顶尖的计算机科学家，也没有见过他设计的那种系统。

这是一次非常精彩的演示！旧金山的会场坐了2000人，整整90分钟的时间都给了恩格尔巴特。一般情况下，这么长的时段都会分别分配给一个小组的几位演示者。恩格尔巴特坐在舞台右侧，面对观众，麦克风在左脸颊双手放在一个不同寻常的工作台上，上面有一个标准的键盘——一种特殊的五键和弦键盘，还有一个泰勒在上次评审活动中看见过的鼠标。在恩格尔巴特身后上方，悬挂着一面7.6米高的屏幕，上面交替投射着他的面孔和他在工作台上输出的信息，有时两个都有，并排在一起或者一个叠在另一个之上。

灯光变暗之后，恩格尔巴特开始了讲话。他的声音经过麦克风放大了，

---

① 泰勒回忆说："区域承包管理员负责监管国防部在这个区域的拨款。当他看到经由自己开出去的奇怪东西的花费时，跑去联系了恩格尔巴特，问他：'这些都是什么？'恩格尔巴特向他解释了，但这位管理员回应说：'我觉得这东西听起来太不靠谱了，如果最后不成事，我会否认听说过这事儿。'我在演示结束之后才听说这件事情。"

充满自信，除了有一点点结巴。"如果你是知识工作者，在你的办公室里有一台显示器，它背后的计算机整天为你而运转，时刻对你的每一个操作负责……"接到英格利希的提示，恩格尔巴特修正了自己的说法，"对每一个操作做出迅速响应，你会从中创造多少价值？"他微微笑了一下："我希望你们能够习惯这套另类的设计。如果我们每个人都做好自己的工作，一切都会变得非常有趣。"然后他小声说了一句："我深信如此。"

在那90分钟里，恩格尔巴特展示了曾经征服了泰勒的技术。不过在这里，他展示得更多、声音更洪亮，时而还夹杂着观众充满惊讶和赞许的细语。恩格尔巴特这套"增强智能"的系统看起来更令人信服了。在整场演示里，他的计算机嗡嗡作响，时而发出蜂鸣，让这种扑面而来的、似乎是从充满未来感的研究室里散发出来的某种科幻巨制般的气氛显得更加浓厚。

恩格尔巴特拿出了一张虚拟的购物清单，展示了如何只用点击鼠标就能改变文件的顺序和重新组织内容。接着，他又打开了一张地图的链接。演示进行到大概一半的时候，恩格尔巴特想与在门洛帕克（Menlo Park）的斯坦福国际研究院实验室的团队连线。恩格尔巴特一直在远程使用着实验室的计算机，这件事本身就是一项壮举，现在他要将其呈现到视频上了！

"进来吧，门洛帕克。"恩格尔巴特说。全场观众都能听见他深吸了一口气，然后屏住了呼吸。他知道，要和门洛帕克连线，需要两条特别打造的调制解调器线路和两条视频微波链路之间的完美同步，它们通过一辆停在旧金山和实验室中间的一个山头上的卡车来做中转站。

屏幕上闪了几下新图像之后，一个指甲修剪得整整齐齐的年轻人的手握着鼠标，出现在了观众的视野中。恩格尔巴特松了一口气，继续讲道："OK，这是门洛帕克的唐·安德鲁（Don Andrew）的手。"

安德鲁的图像又消失了。恩格尔巴特向大家介绍了鼠标①，展示了驱动

---

① 我也不知道为什么叫它鼠标，有时候我为此感到很抱歉。但一开始就是这个名字，我们也从来没有改过。

系统的硬件，并演示了在门洛帕克的人能和恩格尔巴特看到同一个文档，当门洛帕克的人移动鼠标时，光标也会在会场的屏幕上移动。

恩格尔巴特还提到了阿帕网。他提到，他的实验室将是阿帕网的第二个节点，也是网络文库的维护者；他解释说，阿帕网的设计者"打算让网络在美国能够快速地传输数据，以便我能够在坎布里奇通过网络运行一个系统，然后得到同样的回应"。

在演示行将结束的时候，恩格尔巴特开始致谢。他提到了他的 17 人团队，把整场演示也献给了在场的妻子和孩子。他还单独提到了比尔·英格利希，"他准备了整场'演出'并担任了舞台管理者的职责"。

不过在致谢中，恩格尔巴特只提到了一个人的名字。他感谢罗伯特·泰勒"在这么多年里支持我狂野的梦想，让我做这件事"。

演示结束的几秒钟后，观众们全部站了起来，满堂喝彩。雷鸣般的掌声持续了很久。有人这样描述了这场令人难忘的演示：观看恩格尔巴特"用双手演示着划时代的创新"，对很多人来说，这近乎于一次"朝圣"。[51] 泰勒心满意足地说："没人见过像这样的东西。"

是离开的时候了

1969 年春天，泰勒得到了一个关于计算机网络的好消息。承包商博尔特·博拉奈克和纽曼公司，后者就是泰勒刷掉雷神公司选出来的那家公司，使用 IMP 路由网络在两台节点计算机之间成功传送了数据。泰勒把这项壮举看成网络必定会成功的有力证据，或许不是马上（他知道还有很多错误需要修正），但终究会实现。至此，他终于实现了"在高级研究计划局工作期间完成一件大事"的目标。

此时，泰勒觉得应该继续前行了。他已经在高级研究计划局待了 5 年，就职时间超过了这里的平均值，[52] 而且还有罗伯茨这位杰出的继任者。

泰勒想离开还有另一个理由：随着越南战事的升级，他不想再和国防部有什么瓜葛。在越南战争的第一阶段，他跟很多同事一样，是温和的支持派：越南需要援助。所以在 1967 年，当泰勒被要求前往越南，去帮助解决一个基地的计算机生成的相互冲突的报告问题时，他去弗吉尼亚的一间办公室报了到。在那里，他接种了一针霍乱疫苗，还得到了一张标注着他身份的卡片，上面写着他的级别等同美国陆军准将。这个军衔让他受用了很久，不仅是因为它的荒谬，也有它带来的地位感。[53] 泰勒得到了两份卡片，其中一张卡片是用来在他被抓时交给敌军的。

几周后，泰勒就和 3 个来自参谋长联席会办公室的朋友一起去往越南。旅程的开始一切如意，他们在夏威夷过了一夜。当飞机停在柏油碎石跑道上时，司机开着一辆豪车来到飞机跟前，下车之后，一路小跑到了刚被推到飞机旁边的舷梯前，然后展开了一卷红地毯，从舷梯底部一直铺到了汽车的后门。

泰勒的一个旅伴推了他一下："那是给你的。"

"这是在做什么？"泰勒问。

"你是一位将军了。这些人都是指派给你的，你在这儿时负责照顾你。"

泰勒大笑起来："我不能这么做。这太傻了。"他叫参谋长联席会议办公室的一个人把汽车送走。地毯被卷了起来，汽车开走了。4 位好友租了一辆便宜的车以便能够"做些疯狂的事"，但泰勒拒绝回答要做什么事情。[54]

泰勒在越南的早期日子似乎巩固了他对战争价值的信念。在基地访问了一些日子之后，泰勒回到旅馆摇头感叹，曾经美丽的西贡现在却深埋在了沙袋和军用车辆之下。

很快，泰勒的信念便幻灭了。在这个国家待过一段时间的人都告诉他，南越政府卖官鬻爵，任人唯亲；任何南越和它的美国盟友的胜利都意味着一个腐败的官僚体系即将诞生。泰勒开始质问战争的价值：为什么我们会深陷于这个实际上是内战的冲突之中，损失了那么多越南人和美国人的生命，而且，在战争结束时，还留下一个无法帮助人民的政府？这趟西贡之旅标志着泰勒即将结束他在国防部的工作。

随着反战情绪的高涨，少数主要研究者开始思考他们是否应该继续接受高级研究计划局的资助。几乎所有人都反对越战。实际上，泰勒的办公室更像是一个科研社区的一部分，而非国防部这块巨石的一小块。"那帮人怎么会对谋杀平民感兴趣？"研究者扪心自问。[55] 直到 20 世纪 60 年代末期，泰勒办公室资助的每一个项目都需要出具一份声明，说明该项目如何使军队受益，但科研社区的人都知道，泰勒的办公室在这部分一直在"编故事"。据布卢所说，这些声明"在许多情况下都是虚构的"[56]。

泰勒认为，只要他还在为高级研究计划局工作，就是在支持越南发生的事情。他知道自己掌管的拨款为全美军事指挥系统支援中心开发了一个分时系统的原型，只要系统一做成，它立刻就会成为"交互式计算机网络的自然受益者"（按照阿帕网项目规划里写的）。[57] 1968 年年中，泰勒请求俄勒冈州参议员韦恩·莫尔斯（Wayne Morse）帮他在国防部以外找一份工作。莫尔斯是仅有的两名反对北部湾决议案的参议员之一，这项决议授权不经过正式宣战就可以对越南采取军事行动。[58]

差不多同时，犹他大学图形学中心的主要创建者、研究员戴夫·埃文斯（Dave Evans）给了泰勒一份协调该校若干计算机研究项目的工作。[59] 这份工作并没有给泰勒太多发挥想象力的机会，但这大致是他的兴趣所在，又来自一位朋友，还远离五角大楼。而且，这份工作还给了他一个改进滑雪技术的机会。泰勒知道，犹他大学有很好的计算机科学课程，另外，几个月内，这所学校就要按计划作为第四个阿帕网的节点上线了。

西部本身具有巨大的吸引力。那里的光线让泰勒想起得克萨斯州，空气洁净，而且，西部比较开放，接纳的标准是看你正在做什么，而非你从哪儿来。泰勒觉得，阿帕网最早的 4 个节点都在加州和犹他州不是巧合，在那里工作的西部人对新想法更容易接受。按泰勒的话来说，与他们在麻省理工学院这样的东海岸院校的同事相比，"没那么迂腐守旧"。

当"L-O-G"（登录）这条不全的信息在 1969 年 10 月从洛杉矶分校发送到斯坦福国际研究院恩格尔巴特的实验室时，泰勒正从华盛顿特区横跨美国前往盐湖城，带着他的妻子、3 个孩子、家里的旅行车、他心爱的高级跑车科尔维特、几箱家庭用品，还有他的旋转式卡片架，卡片上记录了他心目中最出色的计算机科学研究者的名字。

泰勒也带上了标注着准将头衔的身份卡片。离大学不远的一个军事基地里有附近为数不多的几个酒吧之一，泰勒希望能在酒吧里买一些饮料。

泰勒被告知第二张卡片是用来给敌人的，因此他把这张留在了五角大楼的办公桌上。因为他认为，那个正支持着不正义的战争的当局就是他的敌人。

泰勒一路向西。

2

孕育电子游戏，书呆子的天堂

艾伦·奥尔康

Nerd Paradise

　　1969 年 5 月 15 日，就在罗伯特·泰勒接受了犹他州的工作，准备搬过去的时候，一位名叫艾伦·奥尔康的加州大学伯克利分校的学生正在哈巴德无线电与电视机修理店里工作。奥尔康自学了电视机维修技术，并找了份兼职来支付学费。在这个特别的下午，他听见了远处的喧嚣声、口号声以及时断时续的钹的响声。这些声音在电报大街并不稀奇，电报大街距离校园就几个路口，随时会被反越战示威游行惊扰。所以，奥尔康不以为意地继续做着自己的工作。

　　一分钟后，奥尔康抬起了头。情况似乎有些不对劲儿。在人行道上扎营的街头人士并没有演奏乐器或是唱歌，没有汽车开过的隆隆声，也没有购物车的嘎吱声。除了遥远的些许嘈杂外，一点儿噪声都没有。

　　发生了什么事？奥尔康站了起来，瞥了一眼几乎是空荡荡的电报大街，很惊讶地看到遥远的地方有一大群人正向他这面走来（后来他才知道大概有2000 人）。

　　奥尔康扭头看了看南边，才知道为什么街上没有人。

　　电报大街的尽头，159 名警察一声不发、肩并肩地站着，他们来自伯克利警察局、阿拉米达县治安官办公室以及加州公路巡警，身穿全套的防暴装备，一排 2 米多高、用铁链连接的栅栏令人生畏地摆在他们身后。

栅栏后面是人民公园，这片绿地一个月前还堆满了破碎的水泥块、腐败的垃圾、脱水的大麻，以及废弃的汽车。但几百名活动分子把这片乱七八糟的地方改造成了一个真正的公园，并称它为"西方世界的文化、政治、发飙和说唱中心"[1]。这片土地的拥有者加州大学认为，建造公园的行为是非法闯入行为。州长罗纳德·里根曾经把这个学校称作"示威者和性少数的避风港"[2]，他相信这次公园事件是一次"早有预谋的政治行动"。[3]黑豹党的埃尔德里奇·克利弗（Eldridge Cleaver）最近向州长兼大学校务委员的里根发起了挑战，要和他决斗。[4]克利弗曾经领导过一次有5000名伯克利居民参加的"罗纳德·里根滚蛋"的嘲讽大合唱。

奥尔康很喜欢人民公园，还把它选为个人摄影项目的拍摄场地。他拍摄了人们的很多场景，比如清洁地面，搬滑梯、沙盒、长凳，种树木、灌木以及鲜花。后来，他还拍摄了戴着绅士帽和约翰·列侬式眼镜的男人、穿着飘逸长裙的光脚女士，还有在新修的火坑上面冒着泡的大锅炖素菜——任何饥饿的人都可以免费享用。

就在这周早些时候，学校关闭了公园，驱逐了在里面睡觉的70多个人，然后把它用栅栏围了起来。现在，上千名示威者带着他们的口号和钹来到了公园。奥尔康意识到，他们肯定是为了要求重新开放公园。

这肯定不会有什么好事发生。奥尔康赶紧回到屋里，并告诉店主，他们应该尽快到后面藏起来。

在电报大街上究竟发生了什么，即使在几十年后仍然是个谜团。示威者走到了警察跟前，有些人向他们投掷了砖块或者石头，有一辆车的窗户被砸碎了，还有些人打开了消防栓。警察呼叫了增援。

接下来——爆炸了。

在电视机修理店的后面，奥尔康怔住了。他比绝大多数人都更了解爆炸。在高中时，奥尔康和一些朋友花了大部分时间研制炸药。[5]作为炸药爱好者，奥尔康"美名远扬"，阿尔法·西格玛·派兄弟会（Alpha Sigma Phi）的一位会员指责他将学校的钱宁环路炸开了一个大坑。①

与店主哈巴德（Hubbard）女士站在一起时，奥尔康才知道电报大街上爆炸的是什么东西：催泪弹。他把哈巴德女士带到了二楼——他知道催泪瓦斯会停留在地面附近，所以上到了能看到大街的楼夹层。大部分的游行者正在四散逃逸。几分钟后，催泪瓦斯消散了。

奥尔康心想最糟的情况可能结束了。"我们现在应该可以出去了。"他对哈巴德女士说。他们匆匆走下楼，小心地锁上了门。

就在和哈巴德女士跌跌撞撞地远离公园和电报大街的时候，奥尔康萌生了一个奇怪的想法：或许他应该带上他的照相机回去——他也为自己的这个想法惊讶不已。他花了好几个星期拍摄这个公园，为什么不继续记录发生在这里的故事呢？

奥尔康也有迟疑。他是一名谨慎的冒险者。他尝试过LSD②，但也就几次。他后来觉得，LSD虽"能让你站在大局上思考问题"，但"不能从本质上真正改变你"，何苦呢？于是就停用了。[6] 他留过长发，但计划在毕业的时候就剪掉。在人民公园待的所有时间里，他都会非常小心，从不去吃公园里的公共炖菜。他不想得病。③

奥尔康权衡了回到人民公园的利弊。弊是，他可能会受伤。但好在他也是个大个子，体重90公斤，身高1.78米，在伯克利分校被招募过去打美式橄榄球，高中的时候也打过一阵子，其间还和一位名叫辛普森（O. J. Simpson）④的年轻跑卫对垒过。[7] 他跑得很快，身体好的时候，能在6秒内跑出四五十米。

---

① 奥尔康说，阿尔法·西格玛·派兄弟会在他宣誓入会后两年就不运转了。
② 一种致幻剂，成分为D-麦角酸二乙胺。——译者注
③ 这一类深思熟虑的谨慎是早期示威运动的标志。马里奥·萨维奥（Mario Savio）是伯克利言论自由运动的领导者，一开始他并不情愿担任此角色。在爬上一辆警车，面向坐在车前的学生示威者发表演讲之前，他还先脱了鞋。
④ 著名的美式橄榄球运动员，1995年被指控杀害前妻及其好友，后因证据有漏洞而被开释，此即美国司法史上著名的"辛普森案"。——译者注

他决定回公园。

误打误撞进入硅谷

奥尔康犯了一个错误，他以为最致命的冲突已经过去了。当时的情景他先听见后看见。警报声刺耳般地响起，尖叫声不断。汽车烧焦的气味来自一辆被掀翻的警车，很快向他扑来。

当奥尔康把注意力集中在长焦镜头上，希望拍一些特写时，他听到了"砰"的一声枪响。奥尔康扭过头去，看到一个和自己年龄相仿的年轻人倒下了，手还按在肚子上。奥尔康回头看是谁开了枪。那里正站着一位警察，他手里还拿着枪，正在警惕地四处张望。

奥尔康像被烫到了的猫一样逃走了。

当混乱在 5 月 15 日结束的时候，有一名叫詹姆斯·雷克托（James Rector）的男子中弹身亡，当时他正站在房顶上观看下面的局势；[①] 另一名男子则被铅弹打瞎了眼睛；一名警察受了一些轻微刀伤，另有 20 名警察也受了伤；有 63 名示威者和旁观者受伤较重，得冒着被捕的危险去医院。可能还有好几百人也受了伤，但没有去医院接受治疗。[8]

州长里根宣布进入紧急状态，从理论上说，伯克利从 2 月的一系列学生示威开始就一直处于这种状态中。戒严开始了，州长还召集了 2500 名国民警卫队的士兵。少将格伦·埃姆斯（Glenn J. Ames）之后抱怨说，那些"嬉皮风的女人"打了一场她们自己的"化学战争"，给州长的士兵发了加有 LSD 的巧克力蛋糕和果汁。[9] 宵禁开始了。好几千名伯克利居民继续在街上游行，完全无视扩音器里每天都在播放的禁止群体集会的警告。经常有虚假的炸弹威胁

---

① 尸检上面标注的詹姆斯·雷克托的死因是，"因多处枪伤和主动脉穿孔导致的休克及出血"。一名向州长里根提交的警方报告谨慎地指出，雷克托不是一名学生，而是"一名假释犯，之前因入室行窃和持有大麻而被定罪"，并且，警方进一步指出，在他的汽车里，警察发现了"处于拆开状态的雷明顿 0.22 口径半自动步枪以及一个电话感应线圈，一件用于对电话通话进行磁带录音或监听的电子设备"。一条注解还提到他于 1963 年在空军入伍。

发生。教职员工们投票表决停课。建筑物都撤空了，到处都是涂鸦和手写标语："母亲们和孩子们反对军队占领"以及"保护你的公园"。在 5 月的最后两周里，警察在伯克利逮捕了 900 人。[10]

奥尔康拍到了一张惊人的照片，它捕捉到了 1969 年春天弥漫在伯克利的那种备受折磨却又无奈停滞的生机与活力。一个高个子的年轻人，他长着络腮胡，穿着蓝色牛仔裤，手叉在腰上，腹部的肌肉从绑在腰间的衬衣之上凸显出来，他正在和一个比他矮小得多，倍显疲态，戴着重型头盔的警察对峙着。警察配备有刺刀的步枪在两人之间划了一条对角线。[11] 一场冲突看起来不可避免。

5 月 20 日，也就是电报大街发生暴力事件 5 天后，大概有 3000 多人，都戴着黑色袖套，进行了一场反对被不少人称为"里根占领"（Reagan's occupation）的游行。大概有 700 人最后到了斯普劳尔广场（Sproul Plaza）。没人注意到驻扎在广场两头的士兵和警察只让人进入广场，但不让人离开。

士兵戴上防毒面具，抬头仰望。一架国民警卫队的直升机盘旋在广场上方晴朗的天空中。

先是一小缕，然后是一缕，再是一片云雾般的白烟从直升机的肚子里咝咝地冒了出来，落在人群之上。这是 CS 催泪性毒气（CS gas，一种强力的致吐气体）洒在了广场上。

人群大乱——呕吐，咳嗽，晕厥。这种气体让人几乎无路可逃。

奥尔康不能从伯克利分校退学。如果他退学了，就可能被征兵。这事他可不想干。他有高中的同学、队友、邻居从越南受伤回来，或者根本就回不来了。奥尔康参加过反战游行，他在家里就一直反对战争，即便他身为商船海员的父亲一直在为战区运送凝固汽油。当他的父亲把从一名归国士兵那里得来的一把 M16 自动步枪传给他的时候，奥尔康也只是用一张海报当靶子练习。

奥尔康需要保持注册状态，但又不想待在伯克利分校，他走了任何细心的冒险家都会欣赏的一步棋：注册了一个工读课程，这样一来他不仅可以在校外工作 6 个月、挣一些钱，还可以保持学生状态以推迟服兵役。

奥尔康母亲的老板在一家名叫安佩克斯电气制造公司的先锋音像公司认识一些人，这家公司总部位于红木城，跨过旧金山湾与伯克利隔海相望。这个小城市号称"气候最好的地方"[12]，该标语印在了主街的一座拱门上。安佩克斯电气制造公司于 1944 年由一名俄罗斯流亡者亚历山大·帕尼阿托夫（Alexander M. Poniatoff）建立，公司的英文名字就是他自己的姓名缩写加上"-ex"后缀（ex 为 excellence 的缩写，意为"杰出"）。这家公司在 1948 年推出了世界上第一台实用的录音机，8 年后，又首次推出了实用的录像技术。字母鲜艳的"AMPEX"标志，对那些沿着才建好 5 年、连接旧金山和圣何塞一段的湾岸高速公路开车的司机来说，算得上是一种地标。

安佩克斯电气制造公司的触角伸进了美国文化的深处。1948 年，宾·克罗斯比（Bing Crosby）①说只有让他使用该公司的新录音机来实现播音磁带延迟的效果，他才愿意继续播放深受欢迎的广播节目。1959 年，安佩克斯电气制造公司的录像机录制了副总统理查德·尼克松和苏联总理尼基塔·赫鲁晓夫在美国国家博览会上展开的著名的"厨房辩论"（Kitchen Debate）。几年后，安佩克斯电气制造公司的录像机又录下了围绕月球飞行的"阿波罗 8 号"飞船上宇航员发回的地球图像。[13]

通过母亲的关系，奥尔康得到了一次安佩克斯电气制造公司的面试。很快，他就收到了旧金山湾区发过来的录用通知书：雇用他在桑尼维尔（Sunnyvale）的卫星办公室担任 6 个月的工程师。这里就是即将被叫作"硅谷"的地方的中心。

奥尔康被分配到了基弗路上的一座偏僻的办公楼里，进入了一个整齐有序、充满了数字与丁字尺的世界。在伯克利分校的学生几乎每天都在示威的时候，安佩克斯电气制造公司的工程师们甚至连大声抱怨咖啡糟糕至极都不

---

① 美国流行歌手、演员、格莱美终身成就奖获得者。——译者注

行。据传，咖啡是在一个大桶里面冲泡，然后用船桨搅拌的。[14] 伯克利分校的暗语是"不要相信任何年龄超过 30 岁的人"，但在安佩克斯电气制造公司，年轻的工程师们，即使是那些已经修剪了太长的头发和胡子的披头士，也都非常仰慕打着领带、穿着平整的衬衫的年长者。在很多方面，这个办公室就像一个老派的欧洲行会，资深的工程师们教育着晚辈。[15]

奥尔康在安佩克斯电气制造公司，感觉就像在家里一样轻松自在，他把这里称为自己的"书呆子的天堂"。[16]

奥尔康所在的部门大概有 24 位工程师和差不多 150 名产品工人和管理人员，他们在生产一种新产品，它能够对文档进行摄影并把图像保存在约 5 厘米长的磁带上。之后想查看文档的人还可以在一个像电视机一样的监视器上把它调出来，或是打印出来。[17] 今天，任何带有相机的手机都能够立刻做到这一点，但在 1969 年，这项任务需要一台复印机那么大的机器来捕捉图像，还需要一台冰箱那么大、顶上带有磁带的机器来进行存储，然后还要一台写字台那么大的带有屏幕的设备来查看文档。安佩克斯电气制造公司把这套系统叫作视频文件（Videofile）。

当奥尔康来到安佩克斯电气制造公司 ① 的时候，有一些机构正在考虑购买视频文件系统，虽然这套硬件要花费大概 100 万美元，而且必要的微波基础设施还需要另外 100 万美元。苏格兰场 ② 和洛杉矶县治安官办公室都觉得视频文件系统或许可以用来保存指纹和入案照片。南太平洋铁路（Southern Pacific Railroad）想用它来组织货运单和其他文书。几家保险公司则希望这套系统能够帮助它们保存和审阅索赔、投诉和赔偿的相关文档。

最后，只安装了几套系统，这个视频文件项目就关闭了。尽管视频文件失败了，但它仍然成果卓著；它直接促使全新产业中的两家主要公司的创立。拉里·埃利森（Larry Ellison）是数据库巨头甲骨文公司（Oracle）的创始人之

---

① 大致来说，安佩克斯电气制造公司是硅谷历史上被忽视的伟大的公司之一。音频先驱雷·杜比（著名音频技术公司杜比实验室的创始人）也曾在这里工作。

② 英国伦敦警察厅总部所在地。——译者注

一，在 20 世纪 70 年代早期就做过视频文件系统方面的工作。接着，奥尔康也即将遇到一个人，他将会创立世界上第一家大获成功的电子游戏公司——雅达利。

结识雅达利的灵魂

离奥尔康办公桌不远的地方，有两个男人共用着一间小办公室。奥尔康总觉得他们这对组合很奇怪。特德·达布尼看起来像是标配的安佩克斯电气制造公司的工程师。他是在海军陆战队里学的电子知识。达布尼说话轻柔，脸上经常带有一种在自己脑海里独处太久的人才会有的出神的状态。他 32 岁，"一个真正的成年人"。奥尔康这么想。[18]

与达布尼共用办公室的家伙叫诺兰·布什内尔，20 多岁，大嗓门，自以为是，就是那种——不是讽刺他，会把自己描述成"为大众翻译上天话语的诗人，而上天就是科技"的人。[19] 布什内尔曾经是一个狡猾的人，在念本科时，他搞到了一个研究生办公室，方法是先去擅自占用一间，等有人来时就说"我认为我们不应该共用房间"。[20] 布什内尔刚从犹他大学毕业，他在那里上了罗伯特·泰勒在高级研究计划局工作时资助的计算机图形学课程。

就连奥尔康都能发现，"布什内尔不是最好的工程师"，但他对自己缺乏技术造诣的缺点丝毫没有愧疚。[21] 布什内尔解释说，在工程课程里以最后一名的身份毕业，证明了他的高效性："我获得了学位，但没有做任何我不需要做的事情。"[22] 布什内尔总是惹人瞩目，这对他来说并不难。他身高 1.93 米，一头乱蓬蓬的卷发；他没有忍受办公室糟糕的咖啡，而是带了自己的咖啡壶；他创立了一家股票购买俱乐部，在奥尔康还没有什么经验的眼里，这就像是一种精心设计的赌博，办公室的人一起凑钱赌市场的表现。奥尔康并不知道，布什内尔来安佩克斯电气制造公司不是因为他想在顶尖的工程公司里工作，而是这份工作能让他在加州居住，并比他工程课上的其他同学挣更多的钱。布什内尔是靠在嘉年华摊位上招揽顾客挣来的钱撑过大学生涯的，这项能力现在更是大有可为。

虽然这对看起来不是很搭的工作伙伴性格各异，却有着非常顺利的合作关系。达布尼是一位杰出而实际的工程师，布什内尔经验不足但学东西很快。两人都很喜欢围棋，达布尼甚至还亲手刻了一块棋盘，背面有"视频文件"的标志。他和布什内尔把它挂在了办公室的墙上。达布尼和布什内尔都有女儿，两家人经常一起过周末。

他们疯了

在安佩克斯电气制造公司待了6个月之后，奥尔康在伯克利分校完成了一个星期的课程，然后又回到了工作岗位上。他最先去的地方就是达布尼和布什内尔的办公室。

只有达布尼在那儿。

"布什内尔呢？"奥尔康想知道。

达布尼放低了声音："走了。"

"走了？"有谁会离开安佩克斯电气制造公司？

达布尼回答说，布什内尔想做一些不同寻常的东西。达布尼帮他一起做过，还做得非常不错，以至于达布尼也在考虑是否离开安佩克斯电气制造公司。

"他们在做什么？"奥尔康问。

"一个你可以在电视机屏幕上玩的游戏。"

"他们疯了。"奥尔康心里只有一个想法。

T

3

她口袋里的 8 个 25 美分硬币

福恩·阿尔瓦雷斯

Eight Quarters
in Her Pocket

12 岁的福恩·阿尔瓦雷斯住在加州的库柏蒂诺（Cupertino），这里距离安佩克斯电气制造公司的桑尼维尔办公室不到 8 公里。比时，她正在折叠纸张，并把它们塞到信封里，再用一块湿润的海绵扫过信封口将其粘起来。她能凭此挣一点钱，每小时 1.65 美元，这是基本工资——阿尔瓦雷斯正在努力赶超自己创下的每分钟 45 封的纪录。这时正是 1969 年快要落下帷幕的时候，甲壳虫乐队（Beatles）、至上女声组合（Supremes），还有彼得、保罗和玛丽民谣三重唱组合（Peter, Paul & Mary）正在鏖战，争夺着排行榜的榜首之位。

阿尔瓦雷斯在公路边的一个小商业区工作，这里还有一间牙医诊所和麦伯格熟食店。这个小地方是她母亲的雇主通信设备生产商罗姆公司（ROLM）唯一的办公室。这家公司两周前诞生在一间曾用来制作李子干的废弃棚子里，计划为军队制造一种计算机。实话说，"计算机"这个词对阿尔瓦雷斯来说什么意义都没有，也没有在她的脑海里唤起任何形象。

从阿尔瓦雷斯的父亲那一代算起，她是第五代加州人，家族的历史可以追溯到加州还属于墨西哥的时候。1963 年，阿尔瓦雷斯刚满 6 岁，全家从洛杉矶搬到了圣塔克拉拉（Santa Clara）山谷。阿尔瓦雷斯的母亲维内塔·阿尔瓦雷斯（Vineta Alverez）当时 26 岁，有 4 个女儿，她的前夫住在洛杉矶。维内塔虽然把一家人"搬到了农村"，但她的父母曾在那儿居住过，而且那儿确实有很多工作机会。

阿尔瓦雷斯的外公外婆曾在德尔蒙食品公司（Del Monte）工作，主要是加工食品罐头。黑色风暴（Dust Bowl）[①] 时期，只要他们往皮卡车的车厢里塞满一家人所有的东西，从俄克拉何马州的肖尼市出发，朝着 66 号公路向西驶去，就能到达桑尼维尔。那年是 1933 年，桑尼维尔虽然并不是他们心目中想象的那种遍布橘子园和棕榈树的地方，但是这里有工作机会，土地也不会沙化，所以他们留了下来。他们在距离罐头厂很近的地方买了一栋房子，如果逆风站着的话，他们在前院就能闻到桃子的香味。

来到旧金山湾区后不久，维内塔便在航空巨头、国防承包商洛克希德公司找到了一份装配线上的工作。洛克希德公司坐拥 17000 名员工，是旧金山湾区最大的雇主。维内塔告诉女儿，这家公司的员工如此之多，连桑尼维尔市都请求公司错峰下班，避免影响晚间交通。

维内塔高中毕业后就辍学了，她的装配工经验也仅限于在洛杉矶的一家婴儿车厂做了两年铆工。一直希望招到新员工的洛克希德公司对新员工会有为期两周的培训。在那里，维内塔学会了焊接和阅读装配说明、印刷材料和颜色代码的方法。就像旧金山湾区的其他几千个工作者一样，她会把在一家大型知名企业里学到的经验用来服务小型创业公司。

一年后，维内塔离开洛克希德公司，去到仙童半导体公司从事制造生产线上的工作。这家公司由诺贝尔奖得主威廉·肖克利手下的 8 位前员工创立。维内塔的职责是装配印刷电路板，但没有人告诉她这些电路板是用来干什么的，她也无暇询问。[1] 在仙童半导体公司工作了 6 个月后，她又去了西尔维尼亚公司（Sylvania），这是一家军事承包商和电子制造商。

随着每一次的工作变动，维内塔的工资都会稍微上涨一点，但还是不够支付每月 130 美元的房租，以及给阿尔瓦雷斯四姐妹的生活费用。维内塔还打了第二份工，这是一份在家里做组装的工作，她常常把电烙铁和其他零件在厨房桌子上一股脑儿铺开。维内塔喜欢加班，工资会比平时多一半，但加

---

① 20 世纪 30 年代发生在美国中部的一系列沙尘暴侵袭事件。——译者注

州法律当时不允许女性每日工作超过 8 小时。[2] "他们说这样别人就无法占女性的便宜，"阿尔瓦雷斯说道，"这是瞎扯，他们就是想把加班时间给男人。"[3]

1966 年，在阿尔瓦雷斯读三年级的时候，他们一家搬到了兰乔林科纳达（Rancho Rinconada），这是库柏蒂诺的一个社区，据说这里的学校是全州最好的。兰乔林科纳达是一个新开发区，离公立小学、中学和高中都很近，她们每天早上走着就能上学。

母亲工作的时候，阿尔瓦雷斯和姐妹们就帮家里购物、洗衣服、打扫、剪草坪，有时候她们会一起推着沉重的割草机剪下草坡，再把它拖回来，反复修剪草坪。在维内塔家，没有"女孩子不应该做这种事"的说法。阿尔瓦雷斯的母亲说过，女孩子唯一不能做的事，就是坐下时两膝分开。阿尔瓦雷斯在朋友当中是唯一一个母亲每天都不在家的孩子。大部分朋友都和父母住在一起，他们的父亲在厂里或者服务行业都有一份不错的工作，所以他们的母亲不需要做全职工作，或者根本不用工作。[4]

在兰乔林科纳达，阿尔瓦雷斯的家周围全是果园。孩子们把果园当成地标——"在李树园门口的高旗杆下面等我，那家伙如果在那儿抓到你，就会用盐弹枪打你"；他们也会把果园当成游乐场——破败的小棚子和储藏室都是很好的藏身之所；当然，他们也会把果园当成挂满"低垂的免费甜点"的永不关门的超市。

孩子们都知道，有时候，尤其是冬天，果园也很可怕。果园有时就像一个寂静、朦胧、云雾缭绕的世界，黄色的芥草长到齐腰高，雾气极其浓密，根本看不到下一棵树在哪里。

在粘信封的工作之前，果园是阿尔瓦雷斯赚零花钱的主要来源。兰乔林科纳达的小孩们都知道，当果子变"重"时，果园中就会飘起亮橙色的三角小旗。这意味着丰收的时节到了，果园的主人会付钱让大家摘李子。行价大概是每箱 50 美分，如果天气好的话，阿尔瓦雷斯回家时可以挣 4 箱采摘的钱，那就是 8 个 25 美分的硬币。

不过，阿尔瓦雷斯周末在罗姆公司的新工作不仅能赚到更多的钱，还能待在室内。

罗姆公司，母亲的新公司

从 1969 年 11 月开始，母亲维内塔就在罗姆公司工作。她是几周前听说这家公司的。当时维内塔正在西尔维尼亚公司的生产线上工作，老板突然走过来说："你有个电话。"

维内塔起身去接电话。生产区唯一的一台电话在老板的办公室。维内塔在西尔维尼亚公司工作的 5 年间，女工在生产线上工作时接到的电话只有坏消息，要么是丈夫出车祸了，要么是孩子摔断了胳膊。

这一次有所不同，打电话的人是罗恩·迪尔（Ron Diehl），他是一名和维内塔共事过的技术员，刚离开西尔维尼亚公司。迪尔打来电话是想动员维内塔到他的新雇主罗姆公司工作。他说，4 位西尔维尼亚公司的工程师——尤金·里奇森（Eugene Richeson）、肯·奥什曼（Ken Oshman）、沃尔特·洛温斯坦（Walter Loewenstern）和罗伯特·马克斯菲尔德（Bob Maxfield），一个月前创办了这家公司，并以他们的姓氏首字母组合 ROLM 命名。他们叫迪尔帮忙找一些生产技能出色的人。

时至此刻，维内塔已经在电子制造行业工作了 7 年。她在许多技能方面都成了能手，从小到需要显微镜的焊锡丝，到制造电路板，再到制作面包板（这要求由一个人来制作印刷电路板的大型手工接线的原型，将来会大批量生产来充当电子设备的"内脏"）都不在话下。迪尔在离开公司前让维内塔进入了一个为西尔维尼亚公司生产保密产品的团队，在这个团队，她管理过一个有 50 位装配工人的小组，甚至还获得了机密许可。

维内塔很喜欢迪尔，当听说迪尔很喜欢自己的新工作时，维内塔为他感到高兴。然而，维内塔一个人抚养着 4 个女儿，她不能冒险去一个只有 9 名员工，甚至还没有产品的公司。她在西尔维尼亚这样的大公司有着稳定的收入。因此，维内塔谢绝了这份邀请。

迪尔每周都会给维内塔打两次电话。每次只要老板叫她接电话，她便会感到不知所措。维内塔欣赏迪尔用她老板的电话来挖她的这种勇气。每次打电话，迪尔都能提出一个她应该加入罗姆公司的新理由，比如更高的薪水，她可以以每股 50 美分的价格购买股票，罗姆公司离她家只有几条街远，而且，罗姆公司的创始人很聪明，产品也颇具革命性。

维内塔一再拒绝。从在婴儿车工厂工作开始，她就在拼命供养 4 个女儿，每个月末，她都会提出工资每小时涨 5 美分的要求。她不能冒着搞砸女儿未来的风险去加入这家刚刚成立的小公司。

后来迪尔告诉维内塔说，她可以管理罗姆公司的整个生产线。这对维内塔来说是个新鲜的尝试。在西尔维尼亚公司工作的 5 年来，她从来没有看到过有女性负责生产工作，即使有些女性已经在部门里工作了 15 年。女性可以当车间主任，但当有管理者离开时，接任的总是男性，一般是从其他公司雇用来的。在洛克希德公司和仙童半导体公司也是一样。维内塔说："虽然所有的装配员都是女性，但除了男性，没人能超越'装配员'的地位。"

1969 年 11 月，维内塔告诉未婚夫，她考虑去罗姆公司试试，但又担心这家创业公司会倒闭，到时她该如何负担女儿们的各种费用呢？她的未婚夫保证说，如果有什么事情发生，他都会提供经济援助，直到她找到新工作。

迪尔又一次打来电话时，维内塔同意了。

与计算机结缘

当 12 岁的阿尔瓦雷斯还坐在罗姆公司秘书办公桌旁粘信封时，公司打算利用 75000 美元的种子资金 ①，把现成的通用数据公司（Data General）的微型计算机改造成可以在战场上使用的计算机，这种计算机能够承受极端的

---

① 每个创始人各出了 15000 美元，投资人杰克·梅尔乔（Jack Melchor）也出了同样的金额。

高温与低温环境，以及耐得住长期的剧烈摇晃和震动。他们的计划是把这些"加固型"计算机卖给军队，用于数据收集以及控制导弹和雷达系统。罗姆公司估计这个市场价值 1 亿美元。

不过，罗姆公司只有一位有计算机类实际工作经验的员工：罗伯特·马克斯菲尔德。马克斯菲尔德曾在 IBM 工作过，他现在觉得罗姆公司的整个业务都依赖于他一个人。"而且我也知道自己懂的有多少。"他多年后承认道。[5] 维内塔加入罗姆公司后，她开始装配公司所需要的电子器件。每天晚上，迪尔、马克斯菲尔德或是一位工程师会测试维内塔组装的电路板、阵列或是其他设备。到第二天早上，维内塔会组装出新的设备，并及时制造出来，好在当晚进行测试。

每当罗姆公司有些小活需要完成时，维内塔就会把阿尔瓦雷斯或者她姐姐鲍比（Bobby）叫来帮忙。在那些复印文件或是整理纸张的日子里，阿尔瓦雷斯几乎认识了在这家小公司里的每一个人。她特别喜欢肯·奥什曼这位负责人。奥什曼也总会停下来关心她做得怎么样。阿尔瓦雷斯很难相信，就是这个曾经穿着百慕大短裤的 29 岁的男人，让她的母亲不再承受打第二份工的压力。

阿尔瓦雷斯已经是个少女了。随着年龄的增长，她渐渐开始喜欢母亲不在家的时光。阿尔瓦雷斯知道，那些曾经和她一起在果园里玩耍的孩子将很快变成在废弃的农舍里抽大麻的年轻人。不过，她却一直对罗姆公司心存感激，因为是它减轻了母亲的负担。

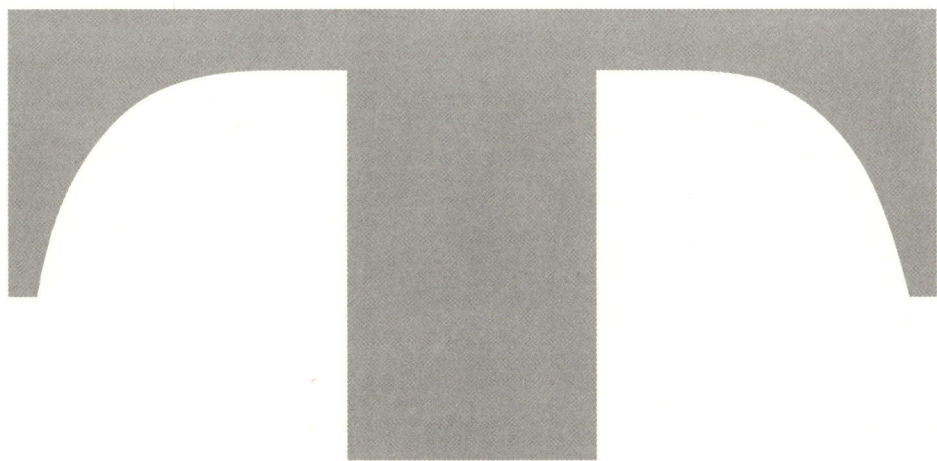

T

4

从仙童到英特尔，追寻未来的冒险

迈克·马库拉

The Fairchildren

1969 年的一个温暖的春日，就在离福恩·阿尔瓦雷斯摘李子不远的地方，27 岁的迈克·马库拉正在帮前任老板杰克·吉福德（Jack Gifford）策划创建一家新公司。3 年前，吉福德从仙童半导体公司雇来了马库拉，阿尔瓦雷斯的母亲曾在那里组装过那些她搞不清用途的电路板。现在吉福德要离开仙童半导体公司，打算创办一家微芯片公司来与这家先锋企业竞争。吉福德目睹了仙童半导体公司的成功：在 10 年的时间里，公司员工增长到了 11000 名，利润高达 1200 万美元。吉福德在之后创办的超微半导体公司（Advanced Micro Devices，简称 AMD）也会以这种方式取得成功。他想要马库拉也加入。

温和与野心

吉福德第一次注意到马库拉是在 3 年前，这个年轻人当时正在旧金山湾区以南 480 多公里的卡尔弗城（Culver City，位于洛杉矶附近）工作。马库拉是大型国防承包商休斯飞机公司（Hughes Aircraft）的工程师。吉福德在仙童半导体公司的销售部门工作时，马库拉曾为休斯飞机公司内部的电子器材商店购买过一些仙童半导体公司的电路板、放大器和零件，他俩这才有机会相识。虽然马库拉彼时只有 24 岁，但已经是一位经验丰富的员工，他在南加州大学毕业前就被休斯飞机公司录用了。

马库拉身型小巧，说话温和，喜欢抽烟，他的桌子上一尘不染。他思维清晰，有着擅长靠机智的分析来工作的才能，喜欢根据实际情况用分析性思维来解决问题。当马库拉还是一名工程学的学生时，就想过开一家公司来制造晶体管计算器。不过，他没有像其他那些 20 多岁的人一样，马上冲动地开干，而是对每一步都精打细算。虽然他从没有上过任何商业课程，也没有接受过正式的培训，但他相信，帮助他解决工程难题的方法同样也适用于商业计划的制订。他把每个问题分成小块，逐个击破。比如，从哪里去搞到零件，需要花多少钱？谁想要这个计算器？那些顾客会愿意付多少钱来买？他应该通过邮购来销售计算器，还是在实体店？在精心制订过计划后，马库拉意识到，这个点子永远不会成功，因为仅零件就要 300 美元，这已经超过了顾客愿意支付的价钱。尽管当时只有 20 岁，他也明白"失望要趁早"的道理。

在温和的举止背后，马库拉强烈的野心可能很难令人察觉，不熟悉他的人甚至可能会认为他非常乏味，但吉福德察觉到了。1966 年的夏天，吉福德一有招聘名额，就给马库拉打去电话，叫他来仙童半导体公司。

"来机场见我！"吉福德在电话里"命令"马库拉，"我有一份最适合你的工作！"

那时，仙童半导体公司的发展似乎势不可当。虽然公司成立还不到 10 年，但只有著名业界巨头德州仪器公司（Texas Instruments）和摩托罗拉公司（Motorola）每年能比它制造更多的半导体设备。仙童半导体公司有的是现金，在半导体技术出现的第一年，它的工程团队就贡献了微芯片领域 20% 的发明与创新。

马库拉差点儿拒绝了考虑仙童半导体公司提供的工作。就在吉福德打来电话的那个早上，马库拉刚刚接受了太空科技实验室（Space Technology Laboratories）提供的工程经理一职，这是南加州另一家像休斯飞机公司一样的国防承包商。马库拉告诉吉福德，他对从事海军卫星科技方面的工作很感兴趣，而且还会管理一个拥有 400 个工程师和物理学家的团队，还有 4 个星期的假期，以及一份"超乎想象的工资"。

吉福德怔了一下。"来机场见我。"他接着重复道。

进入仙童

马库拉笑了，然后警告他说："你最好有个很鼓很鼓的钱包。"

吉福德给马库拉的工资是每月1800美元。虽然不如太空科技实验室的高，但这份工作有两个方面足够吸引马库拉，让他愿意接受其中的落差。一方面，仙童半导体公司从不直接承包政府项目，这让他能够离开国防工业。马库拉很喜欢在休斯飞机公司的工作，但承包文书的处理和官僚主义让他伤透了脑筋，还有他的顶级机密许可意味着他不能和任何人谈论他的工作，包括未婚妻。他的法定姓名是阿马斯·克利福德（Armas Clifford），但他叫自己迈克（Mike）。在政府报表中，"迈克"是吉福德的"别名"，就像他是个罪犯一样。

另一方面，吉福德给了马库拉一个进入仙童半导体公司市场部门的机会，这让他不用再直接从事工程工作。马库拉在休斯飞机公司工作时获得了工程学硕士学位，虽然他觉得自己是一位不错的工程师，但他更喜欢尝试新类型的工作。作为洛克希德公司生产线领班的儿子，马库拉从十几岁时就开始工作，自费上了格兰岱尔专科学校（Glendale Junior College）和南加州大学。为了攒钱，他帮同学制造过立体声音响，在加油站工作过，在西夫韦公司（Safeway）给食品杂货装过袋，给车上过漆，还在电影片场承包过伙食。马库拉去休斯飞机公司之前的最后一份工作是在唱片制造厂研究工艺。在那里，他设计了一台机器，能将唱片的灌制时间减少一半。[1]

马库拉觉得自己会喜欢市场营销的工作，也自信地认为，如果不喜欢这份工作或者做不好，还能回到工程领域。在内心深处，马库拉觉得自己是个"汤米电子迷"（Tommy Techie）[2]。

1966年9月，马库拉和新婚妻子琳达·马库拉（Linda Markkula）一起离开南加州，来到旧金山湾区。他们开着新买的科尔维特跑车沿着高速公路一路北上，途径建筑林立的郊区与种满橙子和杏子的果园，然后到了圣何塞附近。这段旅程标志着事情繁多的一个月终于结束。就在这几周里，马库拉辞掉了工作，结了婚，把家搬到了遥远的地方，开始了一段新的职业生涯。虽然此时的马库拉过了年龄期限，不会被征召入伍，但他还足够年轻到开启一段全新的生活。马库拉为冒险做好了准备，除了乐观之外一无所有。

当马库拉到达仙童半导体公司位于山景城（Mountain View）威丝曼路的总部时，发现这家公司因为发展得太快，人员数量猛增，办公空间远远不够用。在最开始的 9 个月里，马库拉和线性集成电路市场组的另外两位初级成员——迈克·斯科特和吉恩·卡特，共用一个 10 平方米的格子间。他们的老板把这 3 个年轻人称为"那些想干事儿的人，也就是那种 A 型人格的人"，卡特也认同这样的描述，"他们都是追求未来的家伙"。[3] 但除了他们共同拥有的技术才能外，马库拉和办公室的两位同事非常不一样。

"眼睛要盯着磨盘"

卡特比其他两人早 6 个月来到仙童半导体公司，之前，他在一家肉类加工厂上班，为了成为白领，他决定跳槽到电子行业。在只花了 15 个月就拿到了应用科学和通信电子的大专文凭之后，他加入了阿尔伯克基（Albuquerque）的美国圣地亚国家实验室（Sandia National Laboratories）。他工作的机密级别太高，连面试都是在这家机构的栅栏外进行的。[4]

斯科特毕业于加州理工学院，人人都叫他斯科蒂（Scotty）。他的特长是能够让自己的注意力高度集中；他能把手肘支在办公桌上，两手放在耳旁，一页又一页地阅读技术资料，无论身旁有多么嘈杂，他都能忽视，而且还能记得在哪一页哪一段里读到过哪个词。马库拉在一段回忆中充满喜爱地说斯科特"极其聪明，充满能量"，卡特回忆说他是"一个怪人"；还有传言说，斯科特有一次打了一个同事一拳，因为那人嘲笑他胖。[5]

尽管性格各异，马库拉还是很喜欢和他的同事相处，这是件好事儿。他们所处的办公间只有衣帽间那么大点儿，拥挤异常，如果有人要出去的话，其他人得从办公桌前站起来让道。[6]10年后，当马库拉帮忙创立苹果公司时，他会把斯科特和卡特都雇用进来。

在这间小小的办公室之外，仙童半导体公司是技术产业里"努力工作，放肆玩乐"（work hard, play hard）管理方法的开山始祖。那些待到深夜模拟演练电话销售的销售团队，因为糟糕的行为举止上了好几个度假村的黑名单。就在马库拉上班的第一周里，销售团队中的几乎所有人都因痢疾请了病假；这要拜为期一周的墨西哥喧嚣之旅所赐，在那里，他们整整一个车队的人都莫名感染了痢疾。鲍勃·维德拉（Bob Widlar）是一位难以捉摸的发明者，发明了仙童半导体公司的多种运算放大器，他有时候会展示出超乎寻常的才能，效率惊人。他喜欢玩"不用手喝酒"的把戏：把酒杯的边沿用牙咬住，然后下巴一扬，把杯里的东西（一般是琴酒）倒到嘴里去。据说他还曾在某个夜晚咬碎过杯子。[7]

马库拉从不搞这些滑稽的事。他决心努力工作，超过所有人。"眼睛要盯着磨盘。"他告诫自己说。[8]他一般不参加业界举办的晚宴，像是在红宝石（Ruby's）、伊冯娜之家（Chez Yvonne）以及马车轮酒吧（Wagon Wheel）等场所举行的酒会。马库拉才十几岁的时候，就决定不去上加州理工学院，因为他觉得那里的学生对学习不够重视。有次马库拉去参观这所学校，看到学生们正在相互扔水气球。[9]来仙童半导体公司之前，马库拉雇了一位专家来帮自己起草简历。简历写好之后的那个周末，他一口气投给了当天在报纸上打出招聘广告的全部90家公司。马库拉从来不是一个使力使一半的人。

这种专注也正是马库拉在1969年春天告诉吉福德自己对帮助创办超微半导体公司不感兴趣的原因。马库拉不想因为他预料到的吉福德和他6位联合创始人之间的权力斗争而分心。事实证明，他的预料是正确的。另外，整个行业正处于创建创业公司和衍生公司的狂热中，马库拉却觉得其中存有泡沫。他在仙童半导体公司工作的3年间，有太多的人离开，加入或者开办竞争对手公司。在过去两年，他就能数出至少8家仙童半导体公司的衍生公司，这些新公司有一个共同的昵称：仙童子（Fairchildren）。仙童半导体公司的8名联合创始人已经走了 7 名。就在前一年，也就是 1968 年 7 月，罗伯特·诺伊斯和戈登·摩尔（Gordon Moore）创办的一家叫作英特尔的新公司已经吸引了仙童半导体公司的好几位顶尖研究者。再往前一年，仙童半导体公司的生产总管查利·斯波克（Charlie Sporck）成为国民半导体公司的 CEO。在 6 个月的时间里，36 名仙童半导体公司的销售、市场人员和工程师，包括马库拉的前同事吉恩·卡特也离营而去，加入了国民半导体公司。马库拉也得到了一份聘书，但他回复说："没觉得有什么共鸣。"

看到这么多人离仙童半导体公司而去，马库拉相信，按兵不动也有它的优势。迄今为止，他的职业生涯都是一帆风顺的——他在 3 年里升职了 3 次。在成为所有集成电路产品市场部门的领头人之后，他离开了曾经和斯科特、卡特共用的小办公室。马库拉觉得，也许有一天他也会想去创办一家公司或是加入一家创业公司，但现在还不是时候。

从17%到35%，让市场份额翻番

马库拉在仙童半导体公司开始工作时，虽然在工程上的直觉非常敏锐，但在处理客户关系上却显得有些稚嫩。有一次，他在客户的设计师前面批评了他的电路设计，还指出了改进的建议。[10] 这位客户是天顶电子公司（Zenith）的一位设计工程师，他被气得脸发紫，把马库拉和销售人员都赶了出去，还咆哮道："永远也别想教我怎么设计自己的电路板！"①

在犯了这个错误的之后几年里，马库拉学会了如何去读懂客户的想法，以及如何对产品进行定位，好让客户产生兴趣。他还在美国管理协会上了一门市场营销的课程。在那里，他学到了市场营销的一些更基本的原则：如何理解和界定不同的目标客户（他了解到，最大的啤酒公司的宣传目标都是那些一天喝一箱乃至更多啤酒的男性）；如何把问题变成财富（李施德林漱口水围绕着令人不适的口臭展开过一场广告战役）；如何定义市场（第一个进

---

① 几十年后，马库拉笑谈了自己年少时的无知故事。"我以为在帮他的忙。"但在重新考虑了一会儿又说，"我当时是个很优秀的电路设计师，我的设计肯定要更好点儿。"

入市场的人，就可以在一面白墙上开枪打出一个洞，然后再在上面画一个靶标，洞正在靶心上）。"这门课的每分每秒都很有价值，"马库拉说，"我每天都能用到从中所学的东西，即使是在苹果公司。"

1968 年，马库拉按照他一贯谨慎规划的作风，为仙童半导体公司线性集成电路产品线开发了一套市场营销计划，让公司在这项重要产品上的市场份额翻了一番。马库拉开始的时候一如既往，总是先问一堆问题。他问自己，那些购买电路板的工程师们背后的动机是什么？答案是他们喜欢摆弄东西。他如何才能帮助他们摆弄呢？答案是给他们样品以及电路板的应用说明。他如何才能把样品和应用说明给他们呢？答案是需要一些创新。所有的电路板都很复杂，有些还很新颖。他不能把它们直接寄给没经过任何培训的工程师。

马库拉决定要让仙童半导体公司出资办一系列免费讲座。他们的竞争对手们还依赖着邮件、广告和一对一的访问，而马库拉和仙童半导体公司的其他市场营销人员却在 1968 年巡游全美，把好几箱的幻灯片、文件夹以及芯片从一家公司拖到另一家公司。每次两小时的讲座结束之后，仙童半导体公司的团队就会给听众里的工程师 5 片电路板样本和一大本三环活页夹的应用说明书，里面介绍了如何能把电路板设计到一个系统里面去。"我们超越了所有的竞争对手，绝尘而去。"马库拉回忆道。仙童半导体公司的市场份额在一年的时间里就从 17% 增长到了 35%。[11]

1969 年年末，马库拉再次得到晋升，与此同时，艾伦·奥尔康开始了他在安佩克斯电气制造公司的工作。尽管马库拉和仙童半导体公司的执行官之间隔了好几级管理层，但他还是觉得自己的事业抛物线上升迅猛，正对目标。

格雷厄姆的电话

然而，到了 1970 年年中，马库拉开始觉得疲惫，即便他是公司少数几个亮点之一。有太多事情开始变得不对劲了。[12]仙童半导体公司的研发、工程、制造、销售和市场部门都被掏空了，因为这些部门的人都加入了竞争对手的公司。第二季度的一次波及全行业的衰退让仙童半导体公司的前景更加黯淡。

马库拉之前对超微半导体公司和国民半导体公司提供的工作机会都说了"不"，然后当鲍勃·格雷厄姆 ① 在 1970 年秋天给他打来电话时，马库拉做好了谈一谈的准备。仙童半导体公司正在解体，而英特尔公司则蒸蒸日上。英特尔公司拥有将近 300 名员工和 400 万美元的年营业额，目前用作总部和生产设施的占地 2000 多平方米的建筑，已经不够英特尔公司用了。另外，英特尔公司已经有所盈利，这得感谢它为一种广受欢迎的存储器芯片提供的超快版本。这个零件的设计并不是非常复杂，在英特尔公司研发更高级的技术时，它是至关重要的收入源。

就在格雷厄姆开始招募马库拉的几周前，英特尔公司推出了 1103 MOS存储器，这即将成为业界标杆，并且在未来几年会为英特尔公司带来 90% 的利润。另外，不到一年，英特尔公司就会有一种微处理器登场，它的后代产品直到今天仍然是这家公司成功的核心原因。鉴于有这么多重要产品刚刚发布或者即将发布，英特尔公司急需扩展市场部。马库拉回忆说，1970 年年末，市场部只有格雷厄姆、一位产品工程师和一位货品装运员，还有一位销售主管，他们都向格雷厄姆汇报。

对马库拉来说，再也没有比英特尔公司更有吸引力的公司了。它已经比别的竞争对手更快地从第二季度的衰退潮中触底反弹。英特尔公司的研究人员是世界上最顶尖的，这家公司的领导者，特别是联合创始人罗伯特·诺伊斯也深受马库拉仰慕（这人将会成为他的朋友）。"我知道他们都很诚实，没什么阴险的企图。"马库拉说，"英特尔公司是我喜欢的那种地方。"[13] 诺伊斯在为公司招人时非常谨慎，反复重复"一小群知道自己在干什么的人能做到的事情，远超过一大群不知道自己在做什么的人"这句话，马库拉想成为英特尔公司小团队的一分子，他同意加入并担任新设立的北美市场总经理的职位。

在协商雇用细节时，马库拉让格雷厄姆吃了一惊。"我不在乎工资是多

---

① 鲍勃·格雷厄姆（Bob Graham）先前也在仙童半导体公司工作，此时是英特尔公司市场部门的领导者。

少。"他说。比起一张可观的支票，马库拉更想要的是股票期权。[14] 马库拉在仙童半导体公司和休斯飞机公司工作时都没有期权，他知道英特尔公司对每位工程师都会授予一些。这种福利在"仙童子"公司非常普遍，一般是 1000份期权。马库拉想要 20000 份。这个数字太大，格雷厄姆需要说服上级以获得特殊许可，更何况英特尔公司能用来发放的期权已经所剩无几。[15]

1970 年年末，这个请求终于获得了批准。1971 年 1 月，马库拉几乎是开车直接穿过仙童半导体公司设施齐全的园区，开始了新工作。在一座"皮包骨头"般的水泥建筑物里，摆放着之前租客丢弃的家具，而这里，就是英特尔公司的全球总部。

5

被忽视的发明，我们能拿这些来做什么

尼尔斯·赖默斯

What Do We
Do with These?

1969 年 5 月清晨 7 ∶ 30，300 多位示威者聚集在一起——大多数是斯坦福大学的学生。伯克利人民公园示威游行刚被镇压过去一天，他们就决定关闭斯坦福国际研究院的一家比较大的机构——卫星办公室，也就是 6 个月前道格·恩格尔巴特在"演示之母"中揭幕成果的地方，距离北边的门洛帕克有8 公里远。这间卫星办公室离斯坦福大学校园南沿只有几个路口远。示威者们多半来自斯坦福大学的一个叫作"四月三日运动"（April Third Movement）的学生组织，他们想要与越南战争相关的工作都停下来。[1]

熄掉你的引擎，不要紧张

示威者拖着标语、锯木架，还有从附近建筑工地搞来的起重机铁吊架来到了东西向的主干道上——俄勒冈高速路（Oregon Expressway）。他们把一辆校车横过来阻断了两条主干道，还扎破了所有的轮胎，这样就没人能把它开走了。一些学生站在路障附近，一边叫喊着口号一边挥舞着红旗。其他人则走进车流，分发着解释示威原因的传单。"熄掉你的引擎，不要紧张。"一份传单上写着这样的标语。[2]

这群人打算封锁汉诺瓦街，这条街是工业园最直接的入口，十几年前，斯坦福大学修建了这条街，想要吸引"无烟工业"来校园旁边未经开发的土地上安家落户。除了斯坦福国际研究院（它一半的资金来自国防部），另外两家公司也开展了大量与国防相关的项目，它们分别是洛克希德公司和伊泰克公司（Itek Corporation），并在工业园里租用了设施。这些公司的建筑十分低矮，而且很不起眼，都位于园区后方，藏在精心修剪的草坪之中，从街上看不到。

到通勤高峰时，路障已经拦住了大概 100 辆车。一辆卡车绕过封锁，"嚓"地一声停了下来，司机拿出一把刀，想要对付那些敲打他车前引擎盖的示威者们，但大部分司机也就只是骂几声"愤青""无知的怪胎"来发泄怒火。一位司机告诉给他发传单的学生，自己"为他的子孙后代感到遗憾"。[3]

汽车开始绕过起重机架和校车做成的路障，从道路两边的空地直穿过去，示威者们放弃了路障。大概有 100 个示威者手牵起手封锁了斯坦福国际研究大楼的入口。那时，警察的数量已经不少，其中一些在示威一开始就已经在现场。虽然有 50 名警察和示威者对峙着，但这里却没有任何海湾对面的伯克利人民公园暴力冲突中的那种怨恨之气。这里，身穿制服的警察、示威者以及一小批反示威者甚至在聊天！所有人都知道，警察正在等待后援来终结这次示威。

到了 11 点，后援赶到了。150 多名武装警察带着催泪弹向示威者逼近，命令他们解散。学生的回应则是用路边的石头、下水管以及金属指示牌砸碎斯坦福国际研究院的窗户。

凌晨时分，这场示威的组织者发布过一则指南："如果你被捕该怎么办？"上面所提供的建议都非常实用：把法律抗辩委员会的号码写在你的身上，进了警察局好打电话；不要反抗；大叫你的名字好让大家知道谁被抓走了，等等。[4] 警察逮捕了 15 人。"6 个女孩和 9 个年轻男子。"一位记者说。[5]

不到一小时，示威就结束了。警察清理了路障，重新开放了街道。示威的学生本可以从居民区的几条街走回斯坦福大学校园，但有一大群人却选择了走主干道——国王大道。他们唱着歌，攥着拳头，接受了同情他们的司机扔来的啤酒。据一份激进的报纸描述，他们相信示威"成功地终止了斯坦福国际研究院参与的与越南战争有关的工作"[6]。然而，这份评估更像是一厢情愿的想法，而非现实。[①]一群人在回到"四月三日运动"总部之前，还打碎了校长办公室窗户上的两块玻璃。总部就在学生活动中心门前怀特广场（White Plaza）上的一座网格穹顶里。[7]

这种吵闹、目中无人的示威尽管不如伯克利版的来得暴力，却在过去几个月，在斯坦福大学各处发生着。学生们关停了接受国防拨款的应用电子实验室，时间长达 9 天。在封锁斯坦福国际研究院的前几天，参与"四月三日运动"的学生已经号召学校停课，让学生去参加在怀特广场举行的一场狂欢节。在广场上，来客可以画各种图，然后让他人进行解读；可以扔网球来击打象征着校董事会的靶子，或者"砸碎国家"，比如用棒球棍去砸车，而有一块牌子提示它曾是一辆警用车辆；感兴趣的人还可以参加系列讲座。[8]

示威者有时会做出一些看起来非常不理智或者适得其反的行为，[9] 比如用红色油漆泼校长肯尼思·皮策（Kenneth Pitzer）。皮策只当了 19 个月的校长就倦于示威而辞职了。不过，示威也提高了少数族群在大学的录取率，推动了斯坦福跨学科研究中心的创立，并促使斯坦福国际研究院和预备役军官训练营（ROTC）[②]提早与校园分割开来。[10]

一个新点子：向商业市场发放许可

从 36 岁的尼尔斯·赖默斯加入斯坦福国际研究院并担任项目承包管理副主任的那一年开始，他对示威便有了一些谨慎的怀疑态度。他不喜欢战争，

---

① 1970 年，斯坦福大学切断了与斯坦福国际研究院的所有联系，虽然这项举动完全没能减少该机构与国防相关研究的数量。5 月 16 日的示威是在斯坦福大学宣布即将出售斯坦福国际研究院的消息之后才发生的。示威者敦促建立一个"和平研究中心"，由斯坦福大学和斯坦福国际研究院共同运营，它会"终止所有秘密和机密研究以及任何需要安全许可的承包合同"。出售斯坦福国际研究院意味着，斯坦福大学丧失了在斯坦福国际研究院进行研究的一切控制权。

② ROTC 即 Reserve Officers Training Corp 的英文缩写。美国是世界上军事力量最强的国家之一，其军官的养成，主要仰赖于 ROTC 制度的实施，美国预备军官选自高中毕业进入大学的学生或者大学的优秀生。各州立大学及主要私立大学都设有 ROTC。ROTC 是和大学必修课程一起进行的选修课，除了培养领导才能之外，还免学费，而学员毕业后会成为军官。——编者注

也不喜欢示威。预备役军官训练营让他这个来自加州小镇卡梅尔（Carmel）的挪威电工的儿子上了俄勒冈州立大学，读了机械工程专业。赖默斯很同情那些若没有预备役军官训练营的支持就无法来到斯坦福大学读书的学生。赖默斯也对自己的海军生涯感到自豪，他从一名18岁的普通水兵开始，逐步晋升为一艘航空母舰上的师级军官。他退伍后，先在安佩克斯电气制造公司工作，两年后，雅达利公司的创始人也来到这里。之后，赖默斯在一家叫飞歌福特（Philco-Ford）的电子企业工作，这家企业与国防政府机构也有相关的合作。赖默斯很尊重在这份工作中结识的许多人。

在斯坦福国际研究院这份年薪13000美元的工作中，赖默斯要与被学生讽刺为"邪恶力量"的机构合作：像美国国立卫生研究院、美国国家科学基金会以及美国海军研究实验室，是它们支撑着斯坦福国际研究院的研究。这项工作，还有他在斯坦福大学恩希纳厅（Encina Hall）的办公室（这栋建筑里还有斯坦福大学的核心管理部门与财务部门）都让他的办公室成了活动分子的目标。就在斯坦福国际研究院的示威游行发生几天以后，隶属于"四月三日运动"的一些人闯进了他的办公室，翻了一遍文件，并把其中一些用一辆大众甲壳虫运走了。那次，一贯温和的赖默斯显得异常愤怒，但他骂人的话也就是"叹气"，就像"交通可能是个问题，哎"之类的，他也非常震惊于女孩子们也在说脏话。赖默斯直起了他1.88米的瘦长身躯，两只蓝眼睛冒着怒气，仿佛准备打人。但最终，他只能用难以置信的表情看着安保经理处理混乱中扔进建筑物的石块，把它们收集起来整齐地摆在桌上。[11]

在过去几个月里，赖默斯没能在正式的工作里找到一丝灵感，他一直在一个自己创造的工作岗位上兼职：向商业市场发放斯坦福大学的发明许可。他想把斯坦福大学的想法变成能够让学校获利的产品。他干这个很在行。

赖默斯想出这个点子是在一年前，也就是1968年5月他刚来学校的头几周里。一天早上，他打开邮件的时候，看到了一份来自一位化学教授的发明披露书，这位教授发现了一种合成激素的新方法。[12] 发明披露书是一份保密的描述性文件，由发明者执笔，用以帮助决策一项发明是否应该在发表之前申请专利。赖默斯在飞歌福特公司的时候也接触过发明披露书，但在斯坦福大学还没有见过。后者大部分研究者把他们的想法发表在学术期刊上时，根本就不向大学提交正式的披露书。

赖默斯把披露书拿给一位同事看："我们拿这些来做什么？"

这位同事让赖默斯把披露书送到研究集团（Research Corporation）去。研究集团是位于纽约市帝国大厦里的一家有66年历史的非营利性机构，距离斯坦福大学有4800公里。研究集团和全美各地的大学都有合作，如果它觉得这个想法值得申请专利或者发放许可，就会处理文书工作。研究集团从专利中挣到的钱一小部分会转交给发明者所在的大学，更小的一部分会给发明者，而剩下的钱则都用来资助研究集团所管理的奖学金。[13]

赖默斯做了一些调查之后发现，斯坦福大学在1954—1967年从研究集团只得到了不到3000美元的支持。他觉得这笔数字难以置信，而确切的金额是2944.91美元，[14]除了其中的44.40美元，其他的钱全都来自威廉·汉森（William Hansen）教授的"自动功率桥"专利。怎么可能整个斯坦福大学的发明创造平均每年才给学校创造226美元的收入？

赖默斯开始整理专利清单，列出了校园里所有与专利有关的人士。商务办公室有一位律师偶尔会做点专利工作。校园西南角附近新成立的SLAC国家线性加速器实验室雇用了一位全职的专利顾问。有位校外律师每周也在汉森实验物理实验室（Hansen Experimental Physics Laboratory）工作一天。[15]也就这些了。

赖默斯不是律师，专利法知识也懂得非常有限。他认为，斯坦福大学还可以在知识产权上多做些事情。赖默斯知道，佳洁士牙膏就是在印第安纳大学的一所实验室里研发出来的，他们把这项许可独家授予资助该大学研究的宝洁公司之后，学校赚了大把的钱。[16]他还知道一个颇有警示意味的故事，佛罗里达大学的一名医生曾提议，学校授予他为橄榄球队配制一种补水饮料

的全部所有权，学校拒绝了，这种饮料叫佳得乐（Gatorade）①。¹⁷

赖默斯觉得斯坦福大学应该创立一个团队，集中关注发明的许可授权与商业市场的引入。这种提法虽然不是前无古人，但也算是颇为大胆：在全美，只有9所大学开展这种工作。他觉得斯坦福大学应该创造一些激励机制，鼓励研究人员把它们的点子上报给学校，而学校也应该雇一些知道如何把它们卖给商业界的人。赖默斯相信，最能帮助一个点子走向公众的，就是让一家公司来推动它的发展。

赖默斯仔细思考后，就知道应该让谁来帮他推动——弗兰克·纽曼（Frank Newman）。纽曼41岁，高大英俊，就在恩希纳厅的楼上工作。虽然他做的事情与专利和授权都没有什么关系，但他特别喜欢新点子。纽曼在布朗大学和牛津大学都学过经济学，有哥伦比亚大学的MBA学位，还作为一名反战共和党人进行过一次非常不成功的国会竞选。他曾放弃了在贝克曼仪器公司（Beckman Instruments）的杰出事业，这家公司曾在1956年资助威廉·肖克利在一所老旧的半圆拱形活动房里启动了晶体管项目，这个项目一年后就开始走向没落，8位核心科学家和工程师离开并创建了仙童半导体公司。

营销，营销，还是营销

在斯坦福大学，纽曼掌管着大学的公关工作，他同时也是校长的参谋之一。不过，即使是这份重要的工作也没能耗尽他天才的能量，在闲暇时间，他还攻读了技术史博士学位。将来，他会担任一个全国性高等教育任务小组的领头人，之后还会成为罗德岛大学的校长。¹⁸

在斯坦福大学，纽曼虽然看起来还算年轻，但他是赖默斯见过的最忙碌、最高效的工作者。纽曼对于恩希纳厅外面的学生示威的解决方案是，把办公

---

① 1971年在佳得乐的发明者把配方卖给一家私人公司之后，佛罗里达大学对他们提起了诉讼。1972年，发明者和学校达成和解。截至2015年，该大学从佳得乐获得了共计2.81亿美元的赔偿。

室搬到他的车上去。他的秘书那几天就在他旁边的副驾驶座上办公，完全没受到任何干扰。[19]

第一次见面，纽曼就完全支持赖默斯关于成立一个专注于专利和许可的小组的想法。提案里有一点让他特别感兴趣。赖默斯认为，斯坦福大学应该在大学投钱申请专利之前就请公司来评估这个想法的价值。不过，这种做法有些风险，一家不讲道德的公司可能会在专利申请到之前就偷走这个想法。不过赖默斯觉得，与其浪费时间和金钱保护那些根本就没人想要的发明，还不如冒点风险。

纽曼同意这点：如果有一家公司认可并愿意在产品中使用斯坦福大学的发明，这也算是找到了一个更广阔市场的间接证明。"我在贝克曼仪器公司工作的时候，很乐意大学愿意这么做。"他解释说。两个人开始讨论一些想法和问题。他们如何才能找到一家公司来请它评估呢？应该找公司里的谁呢？如何去解释他们试图做的事情呢？

还有花费呢？纽曼大声地说出了内心的疑惑。斯坦福大学并没有什么钱能用在实验项目上。赖默斯自愿在日常工作之外花时间来管理这个项目。

他们一致认为应该把这个新小组的办公室当成一个营销车间。"成功最重要的三个要素是：营销，营销，还是营销。"赖默斯这样写到。[20] 这个小组需要向教职员工做营销，鼓励他们向新的办公室提交发明披露书，而不是自己去申请专利，或只是把它们写在实验室记录本上，又或者直接发表。这个办公室也需要找到并说服公司来购买许可，以使用发明者的想法。大多数想法都非常尖端，把它们变成产品可能要很多年，有些可能永远都不会变成产品。还有第三类营销工作需要做。对于那些在联邦政府合同下产生的想法，赖默斯需要说服合适的政府部门，并告诉他们，这些发明的所有权属于发明者或者斯坦福大学，而非政府。

"技术许可办公室需要有创业精神。"赖默斯告诉纽曼说。赖默斯每次打开自己那本书页已经卷起来的西部电子制造业者协会（美国电子工业协会的前身）会员的目录时，都会觉得这是创业的"脉搏"在斯坦福大学附近的公司中"跳动"的证据。这本书里面画满了横线、箭头、潦草写上的新名字以及加了括号的备注，用来标注哪位有影响力的执行官或是工程师跳槽了或者创建了一家新公司。

赖默斯希望这个新创部门里也有一种同样的创业精神。位于纽约的老派的研究集团需要两个月来评估一个想法，他所构想的这个办公室动作会更快。研究集团申请了专利之后就放手不管了，斯坦福大学的计划则会帮助公司为这个想法想象一个市场出来。

赖默斯希望，在斯坦福大学收到专利税，然后办公室扣除 15% 的花费之后，剩下的 1/3 都能给发明者，其他 2/3 由发明者的科系和大学平分。这个安排非常慷慨。在麻省理工学院（他们于 1963 年停止了和研究集团的合作），发明者可以得到专利税的 12% ；在加州理工学院和普林斯顿大学，发明者能得到总专利税的 15%。[21]

赖默斯相信，把专利税的一大部分给发明者和他们的科系，能够激励研究者向新的办公室汇报他们的想法。[①] 然而，赖默斯又担心这项计划可能会危害大学的根本使命：增进世界的知识储备。研究者可能会过度关心如何保护一个想法，或是如何通过新办公室来营销，从而推迟文章的发表时间，直至专利申请成功。按赖默斯的话说是："大学科研的推动力是为了搜寻新知识，而不是搜寻新的专利点子。"[22] 他不想"挣来很多钱却丢掉很多科学研究"[23]。

纽曼也有自己的担心，这些担心大部分滋生于他所熟知的大学官僚体系。他知道斯坦福大学信奉在科学和商业存在跨界与交融的可能性。在充满雄心壮志的"代表人类与文明行使影响力以推进公共福利"的目标之外，学校1891 年的成立注资文件里也谈到了一条："目标，乃是赋予学生以资格获取个

---

① 这是一种营销手段，而且赖默斯也知道，研究集团将继续是斯坦福大学发明者的一个备选项。赖默斯和纽曼请求教务长发布一份备忘录，解释任何从许可计划进入系里的钱都会被当作"追加"拨款，而不会威胁到来自学校的一般拨款。

人之成功，并对准生活之实际效益"[24]。示威者们所针对的工业园区，正是学校为与高科技公司加强联系所做的广泛努力的一部分。公司里的工程师可以付费通过闭路电视来上斯坦福大学的课程。提供了赞助的公司还能够提前看到斯坦福大学的研究成果，并和研究者交流。

即使是斯坦福大学，在迎接变革上也是步履缓慢的。纽曼知道，赖默斯不可能提议说，让斯坦福大学和研究集团分道扬镳，转头使用一家未经测试的内部机构。"我们就把这个叫作试点计划，"纽曼建议说，"比如只做一年，然后再做评估。"纽曼肯定也建议了让自己，而不是赖默斯，来向斯坦福大学当局提供这个提案。[25]

会议结束了。赖默斯收拾了一下自己的东西。在他起身离开时，纽曼已经飞一般地开始了他日程表上的下一项工作。

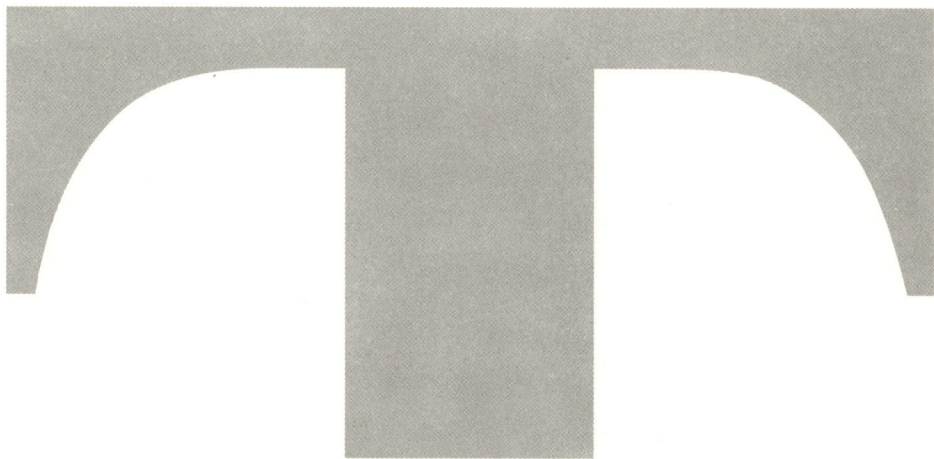

6

跟我走，要么我自己走

桑德拉·库尔茨格

Come with Me, or
I'll Go by Myself

1969 年，当示威之火在斯坦福大学熊熊燃烧时，校友桑德拉·库尔茨格正远在 4800 公里以外，跟随新婚丈夫在新泽西默里山（Murray Hill）的贝尔实验室园区工作。贝尔实验室因作为"点子工厂"而富有盛名，激光、晶体管以及射电天文学都是在这里发明的。不过，库尔茨格觉得，要是走近看的话，这地方更像是一座监狱。为了鼓励来自不同领域的科学家和工程师们充分交流，这个园区的设计由一系列毫无特色、低矮的矩形建筑构成，长廊像经脉一样穿插其间（物理学配楼的一座建筑几乎有两条街那么长），墙上点缀着狭长的窗户。园区的建筑物修建得整整齐齐，窗户也笔直成线。草坪修剪得有高级研究员的头发那么短。环绕着园区的道路几乎空无一人。[1]

库尔茨格的丈夫阿里·库尔茨格（Arie Kurtzig）在贝尔实验室做计算机存储器芯片的工作，他向门卫亮了一下自己的门禁卡，[①]而桑德拉·库尔茨格则晃了一下自己的通行证，上面注明她是一位"常驻访客"。4 个月以来，库尔茨格几乎每天都来贝尔实验室。不久前，她发现了一个闲置的工作隔间，并占为己有。现在人人都认为这就是她的位置。

库尔茨格并不在贝尔实验室工作，她是来向贝尔实验室的科学家和研究者推销通用电气公司生产的计算机的。更准确地说，她是来推销由通用电气公司运营的分时系统上的时间的。

---

① 阿里·库尔茨格研究的是磁泡存储器，其使用微小的磁化区域来表示数据位。

1966 年，罗伯特·泰勒通过分时计算机洞察到，计算机能够构建一种"互联社区"。一台单独的分时计算机能够在用户间迅速地切换（这些用户一般都是通过电话线连接到计算机），速度快到让每位用户都误以为自己在和别人共享一台计算机。

1966 年，大多数分时计算机只在大学或者国防相关的企业里。但 3 年之后，分时计算机已经成了一桩 7000 万美元的生意，每年能翻一番。[2] 50 多家公司在这个市场里竞争，包括像库尔茨格的雇主通用电气公司这样强大的公司，它占有 40% 的市场份额。[3] 生产分时计算机的公司会开发编程语言和应用软件，并向那些不想购买或者租赁自己计算机的公司出售功能强大的计算机的远程访问权。客户会租赁终端，付费来使用软件、存储数据以及连接计算机。

计算机市场的竞争非常激烈。通用电气公司的平面广告上有这样一句话：你想访问一台价值 100 万美元的计算机吗？一个月后，IBM（1BM 子公司服务局集团 [Service Bureau Corporation] 占有 20% 的市场份额）就用另一个问题给予了回应："你想访问一台价值 500 万美元的计算机吗？"[4]

在库尔茨格开始推销工作之前，贝尔实验室就已经订购了通用电气公司的分时服务，但散布在园区各处的终端实际上却经常处于闲置状态。研究者要么把他们的问题拿到一台大型计算机上运行（它还在使用那种多年前就让泰勒备感挫败的打孔卡片的批处理方式），要么就是在自己办公桌前进行计算。库尔茨格的工作便是说服贝尔实验室的研究者，这些看似平淡无奇的终端，虽然看起来像发育过头的米色打字机，但是实际上是很有用的工具。如果她能说服研究者在分时系统上多花一分钟，就意味着通用电气公司会挣到更多的钱。

库尔茨格聪明伶俐、美貌惊人，对这份工作非常在行。虽然她只有 21 岁，但从 17 岁在加州大学洛杉矶分校读大二时在计算机中心做兼职开始，她就一直在和计算机打交道。到了大三，她在美国天合汽车集团（TRW）的流体物理部门做数值分析员的工作，以此来支付学费。在那儿工作时，她自己就是一台计算机。数学专业出身的她，为包括 15 位工程师在内的小组负责计算工作。对于复杂的问题，她会用到天合汽车集团庞大的大型计算机，但和泰勒一样，她也很讨厌得等上好几个星期才能得到结果。

在天合汽车集团购买了通用电气公司的分时计算机之后，库尔茨格开始用 BASIC 语言为这些计算机编写程序，她对分时计算机能够即时提供反馈感到非常欣喜。①只在新的计算机上工作了几个星期，她就坚信："计算机会是我未来的一部分。"[5]

不过，不是马上。库尔茨格 20 岁从伯克利分校毕业之后，在天合汽车集团工程师的鼓励下，开始攻读工程学的研究生。她上大学时和父母一起住在比弗利山庄（Beverly Hills）的家里，因为伯克利分校的激进分子和静坐示威，父母不许库尔茨格与这所学校沾一点儿边，所以她去了斯坦福大学。库尔茨格是分散在 11 个科系近 800 位工程学研究生里仅有的 7 位女性之一。[6]

因为本科阶段没有学习过工程学的相关课程，库尔茨格在斯坦福大学的绝大部分时间都花在了课程学习上。"我虽然不是个天才，"她说，"但知道如何去努力。"打乱了尼尔斯·赖默斯启动专利项目的步伐的校园示威，对库尔茨格来说只是背景噪声。不学习的时候，她会和男朋友阿里待在一起，阿里当时正在读博士，师从诺贝尔奖得主威廉·肖克利，肖克利当时还没有完全沉沦到后来玷污了他名声的偏执和对优生学的狂热之中。然而，即使在那时，他也给库尔茨格留下了奇怪的印象。[7]

三年之约

当库尔茨格婚后搬到新泽西与阿里团聚时，这对年轻夫妇达成了一项协议：他们会先在新泽西住上三年。之后，如果她生活得不开心，他们就会回到加州。库尔茨格的家人在加州，她也很喜欢那里。

---

① 库尔茨格不记得自己是看书自学了 BASIC 语言，还是在伯克利分校上了一门课。此时，她已经学懂 FORTRAN 语言了。

库尔茨格得到了通用电气公司的一份销售工作，当时她没有收到面试通知就直接去了该公司在新泽西州蒂内克市（Teaneck）的办公室，拿着一份简历，坐等了好几个小时，直到一位区域经理同意和她谈谈。毋庸置疑，这位经理知道通用电气公司的分时部门正在计划招聘女性来从事销售工作。实际上，这时全美销售团队的一半都是女性。[8]库尔茨格的工程硕士学位以及她对通用电气公司分时计算机的热情打动了经理。还没等她离开办公室，这位经理就雇用了她，让她负责贝尔实验室的销售工作。

贝尔实验室是一个奇怪的地方。库尔茨格见过一位科学家，满脑子都在想自己的事情，有一次他撞上了饮水机，居然向它道歉后才继续往前走，完全没有意识到他刚道歉的是一个没有生命的物体。不过，库尔茨格短暂的成年生涯都是在数学系与物理系中度过的，贝尔实验室反而给了她一种熟悉感和归属感，虽然她在默里山见到的其他女性大多在管理岗位或是餐厅工作，但她从未因此而对自己的职业感到过不安。库尔茨格从斯坦福大学毕业时，甚至还拒绝过贝尔实验室的一份工作，不是因为自己与贝尔实验室格格不入，而是担心可能会融入过头，成为在科学博士王国里服务的一个不起眼的硕士级工程无人机。她想要更突出一点。

库尔茨格在贝尔实验室的销售策略非常简单，她回忆说："就是在走廊里四处走动，然后问'我能帮您解决问题吗'。"[9]

许多人不觉得库尔茨格有什么能够帮忙的。她是卖计算机的，计算机意味着大型机，大型机意味着得安排一次和贝尔实验室的一位全职程序员的会议，仔细讨论解决问题的步骤和需要的计算，然后等上几周时间让程序员来编写程序，再让大型机来运行。

"这个不一样。"库尔茨格解释道。她会询问当前项目的状况，并提议给贝尔实验室的研究者演示一下，如何通过访问终端程序触决问题。贝尔实验室有统计分析、绘制图表和处理复杂数据的分时程序。

如果你自己会编写程序，为什么还要等贝尔实验室的程序员来写呢？库尔茨格会这样反问研究者。如果你办公桌旁的这台终端机一输入数据就能呈现结果，为什么非要等摆在另一座建筑物里的大型机来一张一张地啃卡片呢？如果有研究者需要一个还不存在的程序，库尔茨格就会帮他写一个。

库尔茨格在贝尔实验室的表现很不错。"很快，好几十位研发人员就在通用电气公司的分时系统上'烧'时间了，我就在旁边'煽风点火'。"她回忆道。[10] 她很高兴自己做得这么好，挣到这么多佣金。一想到是自己把贝尔实验室带进了现代计算机时代，库尔茨格就感到非常兴奋。

一个有着双重身份的异类

当库尔茨格接到去蒂内克市老板的办公室报到的电话时，她充满活力却又心生紧张，奖金发得也太早了吧？为了祈求好运，她在新泽西高速公路的收费站把后面那辆车的过路费也付了。[11]

然而，这种助人为乐的行为并没有带来什么效果。老板问候了库尔茨格，然后开门见山地宣布，她不用再负责贝尔实验室的客户了。当库尔茨格询问原因时，他解释说，库尔茨格在贝尔实验室让科学家放弃使用的那台大型机也是由通用电气公司生产和维护的——这个大家伙给公司挣来的钱，比她满腔热情推销出去的那些分时系统每分钟挣的要多得多。如果贝尔实验室用大型机的时间少了，通用电气公司如何才能证明他们需要一台更新、更贵的机器呢？而且，库尔茨格一直在帮助研究者写他们自己的程序，贝尔实验室的程序员也不高兴了（"自己解决自己的问题"是库尔茨格销售说辞中的核心口号）[12]。编写程序本来是一门专业工作。

库尔茨格惊呆了，怎么能因为自己工作做得太好而受到惩罚呢？

愤怒（通用电气公司早该告诉她大型机的事情）、羞愧（她该先问的）、犯疑（他们让她来负责贝尔实验室，是因为他们觉得一个漂亮姑娘反正什么也销售不出去吗）的情绪交加，她觉得自己的喉咙一紧，但努力不让自己在区域经理面前哭泣，她可以之后再哭——她之后确实哭了。此时她记起了母

亲经常重复的一句格言："如有疑虑，要表现得自信。" [13]

然后呢？库尔茨格问，心里希望她没有被解雇。

库尔茨格被指派到了另一个销售领域，她的潜在客户与贝尔实验室这座科学堡垒里的博士极其相似。她的工作范围覆盖新泽西中北部，这个区域有工厂、车间、烟囱、狭窄的过道以及马达。谁也不会指望在这里找到计算机。

库尔茨格在新的角色中证明了自己。她让一家叫作通用泡沫（General Foam）的公司相信，通用电气公司的分时计算机有助于从巨大的"泡沫板"中冲压出尽可能多的"泡沫"。在展示了通用电气公司的统计分析和制图程序能够如何帮助他们关联临床试验和实验室测试的数据之后，她还把分时服务卖给了默克公司（Merck）。

库尔茨格是一个有着双重身份的"异类"：她既是一位面向工厂主做销售的女性，又是一位有着编写程序知识的销售代表。她的绝大多数客户之前都从未与计算机打过交道，所以他们也不知道该期待什么。销售代表是个女的？行吧。可能本来就是这样的吧。

我要回加州去

当在新泽西的第三年结束时，库尔茨格虽然在工作上做得风生水起，但却非常想家。除了工作，新泽西没有她喜欢的东西：夏天闷热潮湿，冬天寒冷刺骨，公寓距离铁路太近，火车就像从卧室里穿过一样，而她的父母和弟弟却远在 4800 多公里的地方。

库尔茨格已经完成了对阿里的承诺：她在这里努力工作了 3 年，现在她的工作完成了。库尔茨格想让通用电气公司把她调回加州去，阿里有斯坦福大学的博士学位，简历第一行就写了在贝尔实验室的工作经历，找工作不成问题。而且，他们可以用在新泽西只能租到一间吵闹的鸽子窝的租金，在当时物价还相对便宜的加州，租下一套安静社区里的体面的两居室。

但是阿里不想搬家。她再三催促，他依然固执己见。在一次争吵之后，她心灰意冷，离开了小公寓。出门前，她扭头告诉丈夫："我要回加州去。你要么跟我走，要么我自己走。"[14]

第二天，阿里让步了。这对夫妇去了纽约市的一个报摊，那里有卖旧金山、圣何塞、圣迭哥和洛杉矶的周末版报纸，周末版的报纸上刊登的招聘广告是最多的。

TROUBLE-MAKERS

第二部分
建 设
从蛮荒之地到高科技革命的基石
1972—1975

1971 年，一位名叫唐·霍夫勒（Don Hoefler）的酷爱饮酒的记者发表了一篇关于"半导体行业背后的男人、金钱与诉讼史"的文章。他把这个系列的标题取名为《美国硅谷》，总共分为三个部分，发表在一份专门报道半导体工业的周刊《微电子新闻》（*Electronic News*）上。这是"硅谷"这个名字第一次正式使用，即便在之前它已经被提及了好几次。[1]

除了《微电子新闻》的读者，没人会注意到，旧金山湾区已经诞生了一个新的技术区。一些公司已经引起了外界的兴趣，比如，英特尔公司就在那一年成功上市。不过，如果让国家级的主要出版物把旧金山湾区看作一个独特的、以技术为基础的区域经济来写一篇文章，恐怕还要等 3 年，[2] 而"硅谷"这个名字得到广泛使用，还要再过很多年。①

20 世纪 70 年代早期，硅谷的创业公司大多被认为与美国的真正商业丝毫无关，真正的商业集中在东海岸的金融中心，在像底特律、匹兹堡以及芝加哥这种以制造业为核心的城市。美国国内新出现的小型计算机公司，以美国数字设备公司（Digital Equipment Corporation）为表率，也都扎堆在麻省理工学院和哈佛大学附近，还有波士顿 128 号公路沿线。负责《福布斯》西海岸题材的一位编辑明确表明，《福布斯》只对销售额超过 5000 万美元的上市公司感兴趣。[3]

斯坦福大学正在声名鹊起，拥有"西部哈佛"的称号，不过，它吸引来的主要还是位于加州的学生。旧金山最有名的还是嬉皮士，帕洛阿尔托此时正在极力摆脱"旧金山湾区最大的性用品商店中心"的恶名作斗争，得到这

---

① "硅谷"只是众多发明出来用以描述旧金山湾区成堆的电子公司的词汇之一。其他说法还有"硅峡"（Silicon Gulch）、"半导体之乡"（Semiconductor Country）、"加州 128 号公路"（California's Route 128）以及"加州产业大型孵化地"（California's great breading ground for industry）。

个名字是因为……位于城市南沿埃尔·卡米诺瑞尔街上纵横 8 个路口的多家成人书店和一家 X 级电影院，还有名叫诸如"裸奔者""魅力女郎"的按摩院。[4] 从这些一点也看不出来，它会成为未来经济的发动机。[①]

其他商业区域的人或许还没有注意到，1972 年的硅谷正发生着引领时代潮流的剧变。就在前一年，英特尔公司刚刚发明了微处理器，这块芯片很快就会稳居诸如个人计算机和电子游戏机等消费性电子产品的核心。与此同时，惠普公司成为硅谷第一家发明高级电子设备并使之对消费者产生广泛吸引力的公司。1972 年，惠普公司推出了 HP-35，这是世界上第一台有着超越加减乘除功能的手持科学计算器。[②] 尽管计算器的定价高达 395 美元，惠普公司第一年的销售量还是超过了 100000 台。它的用户手册里面有一个叫《衬衣口袋里的威力》（*Shirt Pocket Power*）的章节提到："我们觉得你应该喜欢拥有一样只有像詹姆斯·邦德（James Bond）[③]、华特·米堤（Walter Mitty）[④] 或者迪克·特雷西（Dick Tracy）[⑤] 这样的虚构人物才能拥有的东西。"[5]

总体而言，硅谷的这些进程是相互独立发生的。但就像不同的小溪汇入一条湍急的河流一样，这些产业很快就会开始混合，形成旋涡。最后形成的人际网络和机构关系，将成为今天的硅谷和高科技革命的基石。

---

① 1976 年，帕洛阿尔托市最终关闭了红灯区，停业了 17 家按摩院，禁止穿三角背心，并禁止按摩院在晚上 11 点以后营业。

② HP-35 有 35 个按键，能够进行三角函数、对数和指数运算。

③ 系列电影《007》中的主人公。——译者注

④ 短篇小说 *The Secret Life of Walter Mitty* 的主人公，后被拍成同名电影，中文名为《白日梦想家》。——译者注

⑤ 美国漫画 *Dick Tracy* 的主人公，后被拍成电影，中文名为《至尊神探》。——译者注

7

硅谷最成功软件公司 ASK 创生

桑德拉·库尔茨格

Have You Seen
This Woman?

1972 年夏天，在离开新泽西几个月后，桑德拉·库尔茨格此时正弓着腰坐在新家的一张桌子前。新家是一幢拥有 7 年历史、带有 5 间卧室的大房子，平整地铺开在洛斯阿尔托斯（Los Altos）充满牧歌风情的郊区。库尔茨格和阿里在一次破产拍卖中只花了 10 万美元便买下了这幢房子。这幢房屋年久失修，位于一座非常陡峭的小山顶部，朋友的一辆三缸引擎的萨博轿车都爬不上去。

库尔茨格正在往一份"通缉"传单上刮字母 [①]，是母亲帮她设计了这份传单，母亲曾是芝加哥警方记者。库尔茨格用一台 IBM Selectric 打字机打印出了传单上的大部分内容，但若想添加她想要的粗体字母，唯一方式是把它们一个一个刮上去，她在一家文具店买了一套工具。

库尔茨格对结果非常满意。她的照片在最顶端，就在她刚刚刮上去的粗体标题"你见过这名女子吗"的下面，传单上提供了一些外貌特征的描述：女性，身高 1.65 米，体重 104 斤，栗色长发，绿眼睛，白皮肤。传单上还有一条警告语"不要反抗此女子！！她带有武器"，还配上了资料和数据来说明她能如何帮你省钱，以及改进公司效率；而且，对于你现在正在使用的任何不算完美的计算机计划来说，她都"非常危险"。传单的底部可以撕下并返还给

---

① 用一个平头工具把事先印好在塑料薄膜背面的字母，通过刮的方式转印到纸上。这是以前制作手工传单或者海报上面的标题文字的常用方式。——译者注

库尔茨格，上面有两个方框选项，分别是"我需要她来帮忙"或者"别烦我！到处都是疯子，又来了一个"的选项。[1]

这份传单是库尔茨格第一次尝试宣传自己。1972 年年初，库尔茨格创立了 ASK 计算机系统公司。这个名字是库尔茨格和阿里的姓名首字母组合，用这个名字是因为它能出现在黄页里比较靠前的位置，而且她也觉得 3 个大写字母看起来颇为稳重，就像 IBM 一样。

成立ASK，自己当老板

库尔茨格决定开办公司的灵感来自一位创业者，她曾经试图向这位创业者出售通用电气公司的分时服务（通用电气公司当时同意把她调到旧金山湾区的销售区域）。这位创业者最近刚刚成立了一家公司来制造远程通信设备，还制订了一份宏伟的计划。他不喜欢当时盛行的跟踪库存的方式，即把生产过程中用到的每个部件和每个步骤的信息潦草地写在卡片上，再把它们存放在像图书馆卡片目录一样的抽屉里。他想用计算机来跟踪库存，但又不想使用通用电气公司分时服务提供的任何标准程序。"我想知道我的存货有哪些，订单有什么，哪些正在处理中。"这位创业者对库尔茨格说："我想要一份装配中的每一个部件的清单。如果我们换掉了一个部件，我希望它马上就能够在我的材料单据上体现出来。"[2]

库尔茨格告诉他，她在通用电气公司做全职工作，无法写这么复杂的程序。于是这位创业者就建议她辞掉工作，开一家自己的公司，专门来编写定制应用程序——今天我们称之为软件。这位创业者用自己大胆创业的例子来说服库尔茨格。虽然他的仓库现在还是空的，但他很有信心把它发展成一家价值 5000 万美元的公司。

库尔茨格喜欢这个自己当老板、开一家定制化应用程序的公司的点子。她和阿里谈了谈，阿里觉得她应该这么做。相比之下，库尔茨格的父母却有些焦虑，倒不是担心她的创业前景，而是担心这会对未来的孙子和孙女造成什么影响。父母问她："你怎么能既当一位母亲又管理一家公司呢？"库尔茨格劝说他们不用担心。

好几个晚上，每当该睡觉时，库尔茨格还在想问题。有次凌晨两点钟她从床上爬起来，开始罗列创立公司的利与弊。创立的有利因素包括：独立。这是一次当老板的机会，一次离开通用电气公司有所改变的机会，她的整个职业生涯都在那里。在西海岸，通用电气公司正面临着来自全美各地近100家分时公司中的一家的严峻竞争：这家名为泰姆谢尔（Tymshare）的公司正发展得欣欣向荣，总部位于库柏蒂诺。[3]

创立公司的不利因素只有两个，但这两个都正中要害。第一，库尔茨格不会有一份稳定的收入；第二，没有女性开办过自己的公司。第一个不利因素比较容易对付，只要她能够控制一下失败的风险就可以了。通用电气公司年底结账时，库尔茨格的佣金大概有2000美元。她可以在新公司身上赌上这笔钱，如果花光了钱，也没有挣到更多的钱，她还可以关掉公司，再找一份销售员的工作。

第二个不利因素要难对付一些。20世纪70年代早期，女性大概占劳动力的40%，但只占工程师的1%，[4]占所有管理层的17%。[5]在歌手海伦·雷迪（Helen Reddy）不久前发布的一首歌里，有这样一句大受欢迎的开场白："我是一个女人，听我咆哮。"然而，在像库尔茨格打算进入的领域，没有女人在"咆哮"。

尽管如此，库尔茨格还是觉得自己可以开办一家公司。当时，由女性拥有的公司只占美国公司的4.6%。库尔茨格的父母和祖父母都曾创立过小公司。以她父亲为例，父亲创立的小公司很成功，给他们带来了一幢比弗利山庄的房子和一辆劳斯莱斯。在斯坦福大学读工程学时，库尔茨格在这个几乎全是男性的环境里也获得了成功。在通用电气公司工作的时候，她把计算机服务卖给一家制造厂，而且卖得不错。如果她要自己单独干，这份工作也正是她打算继续从事的。

库尔茨格在日出前回到了床上。几个小时之后，库尔茨格告诉那位创业者，她可以为他的公司编写一份定制化的应用程序。这位创业者只需要支付1200美元，这笔费用相当于雇用一位工作人员来维护传统卡片系统的费用的一半。[6]库尔茨格要求他先预付300美元的定金，剩下的在交货时付清。库尔茨格的公司就这样成立了。

此时，库尔茨格是一位合同软件程序员了，不过，还要再过好多年，她才会用"软件"这个词来描述她的工作与公司。今天，全球仅在商业软件上的开支就达3320亿美元。[7]2015年，风险基金超过一半的投资流向了软件公司。[8]苹果、Facebook、谷歌、Twitter、领英、甲骨文、奥多比、eBay以及雅虎，更不用提那些像亚马逊、微软、阿里巴巴和百度等在硅谷以外的公司，它们的核心业务都是软件。今天的科技创业浪潮都可以溯源到软件，比如基于互联网的服务、开源代码、编程工具，就是那些创业者能够以非常低廉的价格乃至零花费购买或者租用的东西。

不过，在1972年，独立的软件产业还在襁褓之中，在ASK计算机系统公司创立之前3年它才诞生。1969年，IBM迫于反垄断法的压力，把软件从它的硬件中拆分出来。[9]这项举动开辟了独立软件供应商为IBM的计算机，尤其是畅销的IBM System/360计算机编制软件的先河。就像这个时期每一个在大公司之外为计算机编写程序的人一样，库尔茨格认为自己是一位服务提供者，计算机应用程序的编写者。她没有觉得自己是一位高科技创业者。

库尔茨格为新公司购置了办公桌、文件柜、椅子，还有第二根电话线，依此"获得税收减免的最低要求"[10]。她把这些设施安放在一间闲置的卧室。她每月会花上65美元，从通用电气公司租来一台像"过度发育"的打字机一样的分时计算机终端，然后在终端上编写程序，再用调制解调器通过电话线把程序发送到一台位于别处的通用电气公司的计算机上。数据以每秒钟15个字符的速度传输。库尔茨格的程序含有指令，能让计算机显示库存和材料单据，能从数据库中读取和关联资料。库尔茨格的数据库里有许多来自制造业的客户的信息。

库尔茨格编写程序时会思考，用户会如何使用计算机提供的信息呢？用户需要知道什么？他们想要自己的发票和材料单据以何种方式呈现？一个在工厂工作、几乎从来没有用过计算机的人，应该如何与计算机打交道？[11] 因为没有屏幕或者监视器，用户会通过键盘和打印来与计算机交流。"程序的成功与否在于是否便于使用。"她回忆说。[12] 库尔茨格编写的程序有这样的功能：对于库存或者材料单据中记录的任何一件物品，客户都可以生成一份报表，并列出零件号码、存货数量、成本、最低补货点以及订货间隔期。[13]

对库尔茨格来说，写程序是一份责任。她提醒自己说，要完成这项复杂的任务，"既要集中注意力，又要度之以常……就像写一份菜谱，指令的逻辑要合理"。[14]

库尔茨格起早贪黑地工作了 5 周之后，于 1972 年 2 月交付了程序，收到了 900 美元的余款。[15] 在把支票存进银行之前，她还复印了一份留作纪念。

现在是去找更多客户的时候了。库尔茨格复印了很多份"通缉"她的传单，把它们装在封口处饰有同消防车一个颜色的红色文字（警告：危险女子在潜逃）的信封里，然后去了邮局。库尔茨格知道，买得起大型机的公司都会花费数万美元来购买来自 IBM 或巴勒斯公司（Burroughs）编写的程序，因此她把传单寄给了 35 家小型制造公司，这些公司的名字和地址都是她在图书馆的一本目录里找来的。她想，在这些本地的小型公司中，肯定有一家愿意花费只占大型机开销几分之一的钱，来购买能在分时计算机上运行的程序。

一家一家打电话

库尔茨格寄出的传单一个回复都没有收到。到底是这个过于前卫的设计弄巧成拙，还是收信人不需要计算机服务。库尔茨格不得而知，也没时间找出原因。工作物资和终端租赁费用正在迅速地侵蚀着 2000 美元的创业资金。

库尔茨格开始给每一家她邮寄过传单的公司打电话。她发现，如果等到下午 6 点左右给这些公司打电话，拒绝转接她电话的前台接待员就回家了，管理层的人会自己接电话。

库尔茨格找到了第一个客户。这家公司的业务是印刷本地报纸，并雇用了 1200 位青少年来投递。库尔茨格为这家公司编写了一个程序，这个程序能够根据承运人、订户名单和工资单对报纸进行分类与标记。当这家公司的业主让库尔茨格来定期维护他的计算机记录时，她同意了。这意味着库尔茨格又引入了一项新业务：更新订户清单，并且每周在她租来的电传打字机上打印 1000 多份标签。不过，这台电传打字机并不是为处理这么大的工作量而设计的。

很快，库尔茨格就把维护工作转包给了一家叫作开放式系统互联（Optimum Systems Incorporated，以下简称 OSI）的公司，它是在旧金山湾区冒出来的若干家数据处理公司中的一家，这些数据公司为小企业提供使用大型计算机和打印机的机会。库尔茨格重新编写了报纸程序，好让它能在 OSI 的计算机上运行，每周，她会把更新过的程序送到 OSI 洞穴般的办公室的一位"打孔女士"那里。

OSI 位于乡村购物中心，对面是斯坦福大学。位于乡村购物中心的铺面还包括：一家药店、一家水族店、一家唱片店以及一家专营酱烤猪肋排的烧烤店。[16] 如今的乡村购物中心里有儿童理发沙龙，还有价值几千美元的自行车、童装以及售价 6 美元的甜筒冰激凌的商店。

女性比男性更容易走进办公室

到了 1972 年的夏天，库尔茨格的客户数量翻了一倍，有了 4 位。两家微波通信公司雇用她来编写定制化软件，她还在帕洛阿尔托的数据中心运行数据处理。库尔茨格开始觉得，ASK 计算机系统公司或许真会成为一家自给自足的公司。

库尔茨格买了一个粉色的硬皮公文包，还用薰衣草色的纸印了名片。她觉得没必要掩饰自己的女性气质。"有时候，女性会比男性更容易走进客户的办公室。"她在 1973 年解释说，"男性，特别是那些执行官，总是很好奇女性是否真的搞得懂自己的领域。"[17]1970 年，她回忆说："男人不知道如何与那些看起来和做起事来像个男人的女人相处。"[18]她觉得，女性气质会让潜在客户感到轻松与自在，任何一个好的女销售员都应该利用这一优势。

库尔茨格还总结了一些适用于女性的职场经验。3 年后，一位洛杉矶分校的教授会把这些职场经验视为女性"进入管理层"的关键。根据这位教授的研究，基于对在洛杉矶工作的 100 位女性（以及一些男性）的采访，他得出这样一个结论：一位成功的女企业家应该"外表整洁、言谈温柔、年轻苗条"。除了那几个每位管理者都必需具备的基本特征（具备某种能力、接受过教育、实事求是、自信、具有职业道德意识和战略观），女性还需要争取"一位有影响力的男性的支持"，以及均等地展示"进攻性"与"女性气质"。[19]"穿得像个女人，举止像个女人，和蔼与智慧并存，不要试图模仿男性。"一位女性管理者建议道。她还补充说："男性建制已经在我们身边存在太久，我们无法改变环境，所以最好适应它。"

库尔茨格可能也意识到了，是女性让乍一看有点儿令人生畏的计算机变得平易近人了一些。按 IBM 一位销售代表的解释，IBM 之所以雇用女性来向顾客展示计算机，是因为"对 IBM 的销售来说，让计算机显得易于使用是一件非常重要的事，如果男人看见女人也在使用这些计算机，就会觉得计算机使用起来很容易"。[20]

1972 年夏天，库尔茨格对女性这一身份会给职业发展带来帮助的信念开始动摇，因为她发现自己怀孕了。20 世纪 70 年代早期，每 5 个幼儿的母亲里只有不到 1 个在外工作。[21]在库尔茨格姐妹 4 个还小的时候，母亲就辞掉了工作来全职照顾她们。①库尔茨格预计，生了小孩会"让她成为一名全职家庭主妇"。这就意味着 ASK 计算机系统公司将会倒闭。[22]

---

① 在 IBM 拆分软件和硬件之前，软件一般都由大型计算机生产厂家为其客户定制编写，每个程序的花费大概在 100 万美元左右。

男人世界中的女人：一手拿电话，一手抱儿子

1973 年 2 月，库尔茨格手写了一份小宝宝的出生公告，语言风格正是库尔茨格个人生活和职业生活的巧妙融合。她像描述一件产品一样描述了小宝宝：我们的新型号：安德鲁·保罗（Andrew Paul）；地面负荷：每 52 厘米 6.4 斤；由阿里·库尔茨格与桑德拉·库尔茨格制造。[23]

库尔茨格很快就发现，她"不是那种能待在家里和宝宝牙牙学语的女人"。想要在外面工作的欲望给她带来了一种"双重负罪感"："第一，我没有把所有的时间都花在孩子身上或是家里；第二，我本来就不想这样做。"[24]

ASK 计算机公司还没有盈利，库尔茨格和阿里也没有多余的积蓄，不过他俩还是决定雇用一位住家保姆来照顾婴儿。保姆睡在 3 间空闲卧室的其中一间，库尔茨格则在楼下的另一间里工作。随着儿子的慢慢长大，库尔茨格渐渐习惯了他的小脚带来的"持续威胁"——把她打印出来的工作资料或者保存了程序和数据的纸带撕坏。儿子上床睡觉之后，库尔茨格会在帕洛阿尔托的数据中心待上好几个小时，直到半夜才回家。

1973 年 8 月，一位当地报纸的记者来到库尔茨格的家。这家报纸隶属于一家企业集团，库尔茨格正管理着它们计算机运营的工作。这位记者要写一篇被最后命名为《电子产业中的女性》（*Women in Electronics*）的文章，主题是库尔茨格"糅合婚姻、母亲责任与职业"的能力。在解释了创立公司的经历之后，库尔茨格感谢了阿里对她工作的支持，尤其是他经常负责为家里购物。在保姆来之前，为了少洗碗，这对年轻的夫妇经常在纸盘子上吃饭。

文章上还放了一张摆拍的照片：库尔茨格一只手拿着电话，另一只手抱着儿子。她告诉记者，她坚信女性和男性应该同工同酬，但又补充说："有时候，女性会比男性更容易走进办公室。"记者在文中向读者保证："库尔茨格不是在搞什么妇女解放运动。"[25]

虽然很多关于 ASK 计算机系统公司的文章都会提到库尔茨格是 CEO，对她的个人生活与男性同等对待，不多加评论，但几乎每一篇文章都从"男

人世界中的女人"这样的角度来描写她。要让美国媒体注意到硅谷还要很多年，但当媒体注意到的时候，记者会赋予每一位成功的创业家一个独特的标签。库尔茨格解释说："史蒂夫·乔布斯是那个最年轻的，而我就是那个女性。"[26]

从MAMA到MANMAN，从泰姆谢尔、可口可乐到惠普

1974 年年初，泰姆谢尔公司的一位代表建议库尔茨格写一份多家制造商都可以使用的通用程序。在这以后，库尔茨格改变了 ASK 计算机系统公司的商业模式，这种模式为公司日后的成功奠定了基础。在此之前，库尔茨格已经写了 4 个定制化程序，每个都是根据客户的特定需求量身打造的。泰姆谢尔公司的这位代表指出了一些库尔茨格自己也未注意到的东西：虽然制造商生产的产品都不同，但它们的流程都很类似。不管制造业公司生产的是报纸、电子仪器、玩具熊，还是自行车，都需要有零件或者材料库存，需要知道何时订购更多，需要跟踪新的订单，需要规划和安排组装流程中的不同步骤；而且，每样东西都需要和其他所有东西相互协调。所以，如果制造商接到一份大订单，就需要知道应该订购多少零件，如何规划安排操作，以保证不和其他订单发生冲突。

泰姆谢尔公司会把库尔茨格编写的通用程序和其他如管理金融投资组合、生成报表、分析调查结果以及计算工资等的程序包一同出售。泰姆谢尔公司的大部分程序都是由像 ASK 计算机系统公司这样的第三方小型公司开发的。泰姆谢尔公司能提供给客户的软件越多，客户就越有可能继续支付 20 美元一小时的费用和 CPU 秒数的费用。为了获得库尔茨格编写的程序的使用权，泰姆谢尔公司会把这份程序收益的 20% 支付给 ASK 计算机系统公司，这是当时的标准分成。[27]

库尔茨格发觉这是一次很好的机遇。1973 年，泰姆谢尔公司的营业额和利润分别达 2400 万美元和 200 万美元，如果与它合作，ASK 计算机系统公司就能够接触到那些已经在使用分时服务，但还没有用它们来进行库存管理和规划的小型制造商。[28] 当时，库尔茨格还在逐个地寻找客户，费时费力。

对于 20 世纪 70 年代的大部分软件公司来说，市场营销费用会占到所有开支的一半。如果能与泰姆谢尔公司合作，她就能省下不少开支。

与泰姆谢尔公司合作也会给 ASK 计算机系统公司提供一次飞跃的机会。几年前，库尔茨克就敦促过贝尔实验室的科学家做过此事：从批处理的大型机转移到反应迅速的分时计算机上去。分时模式能使客户远程访问功能强大的计算机，这意味着他们可以在自己的所在地拥有终端，输入数据，甚至编写程序。这就是未来计算机的操作模式。库尔茨格希望 ASK 计算机系统公司也能从中分一杯羹。她花钱雇用了一位合同程序员，花了 3 个月的时间把她编写的一版程序移植到了泰姆谢尔公司的系统平台上。

一个名叫"创业扶持"的网络正在硅谷的机构和个人中间慢慢织就，库尔茨格正在这个网络的边缘游走。她雇用的程序员是一位本地人，合同工。而她的第一位正式员工是斯坦福大学的毕业生。

泰姆谢尔公司也是在帕洛阿尔托成立的，它的部分资金来源于乔治·奎斯特（George Quist），奎斯特后来会和比尔·汉布雷克特（Bill Hambrecht）一起创立美国汉博奎斯特创投公司（Hambrecht & Quist）。奎斯特会带领泰姆谢尔公司于 1970 年上市，之后还会于 1980 年带领苹果公司和基因泰克公司上市，于 1986 年和 2004 年分别带领奥多比公司和谷歌公司上市。[29] 帮助泰姆谢尔公司上市的律师拉里·桑西尼（Larry Sonsini）在该公司股票发售时只有 29 岁，此时他已经着手改造任职的这家麦克洛斯基·威尔逊·莫舍·马丁律师事务所（McCloskey Wilson Mosher & Martin）。桑西尼是一位公司证券专家，他设想了一种新型的律师事务所——它不是专门从事一个领域的工作，而是解决"一家成长中的企业可能遇到的 80% 的法律问题"。[30] 今天，桑西尼可以说是硅谷最有影响力的律师。他所在的这家律师事务所现在改名为威尔逊·桑西尼·古德里奇·罗萨提律师事务所（Wilson Sonsini Goodrich & Rosati），它代理过的由风险投资支持的企业比任何一家美国律师事务所都多，而它还协助创立了 1000 多家公司，其中包括美国超微半导体、苹果、谷歌、英伟达（NVIDIA）、奔迈（Palm）以及希捷（Seagate）等公司。[31]

多年之后，库尔茨格才会意识到"创业扶持"网络的存在，并得到它的支持。再过将近 10 年，奎斯特会为 ASK 计算机系统公司的首次公开募股（IPO）提供帮助。

若想和泰姆谢尔公司合作，库尔茨格需要给生产的程序取一个名字，还要编写一本使用手册。库尔茨格认为，推销程序这种东西很困难，因为它看不见也摸不着，对于不熟悉计算机的人来说更难以理解，因此使用手册的作用就非常重要。库尔茨格仔细阅读了宝来公司（Burroughs）、IBM 和惠普公司的程序使用手册，想看看这些功成名就的公司如何帮助用户了解它们的程序。库尔茨格考虑过给自己的程序包取名为计算机辅助生产程序（Computer Assisted Manufacturing Program，简称 CAMP），但最后采用了 MAMA 这一名字，即生产管理程序（Manufacturing Management Program）。

库尔茨格带了一份初版的使用手册去拜访了法里农电气公司（Farinon Electric）的一位经理，他曾经是库尔茨格紧密合作过的一位客户。这位经理看了看使用手册，在封面上画了一个圈，一页没翻就把手册递给了她。

这位经理圈的是名字：MAMA。

"这绝对不行，"他对库尔茨格说，"你能想象会有执行官跑到董事面前，请求批准使用 MAMA 程序来管理公司的生产运营吗？不可能的！"

库尔茨格感觉受了侮辱。这家伙有什么资格批评一位"母亲"？但库尔茨格觉得，不能让自己的怒气牵着公司的"鼻子"走，因此重新考虑了一下他的建议。库尔茨格想了想"MAMA"这个名字的来历，然后把使用手册又递回给了经理，并说她会改名字的。

最后，库尔茨格把程序的名字改为 MANMAN[①]。她的解释是，两个男人一起才能干好一个妈妈就能干的活。[32]

---

① MAMA 这个名字从未在使用手册初稿之外出现过。该程序发布的时候叫作 MANMAN，在之后几十年销售多个迭代版本的时候，用的也是这个名字。

MANMAN 在泰姆谢尔公司平台上大获成功。从可口可乐公司到博登化学公司（Borden Chemical），再到通用电缆公司（General Cable），总共有 50 家公司使用这个程序，有些公司一个月就付了高达 30000 美元的费用。ASK 计算机系统公司只得到了这些款项的一部分。不过，在 1974 年秋天，库尔茨格接到了惠普公司一位销售员打来的电话，问她是否愿意为惠普新的小型计算机（minicomputer）写一版 MANMAN 程序，她迫不及待地想知道后续的安排。

"小型计算机在当时还是非常新颖的发明，我甚至都不知道怎么拼写这个单词。"库尔茨格晚些时候回忆说。[33] 按照今天的标准，这些计算机非常原始。它们的屏幕很小，键盘很基本，还没有鼠标。文字一行一行地以绿色或白色大写字母显示，用户打字时，它们就会往上滚动并渐渐消失。

不过，这些小型计算机标志着商业界的一次突破。在有小型计算机之前，计算机都是价值几百万美元的大型机，需要专属的空调机房，还要专门的人来操作和编程。小型计算机只需要大型机 1/10 的价钱，还带有多个终端，可以分散在室内任何地方。小型计算机把计算机从高度专业化、技术化的"密室"里解放了出来，带到了薪资部门，带到了车间，带到了前台。位于波士顿附近的数字设备公司是最大的小型计算机生产商，紧随其后的是它附近的竞争对手——通用数据公司。罗姆公司为军用目的加固的计算机就是通用数据公司生产的。[34] 惠普公司在计算机市场上排名第三位，不过，它正在迎头赶上①。

惠普公司愿意使用 ASK 计算机系统公司提供的软件，这让库尔茨格又惊讶又激动。惠普公司是 1974 年硅谷最知名的公司，35 年前由两位斯坦福大学校友创立，这两位校友是比尔·休利特（Bill Hewlett）和戴夫·帕卡德（Dave Packard），他俩姓的首字母合称 HP。自惠普公司创立起，它的业务从制造仪器转移到了制造计算器，再到今天的计算机。惠普公司每年的销售额高达 10

---

① 1974 年，计算机市场上的领头公司数字设备公司销售了 30500 台小型计算机，通用数据公司销售了 11800 台，惠普公司销售了 8900 台。

亿美元，在全世界有 3 万名员工。[35] 库尔茨格把为惠普公司的计算机编写软件的机会，比作"被一位金童邀请去参加毕业舞会，他既是闭幕演说的致辞者，又是大学球队的明星四分卫"[36]。

惠普公司的销售员告诉库尔茨格，一家名叫电源技术公司（Powertec）的电源设备制造商有兴趣购买一台惠普计算机，但这台计算机必须能够运行生产管理程序。这位销售员请库尔茨格为价值 80000 美元的 HP 2100 计算机编写一版 MANMAN 程序。[37] 在确认了这台计算机有足够的计算能力和内存来运行 MANMAN 程序之后，库尔茨格同意了 ①。

库尔茨格雇用了斯坦福大学数学系的毕业生马蒂·布朗（Marty Browne）来领导编写 MANMAN 程序的项目。布朗此时 24 岁，梳着马尾辫，喜欢摇滚音乐，且非常沉迷，他参加了 20 世纪 60 年代晚期和 70 年代在旧金山举行的几乎每场日后被誉为经典的音乐会。[38]

为了给惠普公司的计算机重写 MANMAN 程序，布朗和库尔茨格准备了好几个月。但令他们困惑不已的是，惠普公司提供的计算机会毫无原因地突然关机。他们也没有弄清楚，来自硅谷数一数二的科技公司的主打小型科学计算机之所以突然关机，是因为它和隔壁房间的一台复印机共用电源线路，每次有人来复印时，计算机就会断电。他们也没有注意到，计算机的终端控制系统和图像数据库管理器不相兼容，而要完成 MANMAN 程序的编写，需要这两者的配合。布朗和库尔茨格的进展非常缓慢。

交付程序的期限就要到了，ASK 计算机系统公司团队待在惠普公司的这几周里，什么能展示的都没做出来，库尔茨格需要更多的时间。当她给惠普公司负责电源技术公司业务的销售经理比尔·里奇昂（Bill Richion）打电话说明原因时，他不但拒绝了延期，还把 ASK 计算机系统公司从项目中踢了出去。惠普公司内部的一个团队会来负责编写程序。

但库尔茨格不接受被解雇的这个事实。她试图说服里奇昂改变决定，有

---

① 当时惠普公司的计算机拥有的最大内存是 32k，如今最便宜的 iPhone 7 的内存也有它的 64000 倍。

人曾如此赞赏她的这种精神：库尔茨格充满魅力的无情。[39] 最终，库尔茨格说服里奇昂让她飞到洛杉矶去见他。

库尔茨格见到里奇昂的时候，他刚从高尔夫球场上回来。"你就是要卖生产管理程序的妞儿？"他问道。

库尔茨格回应说她"正是那个妞儿"，接着她拿出了一卷准备载入里奇昂的计算机里的纸带，然后打开演示程序，展示了 MANMAN 程序在惠普计算机上的工作过程。

库尔茨格解释说，MANMAN 程序会跟踪一个叫"比尔·里奇昂"的假想产品的生产过程。她在产品描述一栏里填写了"一位帅哥"，材料单据一栏填写了"2 只胳膊、2 条腿和'0 个心'"。

里奇昂笑了。演示结束时，他说这个程序很"机灵"。

不过，他告诉库尔茨格说，ASK 计算机系统公司还是没有机会，因为他还是想让惠普公司的团队来做。

"让我请你吃顿晚饭吧。"库尔茨格回答说。

"我在适当的地方用了些女人的招数。"库尔茨格后来解释道。[40] 即使惠普公司已经有一项计划来增加女性员工的数量，并培训和提升她们的职业技能，但也只有 7.5% 的经理和主管人员是女性，她们多半也都从事着非技术性的工作。[41] 既然只展示 ASK 计算机系统公司的技术能力还不够，那就该使用一些"女人的招数"了。

这招确实管用。在晚餐的最后，里奇昂不仅付了账单，还多给了 ASK 计算机系统公司一个月的时间。[42]

然而，ASK 计算机系统公司刚在项目上做得有点起色的时候，惠普公司的客户电源技术公司换了一位新 CEO。他不想等惠普公司和 ASK 计算机系统公司来改进他们的系统，而想找 IBM 来做。IBM 的产品都是针对大型机的，而且花费可能是惠普公司解决方案的 10 倍。不过，20 世纪 50 年代有个说法："没人因为选择 IBM 而被开除过。"

电源技术公司取消了购买订单，这是 ASK 计算机系统公司的第一次重大失败，对库尔茨格来说颇为痛苦。后来她才知道，电源技术公司有很多人一开始就认为："女人根本不可能懂什么生产，更别说在这行做生意了。"[43]

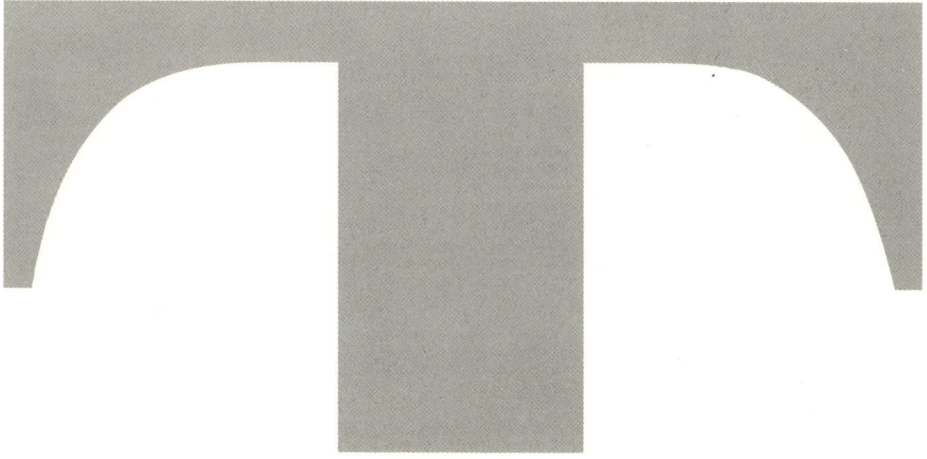

8

摆脱计算本来的束缚

罗伯特·泰勒

Turn Your Backs on the
Origins of Computing!

离开高级研究计划局之后，罗伯特·泰勒去了犹他大学，在那里他只工作了一年。当年，他直冲五角大楼上级办公室时无视的那些规则和官僚主义，在这里也成了他和大学管理人员之间的分歧来源。[1] 犹他大学的管理层不欣赏泰勒企图把信息研究实验室的计算机上的时间卖给学校其他学生的做法。①

就在迈克·马库拉开始在英特尔公司工作的同时，泰勒又把行李装满了家用旅行车，继续向西开去，这次他走得很远，几乎到了太平洋海岸。就在离大海半小时路程远的地方，也就是在加州帕洛阿尔托市，他停了下来。泰勒未来13年的职业家园就在这里：施乐公司的帕洛阿尔托研究中心。这所研究中心的几乎每一项著名的突破，从个人计算机到网络，再到打印机，都可以在泰勒1970年创立的计算机科学实验室里找到踪迹。

在帕洛阿尔托研究中心刚成立两年的时候，计算机科学实验室就像泰勒本人一样不循惯例。比如，它的会议室里配有装满豆子的懒人沙发。泰勒知道，在施乐公司位于纽约州罗切斯特市总部的大部分会议室里，都摆着标配的滚轮转椅和巨大的木桌，锃亮的桌面映射着公司经理、销售、工程师以及执行官们轮廓分明的脸庞和整齐的衣领，以及风格保守的领带。泰勒也知道，在施乐公司的其他办公室里，是不允许自行车靠在墙上，也没有"弹性

---

① 泰勒一方面想给计算机科学实验室多创造一些收入，另一方面想找到一种方法，让全校都能利用到学校里的计算机和计算机专业知识。

工作时间"的政策让实验室通宵灯火通明。

泰勒都知道，但他觉得无所谓。他对官僚主义的怀疑不断滋生，美国企业中存在着太多的官僚主义。在泰勒看来，人们太在意自己看起来在做什么，而不是真的在做什么。

所以，当有人提议在计算机科学实验室放懒人沙发时，大家都很赞同，泰勒也很高兴他们在帕洛阿尔托研究中心里有这样反传统的会议室。帕洛阿尔托研究中心低矮的玻璃幕墙建筑位于斯坦福工业园区，[2] 泰勒现在有带着20多个灯芯绒垫子的椅子，颜色都是20世纪70年代的流行色：焦糖色、金黄色、鳄梨绿、子夜蓝。①

1972年春天，一位名叫斯图尔特·布兰德（Stewart Brand）的年轻记者准备写一篇关于计算机科学实验室的杂志文章，主题是"设计了计算机的怪杰的年轻激情与坚定的反建制主义"。[3] 文章将会发表在《滚石》杂志上，这本杂志5年前在亚瑟·罗克（Arthur Rock）的支持下声名鹊起。罗克是仙童半导体公司、英特尔公司、科学数据系统公司（Scientific Data Systems，简称SDS）以及以后的苹果公司的幕后风险投资家。杂志社派了一位名叫安妮·莱博维茨（Annie Leibovitz）的年轻摄影师陪同布兰德一起前来。莱博维茨拍了很多懒人沙发的照片，还拍到了那些胡须茂密、鬓角有好几厘米长的研究者的不少写真。泰勒喜欢莱博维茨给他拍的照片：他的面颊刮得干干净净，细心偏分的头发微微搭到耳朵上沿，左手拿着深色的烟斗，冒出的缭绕烟雾遮蔽了他脸庞的下方。[4]

莱博维茨也拍摄了一台计算机的实物模型，研究者艾伦·凯（Alan Kay）一直在督促小组把它造出来：这是一台笔记本大小的计算机，大部分都是屏幕和键盘，它更易于使用，小孩子也能操作。凯长相英俊，髭须满面，之前是一位职业音乐家，曾经在家里造过一台管风琴。之后，他还获得了图灵奖，这是计算机科学家的最高荣誉。凯本来在系统科学实验室（systems science

---

① 截至1972年年底，计算机科学实验室有31名员工，大多数从事研究工作，另有大概6名后勤人员。

lab）工作，泰勒把他招聘到了帕洛阿尔托研究中心，在科学研究上与他展开紧密合作。

凯心目中理想的计算机（凯称它为 Dynabook）和世界各地办公室、银行以及高校里嗡嗡作响的 150000 台计算机都不同，这种不同就像配备懒人沙发的会议室和那些执行官的会议室的差别一样。[5] 1972 年，计算机不再是价值上百万美元、有房间那么大、通过打孔卡片进行批处理的大型机"巨兽"，但即使是新式的小型计算机，比如桑拉德·库尔茨格正在为惠普公司编写程序的那种计算机，仍然要占好几个文件柜的空间。小型计算机通常用于控制红袜队（Red Sox）[①]比赛的计分板和百老汇《歌舞线上》（*A Chorus Line*）演出中的照明灯。这种计算机的售价高达 50000 美元，甚至更高，这意味着它还是一种价格昂贵的专业工具。[6]

让当时的计算机变得像今天的这般袖珍，而且简单到儿童也可以使用，这个想法在当时简直是天方夜谭。1969 年，售卖高档商品的内曼·马库斯百货公司（Neiman-Marcus）的商品清单里就有一台价值 10600 美元的霍尼韦尔"厨房计算机"，消费人群专门瞄准那些"蛋奶酥做到极致，膳食规划充满挑战"的家庭主妇。这本商品清单里还出现了一头真实的小象，或许和"厨房计算机"比起来，这个小动物的出现也不算太陌生，也不吓人或者没有实用价值。"厨房计算机"一台也没有卖出去，即使还会配送一件围裙和一本菜谱。[7]

人们很快就会发现，即使是泰勒的实验室[②]也无法在 1972 年制造出一台笔记本尺寸的 Dynabook。[8]用今天的视角来看，帕洛阿尔托研究中心制造的这台计算机属于个人计算机，它有大屏监视器、鼠标、菜单、文字处理程序以及很多窗口，还能创建并编辑文档，并能把编辑好的文档发送给打印机（打印机也是帕洛阿尔托研究中心开发出来的），打印出来的文件和在屏幕上看到

---

① 波士顿的一支职业棒球队。——译者注
② 帕洛阿尔托研究中心有许多聪明的计算机科学家，连麻省理工学院的校长都指责，该研究中心是导致一流高校教职员工短缺的罪魁祸首。

的文档一模一样。这台个人计算机还能够存储文件、档案和图像，不仅能够通过以太网（同样由帕洛阿尔托研究中心开发）连接到打印机，还能连接到别的计算机，向其他计算机发送电子邮件和文件。

泰勒给这台革命性的计算机起名为"阿尔托"（Alto）。这是泰勒在高级研究计划局工作的延续，是他和约瑟夫·利克莱德多年前铺下的构想的合理发展。泰勒和利克莱德在高级研究计划局工作时资助了这份构想：计算机能够成为一种连接人与想法的交流设备。[9]

在高级研究计划局，泰勒通过两种方式资助了这个想法。他支持开发了分时计算机，这种计算机反应之迅速，远超以往的任何计算机。他还创立了阿帕网，把计算机连接在了一起，也把使用计算机的人连接在了一起。

在帕洛阿尔托研究中心，泰勒带领的研究团队和系统科学实验室共同合作，即将把这两缕线编织进同一套阿尔托系统。这套系统集合了世界上最容易使用的计算机，以及把它们连接到一起的网络。再过 10 年，才有人能赶上他们。

未来的施乐

泰勒最早是在 1970 年夏天听说帕洛阿尔托研究中心的。起初，施乐公司的首席科学家杰克·戈德曼（Jack Goldman）说服公司开设了一所研究中心，每年拿出 600 万美元的运营预算，研究人员包括"最好的计算机科学家、电气工程师、系统分析师、运筹学研究者、数学家、统计学家、生物物理学家以及生物化学家"，目的是打造"未来的施乐"。[10] 研究中心本来的名字叫作"施乐高等科学及系统实验室"（Xerox Advanced Scientific and Systems Laboratory），不过没有采用，可能是因为缩写不雅。[①]

戈德曼提议，施乐公司应该把研究中心的地址设在拥有"极具文化气息的夜生活"的大学城，这样不仅能够吸引来研究者，而且对研究者自身也有

---

① 这个名字的缩写是 ASS Lab，即"屁股实验室"。——译者注

好处。帕洛阿尔托研究中心就这样成立了。在这里，戈德曼打算开设三个实验室，分别研究基础科学、系统科学和计算机科学。对于实验室未来可能生产出的产品，他还有一些具体的想法，比如"制造一台一半是复印打印机，一半是计算机的设备"。戈德曼提出的规划，可以用 8 个字来概括：广招才子，任其发挥。他告诉施乐公司的上层管理者，前 5 年都不要指望研究中心能生产出什么有用的产品来。[11]

泰勒带着他典型的雷厉风行的风格来到了帕洛阿尔托研究中心。他的第一次访问是在帕洛阿尔托研究中心刚刚成立一个月的时候，是物理学家乔治·佩克（George Pake）邀请他来的。佩克是帕洛阿尔托研究中心的主任，之前在斯坦福大学担任物理学教授，他还担任过华盛顿大学的教务长。日后，佩克会成为美国国家科学院的院士以及磁共振专家，还会获得美国国家科学奖章。佩克的目标不是把泰勒招进帕洛阿尔托研究中心来，而是请泰勒帮忙看看，计算机科学实验室应该招募什么样的人才。"这得看实验室想要做什么。"泰勒说。当佩克告诉他说，实验室要支持数据科学系统公司[①]时，泰勒告诉他："施乐公司购买这家计算机公司是一个错误的选择，因为它是一家不够格的企业。"泰勒还认为数据科学系统公司的最新产品 Sigma 计算机很"恶心"。他告诉佩克，没有哪个值得招募进来的人，会想加入一个实验室来支持这样的二流公司。[②]

这次访问结束之后，泰勒以为自己再也不会与佩克和帕洛阿尔托研究中心有任何联系了。然而，很快佩克又邀请他来进行第二次访问，这次是要谈一份工作。佩克表达了非常仰慕泰勒在高级研究计划局的人际关系，希望

---

① 数据科学系统公司（Scientific Data System，简称 SDS）是施乐公司不久前以 9.18 亿美元的惊人价格收购的计算机公司。

② 泰勒的敌意可能源于若干年前，数据科学系统公司的创始人马克斯·帕雷夫斯基（Max Palevsky）曾告诉泰勒，泰勒使用高级研究计划局数百万美元的资金支持的分时计算机的努力注定会失败。这段评论使得泰勒勃然大怒，并把帕雷夫斯基赶出了办公室。"这就像一个白痴跑到你家里来，然后告诉你，你过日子的方式不对。你知道，超过某个点你就没法再忍受了。"泰勒说。他对数据科学系统公司的保留意见（戈德曼也有同样的看法）后来被证明是合理的。1975 年，施乐公司以 4.84 亿美元的损失关闭了数据科学系统公司。

他能来帕洛阿尔托研究中心的计算机科学实验室工作，但不是来担任主任一职，因为泰勒没有博士学位。佩克提醒他说，一个希望获得世界级声望的实验室需要一个有博士学位的人来当领导者，而且佩克坚信，只有进行过高等研究的人才能管理好一家高级的实验室。[12]

泰勒从没有迈过"佩克认为他不够格"所带来的侮辱的这道坎，即使后来佩克雇用了他，还让他选择拥有博士学位的杰里·埃尔金德（Jerry Elkind）做自己的老板。埃尔金德是约瑟夫·利克莱德以前的学生，还曾是博尔特·博拉奈克和纽曼公司的高管。尽管泰勒很乐意让埃尔金德来处理实验室的管理事务，自己带领研究团队；尽管佩克支持了泰勒的提议，让帕洛阿尔托研究中心的计算机科学家比施乐公司在纽约州韦伯斯特（Webster）研究实验室同等学历的科学家多拿 15%～20% 的工资；[13]尽管之后佩克离职了，不再担任帕洛阿尔托研究中心的负责人，由一位泰勒觉得更糟的继任者替代；尽管佩克告诉泰勒担任计算机科学实验室负责人的资历不够这件事过去了 40 年，这份侮辱的伤痛仍然挥之不去。①

虽然泰勒对佩克本人有一点儿意见，但还是接受了帕洛阿尔托研究中心首席科学家一职。泰勒知道，一旦找到了合适的主任人选，他就会被任命为计算机科学实验室的副主任。[14]泰勒喜欢旧金山湾区的天气和活力，自从在斯坦福国际研究院赞助道格·恩格尔巴特的研究以来，他就经常造访此地。泰勒也很喜欢斯坦福大学，因为这所大学培育出了不少计算机科学家。斯坦福大学校园的中心距离帕洛阿尔托研究中心只有 1.6 公里远，学校胡佛塔的尖顶比这个区域的任何建筑物都高。泰勒把家搬到了帕洛阿尔托老镇的一所工匠风格的房子里，这里的街道都用浪漫主义学派的诗人的名字命名。社区里都是年轻的家庭。

施乐公司总部要求研究人员集中关注"信息的体系结构"（architecture of information）。[15]对泰勒而言，重新包装一下交互式计算机网络的愿景就能满足总部的要求，这只是一个简单的辞令上的问题。无论计算机科学实验室追

---

① 泰勒在 4 次不同的采访中都提及他不喜欢佩克。

求何种未来图景，泰勒都坚信："是时候抛弃中心化计算机、给每个人配备一台计算机了。"

"我知道应该找谁来做这件事，"泰勒补充道，"我知道谁是美国最杰出的青年计算机科学家，而且我也认识。"[16]

魔术般的团队领导力

泰勒缺乏正规的技术训练，他虽然知道自己想要什么，但不知道该怎么做。塞韦罗·奥恩斯坦（Severo Ornstein）是帕洛阿尔托研究中心研究者核心圈子中的成员之一，泰勒叫他"胡子老头"，这人很敬重泰勒，称他是"没有手指的音乐会钢琴师"。[17]泰勒能听到远处传来的微小旋律，但不会演奏；不过他知道如何模仿这种旋律；如果调子错了，他也能听出来，但他需要别人来演奏这首音乐。

有很多伟大的技术梦想家，他们的想法仅在自己偏执的指引下从未得以完全表达。在泰勒所处的时代，在距离帕洛阿尔托研究中心只有几公里远的地方，就有两个这样的人。特德·纳尔逊（Ted Nelson）是"超文本"（hypertext）这个词的发明者，20世纪70年代，他写了一篇有关复杂信息的体系结构的文章，叫作《上都计划》（*Project Xanadu*）①。虽然人们对它充满了期待，它甚至在某些方面超越了万维网，但这个计划从未实现。同样地，道格·恩格尔巴特的很多想法也没能实现，直到它们在帕洛阿尔托研究中心的计算机科学和系统科学实验室里得到改进和完善。

泰勒有能力把一群杰出的研究者招募进帕洛阿尔托研究中心。他选择人才的标准基于这样一个信念：一位非常好的研究者抵得上两打一般好的研究者，并让他们共事很多年。[18]泰勒还有老板的支持，埃尔金德处理了实验室大部分的管理事务。用一位对两人都怀有敬意的研究者的话来说就是："泰勒

---

① Xanadu即上都，传说中蒙古帝国的一个城市，在今日我国内蒙古境内，也泛指世外桃源的意思。
　　——译者注

引领了我，而埃尔金德管理着我。"[19]

　　高级研究计划局的工作为泰勒积累了广泛的人脉，在那段日子里，他结识了很多年轻的研究者，慷慨地资助了他们的研究。因此，泰勒从这些研究者中精选了自己的团队。[①] "只要泰勒打几个电话，这些研究者就来签约了。"施乐公司的一位执行官回忆道。[20]泰勒先从犹他大学开始招聘，接着从博尔特·博拉奈克和纽曼公司挖了几位研究者。在哈佛大学，泰勒一直追着网络专家鲍勃·梅特卡夫（Bob Metcalfe）不放，即使在得知哈佛大学拒绝给梅特卡夫授予博士学位之后。[②]

　　在招募团队时，泰勒跳过了年轻的微芯片和电子公司，而是更倾向于从学术界而非商业界来挖掘大批人才。他从伯克利分校招募进的一个团队，曾和他在加州大学一起做过高级研究计划局的项目，之后又在校园附近创办了一家企业——伯克利计算机公司（Berkeley Computer Corporation）。而此时，这家公司正面临破产，所以许多年轻的计算机科学家为能把业务问题抛诸脑后，加入一个研究实验室而感到兴奋不已。就像以后会被誉为世界上最伟大的计算机科学家之一的巴特勒·兰普森（Butler Lampson）所说："我们之所以创立伯克利计算机公司，是因为这是我们唯一能够想到的进行特定研究的方法。"[21]查克·撒克（Chuck Thacker）也加入了泰勒的团队。撒克、兰普森和凯未来都获得了图灵奖。这个团队还包括：系统设计专家彼得·多伊奇（Peter Deutsch）；顶级设计工程师理查德·舒普（Richard Shoup），他将会因在彩色图形上的成就获得艾美奖；顶尖程序员吉姆·米切尔（Jim Mitchell）；还有查尔斯·西蒙尼（Charles Simonyi），他最为众人所知的是，在离开帕洛阿尔托研究中心之后为微软公司编写的 Word 文字处理软件。泰勒认为，伯克利小分队是"我们计算机科学实验室的骨干"。[22]

　　泰勒还拜访了斯坦福国际研究院的恩格尔巴特实验室，请来了比尔·英

---

① 泰勒想招进来但没有成功的一位早期候选人叫拉里·特勒斯（Larry Tesler）。特勒斯之所以没能加入，是因为在交涉他的录用条件时没有直接咨询泰勒，后来他加入了帕洛阿尔托研究中心的系统科学实验室。

② 梅特卡夫日后会重新提交论文，并在帕洛阿尔托研究中心工作期间获得学位。

格利希。英格利希制作了首个鼠标的原型，还安排了1968年那次被称为"演示之母"的技术演示。此后，英格利希又去招募了恩格尔巴特实验室的其他成员，结果有15个人加入帕洛阿尔托研究中心，其中大部分去了系统科学实验室。泰勒从没有想过要去找恩格尔巴特，因为泰勒想要"能上手的工程师"，恩格尔巴特干其他什么都行，但却不是泰勒要找的这种人。"恩格尔巴特是一位规划师，而我们这个团队不再需要规划师了。"泰勒说。泰勒觉得恩格尔巴特"说不清楚自己想要什么"。[23] 而且，恩格尔巴特连造访帕洛阿尔托研究中心都觉得不舒服。"我访问过帕洛阿尔托研究中心几次，虽然那里的人总是给我看很多他们在做的东西，但都是在暗自告诉你：'看，这就是应该走的路子。'"恩格尔巴特说。[24]

泰勒认为，在这场把计算机从一台美化了的计算设备变成一台通信工具的"战役"中，他招募进来的每一个人都会起到各不相同但同样重要的作用。泰勒招募了硬件和软件专家，工程师和计算机科学家，编程语言专家，还有人机交互界的权威专家。每一位专家都头脑灵活、人脉广泛。"必要的时候，你们要舍得摆脱计算本来的束缚！"泰勒这样告诫他的20人团队。[25]

新成员们都有一个共同的特征：他们有着和泰勒一样的理想。和兰普森一起追忆往事的时候，艾伦·凯回忆说："我们加入帕洛阿尔托研究中心的时候，就已经重生为交互式计算机科学家了。泰勒非常有警惕性，绝不把那些不会真正喜爱这行的人招聘进来。"兰普森同意说："或者说那些没有准备好做这行的人。"[26]

泰勒本人极富魅力，能吸引到很多同行加入帕洛阿尔托研究中心。不过，帕洛阿尔托研究中心也提供了高工资待遇和顶级的资源。在这里，研究者能很方便地与斯坦福国际研究院、斯坦福大学，特别是与斯坦福人工智能实验室的研究人员来往。他们能够参加在校园里举办的讲座或者造访其他机构，与相关人员会面。泰勒实验室的几位研究者还在斯坦福大学教授课程。帕洛阿尔托研究中心的工作为这些研究者提供了与走学术路线相当的智力挑战，却又没有教学或者发表论文的要求。①

泰勒的实验室只有一条不可违反的管理要求。所有人每周都要集中到懒人沙发会议室开一次例会。泰勒并不在意他的研究者是否来上班或者穿什么衣服来上班，什么时候吃午饭或者什么时候刮胡子也无关紧要。但是，一到星期二，所有人都必须来懒人沙发会议室，而且一待就是好几个小时。这个会议是实验室所有智慧的发源地，泰勒用这个会议来确保团队朝着同一个方向前进。这些会议也展示了泰勒被撒克和兰普森两人称为"魔术般的"领导力到底是如何发挥的。

会议开始时，泰勒会先讲一些管理上的事情，比如有多少空闲岗位，有哪些访客即将前来等。然后，他会要求大家汇报各自项目的进展，宣布一些社交活动通知。团队中的许多成员都是单身，他们一起在山里骑车，或者在距离帕洛阿尔托研究中心几公里远的波托拉山谷的高山旅馆吃午餐。周末，他们会一起在山谷上方的海岸森林里来一场远距离的徒步旅行，这里雾气缭绕，空气凉爽。他们还会在家里烧烤聚餐，参与彼此的地下工作室项目。泰勒是一名竞赛型网球手，喜欢向帕洛阿尔托研究中心最好的网球手们发起挑战，然后在邻居家后面的网球场里满身大汗地大战一场。之后，球手们会在泰勒家里休息。"那里有冰镇的胡椒博士汽水、敞开的大门、穿过房间的微风，随时欢迎任何人的到来。"鲍勃·梅特卡夫回忆道。[27]

在每周的懒人沙发会议里，泰勒也会花时间倾听怨言。比如，餐厅的食物太差、设备不足、秘书工作太多等问题，以及由抱怨施乐公司的复印机进而引发出一大堆令人惊讶的问题。

泰勒仔细地倾听着，认真做着笔记。他知道，真正富有创意的计算机科学家通常是有点固执己见的个人主义者。泰勒会迎合这种倾向。当团队要搬到一幢新楼里去时，泰勒询问了每一位研究者，以确定他们最想要的电话系

---

① 计算机科学实验室在成立 3 年后才第一次发表成果，而且是一篇博士论文。如果要在高级研究计划局的资助下进行研究，研究者就会被要求解释他们的工作能够在哪些方面有助于国防工作，这样才能获得拨款。

统。有 20 位研究者都想要按键式电话，而非老派的转盘式电话，但除此之外，大家的要求就各不相同了。有 1 个人不想要秘书，有 9 个人想要艾伦·凯交换机，这种交换机可以把来电直接转给接线员，有 5 个人不喜欢消息等待指示灯，有 7 个人想要一条内部对讲线路。[28] 从定制电话这件小事就能看出，泰勒想让研究团队知道，他是在为研究者工作，而不是相反。

每周，一旦社交和日常行政事务都处理好了，泰勒就会把整个团队带进会议室，讨论核心问题，他把这些问题称为"半成品点子"。有位研究者会在一块黑板上介绍当前的工作，并规定所有参与讨论的规则，比如，他人能否通过打断他来提问？[①] 他会说上一个小时，然后再叫大家讨论两个小时，还是只是丢出几个想法就让出话筒？泰勒将发言者称为"庄家"，因为发言者设置条款的方式，就像是庄家设定扑克牌游戏的规则。很快，大家把会议本身也称为"庄家"了。

"庄家"还有一种更富有对抗性的含义。泰勒读过 1962 年流行的一本算牌指南《打败庄家》(*Beat the Dealer*)，这本书由爱德华·索普 (Edward O. Thorp) 所著。泰勒希望参会者能够用他们的专业知识找到发言者的漏洞，就像在 21 点游戏里，算牌者用连续计算的方式来增加对赌庄家的胜算一样。发言者的每一次展示和发言，都被听众的细语乃至反对意见打断。泰勒坚信，这样的冲突有利于得出更好的结果。泰勒一直确保争论都是围绕着工作而非发言者本身进行的，但不总是成功。[29] 用泰勒的格言来说就是："争论才健康，不应该制止。"[30]

泰勒在高级研究计划局工作时，组织过首席研究者的会议，庄家会议很像这种会议。当时，泰勒也希望研究者能够相互提问，提出那些他自己不知道的问题。他坚信困难的问题能够帮助大家厘清思路，阐明观点，并突出各自的专业技能。

泰勒在帕洛阿尔托研究中心工作的整个期间，就像在庄家会议上一样，

---

① 以后会有一些女性进入计算机科学实验室，但在早期，所有研究者都是男性。

都在为实验室的对话提供框架，然后让技术专家们来接手。泰勒偶尔会进行调解，确保航向正确。"泰勒提出的为人们服务的交互式计算的概念，就是把团队凝结在一起的力量。"鲍勃·斯普劳尔（Bob Sproull）在 1977 年这样写道。斯普劳尔之后离开了实验室，前往卡内基梅隆大学从事学术工作，"每当这股力量在日常工作与风波的喧嚣中开始消退时，泰勒就会努力把我们的视线从眼前的细节中转移出来。"[31] 这也是泰勒启动阿帕网项目的方法：设定一个目标，招来合适的技术人员，然后只在需要的时候才插手。

允许研究团队自己设定目标并达成的路线，并不意味着泰勒放弃了掌控权。如果他觉得讨论不再发挥作用，就会中止。[32] 有一次，泰勒发觉"庄家会议"的发言质量在下降，就威胁说要把每周一次的会议改为每月一次，这引起了员工的反对。[33] 泰勒调解争论的方式是，要求每个人都能把对方的观点解释到让对方满意为止，即使他并不同意对方的观点①。泰勒还会去做实验室里最不讨某些人喜欢的决定：关停那些远离主旨的研究项目，比如关于彩色图形的高级研究。

泰勒会在技术上听取员工的意见，尤其是巴特勒·兰普森的。兰普森来到帕洛阿尔托研究中心的时候只有 29 岁，虽然瘦得像根电线杆，却充满活力。他既聪明又活泼，有一回，兰普森被安排在一次计算机科学会议上发言，由于前一位发言者超时太多，他仅用了 15 分钟的时间，旋风一般但仍让人信服地讲完了需要一小时才能讲完的内容，然后冲出门外赶飞机去了。[34]

兰普森和泰勒一样顽固。他拒绝写长篇大论的备忘录，喜欢以简短的语句传达自己的想法。[35] 有一次兰普森说，自己宁可坐在办公室的地板上，也不想要施乐公司新办公楼里那些奇丑无比的家具。[36]

"泰勒对兰普森言听计从。"塞韦罗·奥恩斯坦说，"如果兰普森有什么疯狂的想法，那就糟糕了，因为泰勒肯定会听他的。不过，兰普森的眼光还是

---

① 泰勒很注意区分他称之为"一类争论和二类争论"的两种情形。在一类争论中，双方关系非常疏远，相互连倾听都不愿意，更不用说理解对方的观点了。在二类争论中，双方都有不同的意见，但双方都表示理解。泰勒的目标是把所有的一类争论都转换为二类争论，即使最后不能化解矛盾。

很准的。"[37]

自己动手建一台计算机

泰勒在管理上非常前卫，他管理的计算机科学实验室没有任何正式的组织等级，每个人都向他汇报。对每一位新募成员，每一位在职员工都有表决权，如果这个人没有加入帕洛阿尔托研究中心，他们会"非常失望"。这个团队已经接受了泰勒的标准。"我们招募进来的每个人都要能增进整个团队的智商。"撒克解释说。[38] 有时候，这种全体一致同意的要求会引发被兰普森称为"群体迷思"的现象，导致实验室错过一些重要的人选。比如，皮克斯动画工作室联合创始人阿尔维·雷·史密斯（Alvy Ray Smith）曾在帕洛阿尔托研究中心短暂地工作过，但没有获得正式的永久职位。最终成为帕洛阿尔托研究中心一份子的人，也都得到了实验室的全体支持。

如果团队都觉得某个想法是好的，泰勒就会认为自己有责任去推进那个想法。"多给它点空中掩护。"查克·葛什克（Chuck Geschke）[①] 说。泰勒并不在乎自己在施乐公司中的政治地位。在实验室的工作开始的第一个月，他的研究团队急需一台计算机，用来设计和测试新建造的计算机。实验室的计算机就像是化学实验室里的各种烧杯、化学品以及分光仪，是让研究成为可能的基本设备。泰勒把这个提议告诉施乐公司的相关负责人后，他们想让实验室使用一台由最近收购的科学数据系统公司生产的计算机，就是泰勒第一次访问帕洛阿尔托研究中心时称为"恶心"的那台。泰勒的研究团队觉得这台计算机无法支持他们的工作，他们想要一台由施乐公司的竞争对手数字设备公司生产的 PDP-10 计算机。

泰勒支持了他们的请求，并把这个请求告诉了佩克，然后由佩克传达给公司总部，于是公司副总裁从总部来到帕洛阿尔托研究中心听研究者的提案陈述，以便决定是否购买一台百万美元级别的 PDP-10 计算机，何况它还是施乐公司的竞争对手生产的产品。[39]

---

① 他之后离开了帕洛阿尔托研究中心，创立了软件巨头奥多比公司。

然而，这位副总裁没有被说服，并拒绝了购买 PDP-10 计算机的请求。消息传到泰勒实验室后，几位研究者威胁说宁愿离职，也不愿意使用科学数据系统公司的计算机。泰勒又一次支持了他们。最后，佩克想出了一个妥协的解决方案：泰勒的实验室不能买 PDP-10 计算机，但可以自己仿制一台。于是，实验室设计并组装了一台仿制的计算机，他们称之为"MAXC"，向数据科学系统公司创始人马克斯·帕雷夫斯基嘲讽地"致敬"。

事实证明，这是一次极好的团队建设活动。在 1970 年建造一台计算机不是一件简单的事情，不是只是焊接一些东西，用螺丝拧上几个零件，加载一个操作系统和几款软件程序就可以大功告成的。研究者需要设计和制造零部件，编写和调试代码，还需要在内存的类型上达成一致。[①]帕洛阿尔托研究中心需要审阅来自供应商的提案。在斟酌这些决策的时候，从没在一起工作的人学会了合作，泰勒称为"独奏者们"的一个各自为政的团体变成了一个交响乐团。这个团队还挖掘出一批可靠的本地供应商和制造者。

不过，从公司的角度来看，允许研究者制造计算机是一项糟糕的决策。因为耗上好几个月的时间、几十万美元，来仿制一台竞争对手的计算机，而不是购买一台立马就能使用的施乐公司自己的产品，很不划算。而且，施乐公司还丧失了一次机会：让一群杰出的计算机科学家为科学数据系统公司的计算机开发软件。

泰勒跟研究团队说，如果使用科学数据系统公司（很快就会被改名为施乐数据系统公司）的计算机，他们就无法完成想要做的工作。事实证明确实如此。[②]不过，施乐公司的很多 CEO 不这么认为。[40]泰勒的研究者想要做什么来推进计算的发展根本无足轻重，重要的是，他们能做什么来让施乐公司赚钱。他们应该用一台施乐公司的计算机并为它开发产品。

---

① 最后他们决定采用新型的半导体内存，英特尔公司的 1103，刚入职的迈克·马库拉正帮忙负责这家公司的市场营销工作。

② 从伯克利计算机公司来的研究者非常熟悉科学数据系统公司的计算机产品线，在加入帕洛阿尔托研究中心之前，他们改造了科学数据系统公司的一台计算机来用作分时机器。改造后的 SDS 940 计算机的第一个客户是泰姆谢尔公司，桑德拉·库尔茨格曾为他们编写过 MANMAN 软件程序。

"这次小事故为未来将要制造的产品定下了基调。帕洛阿尔托研究中心被允许完全独立地运作，去创造那些用来展示研究者才华的技术，而无须考虑这些技术与施乐公司的未来到底有没有联系。"一家公司的CEO后来这样写到，他曾在这次计算机采购过程中访问过帕洛阿尔托研究中心："泰勒的团队都是充满了'弥赛亚'①式热情的人。他们的忠心从来不是献给施乐公司，而是献给了那些能让信息技术研究摆脱大型计算机束缚的智力挑战的。"[41]

泰勒确实想要"摆脱大型计算机的束缚"，但是，他和实验室的每一个人对施乐公司还保有一份忠诚。在未来的10年里，泰勒一次又一次地试图用计算机科学实验室创造的技术来引起公司高层的兴趣，但罕有成效。

1972年年初，泰勒实验室发展到了一个关键时刻。MAXC计算机快要完工了。很快，鲍勃·梅特卡夫就会把它连接到阿帕网上。然而，到了最后阶段，研究者开始抱怨优化工作非常"令人沮丧"，和他们的预期差得太远。[42]

大概就在这个时候，泰勒的那位有着博士学位的老板杰里·埃尔金德提出疑问，"施乐公司是否应该买下阿帕网。高级研究计划局正在寻找一个外部机构来以公共服务的方式运营这个网络，就像运营全美电话网络一样"[43]。

埃尔金德与杰克·戈德曼、泰勒商量之后，决定组建一个小组来"分析购买阿帕网的利弊，并提出一项施乐公司应该采取的措施"[44]。最后，施乐公司和美国电话电报公司（AT&T）都拒绝购买。1975年，美国国防通信局（Defense Communications Agency）接管了阿帕网的运营职责。

如果施乐公司或者美国电话电报公司在20世纪70年代早期买下了阿帕网，会发生什么呢？几乎可以肯定地说，与随之而来的因特网的实际发展相比，阿帕网的独立性会下降很多，也很难随性地发展。拥有网络的公司很可能会加强对入网条件的控制，对可以接受的使用条件更为严格。[45]

施乐公司在思考是否购买阿帕网的时候，泰勒的研究团队正闹着要新的

---

① 指具有特殊能力，来拯救世人的救世主。——译者注

项目。泰勒需要想清楚下一步该做什么。1972 年 2 月，兰普森在庄家会议上的一次发言带来了一丝火花。"我们应该把注意力转移到建造一台简单的计算机上来。相比于我们现在拥有的设备，这种计算机不能太贵，不能太难制造。"兰普森说："简单的计算机可以满足我们大部分的需求。"如果其中一些计算机可以用网络连接起来，"在未来 10 年，人们想做的几乎任何事情都可以做到"。[46]

在接下来为期一周的"庄家会议"上，兰普森和艾伦·凯[①]围绕制造一台价值 500 美元的计算机做了一次更详细的演讲。两人提出了一些技术想法，并邀请感兴趣的人来参加几天后的另一次会议。[47]

泰勒对这个提议感到非常兴奋。从一年多前实验室启动开始，他就一直想要建造一台小型的、易于使用的计算机。当时，泰勒还没法像兰普森和撒克那样来描述制造那个将被称为个人计算机的想法。[48]"泰勒当时挥舞着双臂，谈了些交互式计算机的莫名其妙的想法，"兰普森回忆道，"我们所解读到的是，他正在描述一些完全不现实的东西。"其他地方的研究者（多数由高级研究计划局资助）建造过一些非常昂贵的个人交互式计算机的原型。不过，这种小型的易使用的计算机不是帕洛阿尔托研究中心的目标。从一开始，实验室的目标就是建造那些能被多个群体使用的系统。兰普森所感兴趣的只是为 100 个或者多一点的用户建造系统。

1972 年年底，兰普森、凯和撒克带领团队开始规划一整套由 10～30 台阿尔托计算机[②]组成的系统。到了 12 月，兰普森公开了一份富有开创性的备忘录，标题叫《为什么是阿尔托》(*Why Alto*)。这份备忘录把泰勒和利克莱德的设想变成了能够实现的蓝图，提出了一台能够在办公桌上放得下的计算机的硬件和软件的规格。这种计算机使用图形显示器、键盘以及"鼠标或其他指示设备"。这份备忘录还拍出，这台计算机能够上网，能连接到别的计算

---

① 艾伦·凯把兰普森提议的计算机看成是一台"过渡期的 Dynabook"，是走向他所构想的便携式且适合儿童使用的计算机的第一步。

② 阿尔托计算机指泰勒的计算机科学实验室想要建造的廉价、功能强大而易于使用的个人计算机。
　　——编者注

机和打印机上。[49] 兰普森明确地指出，① 只是让一个人拥有一台功能强大、易于使用且负担得起的专属计算机是不够的。

"如果建造一台廉价而功能强大的个人计算机的想法是正确的，我们应该能够在阿尔托计算机上做出令人信服的成就。"兰普森写道。兰普森不仅用"阿尔托"称呼这台计算机，也用它来称呼"阿尔托系统"。他继续写道："如果这些想法是错误的，我们也可以搞清楚原因。"[50]

在接下来的几个月里，计算机科学实验室与凯在系统科学实验室的小组一同协作建造阿尔托计算机，疯狂地加班加点。拉里·特斯勒在凯的实验室里工作，特斯勒曾和蒂姆·莫特（Tim Mott）搭档研发过图形用户界面。当时他俩共用一台计算机，一个人晚上做编程，另一个人白天做，两人的工作时段在换班时有一小时的重叠。[51]"我们忙得就像创业公司一样，"撒克说，"我觉得有点遗憾的是，只有在凌晨 2 点喂奶的时候，我才能见见我的女儿。"[52]

泰勒的团队不断朝目标前进，硅芯、电线、操作系统、微码、路由器、"0和1"，这些能联网的交互式计算机的零件一个接一个地被制造出来。

泰勒的团队写下的备忘录揭示了他们的使命感与紧张感："这些问题看起来值得解决""这是我的看法""欢迎评论""本文为草稿"，有两份备忘录的标题非常值得一提："发泄不满"和"我到底在这儿干什么"。[53]

泰勒的实验室纪律非常严明。每一份备忘录都盖着"已阅并理解"的章，并签上了名字和日期，全都按照当时世界各地科学实验室的标准规范来做的。

在这种紧张的气氛里，泰勒仍然是一个温暖而体贴的存在。"你有任何问题都可以去泰勒的办公室。"特斯勒回忆道，"他会给你帮助。"[54] 鲍勃·斯普劳尔写道："泰勒对我的信心比我自己还多，我展示出来的每一份自信都源于

---

① "网络本身和位于其中的计算机一样重要"这种系统观，与泰勒最初把阿帕网当成一种连接远程计算机的方式的设想一脉相承。泰勒告诉查克·撒克："阿帕网开启了通信的大门，但如果你想要求一个计算机系统富有交互性，并以通信为重点，还需要解决许多问题。所以我们在帕洛阿尔托研究中心开始着手做了。"

他的鼓励。"[55]

特斯勒回忆说，泰勒偶尔会给他一些卡通卡片，用来阐明泰勒和利克莱德在 1968 年合著的文章《作为通信设备的计算机》。泰勒总是强调说："阿尔托计算机还没成为现实呢。"泰勒并没有完整地规划出阿尔托计算机的未来。"每当我们完成一部分，接下来的部分就会变得清楚起来。"泰勒说。既然一台交互式计算机需要优化的是通信而非计算，阿尔托计算机就需要围绕着显示设备建造，而非算数单元。把焦点放在显示上则意味着需要一个新的操作系统，一个新的操作系统又需要新的应用程序；阿尔托计算机的目标之一是通信，显然还需要一个文字处理程序，一直这样下去。"随着你安置好一个元件，下一个是什么也就变得很明确了，"泰勒说，"如果你想把字符通过网络传送给一台打印机，就可能需要把要发送的字符存储下来，因此你还需要一个文件系统。如果你想把字符写进一封电子邮件里，就需要一个电子邮件系统。在某种意义上，它们都是独立的部件，但在另一种意义上，它们又都是同一个系统的一部分。我所做的事情之一，就是指引研究团队朝着这个方向演进。[①][56]

一步又一步，一个零件接一个零件，泰勒与他的团队正在为现代个人计算机产业奠定基础。

---

① 撒克和兰普森都同意泰勒对自己工作的定性，虽然撒克又加上了"指引演进"这个说法。

T

9

电子游戏帝国雅达利的盛与衰

艾伦·奥尔康

Hit in the Ass
by Lightning

艾伦·奥尔康知道有人会来找他。1972 年 6 月，诺兰·布什内尔出现在了他的办公室。此时，施乐公司正在考虑购买阿帕网。布什内尔是一位高大、傲慢、年轻的工程师，①在距离帕洛阿尔托研究中心以南几公里的山景城工作，布什内尔是开着一辆崭新的蓝色休旅车来的，"这是我们公司的车。"他装作漫不关心地说。他想邀请奥尔康去他的创业公司看看新产品"电视屏幕上的游戏"，这款游戏是布什内尔和特德·达布尼一起开发的。1

两人开车去了布什内尔的办公室，就在高速公路旁边。这间办公室占地很大，大概有 930 平方米，看起来像是电子实验室和装配仓库的混合体。示波器、实验室长凳、组装了一半的柜子和接着电线的屏幕占用了很大一块空间。2

布什内尔和奥尔康来到了一个柜子旁，这个柜子有 1.8 米高，由玻璃纤维制成，看起来有点儿复杂，在与眼睛齐平的地方有一块屏幕。布什内尔为柜子富有"太空感"的形状而感到颇为自豪，他用雕塑黏土设计了这个柜子，达布尼找了一家游泳池生产商，用色彩鲜艳的玻璃纤维把它制造出来。柜子里装着一款外太空射击题材的科幻游戏，叫作《计算机空间》（*Computer Space*）。这是奥尔康见过的第一款电子游戏。

---

① 奥尔康在安佩克斯电气制造公司半工半读时认识了布什内尔。

在当时看来，游戏《计算机空间》非常令人震撼，电影《绿色食品》（*Soylent Green*）的制作人为了拍摄这部电影专门还定制了一台白色的。[3] 除了能闻到玻璃纤维散发的微弱臭味外，奥尔康对这个柜子一点兴趣都没有。他觉得这东西最有意思的地方，是布什内尔和达布尼决定用现成的电视机作为显示屏。如果他们问奥尔康对这个柜子的意见，他会回答，这台 13 英寸的黑白电视机的最大用处可能就是用来生火。

看着布什内尔演示游戏，奥尔康开始变得兴奋起来。《计算机空间》的创作灵感来自一个叫作《空间战争》（*Spacewar*）的经典游戏，《空间战争》是由麻省理工学院的一个非正式小组于 1963 年编写的，这个小组的领头人叫史蒂夫·拉塞尔（Steve Russell）。全美各地的程序员都在分时计算机上玩《空间战争》，并不断地改进它。布什内尔在犹他大学读本科时也玩过。所有玩过《空间战争》的技术工作者都着迷于它引发的计算难题：它展示了一台计算机能够在屏幕上绘图、计算抛物线，并检测一艘飞船是否能被击中。[4]

奥尔康知道，在布什内尔和达布尼的游戏《计算机空间》中并没有用到计算机，尽管他们的宣传资料里对一台"计算机"夸夸其谈。在这种场景下使用一台计算机未免太过昂贵。[①] 肯定有其他东西控制着屏幕上的图形和运动轨迹。奥尔康想知道那是什么。

奥尔康打开柜子，扫视了一眼接线，立刻就爱上了它。布什内尔和达布尼调整了电视机内部线路的专用逻辑电路，使得它们能够产生和原来的《空间战争》游戏在分时计算机上产生的一样的效果。"太巧妙了。"奥尔康惊叹道。[5] 不用计算机，不用软件、帧缓存、微处理器，甚至不用触发电路之外的

---

① 布什内尔和达布尼最开始计划让《计算机空间》游戏运行在一台连接了显示器的计算机上，他们甚至还请来了一位名叫拉里·布赖恩（Larry Bryan）的程序员和他们一起制作。但这种基于计算机的设计立即失败了。布什内尔说，最后一台计算机也没人买。

《太空战争》游戏的纯粹玩家会注意到，《计算机空间》是经一款原始游戏改良过的一个版本；在《计算机空间》游戏中，游戏的设计没有考虑引力问题。与《计算机空间》游戏同时开发的一款游戏是比尔·皮茨（Bill Pitts）的《银河星系游戏》（*Galaxy Game*），里面包含一台真正的计算机，它被安放在了斯坦福大学的 Tresidder 学生中心。

任何存储器芯片，布什内尔和达布尼在屏幕上成功地显示了光点，而且还能移动。对奥尔康来说，这种操作看起来几乎是不可能实现的。[6]

奥尔康问了一大堆问题。布什内尔等着他冷静下来，然后马上给他提供了一份工作，每月工资 1000 美元，以及公司 10% 的股份。当初，布什内尔和达布尼每人凑了 350 美元成立了这家公司，取名"Syzygy"（这个词指三个天体排成一条直线），但很快就改名为雅达利公司（Atari），因为他们发现另一家公司已经用"Syzygy"注册了。在布什内尔和达布尼都喜欢玩的围棋和国际象棋中，"Atari"都有"将军"的意思[①]。按布什内尔后来的定义，"Atari"的意思就是，你快要被包围了。

雅达利公司专为巴利公司（Bally）这样的弹珠台制造巨头设计游戏，以供它们生产和销售。布什内尔解释说，雅达利公司虽然设计了《计算机空间》游戏，但负责生产的是纳汀联合公司（Nutting Associates）。

布什内尔和达布尼的勇气让奥尔康印象至深，奥尔康简直难以想象。他还从没见过有谁会离开一家大企业去创业，就像布什内尔和达布尼离开安佩克斯电气制造公司创立雅达利公司一样。[②]不过，奥尔康认为，这么做没错，因为这是聪明的年轻人为自己重写规则的 20 世纪 60 年代。

布什内尔提供的工资比奥尔康在安佩克斯电气制造公司的工资要低 17%。奥尔康觉得 10% 的公司股权应该一文不值，因为雅达利公司可能会倒闭。当奥尔康和父母谈起这份工作时，他们为奥尔康愿意考虑而感到震惊不已。[8]奥尔康不知道，如果接下这份工作是不是等于在慢性自杀？这家不靠谱的公司如果倒闭，找不到更好的工作了怎么办？在奥尔康父母年轻时经历的大萧条时期，没工作的男人会挨饿的。[③]对他们来说，规模巨大又有名气的安佩克斯

---

① "Atari"对应的日语围棋术语为"アタリ"，即"叫吃"。——译者注

② 1961 年，美瑞思公司（Memorex）从安佩克斯电气制造公司分离出来，那是在奥尔康进入安佩克斯电气制造公司之前。

③ 诺兰·布什内尔说，他母亲的反应和奥尔康母亲的反应非常类似，但布什内尔的母亲知道，自己的儿子还有一份很好的工作！

电气制造公司是一个更安全的选择。

奥尔康是在冷战和越战中长大的，他并不认同父母这种他称为"幼稚的家长信念"的看法，认为只有大机构或者大公司才能给他最好的未来。奥尔康知道安佩克斯电气制造公司正面临着财务问题，它未来的发展成功与否，尚无定论。美国政府是奥尔康知道的最大和最稳定的机构，但它把成千上万的年轻人送到越南战争里去送死；警察不仅没有保护人民公园手无寸铁的示威者，还向他们开了枪。奥尔康找不到理由来信任那些已经成名的组织。

奥尔康当时的女朋友凯蒂鼓励他"孤注一掷，试一把"。毕竟，他们没有孩子，也没有按揭贷款。而且，如果按奥尔康的预测，雅达利公司如果真的倒闭了，他还可以在山景城或者附近的公司再找一份工作，它们很多都在招聘电气工程师。

最终，奥尔康，这位谨慎的冒险家，决定加入布什内尔和达布尼。生命很短暂，[9]是时候创造自己的人生了。

被骗了！

当奥尔康来到雅达利公司新租的办公室报到时发现，布什内尔当时打动了他的那份创业冒险精神是假的。虽然布什内尔确实和达布尼一起启动了这家创业公司，但他还有一个奥尔康所没有的安全网：布什内尔在纳汀联合公司有一份全职工作，工资比奥尔康在安佩克斯电气制造公司挣得还多；此外，他还以独立承包商的身份与纳汀联合公司协商了许可授权费用。

布什内尔曾告诉过妻子，在到加州的两年之内，他要开一家自己的公司。他为什么没有告诉奥尔康，在纳汀联合公司还有一份全职工作呢？布什内尔日后是这样解释的，他把纳汀联合公司的工作当成"某种舍入误差"，在谈论自己的电子游戏生意时，可以把这事"省略"，而"创业家"这个词听起来"更富有魅力"。[10]布什内尔对外表的要求比较高，他为雅达利公司招进的第一个员工是前台接待员，这位接待员 17 岁，是他孩子的临时保姆。当接到来电时，布什内尔会吩咐接待员让来电者先在电话里等一会儿，"我先去看看布什内尔先生或者达布尼先生是否有空"，即使两个人当时就在接待员面前。多年以后，布什内尔把自己商业上的成功归功于"充满热情和口齿伶俐"。[11]

奥尔康很快就拆穿了布什内尔的另一个谎言。布什内尔和达布尼用了安佩克斯电气制造公司的多余零件来开发《计算机空间》游戏，在奥尔康加入雅达利公司之前，他问布什内尔是否给安佩克斯电气制造公司看过《计算机空间》游戏，这家公司理应对这款游戏拥有一些所有权。布什内尔向他保证说，安佩克斯电气制造公司拒绝了他们，而奥尔康事后发现，布什内尔从来就没有把游戏给对方看过。①

之后不久，奥尔康又一次受到了布什内尔的蒙蔽，但他过了几周后才知道。布什内尔让奥尔康按通用电气公司的合同要求制作一款乒乓球游戏。布什内尔描述了想要的游戏的样子，细节具体到了分割屏幕的线段和两侧矩形球拍的要求。布什内尔还要求，游戏要便宜，最好使用的芯片不要超过20块。游戏需要用到令奥尔康钦佩不已的巧妙的视频定位技术。

为了能给通用电气公司留下一个好印象，奥尔康开车去埃尔·卡米诺瑞尔街的百货商店，买了一台最好的黑白电视机。回到办公室之后，奥尔康设计了分段球拍，每一段都能把球以不同的角度打回去。奥尔康发现，电视机里的同步信号发生器已经包含了某些音调，在稍加调整之后，他就做好了一个满意的声音——球击中球拍后发出的"乓"的声音。[12]他还设置了游戏的模式，在打了几局之后，击球的速度就会逐渐加快。不过，这款游戏有个漏洞，球拍无法移动到屏幕顶部，但奥尔康决定置之不理，因为这样意味着球可能从上面或者下面溜走，最好的玩家也无法阻挡，这让游戏变得更富有挑战性。当奥尔康向布什内尔寻求更多的点子时，布什内尔建议，当玩家打了一个好球时加入人群的欢呼声；而达布尼则建议，在失球时加上喝倒彩和嘲讽的声

---

① "我可能告诉奥尔康，我给安佩克斯电气制造公司看过《计算机空间》游戏。"布什内尔告诉我。但布什内尔的老板库尔特·华莱士（Kurt Wallace，安佩克斯电气制造公司负责接收许可提议的人）告诉我说，他没有收到任何提议。

音。这完美地体现了两人的性格差异：布什内尔热情洋溢，达布尼则更为谨慎。

只花了 3 个月时间，奥尔康就制作出了一个能玩的游戏原型，他或者是布什内尔将这款游戏命名为《乒乓》（Pong）①。¹³ 虽然奥尔康觉得游戏玩起来很不错，但他还是担心这不算是完成任务，因为他用了超过 70 块芯片，而非布什内尔要求的 20 块，这款游戏绝无可能满足通用电气公司指定的技术参数。

奥尔康告诉布什内尔《乒乓》完成了，但太复杂了，并提议再重新设计一次。布什内尔建议他们先玩玩看。在奥尔康开发这款游戏的时候，布什内尔就已经玩过几次了，但这一次，他每玩一局就会变得越发兴奋。布什内尔惊叹道："《乒乓》是一款伟大的游戏。"因为这款游戏入门容易、精通难。¹⁴就在奥尔康又开始担心通用电气公司可能因为芯片的使用数量太多而拒收这款游戏时，布什内尔却在暗自偷笑。

最后，布什内尔告诉了奥尔康一个秘密：根本就没有通用电气公司的合同。他撒了谎，《乒乓》只是一次内部练习，他觉得这会帮助奥尔康掌握视频定位的技巧。

奥尔康非常惊讶，但并没有生气。3 年后，当他知道布什内尔当时之所以能够把这款游戏的要求描述得那么详细，是因为他描述的就是米罗华公司（Magnavox）所销售的奥德赛系统上的乒乓球游戏时，② 他也没有生气。"就像电影《金牌制片人》（The Producer）一样，你知道吧？"奥尔康若干年后回忆道，"我们要从米罗华公司把这个点子偷过来，如果这款游戏搞砸了，又有什么关系呢？然而，一不经意却搞成功了。"¹⁵ 米罗华公司后来起诉雅达利公司侵犯知识产权，最后双方庭外和解。

正是因为布什内尔的诱导，奥尔康才一次又一次地完成了连自己都觉得不可能的技术创举。"'这不可能！你不会这么做的！'在日常生活中，我经

---

① 2016 年，当被问及这个名字是谁想出来的时，奥尔康和布什内尔都说是对方。

② 1972 年 5 月，布什内尔在伯林盖姆（Burlingame）的机场酒店举行的米罗华利润大篷车会议（Magnavox Profit Caravan）上见过米罗华公司的游戏。

常对自己这么说。"奥尔康后来解释说，"不过很幸运的是，有布什内尔激励我，我最后还是做了。"[16] 虽然奥尔康拥有足够的技术实力来建造几乎任何东西，但作为一名年轻人，他却不是一位梦想家，他需要像布什内尔这样的人来点燃他的火花，引导他的才能。布什内尔每天都会记录下很多新点子，经常有写满了他潦草笔迹的纸张从口袋里掉出来。[17]

布什内尔虽然拥有无限的想象力，但技术实力却非常有限，他需要奥尔康来帮他实现构想。"布什内尔是一位梦想家，"奥尔康说，"我负责拿棍子脏的那一头，让这些事情变成现实。"[18]

硬币堆积故障

布什内尔告诉奥尔康，《乒乓》这款游戏非常成功，应该授权给巴利公司。雅达利和巴利公司签过一份合约，内容是为巴利公司制作一款电子游戏和一架弹珠台机。紧接着，布什内尔订了去位于芝加哥的巴利公司的机票，他准备坐红眼航班以便省掉酒店房间的开支。在机场的卫生间洗过澡之后，布什内尔穿了一件心爱的西装，带着游戏的原型电路板，前去说服巴利公司的主管：《乒乓》是一款好游戏，即使它需要两个玩家才能玩。"我们可以再做一个单机版放里面。"布什内尔补充道。[19]

巴利公司表示，愿意考虑购买这款游戏。不过，确切的答复还要等些时候。

布什内尔前去巴利公司之时，达布尼为《乒乓》游戏造了一个柜子，不过远比不上《计算机空间》游戏的由优雅的玻璃纤维制成的柜子，《乒乓》游戏的柜子就是一个涂成橙色的木头盒子，两个银色的把手控制着屏幕上的球拍，正面写着"P-O-N-G"字样的一块金属牌算是对审美唯一的致敬。在盒子旁边，达布尼焊上了一个投币槽。

布什内尔把原型电路板带回雅达利公司之后，奥尔康把它装进了黑白电视机，然后把整套装置塞进达布尼制作的柜子里。之后奥尔康和雅达利公司的两位创始人开着车把柜子带去了附近的一家酒吧。安迪·卡普的酒馆光线阴暗，烟雾缭绕，和 1972 年夏天桑尼维尔的很多酒吧一样，里面值得一提的东西只有便宜的啤酒和弹珠台。布什内尔和达布尼认识店主。雅达利公司还有一项副业就是维修弹珠台，然后按入账的一定百分比提成，安迪·卡普（Andy Capp）就是他们的一个客户。

他们 3 个人把《乒乓》游戏机重重地放在了一个装饰用的木桶上面。游戏机的外貌不是很美观，尤其和包装华美、闪闪发光的弹珠台以及外形漂亮的《计算机空间》摆在一起的时候，对比更明显。布什内尔用了九牛二虎之力才说服店主将它安放在酒吧里。

有两位男子很快就从弹珠台旁的男人堆里脱身出来，开始研究《乒乓》。过了一分钟，一位男子丢了一块 25 美分的硬币到投币槽里。

虽然《乒乓》暂时还没有操作说明，但游戏玩家很快就搞懂了。两人的头都凑到了游戏机屏幕前，看起来玩得很愉快。

游戏结束之后，他们没再继续玩，而是走开了。

布什内尔走向这两位玩家，想问问他们对这款游戏的喜好程度。奥尔康跟着他一起走到了酒吧另一头。

布什内尔向这两位付费玩家打了一声招呼，然后头偏向游戏机问道："你们觉得那东西怎么样？"他尽量让自己的语调显得自然。

"哦，对。我以前玩过这种东西，"其中一位玩家回答道，"我认识几个制造这种游戏的人。"

没人在意这位玩家说的话，这就像你制作了一款如此之酷的游戏，人们会假装和它有什么联系，想想还是很让人满足的。[20] 布什内尔后来解释说："人们玩你制造的游戏，就等同于观众起立为你鼓掌。"[21]

大概一周之后，酒吧的经理给奥尔康打来了电话。《乒乓》的游戏机出了点问题。奥尔康开着他的二手凯迪拉克车去修理，受到了一小群《乒乓》的游戏迷的欢迎。奥尔康解释说，他需要玩几局游戏才能诊断出问题。接着他弯腰打开了投币槽，然后拨动了内部的开关，这样他就能不限次数地玩游戏了。

奥尔康把柜子门一拉开，就看见了里面满满的 25 美分硬币。硬币已经装满了用来当投币槽的咖啡罐，溢出来落在了柜子的木质底板上，总共有 100 美元的 25 美分硬币。《乒乓》的故障就是因为投币槽装得太满，而导致无法触发启动装置造成的。

奥尔康把一半钱留给了雅达利公司，剩下的交给了经理，还给了他一张名片。"下次再发生这种事，马上给我打电话。我能修好。"奥尔康保证道。[22]他的快速解决方案是用一个更大的容器牛奶盒替代咖啡罐。奥尔康把硬币堆积引发的故障告诉了布什内尔，布什内尔当时正准备飞往芝加哥，与巴利公司的主管再次会面。他以为布什内尔会把这个故事告诉巴利公司，好说服他们购买这款游戏。[①]

奥尔康错了。

抓住100%的利润之机

布什内尔回到雅达利公司之后，请奥尔康和达布尼到安迪·卡普酒馆和他碰头。三人坐在他们喜欢的桌子前面，看着一个接一个玩家将 25 美分的硬币投到《乒乓》的柜顶上，以确保他们排队的位置。过了几分钟，布什内尔说了一些令奥尔康大为吃惊的话。

---

① 这件事的先后顺序略有不明。布什内尔以及电子游戏编年史学家史蒂夫·肯特（Steve Kent）、马蒂·戈德堡（Marty Goldberg）以及卡特·文德尔（Curt Vendel）都说，布什内尔当时在芝加哥和巴利公司的主管面谈，而奥尔康在安迪·卡普酒馆处理装满的投币槽。编年史学家们还说，布什内尔带着《乒乓》的游戏原型机去了芝加哥。奥尔康合理地指出，当时只有一台《乒乓》的原型机在，它不可能同时出现在芝加哥和安迪·卡普酒馆。奥尔康认为，布什内尔是在听说了钱从投币槽里满出来之后才去见巴利公司的主管的，而且去的目标就是说服他们不要购买游戏。布什内尔记得和巴利公司的人至少见了两次面，文字记录也如此显示。

"我们不需要把《乒乓》卖给巴利公司。我们可以给它一款不同的游戏。"

"那《乒乓》该如何处理?"奥尔康问道。

这个问题正中布什内尔下怀。布什内尔兴致勃勃地回答:雅达利公司可以有自己的工厂来制造《乒乓》游戏,并以最快的速度来组装,这样每天可以生产100台。《乒乓》游戏能成为一款大受欢迎的大型游戏,雅达利也能成为一家大公司。到时,由布什内尔来监督整个商业运作,奥尔康处理工程问题,而达布尼管理生产流程。

他们3个人都没有开办过公司或者管理过工厂的经验,更不要说从头创建一家工厂。布什内尔似乎对此毫不担心,他坚信"一个聪明人应该能在三年内从根本上掌握任何科目"[23]。他奇怪地从制造了《计算机空间》游戏的纳汀联合公司的故事中受到鼓舞。既然纳汀联合公司的这些家伙都能把游戏推销出去,即使他们"用两只手都摸不着自己的屁股",我们又有何不可呢。[24]

奥尔康仔细地听着布什内尔说话,盯着他把啤酒吞下去。

"巴利公司拒绝购买《乒乓》游戏?"奥尔康问。

布什内尔回避了这个问题。他在没有与达布尼和奥尔康打招呼的情况下,擅自决定抹除他之前的销售努力,而且说服巴利公司不要购买《乒乓》游戏。奥尔康以为满溢的投币槽会激起巴利公司的兴趣,结果却是激起了布什内尔的兴趣。布什内尔知道,如果雅达利公司把《乒乓》游戏授权给了巴利公司,就只能得到游戏3%的销售收入。[25]但是,他想要雅达利得到100%的利润。

然而,这些想法布什内尔对奥尔康和达布尼一句也没有说,只是不断地告诉他俩,雅达利公司可能会自己生产《乒乓》游戏,而非把游戏授权给一家认识的制造商。

不,奥尔康说。他不想生产《乒乓》游戏。奥尔康想设计游戏,而不是成为一家大公司或者工厂企业的一部分。这位来自伯克利分校的嬉皮士"不渴望成为一只资本家的猪"。[26]奥尔康是一名工程师,实际上,他们都是工程师，应该坚持最初的计划，把精力集中在设计上，生产的事务留给别人。达布尼也同意这一点。[①]

布什内尔好像没听进奥尔康和达布尼的话。"我们已经身处制造业里了。"沉默了一分钟后他说道。布什内尔已经打定主意，由雅达利而不是巴利公司来制造《乒乓》游戏。[②]说完，布什内尔又开始喝起啤酒。

奥尔康回家一冲进门就向女朋友凯蒂大喊道："布什内尔是个疯子！他想一天造100台机器！"即使在安佩克斯电气制造公司，奥尔康也从未见过，有什么产品能按布什内尔的速度生产出来。

但在听了女朋友的一些看法之后，奥尔康决定按照布什内尔的这个疯狂的想法做下去。"如果之后失败了，我就可以告诉布什内尔：'我早就给你说过这个事行不通。'"奥尔康心想。[27]

布什内尔认为，第一步就是要建造更多《乒乓》的原型机，然后把它们放在其他酒吧里测试，以便决定最终版本的游戏到底需要哪些功能。达布尼找到了一家本地车间来生产能安装游戏屏幕和部件的柜子。奥尔康则开车去了安迪·卡普酒吧研究《乒乓》游戏机出现的问题。奥尔康数了数从投币槽里落下的硬币。如果每块硬币代表20次或者30次旋钮转动，《乒乓》就需要一个能够在3个月内旋转100万次不失灵的电位计。奥尔康准备去找一个这样的电位计。

布什内尔此时比较担忧游戏的玩法。他告诉奥尔康，游戏需要说明书。奥尔康觉得这非常荒谬。安迪·卡普酒馆的玩家没有说明书也照样搞懂了。

---

① 有些人认为，是达布尼提议让雅达利公司成立生产工厂的。另一方面，虽然奥尔康确实说过："布什内尔自己做了这个决策，然后说服了我们，最后说这是大家做出的决策。"但奥尔康和布什内尔都记得这个决策是布什内尔一个人做出的。因为没有书面证据，很难知道这个想法的起源。达布尼确实主管着雅达利公司的生产，布什内尔掌管着整家公司，股权分配也说明了这一点。当时，布什内尔拥有雅达利公司60%的股份，达布尼拥有30%，奥尔康有10%。

② 虽然布什内尔还是按合约的条款交付了一款弹珠台游戏与另一款不同的电子游戏的原型设计，但巴利公司拒绝量产它。

不过，最后他还是听从了布什内尔的建议。奥尔康在游戏机正面的一块板上写了三条指令：

● 放入 25 美分硬币；

● 球会自动发出；

● 避免失球以获取高分。

就在几周的时间里，有 10 家酒吧安置了《乒乓》游戏机。奥尔康、布什内尔和达布尼坚信，他们造出来的游戏机能够抵御醉醺醺的玩家们手中摇晃的啤酒杯的诱惑。不过，奥尔康他们还是低估了游戏机即将遭受的虐待。有玩家向机柜扔台球，希望侥幸击中某个地方，赢得一局免费游戏。机器在被摇晃或者玩得次数太多的时候会短路，因为硬币会掉在触发装置下面的电路板上。酒吧老板习惯了弹珠台的机械继电器、挡板和彩灯，这些东西用一把螺丝刀或者锉刀就能修理。如果《乒乓》游戏机的声音不够响亮，或者屏幕不够亮，酒吧老板会打开后盖，试着调整。大部分时候，他们会通过转动一个转盘来修理它，但实际上，这个转盘是游戏机的外部电源。每台送回雅达利公司的游戏机的电源都是烧坏了的。

尽管出现了这些问题，《乒乓》游戏还是在一周之内就带来了 150 美元的收入，大概是弹珠台游戏的 3～5 倍。[28] 1972 年，这款游戏的操作方法既直观（转动旋钮，移动球拍）又惊人，大部分美国人见过的屏幕显示图像要么来自广播网络，要么来自幻灯片或是电影胶片。但《乒乓》游戏机不一样。它富有交互性，是一台观众可以对之下指令的电视机。经常有人问布什内尔，电视网络到底是如何检测到《乒乓》的旋钮转动的呢？[29]

奥尔康听说，早上 9 点钟就有人在酒吧外面排队玩《乒乓》游戏机。伯克利分校一位名叫史蒂夫·布里斯托（Steve Bristow）①的学生在雅达利公司兼职，负责弹珠台的维护以及雅达利公司每周的收款。在《乒乓》被安放在

---

① 布里斯托和奥尔康一样，参加过安佩克斯电气制造公司的转岗计划，他也帮忙用安佩克斯电气制造公司的零件制造了《计算机空间》。

他负责的一家酒吧之后，布里斯托开始担忧起自己的安全，因为每收完款后，他的雅达利专用帆布包里便鼓鼓囊囊地装满了价值 1000 美元的 25 美分硬币。当警察拒绝了他的持枪许可请求之后，布里斯托想出了一个新颖的自卫办法：用他盖屋顶时用过的斧头来自卫。他让妻子拿着斧头，自己则背着沉重的包走在后面。"即使是在伯克利分校，人们也想离一个拿斧头的疯女人远远的。"他得意地说。[30]

《乒乓》游戏机的成功在布什内尔和达布尼心里点燃了一把熊熊烈火。"因为《乒乓》，我们被闪电击中了屁股。"奥尔康说。紧接着，雅达利公司匆匆地开始大规模量产《乒乓》这款游戏。

6个月，7000台!

虽然布什内尔从没有经营过一家公司，但他拥有的一系列天赋能让他当好一名 CEO。他把自己当成一名领袖。"我希望有一天能为他工作。"布什内尔在安佩克斯电气制造公司的老板说。[31] 布什内尔极高的热情[①]也激发了玩家和雅达利公司员工的灵感。[32] 布什内尔喜欢一切游戏，他甚至能从每天的日常生活中找出很多游戏点子。一位雅达利公司员工说："如果墙上有两只苍蝇，布什内尔定会打赌哪只比哪只先飞起来。"[33]

即便如此，布什内尔的内心还是孤独的。他没有导师，也没有风险投资家来支持他，更没有商学院教授或者顾问来为他监控局面。而且，他没有电子游戏产业的领袖来寻求帮助，也没有分析师来衡量雅达利公司相对于竞争对手的表现。[34] 虽然雅达利公司有一位律师帮忙创立了公司，但除此之外他就没有什么用处了。达布尼对生意知道得也不比布什内尔多，奥尔康就更少了。

所以，布什内尔开始读书。他阅读商业著作就像以前阅读象棋或是围棋

---

① 一位早期的电子游戏记者说："布什内尔是我见过的 6 岁以上的人里面，在描述一个新游戏时表现得最兴奋的人。"

指南一样，都是为了寻找经典的战术和出其不意的招数。他读了有关如何给公司取名字和如何寻找客户的书籍。布什内尔认为，如果电子游戏会成为一门大生意，那么就可以把它当作大游戏一样玩。他还需要搞懂所有玩家的动机，这些玩家包括员工、顾客、供应商以及那些以超高利率给雅达利发放了250万美元的信用额度的银行。[35]

布什内尔立马使用了所学的游戏战术。他说服供应商，给雅达利公司30~60天的时间来偿还《乒乓》游戏机用到的电视机、芯片、线束以及柜子的费用。与此同时，他坚持要求雅达利的经销商货到付款。《乒乓》游戏机的售价大概是1100美元，生产成本在600美元左右，这是一套完美的自给自足式运作流程：高毛利使得他们可以靠自我融资来增长收入。[36] 为了节省张贴招聘广告的时间和开销，布什内尔和达布尼雇来了一批制造工人，这些工人一部分来自附近的就业办公室，一部分来自就业培训中心。有一天，就业培训中心的主任带来几个学生，建议雅达利公司雇用他们。

在6个月的时间里，大概有7000台《乒乓》游戏机被售出，虽然生产速度没有达到布什内尔每天100台的计划，但这个成果仍然非常惊人。大部分《乒乓》游戏机都放在酒吧或是游戏厅里。像机场、酒店以及高级百货商店这些从来不会考虑放置台球桌或者弹珠台的地方，也都放着《乒乓》游戏机，因为它的操作相对安静，而且充满了新奇的尖端科技感。[37]

雅达利公司把生产运营部门迁移到了圣塔克拉拉的一个废弃的轮滑场里。工程主管奥尔康正在和工程师小团队制作一款新游戏。团队里的很多人是被吸引过来，这主要是因为雅达利公司是少数几个能够从事计算机图像工作却又和美国政府没有联系的地方。① 战争还在越南肆虐地进行着，美国人也对于尼克松总统卷入的"水门事件"感到越发担忧。

布里斯托是一位出色的工程师，一毕业就来到了雅达利公司做全职工作。虽然奥尔康和布里斯托都留着长长的头发和胡须，穿着喇叭裤，但他们都认

---

① 奥尔康帮助设计的早期游戏还有：《太空赛车》（*Space Race*）、《你上当了》（*Gotcha*）、《双打乒》（*Pong Doubles*）。

为自己是一家精密的工程企业里的专业人士。工作结束后，他们会回家和家人待在一起。

雅达利公司对游戏的专业精神似乎有点不同寻常。《乒乓》游戏诞生在一个备受上流社会责难乃至禁止的产业里，这款游戏和弹珠台被划为一类。1972 年，弹珠台在纽约还是非法的，在芝加哥也才刚刚合法化。弹珠台被认为是一种博弈游戏，奖品以免费游戏的形式出现，跟赌博非常类似。即便是出于偶然，《乒乓》游戏机还是进入了高雅的休息厅。黏糊糊的酒吧高脚椅和肮脏的台球室所带来的低档感在电子游戏产业上空仍然挥之不去。第一篇介绍布什内尔的主要文章是奥尔康在兄弟会的朋友鲍勃·韦德（Bob Wieder）写的，这篇文章发表在色情杂志 *Oui* 上。曾有一次，一位经销商用枪指着奥尔康说："《乒乓》在蚕食他的地盘。"在一次展销会上，雅达利公司提供了一款名叫"公爵"（The Duke）的产品，这是成人电影机的最初形式。任何人只要花上 25 美分，就可以走进一个电话亭大小的柜子里，关上门，然后独自看一段 8 毫米长的电影短片。[38]

雅达利公司联合创始人达布尼对公司的低俗格调有些不满。他觉得自己被轻视了，没有受到充分的赏识。布什内尔只把自己称为雅达利的创始人，好像达布尼一开始就不存在一样。布什内尔为给奥尔康留下了深刻印象的视频定位技术申请了专利，却没有通知达布尼，也没有把他的名字写进申请里。达布尼觉得这项技术后面的点子，他的贡献至少应该和布什内尔一样。布什内尔分派达布尼做一些低级工作，没有人直接向达布尼汇报，也不让他参加重要会议。[39]

出走，快速由盛而衰

1973 年 3 月，布什内尔把奥尔康叫进了办公室，达布尼也在那里。奥尔康看着他们，布什内尔开始问达布尼生产上的一些基本问题。公司现在的运转率是多少？总产能是多少？这个星期的业绩和上个星期有什么不同？和上个月比呢？

达布尼一个也答不上来，奥尔康很惊讶，也很伤心。"那是个很悲哀的时刻。我真的很喜欢达布尼。"奥尔康很多年后回忆说（"奥尔康的这份大悟是我故意安排的。"布什内尔日后满意地说）。[40]

达布尼在一个月内就离开了雅达利公司。[41]达布尼说他辞职了，布什内尔却说他是被开除的。无论如何，离职手续一签完，达布尼就从雅达利的历史中消失了。直到最近，关于公司的每一段采访和每一篇文章里，布什内尔都被认为是雅达利的唯一创始人。

随着雅达利的发展，公司文化变得更加随心所欲和富有实验性。公司各部门代表的员工委员会拥有极大的权力，它可以对解雇和非自愿的工作调动进行重审，甚至可以推翻管理层在这些领域的决策。

雅达利公司的办公空间再次不够用了，于是搬到了洛斯盖多斯的温彻斯特大道的一幢楼里，距离温彻斯特神秘屋有11.2公里远。这是一幢拥有160个房间的大楼，由温彻斯特步枪财富继承人的遗孀修建。因为她认为，如果她停止建造的话，步枪受害者的鬼魂就会来骚扰她。①布什内尔在雅达利新大楼的入口处镶嵌了一张木板，上面还有一个圆拱门：这是向当年用来放置最初的《乒乓》游戏机的木桶的致敬。布什内尔用蕨类植物和吊篮植物装饰了办公室。在一个角落里，他放了一个橡木做的啤酒桶，并安装了一个水龙头，桶里灌满了库尔斯啤酒（Coors），到傍晚开会时供员工们喝。[42]

雅达利公司的工作场合意外地获得了一些名气，经常在这里举行盛大的派对。布什内尔经常会在热水浴池里做出商业决定，这招惹了不少非议。布什内尔把喧嚣的氛围看成是生意场游戏中的一种战略举措。他想要的员工是那些"能对一个好的派对而非奖金做出反应的人"[43]。

布什内尔阐述了"雅达利的哲学"——把雅达利变成一家与众不同、激动人心、富有活力且敢于争先的公司。雅达利将会不断地繁荣。他还说："雅

---

① 温彻斯特大楼占地36亩，拥有160个房间、2000扇门、10000个窗户、47个楼梯、47个壁炉、13个洗手间以及6个厨房。

达利要能满足员工对学习和进步、对有价值的目标做出贡献以及被同胞尊重的需求。"布什内尔还许诺每位员工都能获得公平的工资，能一起分享公司的成果。"公司对所有员工以爱、尊严和敬意相待，勿论职务分类。"他发誓说，雅达利的产品不会导致"伤亡、损伤或者堕落"。他还提醒员工，公司必须"通过盈利来存活和增长"。[44]

1973 年 6 月，雅达利公司实现了这些许诺，推出了一项股票所有权计划，公司把少量股票授权给包括制造工人在内的所有全职员工，还提供了其他一些非常慷慨的福利，比如覆盖所有员工的健康保险和牙医保险，并且每位员工在生日那天都有半天的带薪休假，如果成为父母，还有一张奖金支票。[45]

正因为这种奇特的公司文化，奥尔康喜欢雅达利，喜欢这种由制造更多《乒乓》游戏或开发新游戏而带来的高风险商业压力，以及和混合着嬉皮士之爱的古怪组合。布什内尔的这种全凭直觉的管理风格似乎确实管用。到了1973 年，公司还只有一岁的时候，它的销售额高达 320 万美元。雅达利在日本、加拿大、英国以及夏威夷设立了子公司来销售游戏。公司的一份官方文件声称"计算机视频游戏"的市场只受"供应而非需求"的限制。[46]这份需求似乎是无限的。

然而，雅达利的成功非常短暂，奥尔康对这家公司的满意度也没保持多久。《乒乓》游戏发布不到 6 个月，仿制的竞争对手就出现了，他们通过逆向工程来复制《乒乓》游戏。有些甚至从黑市买到了原装的印刷电路板，这是由雅达利的一些不道德的员工私运出来的。[47]为了表达对竞争对手的鄙视，雅达利投放了一个广告，嘲笑竞争对手企图"爬上雅达利的乐队彩车"。但竞争对手带来的结果却是毁灭性的。《乒乓》游戏发行后的两年里，每有一款合法的雅达利《乒乓》游戏售出，就会有 5 款价格更便宜的仿制版售出。[48]

雅达利的几家子公司都破产了，或者被清算以获得现金，[49]工会的行动也失败了。在这之后，雅达利开始削减福利，公司开始进入混乱，从传统的劳动纠纷到工资，再到公司的用车。但在雅达利蒸蒸日上的时期，管理层和员工都相互保证给对方以爱和尊严。

为了控制局面，布什内尔在 1973 年自升为董事长，然后给雅达利雇了一位新总裁——他妻子的妹夫（一名精神科医师和工业顾问），这可能是布什内尔认识的最接近真正公司主管的人了。[50] 这位总裁上任后不久就告诉一位记者，他不觉得自己像个商人。在这位新总裁从安佩克斯电气制造公司请来了一位工程主管之后，奥尔康被挤出了工程部，成为研发部门的主管。

和头衔所暗示的不同，研发部主管这个职位实际上更偏向商业方面，奥尔康感到非常痛苦。他从一份工作里想要得到的是进行新产品工程设计的机会，但现在他的时间都花在了思考交货、回购以及对董事会的责任上。与此同时，新的工程主管衣着华丽，每天都工作到很晚，他似乎对流程图和正式的计划更有兴趣，而非开发新产品。虽然奥尔康只有 28 岁，但他发现自己长白头发了。当他的母亲被确诊为癌症晚期之后，他离开了雅达利。奥尔康说这是一次长假，不知道自己是否会回来。[51]

在奥尔康花时间陪伴母亲的时候，雅达利的挣扎还在继续。公司卖出了 9 款游戏，其中一些只是易于仿制的《乒乓》的变种。最新的主打游戏叫作《大赛道》（ *Gran Trak* ），但定价太低。[52] 雅达利在财务上非常紧张，每当星期五开工资支票时，停车场很快就会空掉，因为人们都冲去了银行，想赶在雅达利还有足够的资金时兑现支票。[53]

布什内尔把自己还没有兑现的工资支票都塞在抽屉里，以便保存资金。同时，他的婚姻也崩溃了。奥尔康在长假期间访问过一次雅达利，在停车场遇到了布什内尔，布什内尔把自己锁在车里，正坐在方向盘前哭泣。[54] 1974 年一年，雅达利亏损了 60 万美元。

回归，第二个春天

1974 年春天，也就是财年末尾的 5 月，布什内尔请奥尔康回到雅达利。并保证说一切都会不一样的。新总裁走了，由乔·基南继任，他运营着雅达利唯一一家成功的子公司——基游戏公司（Kee Games①，基游戏公司最后并入了雅达利，布什内尔担任合并后的公司主席）。奥尔康认识基南，也喜欢他。基南只比布什内尔大一岁，却是"我们拥有的最接近管理者的成年人"[55]。当有人问基南，他的责任是不是对精力旺盛、什么都想尝试的布什内尔说"不"，他回答道："有时候我也说同意，但就是什么都不做。"[56]布什内尔觉得基南是个"聪明而顽强的人"[57]。

24岁的史蒂夫·布里斯托在基游戏公司担任工程主管，以前他和挥着斧头的妻子一起保护过早期《乒乓》游戏机里的硬币。将来他会管理雅达利的工程部。布里斯托确立了一些基本原则来对付布什内尔不停产生的创意，他告诉工程师们："你们要和蔼，要有礼貌，认真听布什内尔的话，但在我们商量好之前什么都不要改动。"[58]布里斯托负责工程部，奥尔康的头衔仍然是研发副总裁。布什内尔许诺，这会是一份真正的研究工作，有真的工程师参与其中。

所以，奥尔康回来了。他的工作会让雅达利转运。

在休假之前，奥尔康收到了来自布什内尔的一份笔记，列出了"工程章程"的大纲。这份心愿清单里有8个项目，还有一份警告——关于雅达利生产能力不能适应上述设计安排的声明。这份笔记非常具有布什内尔风格：梦想远大，却无视雅达利实际能够建造什么的现实状况。奥尔康要考虑预算，他问是否应该将"财政能力"考虑在内。布什内尔的回答是"NO"[59]。

奥尔康回到雅达利之后，他把注意力放在了布什内尔所列清单的第七项：建造家庭版《乒乓》游戏机。也就是说，布什内尔想要一版《乒乓》游戏机，它能够在美国6900万拥有电视机的家庭里使用，而不只是装载在一台独立式的投币游戏机。[60]

建造家庭版《乒乓》游戏机的指令听起来很熟悉，又像是布什内尔的一

---

① 因为雅达利公司和巴利公司弹珠台游戏的经销商签有独家销售协议，于是布什内尔和基南创立了基游戏公司，以便将雅达利的游戏提供给二级经销商网络。

次过度要求，奥尔康的第一反应是"荒谬"。雅达利从未直接向消费者销售过。投币式游戏机的客户都是经销商，他们把游戏出售或者出租给游戏室的老板。雅达利并不知道如何才能按消费者的需求量来制造东西。又一次地，就像当年布什内尔建议说他们该想办法来自己生产《乒乓》的情形一样，奥尔康把布什内尔的信心看成是一次证明他错了的机会。

奥尔康安排一位叫作哈罗德·李（Harold Lee）的工程师来帮他设计《乒乓》游戏机，它要足够便宜，能够销售给个人消费者，且难以仿制。李指出，微芯片技术现在已经非常发达，他们可以把投币式《乒乓》游戏机里的整个印刷电路板都浓缩在一个单独的定制芯片上。

"我们就开始做了。"奥尔康说。他期待这个开发过程漫长且终无成效，花上好几个月来设计、测试、重新测试，最后他很可能得放弃这个项目。

然而，芯片几乎是立刻就成功了。雅达利已经有了一个能用的家庭版的电子游戏机内核，但面临的问题是，不知道如何来包装、营销或是销售它。奥尔康说："就像一只狗追一辆车一样。追上了该做什么？之后怎么办？"[61]

有一个人知道该如何做。唐·瓦伦丁从雅达利公司灾难性的1974年的财年开始，就一直在给雅达利做咨询①。[62]瓦伦丁现在是一位风险投资家，而且是仙童半导体公司和国民半导体公司的"指定顾问"。[63]他在备受尊敬的投资机构资本集团管理着一个叫红杉的基金。资本集团的大部分合伙人都是保守的律师和金融专家，他们都喜欢在古板、可预测且高度管制的共同基金。[64]按瓦伦丁自己所承认的，他"完全不同而且完全操作不当"。他管理的500万美元的红杉基金和其他资本集团典型的基金不一样：他负责的客户"想投那些大起大落的私人公司"。[65]在国民半导体公司工作的时候，瓦伦丁个人就

---

① 奥尔康和李在《乒乓》上面使用了一个AMI芯片，不过，他们本来考虑使用英特尔公司的芯片。奥尔康请英特尔公司的联合创始人戈登·摩尔和罗伯特·诺伊斯来访问雅达利。当时在给雅达利做咨询的瓦伦丁听说了这次访问，他知道后变得怒不可遏："你告诉了他们你做的东西？"当奥尔康向他保证诺伊斯和摩尔已经签署了保密协定的时候，瓦伦丁回答说："那就像拿着一个苍蝇拍去追一辆坦克。"

投资了一些业绩不错的基于微芯片的小型公司，包括科学数据系统公司。他在资本集团的老板鲍勃·柯比（Bob Kirby）知道这些投资，很佩服瓦伦丁发现有潜力腾飞的高风险小公司的能力。他还给瓦伦丁取了一个"火箭人"的外号。[66]

瓦伦丁在资本集团的工作时结识了东海岸金融业中的一些重要人物，在国民半导体公司和仙童半导体公司的工作让他对微电子市场有了深刻的理解，他还因此在硅谷正在成长的电子业界的高管人际网络中获得显赫的地位。通过仙童半导体公司或者其他早期芯片制造企业的共同纽带，瓦伦丁认识了大部分这个行业中的重要人物：原型芯片最好的建造者、批量订购的供应商、能力最强的律师、最高效的公关和市场人物、成绩最佳的猎头以及能商量出最划算交易的经销商。

1975 年，在资本集团的鼓励下，瓦伦丁把红杉基金设立为一家独立的同名风险投资公司——红杉资本，投资者团体也非常类似——不是个人，而是富有雄厚财力的机构投资者，比如养老基金以及拥有大量捐献的大学。独立的红杉资本仍然保留了对于高风险、高回报投资的关注。瓦伦丁在沙山路租了一间办公室，就在风险投资公司克莱纳·珀金斯附近。红杉资本和克莱纳·珀金斯风险投资公司领导了一个趋势——由成功的科技创业者前辈来教导和资助后辈们。这将成为硅谷长盛不衰的本质要素。红杉资本和克莱纳·珀金斯风险投资公司将会资助（但不限于）：亚马逊、苹果、思科系统、碉堡箱（Dropbox）、艺电、Facebook、基因泰克、谷歌、照片墙（Instagram）、直觉（Intuit）以及领英，这只是其中的一半。

作为一位风险投资家，瓦伦丁成功的关键之一，是他愿意去忽略那些他人会觉得讨厌或是离经叛道的行为和外表。瓦伦丁是一位热爱作家安·兰德（Ayn Rand）的保守派，他不鄙视那些留着长发、赤着脚、举止粗鲁乃至不卫生的工程师，还向他们寻求建议。在仙童半导体公司，他看见过一名销售员前一天半夜里醉醺醺地把一辆高尔夫球车开进了水坑里，但在第二天下午就销售出了数万美元的产品。在国民半导体公司，他和鲍勃·威德拉一起工作过，威德拉就是那名在仙童半导体公司咬穿过玻璃杯的工程师。在国民半导体公司，威德拉放了一瓶占边威士忌在办公桌抽屉里，他只愿意屈尊和公司里的少数几个人说话，他的脾气一旦爆发起来，整个办公室都会跟着遭殃，持续之长，脏话之多，瓦伦丁是见证过的。但当威德拉安静下来，设计的模拟电路曾在某个时刻占领了全世界市场的75%左右。"威德拉改变了我的想法，让我不再认为伟大的技术天才都是千篇一律的。"瓦伦丁说。

和威德拉相比，布什内尔就是个"小丑"，他夸大事物、自我膨胀，还穿戴着夸张的"小丑服"。[67] 布什内尔每次想要激怒瓦伦丁的伎俩都会失败。当布什内尔坚持要在他后院的热水浴池里开会时，瓦伦丁会脱下衣服爬进去，身影在飘荡的波纹酒瓶中闪躲。[68] 当布什内尔带他参观雅达利的生产线时，瓦伦丁发现里面雾蒙蒙一片，全是大麻烟雾，几乎一接触就会陶醉，他用当年参加竞技游泳时练就的肺活量屏住了呼吸。[69] 瓦伦丁在电子游戏和其他基于微电子的消费者产品中发现了一个巨大的市场。如果要他脱掉衬衣或者屏住呼吸才能进入那个市场，他会这样做的。

当瓦伦丁了解了《乒乓》游戏的芯片之后，知道该如何去销售那些雅达利即将围绕它制作出来的游戏。布什内尔觉得玩具店应该是一个合理的选择，但瓦伦丁的想法更大胆——西尔斯公司。一年前，西尔斯公司修建了芝加哥的标志性大楼，美国57%的家庭都有一张西尔斯公司的卡，这家公司如此之大，当时它的年营业额已经接近国民生产总值的1%。[70] 西尔斯公司比玩具店的销售价位高，销售网络也要好得多。此外，来自西尔斯公司的支持会帮助"把雅达利定位为一家真正的公司"。瓦伦丁请红杉资本的一位投资人（也是西尔斯公司的主要股东之一）来安排一次见面。瓦伦丁要求布什内尔穿上正式的西装，准备一份会议的脚本，并嘱咐他不要试图表现得太幽默。[71] 1975年3月，西尔斯公司的体育用品采购员订购了75000份奥尔康和李浓缩到了一张芯片上的《乒乓》游戏。西尔斯公司给了雅达利6个月的时间为圣诞购物季生产游戏，还通过西尔斯银行（Sears Bank）给雅达利贷了150万美元。[72]

就在和西尔斯公司的生意签署之后不久，奥尔康和雅达利的工程团队得到了一个教训，这一课也会让 20 世纪 70 年代早期一家又一家高科技公司大吃一惊。产品"软"的一面，特别是包装，要比技术内核难掌握得多。"这能有多难"可能是高技术领域里最傻的 5 个字。当英特尔公司试图销售围绕芯片建造的电子手表的时候，在技术上并没有问题，但却输在了表带和展示盒上。英特尔公司联合创始人罗伯特·诺伊斯说，这份经历教会了他一个道理："当别人的生意看起来太好做的时候，你还根本没搞懂。"[73]

对雅达利来说，问题在于制造一个容纳《乒乓》的电子器件并需要和电视连接的塑料盒。奥尔康负责制造这个盒子，但他找不到任何人来做它。奥尔康飞到了洛杉矶去见了一家听起来很靠谱的公司，结果还是不成功。西尔斯公司的购物季截止时间就快到了，布什内尔开始恐慌起来，他指定一个团队来设计一个绝无可能大批量生产的木盒。最后，奥尔康在不远的圣塔克拉拉找到了一家生产用于包装半导体芯片的塑料工具的小公司。一般来说，这家公司会拒绝雅达利，但由于半导体产业很不景气，这家小塑料制品公司需要这笔生意，雅达利和同时代的其他很多硅谷公司一样，利用了这一套为支持微芯片创业者而发展起来的基础设施。[74]

雅达利运气不错，西尔斯公司接手了《乒乓》游戏的市场营销工作，收了 98.95 美元把它刊登在当时盛行的假日产品目录《愿望书》里，还帮雅达利打了广告。[75] 此外，把《乒乓》放在体育用品里而非玩具里销售，意味着游戏不只会吸引儿童，还能获得青少年和成年人的青睐。[76] 西尔斯公司是市场营销之王，《乒乓》又是一款好游戏，雅达利卖了超过 1000 万美元的《乒乓》游戏给西尔斯公司，还有另外价值 300 万美元的《乒乓》游戏直接卖给了消费者。即使是在消费者熟悉的知名公司，比如米罗华公司、可来科公司（Coleco）以及米德威游戏公司（Midway Games），已经开始销售家庭版电子游戏，就在米罗华公司提起诉讼，声称雅达利侵犯了专利之后，《乒乓》还是销量爆棚。

雅达利的街机游戏部门大概也在同一时间复活了。驾驶游戏《大赛道》里的问题被解决了，由史蒂夫·布里斯托和莱尔·雷恩斯（Lyle Rains）编写的

《坦克》游戏也正在热销中。《时代》杂志把电子游戏誉为"太空时代的弹珠台"，并声称在某些大学里面，玩游戏是"仅次于裸奔的第二大热门娱乐活动"。[77]

于是，成功后的低潮现在又进入了第二次上升期。好时光又回到了雅达利。到 1975 年年末，公司在设计和销售着超过 30 款游戏，拥有 11 座不同的建筑和 725 名员工，其中 55 人对雅达利的成功起了非常重要的推动作用，因而获得了股票期权。[78]

《乒乓》游戏变得非常盛行。有一天，奥尔康的儿子从学校回来说，布什内尔的女儿告诉老师，是她爸爸发明了这款游戏。奥尔康一般很少有时间管这种争论，但这次例外。他告诉儿子："你去问问布什内尔的女儿，'如果是你爸爸发明了《乒乓》，在他的游戏机坏了时，为什么要找我爸爸来修呢？'"

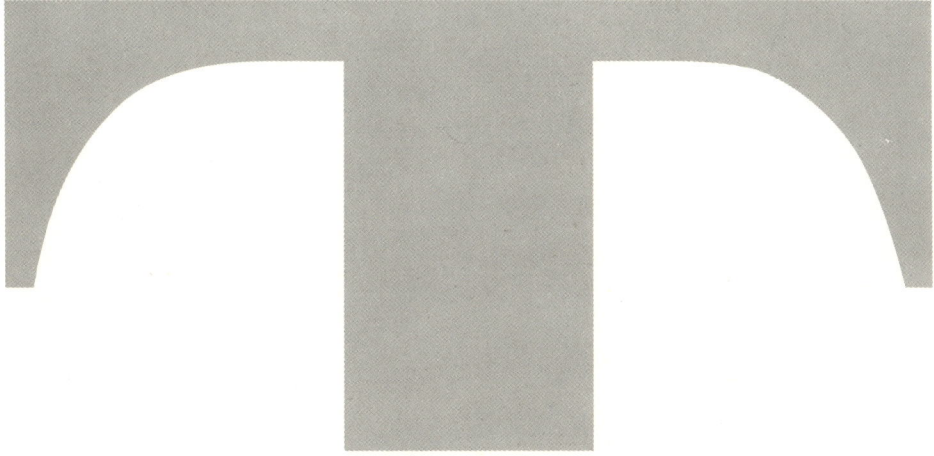

10

赢得重组 DNA 技术专利申请战役

尼尔斯·赖默斯

Make It Happen

1974 年夏天，尼尔斯·赖默斯坐在桌前翻看着邮件。赖默斯为斯坦福大学的发明者申请专利的试运营实验项目，现在已经发展成了一家正式的机构，叫作技术许可办公室。赖默斯的办公室从庄严的恩希纳厅搬到室外一辆拖车里。他与助手萨莉·海因斯用蕨类植物和纪念品装饰了墙壁，墙上还有一块牌子，写着：成就梦想。[1]

技术许可办公室于 1970 年 6 月由试运营转为正式运营，它一年带来的许可费和专利费收入就已达到研究集团所有年份总和的 18 倍。[2] 在接下来的 4 年时间里，这间办公室为 22 项发明办理了许可，创造了 461000 美元的收入。[3] 其中包括一种激光设备，它的许可发放给了一家有兴趣利用它来进行眼科手术的公司；一个荧光激发细胞分类仪；一套生成和处理声音的系统，许可发给了雅马哈公司（Yamaha），它将于 1983 年推出 Yamaha DX7，从而带动了合成音乐领域的发展。[4]

专利申请，拖车里的新事业

赖默斯决定开创一项新事业，这项事业的成功将以利润来衡量。他此时和任何创业公司的领导者一样，对眼前的挑战充满兴奋。[5] 虽然赖默斯成功鼓励了发明者为自己的点子颁发许可，但申请专利的费用仍然非常昂贵。技术许可办公室只扣除专利收入的 15%，每年的赤字达 11000 美元。那时，办公室也只为 343 份发明里 17 份申请了专利。[6]

在 6 月的一个下午，赖默斯收到的邮件有的来自他因许可问题接触过的公司，有的来自支持斯坦福大学的研究的政府机构，除此之外，里面还有一份复印的新闻剪报，是斯坦福大学新闻服务中心的主任寄给他的。赖默斯这个人"与其说是一名专利工作人员，不如说是一名人才搜罗官"，他总会非常认真地阅读新闻服务中心的剪报。[7]这些剪报经常会汇总以及公布实验室的成果，其中很多成果甚至只有这份剪报才会公布。

有一份剪报刊登了来自《纽约时报》的一篇长篇文章《动物基因向细菌的转移》。文章介绍了两个实验室，一个在斯坦福大学，一个在加州大学旧金山分校，它们联合开发了一种用于克隆遗传物质的实用方法，可以把外源基因从一种复杂动物（一只青蛙）移植到一个细菌中。细菌是一种简单但能快速分裂的细胞。随着细胞分裂，它们会创造出青蛙基因的精确拷贝，并且能够用它们来制造蛋白质。换句话说，这里的细菌就是一个小型的 DNA 复制工厂。这项成就便是重组 DNA 技术。

重组 DNA 技术具有惊人的意义。比如，如果我们能够改造细菌让它来复制生成胰岛素的 DNA，并且表达胰岛素的基因代码，我们就能无限量地供应可以拯救糖尿病患者性命的荷尔蒙。同样的技术也能被应用于制造抗生素来对抗感染，或者对抗农产品中的微生物，进而减少对化肥的需求。《时代》杂志引用了诺贝尔奖得主、斯坦福大学遗传学系主任约书亚·莱德伯格（Joshua Lederberg）的一句话："这项突破是一个重大的十字路口。"[8]

赖默斯对生物学或遗传学懂得不多。"我只是一名机械工程师。"他经常这么说。但莱德伯格的背书和重组 DNA 技术潜在的商业应用给赖默斯留下了深刻印象。另外，赖默斯认识而且很喜欢这项突破背后的斯坦福大学的科学家。斯坦利·科恩（Stanley N. Cohen）是医学院临床药理研究室的主任，他和赖默斯曾经就一套用于监视药物潜在作用的计算机系统的许可问题合作过。

赖默斯给科恩打了电话。"科恩，"他说，"这项成果看起来很重要，也很

有意思。"科恩考虑过为这项重组 DNA 技术申请专利吗？ [9]

科恩当时 39 岁，戴着边框眼镜，胡须修剪得整整齐齐，不过头发掉得很厉害。他接触世界的方式颇为审慎与从容，为人诚实公正。当有事物干扰到他时，他表现得很直接："听着，伙计。"他会这么开头。科恩集中注意力的能力非常强，有一次在思考问题时，他撞上了一扇玻璃推拉门，结果把玻璃给撞碎了。

科恩也有他温和的一面。他是一位耐心的聆听者，也是一位音乐人，有时会在科学会议上即兴演奏班卓琴。他上大学的部分学费来自一首短暂登上过流行音乐榜的歌曲中获得的版税。大部分星期五的下午，他都会离开校园，给实验室里的人买冰激凌。[10]

科恩跟赖默斯说，他还没有考虑过为这项突破申请专利，也不知道他想不想。但他欢迎赖默斯来说服他。

赖默斯推起自行车，戴上安全头盔。5 分钟后，他已经穿梭于医学院和医院周围的建筑工地，迅速穿过了各种重型机械、戴着安全帽的建筑工人以及一小群来自医院工会举着标语的示威工人。[11]

一到科恩的办公室，赖默斯就重申，这位科学家应该为重组 DNA 技术申请专利。而科恩解释了他为什么不应该去申请。首先，这项技术部分依赖于先前其他科学家的发现。他有什么权利来为最新的突破申请专利？ [12] 这种行为很不道德。其次，这项技术对于科学发展非常重要，因为它使得一次性大量"生产"相同遗传物质用于实验的情况成为可能。当时，可用的天然 DNA 非常少，研究因此受到了限制。最后，国家科学基金委员会、卫生教育部及福利部 ① 以及美国癌症协会都提供了资金，使得这些研究成为可能。斯坦福大学使用了公共资金掌握了重组 DNA 技术，却把奖品占为己有，这样对吗？

---

① 美国 20 世纪 50 年代至 20 世纪 70 年代存在的政府部门，后被拆分为教育部和卫生与公众服务部。
　　——译者注

科恩在这次对话中提出的每一项担心，在将来几十年里，都会成为人们需要面对的重大问题。赖默斯已经给斯坦福大学的发明者普及了快 5 年的专利和许可的好处，他知道如何解答科恩的疑点。"我得和每位科学家单独谈谈，给他们解释一下这套系统。"他之后回忆道。[13]

"这不像是学术发表。"针对科恩关于突破是建立在先前成果上的这一担忧，赖默斯说。学术论文含有对之前其他科学家成果的详细引用，但一份专利申请只需要在某些情况下才会引用其他成果。赖默斯还解释说，因为只有商业实体而非营利性研究机构和大学才会支付专利税，所以，专利并不会阻碍学术界使用重组 DNA 技术。"专利意在保证科技发明不会被藏起来。"赖默斯喜欢这么说。

至于对公共资金的担心，已经有了一套成熟的方法，叫作机构专利协议。它允许一所大学来申请对一项获得过公共资金资助的发明的所有权。[14]也有人反对这些协议，但赖默斯相信这些协议是必要的。大学不会愿意进行应用性研究，他说："如果政府插手进来，就会收回任何有重大商业潜力的专利。"[15]赖默斯还解释说，专利申请不会花科恩一分钱，而且斯坦福大学在申请所有权上的成功率很高。[16]

一波三折

"要不我们先开始申请，让这事自行发展？"赖默斯建议道。[17]如果重组 DNA 技术不能申请专利，申请就会被退回。科恩还是有点儿犹豫："另一位联合发明人赫布·博耶（Herb Boyer）也得同意才行。"[18]科恩给博耶打了个电话，如果他同意申请专利，自己就同意。

博耶是加州大学旧金山分校的一位生物化学家，比科恩小一岁，他性格热情洋溢，一如科恩的谨慎和从容。"科恩不太爱讲笑话。"博耶曾经对他说："我会讲很多笑话，有些你不会想听的。"[19]博耶经常参加在海德—艾斯

布利区 ① 举行的反战示威，那儿离他的实验室就只有几条街远。当第一次通过显微镜看到重组 DNA 技术获得成功时，他哭了。[20]

1972 年，博耶的实验室分离出了一种酶，它能够剪掉一段 DNA。② 一旦剪下，人们就可以把另一个来源的 DNA 插入进去。[21] 当时，博耶还不清楚，一个有着新的重组的 DNA 只是实验室的奇事，还是真能在细胞分裂时得到无损的复制？

与此同时，科恩发明了一种方法，能够帮助博耶化解他的不确定性。科恩弄明白了如何让细菌细胞接受并传播外源 DNA，特别是一种叫作质粒（plasmid）的 DNA。他还分离出了能够抵御抗生素的质粒。这一特征使得识别何种细菌携有被重组的 DNA 的情况变得可能。

在一次夏威夷的学术会议的休息期间，两位科学家设计了一种方法来相互帮助。科恩的实验室会分离质粒，而博耶会对之进行剪切，并插入新的 DNA，然后把重组好的质粒送回斯坦福大学，这样科恩就可以把它们重新插入细菌细胞中，看重组的结构是否能随着细胞分裂而进行复制。

两位科学家的实验室相距 64 公里，分别位于旧金山湾区的两头。幸运的是，科恩的技术研究员安妮·张（Annie Chang）住在博耶的实验室附近，她愿意在实验室之间传递 DNA。她会把试管插在塞满冰块的几个保温罐里，开着她的大众甲壳虫沿着高速公路到这座城市著名的山丘之上；她也会进行反向传递，把材料从博耶的实验室带回斯坦福大学来。张是科恩实验室里一位关键的贡献者，她负责研究细菌的平板划线分离、DNA 分析以及提供相关建议，用科恩的话来说："张在实验里扮演了核心角色。"[22]。她和科恩在显微镜下观察细菌繁殖，等待观察是否有细胞复制出了来自博耶实验室的重组 DNA 的精确拷贝。③

---

① 旧金山市内的一个区域，也是嬉皮士文化的发源地。——译者注
② 这种限制酶叫作 EcoRI，它能把 DNA 在分子的特定位置切开。在斯坦福大学的保罗·伯格实验室里，珍妮特·默茨（Janet Mertz）用 EcoRI 开发出来了一种高效的基因"剪切和粘贴"技术。
③ 安妮·张后来升职为科恩的助手。

"我们几乎是日夜不停地在工作。这个东西太让人激动了，没有人想睡觉。"科恩回忆道。[23] 即使是超级理性的科学家，也希望有什么方法能让细胞快些生长。[24]

1974 年 7 月底，科恩给赖默斯打了一个电话。博耶同意了。[25] 接下来，科恩会向技术许可办公室提交一份发明披露书，以便赖默斯继续下一步工作。

此时，科恩提出了一个不寻常的请求：他不想按赖默斯设计的安排，即发明者、科系、学校各得 1/3，来接受他应得的 33% 的专利税。[26] 对于为重组 DNA 技术申请专利这件事，科恩心里还是非常矛盾，他向赖默斯提出了重申的请求。他和博耶设计的这项技术是"许多人共同努力的结果"，他要求"必须向所有当事人明确指出，此项申请乃是由学校发起，本人不从此专利中获取任何个人利益"，这样才能让赖默斯继续申请专利。而同时，博耶也放弃了"个人利益"。[27]

两位科学家的担忧可以理解。赖默斯请科恩和博耶来申请专利时，曾建议他们摆脱学科的文化常态。虽然物理学家和工程师在研究中着重实用性已经成为习惯，但对于学术界的生物学家来说，基础研究才是必要的。在生物科学里，一位科学家回忆道："渴望做应用性的工作，相当于明确承认自己的智力不够。"[28] 科恩担心他的科学同僚们会把这次专利申请解读为一种不够体面的贪婪行为，一次对建立在他人突破之上的成果的邀功。他告诉赖默斯，他会把这份专利税捐献给斯坦福大学。[29]

在科恩同意申请专利的同时，他和赖默斯分享了另一个消息：他和博耶及几名同事一起发表了一篇关于重组 DNA 技术的论文。[30]

这篇论文的发表带来了一个挑战。发明者在第一次公开披露发明之后，就只有一年的时间申请专利了。这篇论文发表在 1973 年 11 月，也就意味着赖默斯要在 1974 年 11 月之前提交申请。7 月已经快要结束了，而 4 天后，赖默斯就要和家人去度一个计划了许久的假期，这又会花掉他两个星期的时间。

赖默斯一点儿时间也没有浪费。他一挂了科恩的电话，就拨通了加州大学专利办公室的电话。他需要这所学校同意为重组 DNA 技术申请专利，因为博耶，这位加州大学旧金山分校的教授，也会被列为联合发明人。赖默斯向专利管理员约瑟芬·奥帕尔卡（Josephine Opalka）做了自我介绍，请她发自己一封邮件，说明是谁赞助了博耶的研究。两天后，他收到了一份列明了赞助者名单的邮件。奥帕尔卡说会先联系他们，然后在第二年 3 月份的某个时间再联系赖默斯。

第二年 3 月还是 8 个月以后！而赖默斯在 4 个月以内就必须提交申请了！[31]

赖默斯口述了一封给加州大学专利办公室的回信，给他们提供了一些联系赞助者的建议。他也提出，可以让斯坦福大学来管理这份专利，所有专利税在扣除了斯坦福大学专利申请和许可的花费之后，都可以五五分成。[32]

办完这件事情之后，赖默斯就去度假了，不过他并没有把专利的事情抛诸脑后。赖默斯还是不太清楚这项突破后面的科学原理，他往行李箱里塞了一本科恩借给他的《基因分子生物学》（*Molecular Biology of the Gene*），这是一本由詹姆斯·沃森（James Watson）编写的长达 622 页的教材，沃森是 DNA 结构的发现人之一。[33]

就像罗伯特·泰勒把计算机科学家们凑到一起，来开发将来会用于支撑个人计算机产业的硬件和软件一样，赖默斯也开始编织一张即将会支撑起生物科技产业的法律、学术和商业的联系网。硅谷的这些人正在为将要塑造现代世界的大型产业的诞生铺平道路。

赖默斯休假回来之后，他给斯坦福大学的员工顾问写了一封信，请他们帮忙起草一份和加州大学的协议书。"我非常期待和加州大学的协议书尽快完成，感谢您及早关注此事。"[34]赖默斯相信重组 DNA 技术就像晶体管和硅微芯片一样，能够成为"一个新的大型产业的基石，而美国有潜力成为这项产业的领袖"。[35]

赖默斯之前从没有和其他大学合作申请过专利。乍一看，加州大学的专利办公室和赖默斯在斯坦福大学的计划有几点共同之处：两个组织都很小（斯坦福大学有 3 人，加州大学有 4 人）；两者都和校外顾问协作，而非自己雇律师；两者都给发明者提供了慷慨的专利税份额。加州大学把净收入与发明人五五分成，之所以能有这样的让步，部分是因为向大学专利办公室披露发明是强制性的。[36]

不过相似性也就仅此而已。赖默斯在申请专利前会先询问企业，一份发明的商业前景如何，而加州大学收到发明披露书后的第一步，则是给教职员工的专家们寄一份表格，征求他们的评论。加州大学的关注点更在于鉴定发明对知识的贡献，而非实际用途。当大学的技术许可工作人员于 1974 年举行第一次会议的时候，加州大学的专利办公室主任警告说"你需要看好你的许可对象"，而赖默斯却在力推"创业精神之重要"，并反复宣扬寻找"推广科技的最好方法"的重要性，因为"发明很容易过期"。[37] 加州大学的专利办公室向学校的 11 人专利委员会汇报，这个委员会深陷于感染了所有大型公立大学系统的官僚主义泥潭之中；而赖默斯则可以向研究院长直接汇报，还和斯坦福大学的高层管理者保持着密切联系。

斯坦福大学的发明者可以选择如何以及是否为他们的发明申请专利，而加州大学全部 9 个校区的教职员工都需要向专利办公室提交发明披露书。这条要求意味着，每年，加州大学的 4 名工作人员会收到大概 300 份披露书，是赖默斯要处理的数量的 5 倍。这一数字让加州大学的办公室"装满了他们搬不动的技术"，赖默斯回忆说。[38]

管理员奥帕尔卡告诉赖默斯，加州大学不反对为重组 DNA 技术申请专利，但他们只能提供有限的帮助。斯坦福大学需要承担风险，加州大学不会支付任何前期费用。

赖默斯开始反击。他重申了提议，斯坦福大学会支付所有的申请和相关费用。作为交换，如果从专利得到了任何许可费和专利税，斯坦福大学会扣除其中的 15% 来支付前期花费。剩下的 85% 会在大学和发明者之间分配。[39] 来回协商了几次之后，奥帕尔卡同意了。

赖默斯在下一个大赌注。如果这次专利申请失败，或者没有产生许可收入或者专利税，斯坦福大学将永远无法收回成本，而加州大学一分钱也不会损失。然而，如果专利确实有价值的话，斯坦福大学会在 42.5% 的专利税基础之上，得到不封顶回报的 15%，而加州大学一共也只能得到前 42.5%。

最终，赖默斯大获全胜。这份专利总共创造了 2.55 亿美元的许可收入和专利税，其中 15% 给斯坦福大学挣了差不多 4000 万美元，这还是在得到来自 85% 里面它应有份额的 1.07 亿美元之前。[40]

距离最初的协商几年后，赖默斯说，加州大学抱怨斯坦福大学的 15% 是"过度补偿"，认为斯坦福大学在两校将余额五五分成之前拿走了太多的钱。"你们本来是有机会的。"赖默斯告诉他们。[41]

时至 1974 年 9 月，离 11 月的专利申请截止日期越来越近，赖默斯仍然在为重组 DNA 技术寻找明确的商业可行性。目前为止，只有《纽约时报》上的那篇文章明确说明了重组 DNA 技术将会带来的好处。在技术许可办公室建立之初，赖默斯还无法咨询相关产业公司为该技术的商业前景做评估。因为那时候，还没有生物科技产业公司可以供他咨询。无疑，这项产业将因这份专利而诞生！[42] 不过，赖默斯雇用了一名商学院的学生，来给科恩和博耶讲授关于商业可能性的问题。[43]

赖默斯还剩两个月的时间。

"赖默斯打电话问我知不知道质粒是什么。"伯特伦·罗兰（Bertram Rowland）回忆道。罗兰是旧金山的一位律师，他的事务所和赖默斯在之前的几起专利申请上有过合作。[44] 罗兰拥有有机化学的博士学位，对生物化学也懂得不少，但他毕业已经是 20 年前的事了，当时质粒还没有被发现，"分子生物学"这个术语也还没有开始流行。[45] 当罗兰承认他不知道质粒是什么但"会搞清楚"时，赖默斯说会找别的律师。罗兰反驳说，因为分子生物学家一般不太会干《专利法》的工作，他自己的科学训练应该比赖默斯能在别处找到的要好。于是赖默斯给了他这份工作。

"我有大概三周的时间来写这份申请。"罗兰回忆说。通过三份学术论文以及和科恩的几次对话（"罗兰教我关于专利的知识，我教他生物的知识。"科恩回忆道）[46]，罗兰起草了申请，并复印了 4 份长达 35 页的申请书，寄给科恩和博耶批准。[47]

科恩很快就打电话来问："为什么罗兰要把专利申请的范围限制在细菌中的重组 DNA 技术呢？质粒在复杂生命体里也存在。为什么不把专利申请得尽可能宽泛呢？"[48]

这个精彩的建议却带来了一个现实问题。如果罗兰身在帕洛阿尔托研究中心，只要在阿尔托计算机上敲击几个键就能把申请修改了。但这时候个人计算机还没有从帕洛阿尔托研究中心高不可攀的枝头上普及开来，也就是说，如果按科恩的建议修改，就得把整份申请重新整理一遍。"考虑到当前的时间压力，这不是一个好的选择。"罗兰所说。

罗兰的解决方案是添加一份新的要求说明来覆盖"细胞"的情况。他非常自信地认为，这个通用术语，加之先前申请里的用词，能够支持细菌以外情况的专利权请求。罗兰把请求添加在了文档的最后，以减少重新打字的需求。有了这个添加项，这份专利就能在尽可能多样和广泛的应用中覆盖对重组 DNA 技术的使用。

当罗兰起草申请的时候，赖默斯正在说服美国国家科学基金委员会和美国癌症协会放弃它们在这项发明中的权益，把它让给第三位资助者——卫生教育及福利部。当只有一家机构拥有发明的所有权时，请求将所有权归还给大学要容易得多。如果没有所有权，即使专利被批准了，斯坦福大学和加州大学也无法获得专利税。[49]

1974 年 11 月 11 日，斯坦福大学为具有生物学功能的分子嵌合体的合成技术提交了一份专利申请。这份专利内容颇为宽泛，所要求的专利权后来被斯坦福生物化学家保罗·伯格（Paul Berg，他也参与了重组 DNA 技术的先驱工作）批评为："用于在一切情况下使用一切组合方式在一切有机体里克隆一切 DNA 的技术。"[50]

斯坦福大学的发明者科恩认为，这份专利申请"非同凡响"，因为这件事情既没有先例，准备申请的时间又那么短，帮忙的又只有科恩。"我当时对《专利法》几乎一无所知，只想赶紧把申请发出去，好回去做我的研究工作。"[51] 在申请专利时，科恩告诉赖默斯说，他不想再听到专利申请工作的进度，然后就到英国休长假去了。科恩用一台电传打字机通过阿帕网与他的实验室保持着联系。[52]

当赖默斯、科恩和博耶在重组 DNA 技术里发现了希望时，其他许多人却只发现了危险。这门科学很新颖，它开创了一个新领域，并且可能给人类以上帝般的力量来创造之前从未见过的杂交生命形态。科恩和博耶的专利使用了一个平凡的词来描述重组 DNA 技术：嵌合体（Chimera），它指的是神话里的一种怪物，有狮子的头、山羊的身体，还有蛇的尾巴。

在赖默斯听说科恩和博耶的突破前几个月，博耶于一次科学会议上提到过重组 DNA 技术。几天内，忧心忡忡的会议组织者就请求美国国家科学院设立一个委员会来评估该技术。"人们最终可能会创造出生物活动性质不可预测的新型病毒。"他们警告说："这些杂交分子中的某一部分可能对实验室工作人员或者公众有潜在的害处。"[53] 一年后，该委员会（科恩和博耶也在其中）建议，在重组 DNA 技术的风险被更好地理解之前，暂停某些重组 DNA 实验。[54]

1975 年 2 月，来自 13 个国家的 150 位顶级科学家，以及若干位受邀而来的记者和律师，在加州蒙特利附近的阿西洛马会议中心相聚一堂。参会者在一个重大的问题上争论不休：如何让基因在物种间交换并在简单复制的世界里安全地前进。但也可能带来可怕的后果——具有抗药基因的病原体出现，并感染大部分人类。一些科学家敦促大家保持谨慎，另一些则急于在研究上继续推进，很多场会议都夹杂着严厉的说辞和控诉。[55] 科恩和博耶两人都出席了阿西洛马会议，但他们对会上不专业的争吵深感遗憾。

最后一天，集合在阿西洛马的大部分科学家，有可能受到了前一天下午一个律师小组的演讲的影响，提出了一系列旨在减少重组 DNA 研究过程中的安全隐患的指导方针。《滚石》杂志授予了阿西洛马会议"潘多拉的盒子大会"的称号，称这份安全指导方针标志着自第二次世界大战早期以来（当时一些物理学家达成协议，不把核数据提供给德国科学家[56]），科学家们第一次提出了自律的重要性。一位生物学家对于这些风险感到非常焦虑，他在《科学》杂志上发文说，世界正在面临着"广岛前的局势"。[57] 斯坦福大学生物化学家保罗·伯格也是会议的组织者之一，他回忆道："当时正是越南战争结束的时候。科学家们很担心，自己目前做的一些事情会产生不好的结果。"[58]

对赖默斯来说，这些安全上的担忧是一份特殊的挑战。在敦促重组 DNA 技术研究应自律的会议上，伯格是最高调的，他也是斯坦福大学的一位备受尊重的教授。伯格并不担心重组 DNA 技术研究会为公众带来危险，但他害怕，如果科学家们不在研究上表现得自律，对科学不太友好的当局就会来帮他们这么做。[59] 然而，从任何局外者的角度来看，似乎是斯坦福大学企图从这项突破中获取利益，甚至连这所大学的顶尖科学家科恩对此都有深刻的担忧。

然而，当赖默斯参加在伯格的办公室举行的几场争论不休的会议时发现，会议主题并不是安全或者自律问题，而是《专利法》和功劳归属问题。伯格和两名获得过诺贝尔奖的斯坦福大学教授（约书亚·莱德伯格和亚瑟·科恩伯格 [Authur Kornberg]）一开始有着和科恩相同的担忧：重组 DNA 技术，作为一种基础性的科学知识，一开始就不应该申请专利。大学的使命是增加公共知识，而专利从定义来说，对增加公共知识具有局限性。科学家们还提出了另一个反对意见，对于赖默斯来说也并不陌生，他和科恩有所谈及：重组 DNA 技术是建立在科恩和博耶之外的更多科学家的研究基础上的。时至今日，伯格还称这份专利请求"非常可疑、自以为是、充满傲慢"。[60] 这项反对意见也得到了加州大学一位匿名专利申请审核者的响应，他写道："我担心，正因为这项成果的基础性以及其直接或间接涉及的科学家，这份专利无法正确体现大学公共服务的理想。"[61]

这些问题对斯坦福大学来说非常重要，教务长至少参加了一次在伯格的办公室举行的会议。1975 年 2 月，赖默斯同意和副教务长讨论一下，是否应该把这项专利的申请转交给研究集团，或者乃至放弃申请。[62]

赖默斯需要取得巧妙的平衡。在他处理好专利的同时，不能破坏开放科学的使命，扭曲斯坦福大学的研究动机，孤立顶级教职员工，或者破坏大学的根本使命。

不断激励，不断让梦想照进现实

赖默斯创建了一个充满发明精神和创业气息的办公室，拥抱了附近创业公司敢说敢做的精神，现在却沉沦于与各种利益方的斡旋之中，包括两位发明人、两所大学、三个资助机构、一个法律团队、美国专利及商标局、那些持反对意见的科学家们、那些坚信斯坦福大学无权为由公共资金支持的发明申请专利的主张者以及全球的研究社区（其中一些成员担心这项发明会无可挽回地改变我们所知道的生命）。

与此同时，赖默斯还要维系这个办公室的正常运营，需要每个月仔细查看 6 份发明披露书，帮忙启动大学科技管理人员协会，还要说服世界各地的公司来购买斯坦福大学专利发明的其他许可。[63]

赖默斯非常确定，在 DNA 专利上花额外的工夫是值得的，即便他声称自己还在进行另外 130 个项目。[64] 他告诉斯坦福大学的管理者："这项发明是一旦有回报就会很大。"[65] 他告诉另一位管理者"重组 DNA 技术会成为斯坦福大学有史以来最重要的发明，无论是在收入上，还是在对公众的影响上"。[66]

正是这份"对公众的影响"的向往，激励了赖默斯从事的技术许可办公室所做的一切。大体来说，他相信公司是将学术界的想法转移到更广泛的公众身上的最佳载体，他愿意和一切不同意他的人和机构作斗争，不管是大学、专利办公室，还是政府官员。卫生教育及福利部的专利顾问把赖默斯称为"全美第一的大学技术许可工作者"，把赖默斯大部分的成功归功于"他好斗而外向的性格"。[67]

在提交重组 DNA 技术专利申请几年后，赖默斯带着明显的挫败感说："有超过 28000 件专利堆积在政府部门而没能得以利用，原因竟然是没人来为它们开发激励机制。"[68] 他想让技术许可办公室通过为有兴趣的公司和能够改善人们生活的重要想法牵线搭桥，提供必要的激励。他一直牢记着他拖车办公室墙上的那句话：成就梦想。

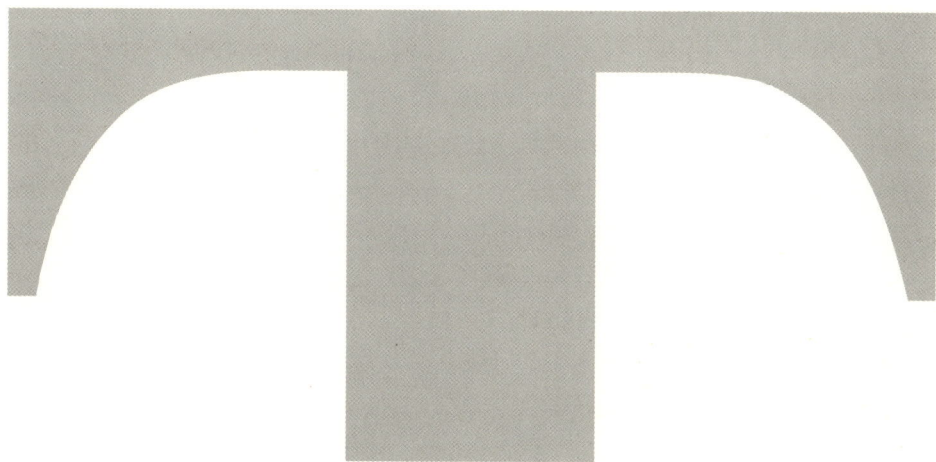

11

我星期一就做这个

迈克·马库拉

That's What I Did
on Mondays

        时间到了 1972 年 12 月，此时迈克·马库拉在英特尔公司已工作了快两年，这正是桑德拉·库尔茨格创立 ASK 计算机系统公司、罗伯特·泰勒在帕洛阿尔托研究中心的小组开始研究阿尔托计算机的几个月之后。此时，马库拉正在家里休假，做他每年在圣诞节和新年之间都会做的一件事情：计算自己的总资产，做好来年的计划。马库拉自学生时代起就有这个习惯，20 岁时，他就已经准备了一份详细的财务计划书，目标是在 15 年内实现财富自由。从大学开始，到在休斯飞机公司和仙童半导体公司工作的整个期间，再到搬进库柏蒂诺市桑德兰道上的这间平房里，每年 12 月，马库拉都会坐下来查看自己的银行账户，并把加法机放在手边 ①。一年之前，马库拉的银行账户很容易算清，一年之后，他把从英特尔公司获赠的股票期权也算了进去，存款一下子便多了起来。到了 1973 年，他忽然意识到："我再也不需要为任何人工作了。"现在，他和妻子琳达能负担得起漂亮房子的费用了，也有资金将女儿送到附近优秀的学校里去上学，他的股票和每月的工资就够支付他们的生活费用了。马库拉提前 4 年完成了目标。

        发现自己可以不用再工作了是一件愉快的事儿，这种感觉很美妙，但也有可能会因此使人生失去方向。马库拉此时 31 岁，他目前只得到了英特尔公司所有股票期权的一半，以后每在英特尔公司多待一年就意味着多获得 1/4

———————————
① 一种老式的机械计算器。——译者注

的期权。马库拉的股票已经由每股 6.22 美元涨到了每股 55 美元。他完全可以期待股票的价格还可以再涨。[1]

事实上，马库拉也不想离开英特尔公司。"英特尔公司绝大部分员工的时间都花在了产品开发上。"他解释道。一年前，在老板鲍勃·格雷厄姆的指导下，马库拉的任务是"掌管剩下的所有事务"。[2]因为马库拉刚加入时，英特尔公司的规模还很小，他不仅要负责产品营销，还要负责那些在更成熟的公司里会被单独分工出来的业务：预测、规划、出货以及客户服务。这些业务虽然没那么吸引人，但要是做不好，可能会搞垮一家公司。马库拉发现，这些细致而重要的工作和他之前做过的任何工作一样引人入胜：他写过数据表，这是提供指标和性能参数的基准文件；他通过翻看行业刊物与报告来跟踪英特尔公司的竞争对手；在产品上遇到问题时，他会和工程团队交谈，直到完全搞明白并可以回答相关的所有问题为止。

马库拉加入英特尔公司几个月后，公司推出了 4004 微处理器，也就是所谓的计算机芯片。"微处理器太让我感到兴奋了，我激动得有些眩晕。"马库拉说。[3]作为一种可编程通用逻辑设备，这种微处理器是革命性的。之前，客户公司的设计师都是通过选择和连接单个的微芯片来建造系统，每个芯片都有特别的功能，被安装在一个面板上。如果要改变系统，就需要改变芯片，也就是硬件的物理布局。不过，英特尔公司的新微处理器系统的操作就完全不一样了，这些改动不需要通过移动真实物体来进行，只要对程序存储器里的指令重新编程就可以。[4]换句话说，这种微处理器把软件带进了半导体产业。不过，这样的改变对客户有了新的要求，他们中的大部分都是经验丰富的硬件设计师，对于用计算机程序来解决系统问题还很不熟悉。

1971 年，英特尔公司雇用了里吉斯·麦克纳（Regis Mckenna），他之前在国民半导体公司工作，现在在一家他花了 500 美元创立的、以自己名字命名的市场公关公司担任主席。这家公司的主要业务是负责微处理器的广告投放和宣传。麦克纳有 6 个兄弟，他们一起长大，这意味着他很容易相处，不过他也知道如何维护自己的想法。麦克纳是一位向媒体和公众解释技术的专家。

马库拉需要教会电路设计师微处理器是如何工作的。他从仙童半导体公司雇用了一位名叫汉克·史密斯（Hank Smith）的工程师，负责编写芯片的技术文档。这项任务非常艰巨，仅仅手册本身就远超过 100 页，当时英特尔其他芯片的手册仅有 10 页的数据表而已。英特尔公司最初发放的 4004 微处理器手册份数比实际的微处理器还多。微处理器市场主管解释说："当时有许多人就想了解一下微处理器，这和他们是不是要买无关。"[5] 英特尔公司最初把微处理器（现在最著名的用途是充当计算机的"心脏"）作为一种控制设备来销售。它早期用于图书馆的条码系统、液态氯控制器监控、透析装置、电梯控制系统、锯床以及农场灌溉系统。[6]

与见证和参与了软件产业诞生的桑德拉·库尔茨格一样，马库拉正在积累着将来能够帮他发起个人计算机革命的技能与人脉。他对微处理器的熟悉，以及与麦克纳和史密斯的关系，将会在创立苹果公司时起到关键性的作用。

然而，回望过去，和这些私人关系以及营销这项 20 世纪最伟大的发明之一相比，被马库拉称作的"我在英特尔公司做过的最重要的事情"却是一些更寻常的东西。他编写了一个程序来处理英特尔公司的所有订单。如果公司没有关于已订购产品、订购者、保证交货日期以及满足该进度的生产运营能力的准确和实时信息，结果将会是灾难性的。公司会错过交货时间，也不会有良好的数据来对未来进行预测，更甚者，还会制造出一些没人想要的产品或者没法满足高需求的产品。

马库拉刚到英特尔公司的时候，跟发货区域的员工要了一份未完成订单（已经订购了但还没有交付的订单）的报表。他期待这位员工能拿出一份计算机打印件。然而，她说："等一下，我得算一下。"然后，她抓起一份记账簿和一支铅笔开始算了起来。

马库拉决定让英特尔公司的订货处理的环节计算机化。他从大学就开始使用计算机。他的第一个程序是用编程语言 FORTRAN 编写在打孔卡片上的赌博规划程序，用来计算在任何双骰子游戏中如何最大限度地多赢少输。[①]
在休斯飞机公司，计算机也帮他设计了电路。在仙童半导体公司，他和同事
迈克·斯科特用一台 Teletype Model 33 电传打字机成功预测了一种产品的市
场前景，这台电传打字机可以连接到泰姆谢尔公司的任何一台 PDP-10 计算
机上。

在英特尔公司，马库拉租用了一台 Teletype Model 33 电传打字机，把它
安在了客户服务区域，然后花了几周时间用 BASIC 语言和 Teletype 的数据库
编写了一个程序。这份工作做起来没有那么容易，在技术操作上也存在难点。
不过，令马库拉高兴的是，泰姆谢尔公司的办公室就在他开车回家的路上，
在编程上遇到问题或者应用程序崩溃时，他会去那儿寻求帮助。

随着英特尔公司的加速发展，马库拉一边观察、一边学习。在他到公司
的第一年，客户数量几乎翻了一倍（从不足 500 名到了 900 名），海外销售额
翻了 4 倍，公司也在 1971 年 10 月以每股 23.50 美元的价格公开上市了。而
且，英特尔公司还搬到了圣塔克拉拉的一个更宽敞的新园区，这里原来种植
着 158 亩梨树。好几个月里，员工们都能从果园里剩下的树上摘梨，直到树
木被砍伐干净，以修建第二栋楼。[7]

马库拉负责英特尔公司产品的监管预测，他偶尔会向公司的高层和董事
会做演示，这里聚集着硅谷最成功和最有实力的一帮人，马库拉就这样认识
了罗伯特·诺伊斯、戈登·摩尔和亚瑟·罗克。罗克是仙童半导体公司、英特
尔公司以及被施乐公司收购的科学数据系统公司背后的传奇风险投资家，他
日后还会参与投资苹果公司并担任董事。在英特尔公司，罗克还曾向马库拉
透露了自己能熬过无聊的董事会会议而不睡着的小秘密：吞几片咖啡因药片。

马库拉在英特尔公司工作的将近 4 年里，英特尔推出了 15 款存储器部
件、17 种逻辑电路以及 11 套存储器系统，[8] 员工数量从 300 名增加到了
2000 多名。利润也突飞猛进——从 1972 年的 200 万美元增长到 1973 年的

---

① 直到今天，马库拉甚至在赌博时还会用到赌博规划程序。他说自己"一辈子都领先于时代"。

920万美元，再到一年后的1980万美元。在这里，马库拉学会了如何让一家创业公司成长为一个"巨人"。

遭遇格鲁夫的为难

马库拉在工作上取得了惊人的成就，他对自己也很满意，即便安迪·格鲁夫本人并不重视市场营销。格鲁夫是英特尔公司的头号权力人物之一，也是创始人的必然继位者。在英特尔公司最早的日子里，格鲁夫不太看重市场营销。他经常发问，工程部门设计产品，生产部门制造产品，销售部门销售产品，那么市场营销部门做什么？[9]英特尔公司第一位市场副总裁鲍勃·格雷厄姆的门徒的身份并没有帮到马库拉。1971年7月，就在马库拉刚刚加入公司刚6个月的时候，高层管理者慑于格鲁夫"有他没我"的最后通牒，解雇了格雷厄姆。

马库拉相信，"格鲁夫不仅反对市场营销，还反对马库拉"。[10]罗克这样的局外者也同意这个论断。[11]不过，格鲁夫后来改变了对马库拉的看法，他告诉罗克说，"我可能在马库拉身上看丢了一些东西"，所以之后在苹果公司还是私人持有时投资了它。[①]2015年，格鲁夫说："没有马库拉就没有苹果公司。"[12]不过在英特尔公司，格鲁夫对马库拉的态度并不友好，用他曾说过的一句轻蔑的话来说就是："他对我很不错，但我拿他没什么用。"[13]

这一评价毫无疑问地影响了马库拉的职业发展。在英特尔公司，他只能逐步晋升，这与他在仙童半导体公司火箭般的晋升速度形成了鲜明对比。英特尔公司雇用他时，任命他为北美市场的总经理，之后还管理过欧洲和日本的市场营销。英特尔公司人力资源主管安·鲍尔斯（Ann Bowers）说，马库拉在公司一直都是一位"初级的市场营销人员"。[14]

不过，马库拉对自己的工作很满足，"我喜欢英特尔公司"，"我的工作是技术能力和商业规划以及市场营销的有趣组合"。[15]与此同时，1973年和

---

① 格鲁夫在1979年的一次私募融资中购买了14000股苹果公司的股票。

1974 年的二换三的股票分割，意味着他现在拥有的股票期权超过了最初拥有的两倍。他本可以轻松退休，但他喜欢自己的工作。

提早退休

1974 年年初，英特尔公司成为全美利润最高的上市交易公司，《福布斯》杂志赞扬它是一台"无债的印钞机"，但在年末，英特尔公司解雇了 2500 名员工中的 30%，大部分在生产部门。全球各地的计算机和电视公司因为石油输出国家组织（OPEC）的石油禁运和随之而来的油价震动取消了订单，导致整个半导体产业严重受创。[①] 1974 年，硅谷半导体产业中 20% 的生产工人在第四季度失业，因为产品交付在几个月内就减少了 25%。[16] 示威者在西部电子制造协会的年度大会场外举着标语："仙童工人团结起来""英特尔工人祝诺伊斯消化不良""7 万电子产业工人不要无薪假期"。[17]

马库拉最开始没有受到这些骚动的影响。1975 年年初，英特尔公司在重组功能线（比如市场和工程）和部门线（比如部件和系统）时，重构了市场营销团队。马库拉的老板，埃德·盖尔博（Ed Gelbach）替代了格雷厄姆，升职为部件部门总经理，负责英特尔公司除微处理器和一家电子表子公司之外的所有产品。

盖尔博的升迁意味着英特尔公司需要一位新的销售和市场副总裁。马库拉想要这份工作。他是市场部门里最资深的员工之一，也是营销英特尔核心业务存储器芯片专家。他是一位合理的候选人。

但马库拉没得到这次晋升机会。在 1975 年的第一季度，英特尔公司请来了一位经验丰富的市场营销者杰克·卡斯滕（Jack Carsten）。[18] 卡斯滕在德州仪器公司和盖尔博一起工作过。在与卡斯滕共事几周后，马库拉决定离开。[19]

卡斯滕刚来到英特尔公司的时候，马库拉正好快要得到他最初获赠的大

---

① 就是这次衰退潮让那家平时为微芯片生产塑料工具的小公司有了空闲时间为《乒乓》游戏生产塑料外壳。

量股票期权的最后一部分了，是快乐和金钱促使他每天早上把银色科尔维特开进公司的停车场。多亏英特尔公司火箭般上升的市值和多次的股票拆分，马库拉积攒了大笔财富，仅是他原来的股票期权就价值225万美元（相当于2016年的1000万美元），是他所付价格的16倍，他还购买了在英特尔慷慨的员工购股计划（ESPP）下能打折购买的每一只股票。[20]

马库拉知道下一步要做什么。在他刚开始知道自己可以退休的时候，就已经在计划：如果有了更多的闲暇时光，应该如何度过。马库拉的人生信条是"生命在于实现目标"，因此从不悠闲地空想。[21]他对以后的人生进行了规划，并写在一块他塞在记事簿里的19×32厘米的备注卡上。马库拉从十几岁开始学吉他，但只凭听觉记忆演奏或者练习指法谱，因此这次他下定决心学会看乐谱；他喜欢木工活，想制作一些家人能用得上的家具；他也是一名不错的运动员，还想成为更好的网球手和滑雪者；他还想做一些回馈社区的事情。马库拉需要决定具体怎么做，然后采取行动。

两年来，每当脑海中出现新的目标时，马库拉都会掏出记事卡记下来。虽然他在记事卡的正面和反面都用了小字，但卡片上也只能写得下大概50个目标，也就是说，每当他想到新的目标时，就得决定次序并删除一些旧目标。他很感谢卡片的实际大小给他带来的这种习惯。"如果目标在卡片上都写不下，那估计我也永远走不到那一步，"多年后他解释道，"如果有的目标很重要，那就删去一些别的。"[22]

两年来，这张卡片是一个很好的分散注意力的办法。1975年年初，马库拉与想要的工作擦肩而过，开始在一个与自己合不来的人手下工作，他也刚得到最后一笔原始期权。这张写满目标的卡片成了他未来的蓝图。

马库拉与妻子琳达达成一致，他应该离开英特尔公司，这时没有任何人能说服他留下来。马库拉没有请求公司换岗位，也没有寻找新的雇主。他告诉所有人，他准备退休，不再做任何工作。"该是时候开始做这张卡片上的事情了。"他告诉自己。当时，他33岁。

马库拉开始逐个实现记在卡片上的目标了。他去了家附近的音乐商店，找来了一位音乐老师，并发明了一套叠在一起的纸轮子，能够展示和弦在吉他指板上的所有位置；[23] 他自愿在一所本地小学里教四年级的数学；他参加了库柏蒂诺市的规划委员会；[24] 他在自己的车库里修建了一间木工车间，在里面制作室外家具和花盆，供家人使用；他将家里的小卧室改造成一间办公室，并安装了一台能连接到泰姆谢尔公司 PDP-10 计算机上的电传打字机，编写程序来支付家庭开支。马库拉把一个又一个目标从清单上划去了，他和琳达很快进入了一种简单而舒适的生活节奏中，一起吃午饭，打网球。他人生中第一次能够白天待在家里陪女儿，很快他们就会有个儿子了。

马库拉对这一切非常满意，一点儿也不想念能挣钱的工作，只有一点儿例外，他想念那种"聪明、眼睛炯炯有神、憋着一股劲想要做成某件事情"的感觉。[25] 不过，马库拉用所知的最好的办法解决了这个问题：他在记事卡片上添加了一个新目标。"我决定，要在每个星期一当一次顾问，"他解释道，"有需要的人可以给我打电话，我会竭尽所能评价你的想法，全部免费。但在星期二不要给我打电话，因为我可能在打网球、滑雪或者在车库里做家具。"[26]

马库拉告诉几个在半导体和风险投资行业工作的朋友，说他很愿意和任何有抱负的创业者聊天。之后，他很快收到预约电话。每个星期一，便有一群三四十岁、衣着得体的男人来马库拉由卧室改造的办公室拜访。马库拉听了很多公司的介绍，其中有半导体公司、设备供应商以及肥皂公司等。有几位创业者还邀请马库拉加入他们的创业团队；更多的人则是想要他帮他们撰写商业计划书。但马库拉总是拒绝。"这需要做很多工作。"他解释道。不过，他会"告诉他们如何做"，比如告诉他们如何做市场调查、计算经销成本，如何分析销售团队和分销网络相比之下的利弊，以及如何为迅速发展所带来的规模经济做好准备。[27]

一家叫苹果的公司

1976 年初秋，也就是在他离职 18 个月后，马库拉收到了唐·瓦伦丁打来的电话。马库拉和瓦伦丁在仙童半导体公司做过同事，后来马库拉在英特尔公司工作，而瓦伦丁在国民半导体公司，他们又成为竞争对手。

"瓦伦丁给我打电话说：'洛斯阿尔托斯那边有两个年轻人需要你的帮助，你该见见他们。'"马库拉回忆道。这两个年轻人都叫史蒂夫，他俩合伙开了一家叫作苹果的公司。

"我回答说：'好。'因为我每个星期一做的就是这个事儿。"[28]

TROUBLE-MAKERS

第三部分

困　境

反科技浪潮之中夹缝求生

1976—1977

到了 1976 年,《纽约时报》和《华尔街日报》都使用过"硅谷"这个名字。一些硅谷的产品、公司以及想法仍旧会带来偶然的惊喜。英特尔公司和惠普公司的股价正在飙升。雅达利公司的电子游戏机和《乒乓》游戏都是当时的流行大作。

然而,源自硅谷的发明面临的问题更多的却是漠不关心乃至恐惧。史蒂夫·乔布斯和史蒂夫·沃兹尼亚克正竭尽全力找人来支持他们羽翼未丰的计算机公司。独立的软件产业此时非常纤弱,桑德拉·库尔茨格还不知道自己创立的小小的软件承包公司能否生存下去。罗伯特·泰勒和他的团队也正努力想要激起施乐公司的执行官们对帕洛阿尔托研究中心个人计算机的兴趣,却罕有成效。社会上爆发过好几次针对暴力电子游戏的反对潮。示威和研究禁令也紧跟重组 DNA 技术而来,有些人错误地担心它会威胁人类存在的根本。赖默斯的专利申请因此受到批判,说它会破坏斯坦福大学增加人类知识的根本使命。

随着硅谷从一个农业小村庄变成一个交通堵塞的大都会,它本身也受到了批判。1970—1976 年间,圣何塞的居住面积扩大了 24%,使得它成为全美增长速度最快的城市。随着更多高速公路的修建,圣何塞的通勤时间变长,房价开始飞涨,除了少数几个果园被保留下来外,大部分都消失了,居民们开始不满。在圣何塞,三名备受挫折的建筑商用一台起重机把一辆雪佛兰汽车放在了一处未竣工的立交桥工地,企图说服州政府释放用于高速公路的资金。[1] 在圣马特奥县,选民们通过了一项措施来获取并永久保留一处区域,并开放空间绿带。

10 年前,罗伯特·泰勒在高级研究计划局启动的阿帕网也开始得到了一些不受欢迎的关注。在 1975 年的 6 月和 9 月，参议员约翰·滕尼（John Tunney）召开了一系列国会听证会，"我们担心，强大的新科技会摧毁宪法在国家的权力与个人的权利之间所维护的微妙平衡。它们让我们回想起近 50 年前乔治·奥威尔所描述过的情景"。美国全国广播公司播放了一系列报道，宣称五角大楼正在使用一种"秘密计算机网络，这是通过一项突破性技术而实现的、能够把不同品牌和型号的计算机连接在一起的网络"，建造了"一个秘密电子情报网络，使得白宫、中央情报局以及国防部能够立即访问关于数百万美国人的计算机文档"。[2]

这个"秘密网络"就是阿帕网。阿帕网不是一个秘密，但它确实是由军方的资金支持的，这一点让它显得特别可疑，特别是在越南战争之后。另外，全美还处于得知尼克松总统滥用权力的震惊之中，这里面就用到了诸如搭线路窃听、秘密磁带录音机以及电子窃听设备等技术。滕尼提醒说，政府有可能需要"加强权利法案"来覆盖新的计算机网络技术。[①]

经过了三天的听证和许多人的证词，全国广播公司的这项特定的指控被证明是毫无根据的。然而，他们对电子记录、数据库和网络隐私问题的担忧却留存下来，时至今日，仍无答案。

---

① 自美国国家税务局（IRS）在 1963 年开始使用计算机，并在此后不久要求报税者在退税申报中写上社会保障号以来，国会就已经和"如何在新科技时代保护个人隐私"这一问题斗争了 10 年。截至 20 世纪 60 年代晚期，许多政府部门和机构（不只是国税局，也包括美国陆军和联邦调查局）都维护着包含美国公民信息的数据库。1968 年，国会担心国家知晓所有公民一切信息，造成奥威尔式的局面，所以阻止了建设能够巩固来自多个数据库的信息的国家数据中心（National Data Center）的一份提案。

12

我就想到一张办公桌后面去

福恩·阿尔瓦雷斯

I Needed to Land
Behind a Desk

1975 年，福恩·阿尔瓦雷斯从库柏蒂诺高中毕业。在把带着流苏的帽子抛到空中的几个月之后，她开始在罗姆公司的组装生产线上班，这家公司也雇用了她的母亲和姐姐鲍比。阿尔瓦雷斯是在万圣节得到这份工作的，她当时正穿着米妮老鼠的衣服，行头齐全，来公司给母亲送午饭。阿尔瓦雷斯的邻居是罗姆公司的人事经理，她问阿尔瓦雷斯有没有兴趣来生产线上做全职工作，阿尔瓦雷斯欣然答应了。

进入制造业

阿尔瓦雷斯当时看起来就像成年人，她一直在一家百货公司工作，主要是给货架上货或是在店里当营业员。她一直不喜欢组装工作，即使它们"穿"着高科技的外衣。阿尔瓦雷斯申请了罗姆公司的一份不同的工作，她心里也清楚，能够给一名没有大学学位的年轻女性的工作也就是文件控制组的职位，文件控制组跟踪着罗姆公司的产品在从生产向市场转移的过程中所产生的上千页文档资料。

阿尔瓦雷斯不想在罗姆公司的文件控制组工作，虽然母亲在几年前离开了生产工作之后，一直管理着这个组。此时，阿尔瓦雷斯刚过完 18 岁生日，第一次自己一个人住，虽然很爱母亲，但也想有自己独立的生活。另外，她每月要付 100 美元的房租。公寓就在离家不远的转角处，她母亲在加入罗姆公司后不久花了 22000 美元买下了这栋房子。装配线上的工作能使她付得起房租和每月的支出。虽然她只能挣到一份最低工资——每小时 2 美元，但却可以享受病假和稳定的保障福利。[1]而她在零售业的工作时长则会随季节而变化。

20 世纪 70 年代中期，制造岗位在硅谷非常多。许多公司正制造着芯片、计算器、计算机、周边用品、电子游戏以及电子器材。在 1964 年之后的 20 年里，硅谷的制造岗位增加了 20 万个，其中 85% 都在高科技领域。[2]平均而言，熟练的工人每小时能挣 5 美元。与高级工程师和管理人员不同，即使是最资深的组装线工人也不会得到股票期权。有几家比较进步的公司给装配工也提供了利润共享计划，允许他们以折扣价购买股票。[3]

阿尔瓦雷斯加入了罗姆公司的生产线，制造一种叫作 CBX 的全电子化的计算机控制电话系统（一种专用小型交换机）。罗姆公司自成立 6 年以来，已经销售了价值超过 3000 万美元的加强型计算机，CBX 是它们的一种新产品。公司在阿尔瓦雷斯加入前不久才涉足这个新兴的远程通信市场，此时距离标志性的卡特风调控决策 ① 已经过去了 7 年，这项决策迫使美国电话电报公司允许外部厂商生产的电话及其他设备连接到它的网络。罗姆公司的 CBX 系统的核心是一台微型计算机，它比美国电话电报公司传统的电动机械电话交换机系统更加便宜，也更为灵活。罗姆公司的 CBX 系统还能做以前接线员才能做的事情：把某些后缀限制在本地号码里面；识别任何通话的时长和拨打号码；呼叫转接、召开电话会议、呼叫排队；还能够自动重拨。[4]

对于工程团队来说，开发 CBX 系统是一个巨大的挑战。有一次，当客户办公室中的每套系统都同时失效时，管理部和工程部被折磨得不轻。事后调查发现，罪魁祸首是系统里面的一个英特尔早期的 DRAM 芯片。CBX 系统也给罗姆公司的律师们带来了一场惊心动魄的象棋般的策略博弈，他们在国

---

① 卡特风调控决策为答录机、语音信箱系统以及其他此类设备打开了大门。在卡特风调控之前，美国电话电报公司不仅拥有电话线路，还制造并租赁连接到这个系统的每一部电话。美国电话电报公司从 1908 年以来的口号就一直是"同一个系统，同一家公司"（One system, one company）。罗姆公司的联合创始人鲍勃·马克斯菲尔德把这种旧方式比作从电力公司租用台灯和灯泡。

会和州里都成功地击败了美国电话电报公司阻碍罗姆公司和其他竞争对手的努力。[5]

然而，阿尔瓦雷斯很快就发现，对于生产线上的人来说，组装这种突破性的 CBX 系统并没有什么激动人心的地方。她工作的房间有足球场那么大，被荧光灯照得亮堂堂的，四周都是巨大的柜子和很高的架子，就像面包店里用来冷却面包的地方一样。一条传送带在两排桌子之间穿梭，她的工作是从上面取下一块绿色的电路板，而她前面的女工已经在上面安好了电子器件。按照她桌前的工程原理图（或者更应该说是根据她的死记硬背），阿尔瓦雷斯得在上面安装更多的部件，有些像口香糖那么大，有些的大小重量则像一块乐高积木。做完之后，她会把电路板放回盒子里，再把盒子放到传送带上。轻轻一推，盒子就会传给她后面的工人，然后她会去拿另一块电路板。

当生产线上最后一个人把最后的零件安装好之后，电路板就会被放在一个不同的传送带上，然后被拖去焊接。焊料像一块银色的小瀑布一样流过一块金属板，它们会粘在金属上，把零件固定住。然后将电路板用化学试剂清洗，接下来，工人们把它们像暗房里面的照片一样挂起来晾干（"现在做这个肯定非常不合法，我都不敢相信自己居然没得癌症。"阿尔瓦雷斯日后回忆说）。之后，同事们会把电路板，也就是 CBX 系统的核心技术，放到高高的金属架子上。其他人则在别的地方测试这些电路板，并把它们安装到像冰箱一样的支架里。这些支架被罗姆公司涂成了与众不同的焦糖色。

阿尔瓦雷斯进入罗姆公司的时候，公司一半的员工都在从事生产，他们全都在硅谷。[6]她把同事们形容成"一个小联合国"。罗姆公司的迅速成长期正好碰上了加州种族比例的变化期。许多和阿尔瓦雷斯一起工作的女性来自墨西哥、越南或者柬埔寨。虽然阿尔瓦雷斯并没有遭遇到过什么直接的敌意，但她听到有人用非英语语言抱怨正在微波炉里加热的"发臭的午餐"。这让她很难享受她装在牛皮纸袋子里带来的博洛尼亚腊肠①三

---

① 一种意大利腊肠。——译者注

明治。

消失的工会

阿尔瓦雷斯很快就意识到，8 小时连续不停地做"将正确的零件按正确的方向插到正确的孔里去"的工作非常之乏味。即使是把比萨饼或者铅笔插入波峰焊机里去也难以缓解这种无聊。当一名妇女问大家是否考虑过组织工会时，她"受到了全屋子人的嘲笑"。[7]硅谷的其他许多生产制造工作都有严格的日程，需要特殊的服装和设备；比如英特尔公司就在 1973 年实现了它的第一个净室和"兔子装"①。英特尔公司的工人禁止化妆（只要一根任性的假睫毛就能污染一块芯片），他们工作的时候从头到脚都必须用帽子、护目镜、长袖外套、裤子和手套包裹严实。罗姆公司的着装要求最多也就是必须穿不露脚趾的鞋。阿尔瓦雷斯和其他工人对于工作的节奏也有更多的掌控，因为往一块印刷电路板上添加零件需要花好几个小时。[8]"我不是巧克力工厂的露西。"阿尔瓦雷斯引用了 1952 年《我爱露西》（*I Love Lucy*）中的一则经典故事，主人公露西不堪忍受纷至沓来的包裹糖果的重负——她需要在糖果从眼前的传送带上飞奔而过的时候把它们包起来。[9]

在谷歌将"不作恶"奉为行为规范之前的 20 年，罗姆公司将"成为最佳职场"和增加利润并列为公司的目标。除了股票期权（它们是为被联合创始人鲍勃·马克斯菲尔德称为"我们最有创造性和最顶尖的人"保留的），每一份福利或津贴都是公司全体员工共同拥有的。[10]每人都能参与慷慨的健康和牙医计划，以及利润共享和以折扣价购买股票计划。罗姆公司会报销员工在工作期间上学的学费。所有的永久性员工，即使是那些组装线上的工人，在工作 6 年后，都能拥有 12 周的带薪长假。当执行官们听说，许多从事生产的员工把几乎所有的工资都花在了食品、房租和其他必需品上面，几乎没什么闲钱能在长假期间来一次短途旅行时，罗姆公司推出了一项新选择：用 6 周带双薪的假期取代 12 周带全薪的长假。

---

① 兔子装是指英特尔公司为保持工厂的无菌环境而为员工设计的洁净程度很高的工装。

罗姆公司的 4 位创始人都不太喜欢工会，他们觉得工会助长了人们之间的敌对关系。"我向来的看法是，任何组织了工会的公司，都正在做一件非常错误的事情。"马克斯菲尔德回忆道："如果你对员工不够好，让他们觉得需要加入工会，去找一些人来代表他们和管理层交涉，那么管理就已经失败了。"[11]

在罗姆公司，员工从来就没有过组织工会的欲望。就像阿尔瓦雷斯说的："我们有舒服的椅子、良好的照明。可以不用举手就去上厕所。我们有尊严，而且能获得工会无法给我们的东西。"[12]

在硅谷，即使是在那些福利没有那么慷慨、工作条件没有那么舒适的公司，工会也很罕见。1974 年，电气工人联合会（United Electrical Workers）创建了一个组织委员会，专门为硅谷从事高度重复性工作且工资相对较低的生产工人服务，但这份努力没产生什么效果。工会组织者只成功打入了国防承包单位，而且即使考虑了这些数字，在 20 世纪 70 年代，也只有少于 5% 的硅谷电子工人由工会代表。[13]

1972—1982 年，全美工会会员数量下降了 36%。尤其在硅谷组织工会，会因一些地方因素而变得更为复杂，比如阿尔瓦雷斯所在的生产线的情况，绝大部分工人都是女性，其中很多是移民，有一半是少数族裔群体，所有这些都不符合传统上会加入工会的人员的特征。而且，工人们更换雇主并不罕见。阿尔瓦雷斯的母亲维内塔到硅谷的前两年就在三家不同公司做过组装工人。硅谷组装工人的更替率每年都保持在 50%。这种不停的变化使得工人们非常难以组织。[14] 此外，电子产业协会向面临组织工会挑战的公司提供了法律援助，以及一套为"还没有工会也不打算有工会的公司"提供多日的研讨班课程。[15] 课程建议，杜绝工会的最佳方法是给生产工人提供可以和他们可以从工会代表所得相媲美的福利与报酬。许多公司，包括罗姆公司，就正是这么做的。[16]

优化生产线，官升一级

在生产线做了几个月后，阿尔瓦雷斯觉得这份工作可以做得更好。"我做过零售，对整理仓库和如何移动产品都知道得不少。我觉得罗姆公司现在这么做太疯狂了。"她说。很快，她就和三位生产工程师一起休息以及共进午餐，他们开始安排工作流程，绘制生产线上的妇女们可以看懂的示意图。"也许一个单独的任务需要分拆成两个，"她建议说，"为什么不在滚筒上装一个斜面，让东西在厂里更容易搬动呢？这样一来，或许一个人可以多组装一个零件呢？我告诉他们，我们要想办法提高我们的工作效率，不要只是维生而已。我自己就想要这些。"阿尔瓦雷斯记得自己曾直率地告诉一位工程师，他组织生产线的计划"傻透了"。①

让阿尔瓦雷斯惊奇的是，工程师们（都是些20多岁的男性大学毕业生）倾听了她的建议。回顾过去，她猜他们之所以会听，部分原因是她英勇无畏、富有魅力又不具威胁性。"娇小、可爱、18岁、经常不穿胸罩"是她对当时自己的描述。[17] 他们会听阿尔瓦雷斯的建议似乎也是因为被惊到了。大部分生产线工人都比阿尔瓦雷斯年长一辈，她们在妇女运动之前就成年了。许多人的英语说得不流利。身处阿尔瓦雷斯的职位上的人，没人敢去质疑工程师的做法。

阿尔瓦雷斯参加过反越战示威，还相信格洛丽亚·斯泰纳姆（Gloria Steinem）② 是位"女神"。阿尔瓦雷斯不是会安安静静待着的那类人，她很像自己的母亲。阿尔瓦雷斯为每分钱的工资而奋斗，而且从罗姆公司的生产线工人升职到文件控制组的管理层，这多亏她的聪明伶俐以及"不惜一切保证事情按时高质量完成"的个性。[18] 阿尔瓦雷斯最开始有点害怕把自己的想法告诉男性工程师，他们受教育的程度比她高得多。但她安慰自己说，如果工程师不理她，她就把自己的想法直接告诉肯·奥什曼，她还是个小女孩的时候就见过的这位联合创始人。

阿尔瓦雷斯提出建议或者质疑工程师的做法经常是对的。罗姆公司发展

---

① 当阿尔瓦雷斯后来的老板罗恩·拉芬斯珀格（Ron Raffensperger）听说，她在18岁时就已经敢告诉比她职位高的人"你们的想法很傻"的时候，他笑了起来："阿尔瓦雷斯就是这样的人，对的。"

② 一位美国女权主义者、记者以及社会和政治活动家，是20世纪60年代后期和70年代妇女解放运动的代表人物。——译者注

得非常迅速，不管好的意见从何而来，都会被员工采纳。"我们没有官僚组织保障我们的工作，"产品工程师杰夫·史密斯（Jeff Smith）回忆道，"所以只有顽强地推进，用任何我们能找得到的方法来解决问题。"[19] 如阿尔瓦雷斯所说："我是一个冒险家，我周围也全是冒险家。"要工程师们通过阅读报告和在生产线排查的方式来发现瓶颈或者其他问题很难，但阿尔瓦雷斯能帮助他们。

一位工程师建议，工人单独的工作台应该由大的中心工作台替代，每张工作台上面放几个电路板。他认为，组装工人们应该拿起一个零件，围绕工作台移动，再把零件插在一个又一个的电路板上。

这样连续工作 8 个小时，一直站着不会累吗？阿尔瓦雷斯问道。

这位工程师没想过这个问题。

在一个值得纪念的日子里，在阿尔瓦雷斯提出的一项关于重新组装生产线的建议被采纳之后，她得到了一张价值 1000 美元的支票，这相当于她三个月的工资。之后不久，她被升职为领班。

1976 年 9 月，大概就在阿尔瓦雷斯刚升完职的时候，罗姆公司上市了。拉里·桑西尼，就是那位计划开办一家为创业者一站式服务的法律事务所的律师，起草了登记声明。虽然罗姆公司以后会位居《财富》500 强公司，并让多位股东成为百万富翁，但它的公开募股情况却非常令人失望——14 美元的发行价几天后就跌倒了 10 美元。

这对阿尔瓦雷斯没什么影响。她说："我又年轻又笨。"她用工资来支付房租、食品、衣服以及娱乐的费用。如果她有任何剩余的钱，就会买一些员工价的股票，但很少有这种情况。

吸人灵魂的工作

1977 年，她又升了一级，成为生产主管。当时她只有 20 岁，管理着 50 位女性工人，里面有许多人的年龄是她的两倍。她负责招聘和解雇，也帮忙培训新工人。与此同时，她继续努力给上司和工程师留下好印象，让他们知道自己不只是一个升过几次职的普通装配工。她承认说，有一段时间，她把生产催得太狠。那时她从亨利·福特大规模生产的模式中受到启发，认为："如果一个人尽可能快地完成一件小事，并不断重复，生产效率就能最大化。"有一天，她偶然听到两个装配工提及某个叫"小希特勒"的人，之后才意识到她们谈论的就是她自己。阿尔瓦雷斯第一次开始怀疑自己的管理模式是否会"最大化生产，直至'78号工人'转身过来杀掉'77号工人'"。她开始尝试改变每个工人的任务，让她们交换工作，并相互检查成果。[20]

在主管的职位上，阿尔瓦雷斯学到了很多东西。她感受到了尊重，也具有了影响力。她对自己的工资也很满意。每个星期五，罗姆公司会举行全公司的啤酒会，她也能轻松地与各阶层管理者聊天。"大家打成一片。"她后来说。

当听说罗姆公司要搬到圣塔克拉拉的一处127亩大的新园区时，阿尔瓦雷斯非常兴奋。这个园区有一个6条道的游泳池，还有排球场、壁球场、网球场、健身房、桑拿蒸汽室，以及几个小喷泉、一条跑道和一些放养了小鱼的池塘。[①]古德温·斯坦伯格（Goodwin Steinberg）是鲍豪斯学派著名建筑师路德维希·密斯·凡·德·罗（Ludwig Mies van der Rohe）的学生，是他设计了这里。作为今天硅谷盛行的布满精心设计的设施的公司园区的前身，罗姆公司的总部（今天是旧金山49人的李维斯体育馆的停车场）还有供应午餐的餐厅，这意味着大家再也不用抢微波炉了。

阿尔瓦雷斯深爱着罗姆公司，但她觉得，从长期来看，就制造工作的重复性和高度一致性的要求而言，它永远都会是一份"吸人灵魂的工作"。阿尔瓦雷斯想离开生产部门，但她只听说过一位女性从生产部门转为从事专业工作，这个人就是她的母亲。阿尔瓦雷斯从没有问过母亲是如何转岗的，维内塔也没有提供过任何建议。"我从没告诉过女儿们如何获得成功。"维内塔说：

---

① 阿尔瓦雷斯回忆说，因为新建筑都在田地中，在早些时候，园区里到处都是老鼠。"你整天都能听到从那些漂亮的办公室里传出来的尖叫声。"她说。很快，员工们就把这些可怜的啮齿类动物扔进池塘，还打赌老鼠能否在被鱼吃掉之前跑出来。她解释说："没人想要杀掉老鼠，但也没人在意鲈鱼会不会吃掉它们。"

"她们都是靠自己取得成功的。"[21] 阿尔瓦雷斯决定复制她母亲的成功。"我要一份带有办公室的工作，"她说，"无论在什么地方，我就想坐在办公桌旁边工作。"[22]

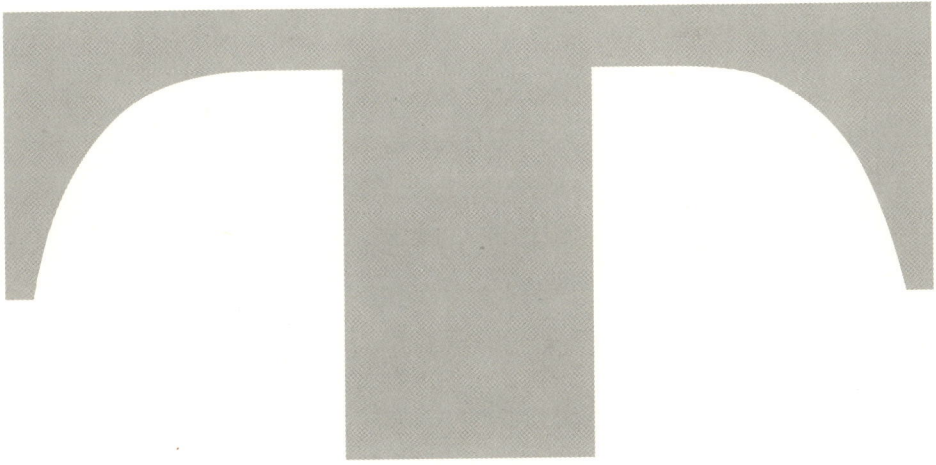

13

雅达利的收购博弈

艾伦·奥尔康

This Is a Big
Fucking Deal

"我看见了未来。"曼尼·杰勒德解释道。他是华纳通信公司（Warner Communications）① 总裁办公室的三名成员之一，自称为公司的"并购过滤器"。¹ 杰勒德很快就会成为塑造艾伦·奥尔康和雅达利公司的关键力量，他回忆起在 1976 年提出的这个想法时说："这是一个有规律可循的事物，而且会成为一门大生意。这绝对是一件大事儿！" ²

华纳通信公司是一家市值为 1.47 亿美元的集团，旗下的公司引领了美国的流行文化。这家公司拥有一家银行、一家有线电视公司、一款名为拉尔夫·劳伦的香水品牌、一个名叫纽约宇宙的足球队，还有三家唱片公司，旗下艺人有齐柏林飞艇乐队（Led Zeppelin）、琳达·朗丝黛（Linda Ronstadt）、琼尼·米歇尔（Joni Mitchel）、罗德·斯图尔特（Rod Stewart）、乔治·班森（George Benson）、乔治·哈里森（George Harrison）、理查德·普赖尔（Richard Pryor）以及杰佛逊星船合唱团（Jefferson Airplane）。华纳通信公司旗下的电影公司制作了《驱魔人》（*The Exorcist*）、《灼热的马鞍》（*Blazing Saddles*）、《一个明星的诞生》（*A Star is Born*）、《总统班底》（*All the President's Men*）以及由克林特·伊斯特伍德（Clint Eastwood）主演的《警探哈里》（*Dirty Harry*）系列。华纳通信公司还有一个出版部门和一家电视制作公司，美剧《欢迎回来，科特》（*Welcome Back, Kotter*）与《奇科和男人》（*Chico and the*

---

① 1990 年，时代公司和华纳通信公司合并成立时代华纳。——编者注

Man）就是该公司制作的。此外，还有一本名为 *MAD* 的讽刺杂志、一部名为《乐一通》的动画片以及一家名为 DC 漫画的公司。[3]

1976 年年初，杰勒德接到了来自华纳通信公司最大股东戈登·克劳福德（Gordon Crawford）的一个电话，他为美国资本集团购买了华纳通信公司 10% 的股份。克劳福德打电话来雅达利公司不是巧合，唐·瓦伦丁就在这里工作过两年。1975 年，瓦伦丁看中《乒乓》游戏的发展势头和雅达利公司每年 75 万美元的利润，于是投资了 50 万美元。[4] 瓦伦丁还说服了另外三家投资机构也来投资：时代公司、梅菲尔德投资公司（Mayfield，硅谷早期的一家风险投资公司）以及富达投资公司（Fidelity Investment）。当布什内尔舒服地坐在热水浴池里让克劳福德接受雅达利时，他除了外套什么也没脱。

我看见了未来

回到 1975 年，瓦伦丁来到雅达利公司签署 200 万美元的投资协议，他带来了几瓶香槟，准备庆祝一下。但布什内尔和乔·基南基于公司当前《乒乓》游戏和其他游戏的成功，决定让雅达利在融资前的估值翻一倍。[5] 瓦伦丁对此表现得非常平静。他把修改过的文件放在公文包里，驾车离去，因为冷凝，香槟瓶变得湿漉漉的。几天后，瓦伦丁宣布他和其他合伙人还是愿意投资雅达利公司。香槟终于派上了用场。

然而还不到一年，瓦伦丁却希望把雅达利卖给华纳通信公司。距离旧金山湾区东北 240 公里、位于草谷市的雅达利研究中心取得了一项重大技术突破，这意味着公司需要再次融资。布什内尔和奥尔康每个月都会去拜访草谷市的研究者，他们还没有把团队搬回硅谷来。这个团队原先是为青蓝工程项目（Cyan Engineering）而成立的独立研究组织。在草谷市，研究者能够从长计议，并和日常业务完全脱离。按青蓝工程项目创始人史蒂夫·迈耶（Steve Mayer）和拉里·埃蒙斯（Larry Emmons）的说法，这是"一个完全受保护的游乐场，没有寻求资金支持的负担"。奥尔康说："我的工作就是保证其他人不去干扰这些人。"[6]

在乡土气息非常浓厚的草谷市，这些研究者看起来更像伐木工人而非工程师。他们发现了一种利用廉价的新型微处理器设计游戏的全新方式。这种新型微处理器名叫 6502，由刚刚兴起的芯片制造商 MOS 科技公司①生产。在草谷市的微处理器取得突破之前，大部分电子游戏都是围绕着专用电路设计的，它们的连线只是为了玩一款游戏且只能玩这款游戏。比如《逮到你了》（*Gotcha*）的游戏机就只能玩《逮到你了》，这是奥尔康设计的一款迷宫游戏。由西尔斯公司出售的《乒乓》游戏机也只能玩《乒乓》。②

在草谷市，有个代号叫作"史黛拉"（Stella）的新系统很是与众不同。[7]微处理器能使史黛拉系统通过编程来运行任何游戏。买史黛拉系统的人可以把盒子接到电视机上，然后通过插入不同游戏卡带的方式，来运行不同的游戏。③这就是软件的"魔力"。

史黛拉系统发布的时候叫作 VCS（视频计算机系统），未来它会成为那个时代里最成功的电子消费品，5 年内销量高达 1200 万台，游戏卡带的销量更是不计其数。

混乱与担忧

当华纳通信公司的杰勒德写下"我看见了未来"，指的就是史黛拉系统。杰勒德清楚地记得与资本集团的电话通话："你对一家发展迅速的娱乐科技公司感兴趣吗？"华纳通信公司有 4 年没有收购过公司了。杰勒德回答说，他确实有兴趣看看。

当杰勒德开始研究雅达利公司的时候，对于收购产生了一些疑虑。就他

---

① MOS 科技公司刚成立的时候，公司创始人在一个主要行业会议地点附近租下了一个旅馆房间，用于销售芯片。

② 西尔斯公司出售的游戏机能玩几种游戏，但它们都是《乒乓》游戏的变种。

③ 在位于草谷市的雅达利研究团队开发出史黛拉系统的同时，硅谷有位名叫杰里·劳森（Jerry Lawson）的非裔美国人为山景城的仙童半导体公司独立开发了一套类似的基于微处理器的系统，叫作 F 频道（Channel F）。不过，仙童半导体公司的系统远没有雅达利公司的系统成功。

所见，这家公司没有什么"基础设施"，财务控制的情况也很不理想。虽然一些部门保留了很好的记录，然而在其他部门里，员工们能够自己给自己申请、批准、准备和签发支票。有些员工在收到了现金之后就辞职了，且没有还款。由于雅达利工厂里像油漆、胶水和螺丝一类的基本物品供应不及时，生产线经常有停滞的情况；由于订单没有书面上的记录，经常和客户就交货日期、订单数量、价格以及支付条款等问题产生争执。[8] 几乎每个游戏都是从头研发，设计者享有一切大权，也就是说没有任何强制的标准，即使是在现金入口、硬币计数器或者投币式游戏机门锁等基本部件的设计上也没有标准。雅达利公司的领导者觉得公司是一个复杂且多面的组织，他们信任员工，并赋予他们力量去发挥最大的独立性和创造性。然而，杰勒德看到的却是一片混乱。

杰勒德对雅达利公司的另一个担忧是团队本身，他指责说："一帮男人每天累得精疲力竭，还在追求女人。"[①] 之前，杰勒德造访过一次雅达利公司，一群工程师很兴奋地向他展示，他们可以通过编程让一版《坦克》倒着运行。他们把它叫作"波兰坦克"。杰勒德认为奥尔康是个"可靠的家伙"，是那种谨慎的人。1975 年，当雅达利获得风险投资投资之后，奥尔康发现自己拥有的个人财富极其丰厚，他担心"所有这一切一天之内可能都会消失"。[9] 不过，公司并不归奥尔康管。

在奥尔康担心自己的新财富能否永驻时，布什内尔却变成了"购物狂"，他成长于犹他州一个小镇上的一个保守摩门教的中产阶级家庭。此时，布什内尔买了一栋大房子，还有一艘 12.5 米长的游艇。[10] 杰勒德说布什内尔"一天就能想出 100 个点子，他还全都喜欢"。但布什内尔需要学会专注。[11] 有时，奥尔康会同意这种评价。奥尔康带着一个特殊的传呼机，跟工程师说"只在布什内尔到工程部门来"的时候呼他。传呼机响的时候，奥尔康会跑回工程部门，按他的说法，是紧跟在布什内尔后面，并提醒工程师为他们自己工作，而不是布什内尔。[12]

---

① 杰勒德排除了少数员工（主要指史蒂夫·迈耶和艾伦·奥尔康），说他们不在此列。

　　还有一些其他的理由让杰勒德对收购雅达利再三思虑，那就是电子游戏的未来还充满不确定性，弹珠台又在重新兴起。1976 年吸引了大部分注意力的电子游戏都是因为一些"政治不正确"的缘由，比如《死亡赛车》(*Death Race*) 是硅谷一家小公司艾斯蒂 (Exidy) 制作的驾驶游戏，在玩家开车碾死"火柴人"时会给予分数奖励。但发生撞击时，玩家会听到一声尖叫，然后屏幕上的"火柴人"会被一个十字架取代。美国全国安全委员会 (National Safety Council) 谴责这款游戏"阴险、病态、粗俗、恶心"。[13]《纽约时报》和《60 分钟》也报道了这款游戏。布什内尔担忧公众不相信：雅达利游戏里炸掉坦克和飞机的暴力，与碾死火柴人的那种"针对人的暴力"不是同一种。[14]

　　尽管有这些抗议，凭杰勒德好几十年的媒体经验，他相信电子游戏会成为一门大生意。他认为游戏是人类体验的组成部分，这种历史可以追溯到那些由石头和骨头制成的记号。雅达利公司把那段历史带进了硅和电视的新世界。[15]

　　杰勒德也相信，雅达利尽管存在这些问题，但也有不少优点。公司的工程师，特别是奥尔康、布里斯托，还有穿着牛仔裤、留着络腮胡设计了史黛拉系统的团队，都"非常了不起"，杰勒德回忆道："而且他们还惊人的高产。"另外，雅达利公司是盈利的，考虑到雅达利团队的混乱，杰勒德不太清楚这是如何实现的，但雅达利确实是在盈利。[16]

　　杰勒德向华纳通信公司温文尔雅的创始人兼主席史蒂夫·罗斯 (Steve Ross) 建议，应该收购雅达利公司。在罗斯同意之后（他的孩子们非常喜欢迪士尼游戏厅里的《坦克》），杰勒德开始以帝王般的待遇开始拉拢布什内尔和雅达利公司的总裁基南。罗斯派了一架喷气式飞机把他们接到纽约来，还派了一辆豪华轿车把他们从泰特波罗飞机场送到了华尔道夫酒店。

　　第二天，在罗斯的豪华公寓举办的晚宴上，他阐明了自己的计划。首先，罗斯介绍了华纳通信公司的优势：知道如何制造话题，把产品送到消费者手里；华纳通信公司旗下的 WEA 唱片公司刚在 3 天内完成了 110 万张《加州旅馆》唱片的交付；[17] 华纳通信公司知道如何与艺术家们合作，罗斯认为，艺术家们需要糖衣炮弹，这对布什内尔尤其有吸引力，他把雅达利的游戏设计师们也看成是艺术家。罗斯还告诉布什内尔和基南，他们在华纳通信公司工作会很开心。罗斯还向他们保证，布什内尔一伙人可以留在加州继续运营雅达利，他不会干预运营，他还提议增加对管理团队的激励，尽管布什内尔一伙人已经有丰厚的奖励了。[18]

在雅达利团队乘坐另一架喷气式飞机回加州的时候，罗斯还安排克林特·伊斯特伍德和他的合伙人桑德拉·洛克（Sondra Locke）与他们同行。布什内尔坚信，把雅达利公司卖给华纳通信公司是获取开发史黛拉芯片资金的最佳方式。[19]与雅达利公司接触过并谈过收购事宜的公司都对此不感兴趣。瓦伦丁对上市的前景颇为悲观。布什内尔拥有雅达利49%的股票，他希望出售公司也能让他缓口气。[20]"我每天想的就是'我真的太累了，能休息一下多好！'"[21]后来他说，如果当时能休一个假，或许他就不会卖掉雅达利公司。[22]

"布什内尔告诉我说，我们有个实盘报价的机会，当时我和他正在热水池里，我得了10%。"奥尔康说（他最后好像是得了6%）。奥尔康的年薪是32000美元。4年前，他觉得布什内尔提供给他的股票一文不值，现在价值高达175万美元（合2016年的740万美元）。①

"直到那个时刻，我觉得这全都是闹着玩儿的。天啊！我的人生改变了。"[23]

雅达利公司和华纳通信公司位于旧金山的麦卡琴·多伊尔律师事务所（McCutchen Doyle）谈判了好几个月，所花的时间比华纳通信公司收购的大部分公司都要长得多。每周，奥尔康都要花好几个小时和布什内尔以及雅达利公司的两名律师坐在桌前谈判，他们对面是杰勒德和华纳通信公司的八九位律师，这样的会议每周召开两三次。"一点也不好玩，"奥尔康说，"就是个

---

① 布什内尔的年薪是75000美元，基南40000美元；布里斯托32000美元；埃蒙斯和迈耶都是30000美元。在并购时，布什内尔拥有雅达利公司的49%，奥尔康拥有6.7%，基南拥有6.2%。这些股份与唐·瓦伦丁有关联的机构（红杉资本、资本集团以及瓦伦丁个人拥有的股份）加起来占雅达利的34%。

马戏团。"杰勒德表示同意。[24]

这些谈判表现了雅达利公司的即兴做事风格。奥尔康的股票赠予就是布什内尔一张手写的纸条决定的，买断达布尼在雅达利公司的股本用的是现金，而非留存收益，所以事后还得重做一遍。雅达利公司的首席财务官在谈判期间辞职了。在某个时刻，布什内尔前妻的律师给华纳通信公司的律师打了一个电话，告知布什内尔 1974 年的离婚协议有漏洞，他的前妻可以索要他一半的股票。这一举措会让布什内尔的前妻拥有雅达利公司 25% 的股票。"所以说在处理并购问题时，还得重新协商布什内尔的离婚协议！"杰勒德回忆道。[25]

由于华纳通信对雅达利团队和财务数字的不信任，谈判过程从旧金山凉爽的 6 月一直拖到炎热的 9 月，[①]杰勒德担心布什内尔和基南一拿到卖掉公司的钱就会辞职。"你们都会变成瘾君子，会'吸'出问题的。"他告诉奥尔康说。后来杰勒德解释道："我们还没有准备好让雅达利团队全权掌管这个疯人院，因为一旦让他们全部都有很多钱，我们都会完蛋的。"[26]

杰勒德担心雅达利团队会抛弃公司虽然听起来有一点儿夸张，但也并非毫无根据。布什内尔想要休息，他害怕自己对所有事情会过度投入。在大学里，布什内尔在嘉年华会摊位上打工拉客，这不仅是因为他们钱付得多，也是因为他发现，如果他在挣钱，就没时间花钱。[27]

一个艰难的决定

雅达利和华纳通信公司于 1976 年 10 月签署的协议让杰勒德多了一份焦虑。为了留住雅达利团队并激励公司走向盈利，华纳通信公司又提供了一个丰厚的奖金池：如果雅达利公司的利润到达了某个水平，顶层管理者就能自行分享任何该水平以上的利润的 15%。另外，雅达利公司的高级管理者一开

---

① 奥尔康说华纳通信公司的律师被解雇了，因为他坚信雅达利公司的数字是伪造的，并拒绝参与谈判。奥尔康说："这些数字难以置信？难道我们是暴徒吗？难道电子游戏是一桩灰色生意？"

始只能得到一点钱。华纳通信公司先支付了 2800 万美元（合 2016 年的 1.19
亿美元），这个数额表示布什内尔在税后能得到 1000 万美元，基南欣然地注
意到，这个数字和布什内尔曾经告诉瓦伦丁他想要的数额一分不差。然而在
这 2800 万美元里，只有 1200 万美元是立即支付的，而且一部分是给风险投
资家们的。剩下的 1600 万美元华纳通信公司用来发行了雅达利子公司而非华
纳通信公司的次级债券，它们将在 7 年内按固定金额付清。[28] 也就是说，如
果雅达利公司能够继续盈利，布什内尔、基南、奥尔康以及其他管理者能够
在未来 7 年里每年都分享 230 万美元。如果盈利非常高，高级管理者还能在
常规工资以外获得高额的奖金。

但是，如果雅达利失败了，这些核心管理者就只能获得最开始的 1200 万
美元款项里的那部分，永远拿不到剩下的 1600 万美元。杰勒德说："我告诉
他们，如果他们接受了这笔交易，就最好相信他们自己搞的玩意儿。"[29] 雅达
利团队接受了这笔交易。

14

再撑一年，不行就散

桑德拉·库尔茨格

One More Year or Bust

1975 年，桑德拉·库尔茨格无论如何也想象不到雅达利公司取得的辉煌成功。在 ASK 计算机系统公司给惠普公司的 2100 小型计算机编写程序失败后，惠普公司又给了库尔茨格一次机会，让她给另一种计算机编写一版 MANMAN 程序，但这次也不太顺利。ASK 计算机系统公司的两位程序员偶尔会把睡袋拖到惠普公司去，在天花板低矮的办公室里过夜，轮流在一间储物间里睡觉。惠普公司允许他们随意使用 HP 3000 小型计算机，但只能是在下午 6 点钟惠普公司的工程师们下班之后使用，因为他们正在为这台计算机编写程序。

波音公司，惠普给的第二次机会

ASK 计算机系统公司的两位程序员此时在惠普公司位于库柏蒂诺市占地上百亩的庞大园区里工作，这里是惠普公司商用小型计算机业务的总部。往南走 3 公里就是兰乔林科纳达社区，福恩·阿尔瓦雷斯就在这里长大。往西沿着家园路走 4 公里，史蒂夫·乔布斯和史蒂夫·沃兹尼亚克正在乔布斯父母家的车库里建造个人计算机。①

在一个特别的晚上，库尔茨格与两位程序员一起工作。看着两位 20 多岁

---

① 2010 年，乔布斯和沃兹尼亚克创建的苹果公司将会买下惠普公司在库柏蒂诺的园区，将其夷为平地，修建起苹果公司新的环形总部大楼。

的年轻人在计算机前敲打着，两人的脸在屏幕的反光中隐隐散发着绿光，库尔茨格很清楚当前的处境。ASK 计算机系统公司需要编写一版能够在一种小型计算机上运行的 MANMAN 程序。这种新型计算机正在威胁着 ASK 计算机系统公司的主要收入来源——分时服务。小型计算机的价格正在下降，越来越多的客户能买得起计算机了。[1] 为 HP 3000 小型计算机编写 MANMAN程序加深了 ASK 计算机系统公司和惠普公司之间的关系。库尔茨格已经搞砸了与计算机巨头的关系，她不能让这种事再次发生了。惠普公司的客户是国防巨头波音公司。波音公司的电子供应部同意向 ASK 计算机系统公司支付50400 美元来购买一份 HP 3000 小型计算机上的 MANMAN 程序。波音公司出的价钱是之前取消订单的电源技术公司的两倍多。[2]

负责波音公司的这个项目的两位程序员其中一位名叫马蒂·布朗（Marty Browne），喜欢摇滚，另一位名叫罗杰·博塔里尼（Roger Bottarini），是库尔茨格从加州大学伯克利分校雇来的一位计算机科学家，他俩每晚都在编写程序，已经有好几个月了。他们希望编写一种程序，只需经过少量修改，就能当作通用产品卖给任何购买了 HP 3000 小型计算机的人。布朗和博塔里尼给MANMAN 程序设置了一系列文字提示，目标是要让那些从没有使用过计算机的人也容易理解。程序会命令"输入零件号"，键盘前的人照提示做就行了。

库尔茨格不再做编程的工作，而是担任起 CEO 的角色，不过她偶尔会加入布朗和博塔里尼的行列。夜里，除了一名保安之外，惠普公司的大楼里就只有他们三人。"她在那儿主要是提供精神支持。"布朗说。库尔茨格很少编写代码，布朗对此非常感激。在公司成立之初，她写过一些能用的代码，但现在，MANMAN 程序已经变得复杂了许多，而且转移到了一个新的平台上。布朗和博塔里尼发现，为了使 MANMAN 程序适用于新平台，最简单的方法是将这些布朗称作"桑德拉代码"的东西重写一遍。[3] 与此同时，库尔茨格发现，她的长处在于把客户的需求转述给技术人员。

库尔茨格在惠普公司工作时，吸收了不少它的文化。她知道这家公司有着灵活的工作时间，每天有两次喝咖啡休息的时间，还可以带甜面包圈，这些安排都是为了鼓励各级别员工之间进行交流。库尔茨格知道惠普公司创始人著名的"走路管理"方式，他们会造访办公桌前或者生产线上的员工，询问他们的工作情况。她还注意到了一些更微小的细节，比如，每个保安的桌前都摆着一张吉米·特雷比格（Jimmy Treybig）的照片。特雷比格已经离开惠普公司了，在克莱纳·珀金斯风险投资公司的支持下，创建了坦德姆计算机（Tandem Computers）。保安害怕特雷比格会跑回来盗窃机密。①

虽然布朗和博塔里尼的代码写得不错，但库尔茨格还是会担心为惠普公司编写的程序将再次失败。波音公司一直在改动 MANMAN 程序，比如，要求用 24 个字母和数字来表示零件名称，而非 MANMAN 程序标准的 15 个。刚开始时，库尔茨格对波音公司的联络人还抱有好感，但随着他的一个又一个的改动要求，库尔茨格开始产生抵触情绪，联络人的语言也变得越来越粗鲁了。在布朗的记忆中，1975 年的夏天就是个"噩梦"，他坚信，波音公司的需求比 ASK 计算机系统公司编写程序的人还多。[4]

与惠普再次失之交臂

库尔茨格在找到资金以后为 ASK 计算机系统公司抓住了各种各样的机遇。那时候，在一个行业里只要有超过一家的客户，就能让一家年轻的软件公司成为该领域的专家，而库尔茨格找来多家制造企业客户，所以 ASK 计算机系统公司也就成了制造领域的专家。与泰姆谢尔公司的合作让 ASK 计算机系统公司开展了分时服务，与惠普的合作则把 MANMAN 程序引入了小型计算机。

ASK 计算机系统公司的员工不到 10 个。虽然这个团队规模很小，但他们打算承包来自 7 个不同客户、运行于 3 家不同厂商（惠普公司、数字设备公司、通用数据公司）生产的 5 种不同类型的小型计算机上的程序项目。即使是同一家公司生产的不同型号的计算机也有很大的不同，更何况是不同的公司呢？

---

① 许多认识特雷比格的人说，他的道德极高，惠普公司的这种担心非常荒谬。

ASK 计算机系统公司还在泰姆谢尔公司的网络上销售 MANMAN 程序，甚至还有少数几家公司仍在使用着 ASK 计算机系统公司的批处理服务，它们由来自帕洛阿尔托乡村的女士们用打孔卡片操作着。泰姆谢尔公司和服务局需要的并不是什么尖端科技，因此这些业务不需要 ASK 计算机系统公司怎么费心，加在一起也带来不少钱，能够支持在惠普公司的开发工作。库尔茨格讨厌借债。

虽然业务到处开花，ASK 计算机系统公司却几乎不怎么盈利。公司在 1975 年前 6 个月的销售额达 143000 美元，却只有 2900 美元的利润。[6]一年即将结束，库尔茨格决定要以存活为目标来调整 ASK 计算机系统公司的关注点。休斯飞机公司有一个项目需要在第三种惠普小型计算机上编写，看起来成功在即。库尔茨格会保留这个项目，然后继续从泰姆谢尔公司和批处理的服务上挣钱，其他项目全都要扔掉。

终于成功了

精简业务的决定意味着库尔茨格需要拒绝为数字设备公司和通用数据公司的平台编写 MANMAN 程序。这项决定也会让库尔茨格损失她在管理上的二把手，是这位二把手带来了数字设备公司的生意，库尔茨格的放弃也让他辞职而去。但最重要的是，精简业务能让 ASK 计算机系统公司团队从夜不能寐的波音生意里抽身出来。

当库尔茨格告诉波音公司，她想退出的时候，这家航空巨头威胁说要起诉他们。库尔茨格反击说"波音公司以大欺小"，这可能会成为一个很"不错"的报纸头条。[7]最后，库尔茨格挽救了 ASK 计算机系统公司，甚至还和波音公司谈判出来一份报酬，多达 10 万美元。虽然精简业务是非常痛苦的，但库尔茨格相信，这是 ASK 计算机系统公司生存的唯一希望。

1976 年 1 月，经过了几乎两年的奋斗，两次未成功的启动，ASK 计算机系统公司终于向一位付费客户交付了一版在惠普小型计算机上能用的

MANMAN 程序。库尔茨格让 ASK 计算机系统公司的业务专注在小型计算机项目上，这种决策带来了成功。这份小型计算机上的 MANMAN 程序用 FORTRAN 写成，界面简单易用，它将成为未来版本的 MANMAN 程序遵循的模板。ASK 计算机系统公司成了少数从童工分时服务转移到了小型计算机的软件公司之一。[8]

ASK 计算机系统公司的其中一位客户是休斯飞机公司的工业产品部，迈克·马库拉的第一份工程工作就在这家公司。不出意料的是，头三位需要能在惠普计算机上使用的 MANMAN 程序的客户中的两位（休斯飞机公司和波音公司）都是国防承包商中的部门。国防工业不太关注价格，从第二次世界大战前开始，它就在推动着硅谷的技术变革。那时，食品机械公司刚把用于果园拖拉机的轮胎面料技术卖给美国政府用来制造坦克。

休斯飞机公司的工业产品部位于加州的卡尔斯巴德，为服装业制造激光切割器，还生产引线接合设备等产品。休斯飞机公司花费了 15 万美元购买了一台惠普 21MX 计算机，并安装了 MANMAN 程序、磁带驱动器、磁盘机、两台打印机，还有公司安放在仓库、采购部和收货部各处的四台终端。这些部门的员工之前都没有用过计算机，但是靠回答 MANMAN 程序在屏幕上的滚动提示，他们能够输入并得到关于库存与订单的及时信息。[①] "MANMAN 程序能够查看材料单据里要求的数量，并检查库存、购买订单以及清点进行中的工作，然后回来告诉我们应该买什么、什么时候买、东西什么时候到仓库，以及什么时候能向客户交货。"休斯飞机公司的一位数据处理经解释说。[9]

很快，休斯飞机公司就报告说，之前需要三名全职员工在纸上记录仓库的进出，需要三个星期才能公布这些记录，而有了 MANMAN 程序，一个人在三小时内就能完成同样的工作，而且立即就能公布。[10]

休斯飞机公司、惠普公司和 ASK 计算机系统公司联合起来，在新闻稿、广告和会议演示中推销产品。这项合作对三家公司都有好处：休斯飞机公司

---

① 作为一个经典的物料需求计划软件包（MRP），MANMAN 程序包含 6 个模块：库存控制、材料单据处理器、物料需求计划、处理流程、流程工作，以及管理报表 / 产品成本计算。

展示了自己利用尖端科技塑造的富有前瞻性的公司形象；惠普公司宣布涉足商用计算机；小小的 ASK 计算机系统公司也俨然是一个有能力和巨头公司合作的伙伴。库尔茨格觉得惠普公司发布的新闻稿效果还可以再好一点，所以她重写了一遍新闻稿，然后寄给了制造业行业的刊物。在没收到想要的回复之前，库尔茨格又寄了一次。[11]

1976 年，库尔茨格在亚特兰大举行的美国生产和库存控制协会的展览上，特别强调了休斯飞机公司的这笔买卖。在会上，她一直被错当成"展位女郎"——一家公司雇来吸引访客来观看展示的专业模特。这种错误是可以理解的，何况这个展会上还有一项独立的配偶活动。在展览开幕的时候，一位穿着《乱世佳人》时代繁复长裙的金发美女迎接了大家，她装扮成一位"南方美人"，来向访客们问好。[12]

在 ASK 计算机系统公司向休斯飞机公司交付了安装有 MANMAN 程序的计算机的同时，库尔茨格的第二个儿子出生了，名叫肯。和三岁的哥哥安迪一样，肯也是在周末出生的。库尔茨格几年后半开玩笑地解释说："我告诉上天说我有一个项目要完成，他得让宝宝等到周末再出来。"[13]

把计算机交付给休斯飞机公司所带来的唯一麻烦就是，ASK 计算机系统公司现在没有计算机了。一家软件公司没有计算机就没法编写软件了。

ASK 计算机系统公司也没有钱来买一台，公司只有不到 3000 美元的利润，库尔茨格想要的一台 HP 3000 小型计算机，价格超过这个数额的 20 倍。库尔茨格不想让 ASK 计算机系统公司背上债务，她从父亲那里以 8% 的年利率借来了 25000 美元，[14] 还和惠普公司商讨了一个协议，从它那里以比较低的首付购买了这台计算机，余额则用一份 MANMAN 程序付清，其零售价为35000 美元。[15]

ASK 计算机系统公司把计算机安在了公司新租的办公室。新办室位于埃尔·卡米诺瑞尔街，离库尔茨格的家开车只有一小段距离。在付了 714 美元的月租之后，库尔茨格得到了她称为"111 平方米的豪华办公空间"，还有一位和其他租户共用的前台接待员。库尔茨格把办公室入口漆成了鲜明的橙色。

库尔茨格现在有自己的办公室了，布朗也有，库尔茨格任他为业务经理。其他人都在宽阔开放的木桌前工作，享受着一种特别的志同道合感。"我离开ASK计算机系统公司之后，花了好几年时间在别的公司寻找这种感觉。"一位员工回忆道。

"我来ASK计算机系统公司的时候，库尔茨格基本上就是一年招进来一位员工。"莉兹·塞克勒（Liz Seckler）说，她在1976年作为第6号员工加入ASK计算机系统公司。[16] 这些员工大多都是斯坦福大学或者伯克利分校刚毕业的学生，都有计算机科学或者数学学位。[17]

员工们会去"木板路"吃午饭，这是埃尔·卡米诺街上新开的一家卖啤酒和汉堡包的餐馆，店面华丽，有彩色玻璃的窗户和橡木吧台，还有全套的弹珠台和电子游戏机。20世纪70年代，全美都痴迷于慢跑运动，ASK计算机系统公司的团队会穿上很短的短袖短裤，一起到公园里去跑步。他们会到对方家里做客吃晚饭或者共度周末，举办低调的星期五下午的啤酒会，离开座位的压力从大概下午4∶30开始堆积。"晚上和白天没什么区别，不管你是不是在工作。"马蒂·布朗回忆道，他接着说，随着ASK计算机系统公司人员不断增长和组织结构变得正式起来，大家在塞满了啤酒的小冰箱上面放了一台打印机，并开玩笑说冰箱就是打印机架子。

"这就像是大学生活的一种延伸，"塞克勒说，"不是那种人造的乐趣，看看我们的乒乓球桌和台球桌就知道了，看起来很有生活气息，这里更像一个宿舍，有比你年龄大一点或者小一点的人，而且所有人都在一起工作。"

"库尔茨格就像科研助理。"塞克勒补充道。[18] 库尔茨格只有29岁，但对于大学刚毕业的人来说，她是个负责的成年人，是每家创业公司都需要的那种的人才。

为了找到更多的程序员，库尔茨格开始在校园里招聘。在谈话之后，她总会叫申请者在纸上做一道编程问题。库尔茨格的面试具有传统招聘上罕见的亲密感。当她告诉塞克勒，她需要找一些更熟悉她的人来写推荐信之后，两位女士把面试的大部分时间都花在了聊她们在南加州的童年生活上。库尔茨格在结束霍华德·克莱因（Howard Klein）的面试之后，邀请了克莱因和团队其他成员见面。然后就通知斯坦福就业中心说她"有点事"，无法继续当天安排的其他面试。如果库尔茨格觉得一位候选人能成为团队很好的新成员，她会把这人请到办公室来，让所有人来考察。"别把她给吓走了。"在她把塞克勒留给团队面试时提醒道。

"库尔茨格在某种意义上推进了这种合作的氛围，感觉就像如果一个人干得好，所有人都会干得好，"克莱因解释道，他是库尔茨格最早招进来的人之一，"她开启了这种氛围，我们来传承它。"库尔茨格对员工的个人生活也特别关注。有一天，她把克莱因叫进办公室接了一个电话。电话的另一头是库尔茨格大一时的室友，库尔茨格觉得他们俩很般配。她的判断是对的。他们在 1989 年结婚了。[19]

迎来惠普的第三次机遇

在工作日，库尔茨格一天会打开她办公室的门好几次，电话还贴在耳边，好像她总是在打电话，然后叫人找一份报表或者回答一个问题。"她每时每刻都在冲锋，"塞克勒说，"和她待在一起非常激动人心。"

库尔茨格在惠普公司通宵工作的时候还没有意识到，这家计算机巨头需要 ASK 计算机系统公司和其他软件公司。[①]惠普公司的专注点还是在科学仪器、计算机、计算器以及其他给工程师使用的硬件产品上，对于编写或者销售商业软件几乎毫无经验。

1975 年，ASK 计算机系统公司和惠普公司达成了一项合作销售协议，允许 ASK 计算机系统公司的一位代表参与惠普公司的电话销售过程。惠普公司依赖 ASK 计算机系统公司来帮忙培训那些非技术性的公司，告诉它们计算机

---

① 惠普公司允许几家本地小软件公司在下班后免费使用它的计算机。

能做什么。对一位惠普公司的代表来说，单独出现在一家小公司的办公室里，问老板想不想买一台价值 60000 美元的计算机，是非常困难的，因为大多数公司根本不知道为什么需要计算机。但有了 ASK 计算机系统公司的帮助，销售人员就能够解释，安装有 MANMAN 程序的惠普公司的计算机能把一家小生产厂变成一家"智能工厂"，任何一个人只要按几个键就能够搜索库存或者规划工作流程。[20]

当库尔茨格提议取消销售协议，而改为一种版税协议时，即惠普公司支付给 ASK 计算机系统公司每一台卖掉的系统的一定百分比，库尔茨格惊讶地在邮件里收到了一份邀约：惠普公司想要以 100 万美元收购 ASK 计算机系统公司。库尔茨格有些兴趣。"我还没到 30 岁，还有很多我可以做的事情。"她回忆说。她开始想象如果卖掉公司，放松地生活会是什么样子。她去参加了与惠普计算机部门副总裁的会议，虽然非常兴奋，但她不打算以低于 200 万美元的价格出售。[21]

在库尔茨格的回忆中，这次会议是一场灾难。她心中的实盘报价根本没机会提出来。会上谈论的是库尔茨格和她的团队作为员工加入惠普公司。当她提出反对意见的时候，有一个人提到说惠普公司有足够的程序员，他们应该能够编写出一个物料需求计划软件包与 MANMAN 程序竞争。库尔茨格说，发起这次会议的副总裁立马就发怒了，咆哮说惠普公司会在 9 个月内为它的旗舰机型 HP 3000 计算机编写出这个程序来，"不管你帮不帮忙"。

库尔茨格反驳说，惠普公司永远都做不到，就算它能成功，ASK 计算机系统公司也会先它一步。

库尔茨格怒气冲冲地离开了会议。"去他们的！"她诅咒到。她发誓要"让他们好好见识一下 ASK 计算机系统公司的能力。"[22]

17692美元，给自己的欠条

尽管有库尔茨格的这份勇气，ASK 计算机系统公司的状况还是飘忽不

定。虽然公司卖了一版 MANMAN 程序给休斯飞机公司和其他客户，1976 年
财年结束时，公司还是亏损了 2664 美元。库尔茨格在年初时将自己的工资翻
了一倍，但她没有拿增加的这份钱，而是打了一张欠条。在 1976 年财年结束
时，公司欠库尔茨格的钱高达 17692 美元，几乎占了 ASK 计算机系统公司总
债务的 2/3。[23]

库尔茨格需要为 ASK 计算机系统公司再次"添砖加瓦"。她起草了一份
正式的商业计划书，计划包括给 MANMAN 程序添加会计组件、卖掉服务局
以及修复和惠普公司的关系。她也组织了一个 4 人顾问委员会来为她提供一
些重要的指导，但这也显示了她和硅谷的典型文化距离有多远。每个顾问都
是一家小型制造商，其中三个是 ASK 计算机系统公司的前客户或者现在的
客户。这些客户中没有风险投资家、计算机制造商和其他软件公司的执行官。
ASK 计算机系统公司接触过的人里最可以算是硅谷技术产业代表的就是，来
自威尔逊·莫舍和桑西尼法律事务所（Wilson Mosher & Sonsini）的一位准合
伙人，这家多面手的法律事务所和泰姆谢尔公司合作过，现在处理着 ASK 计
算机系统公司的法律工作。

硅谷的风险投资公司还没有领会到软件的重要性。今天，软件占据了
硅谷风险投资公司超过一半的投资，但在 1977 年，这个数字是 7%。[24] 当
时的风险投资公司大多为硬件服务，包括计算机、半导体、磁盘驱动器以及
其他资本密集型的有形业务。1977 年，当拉里·埃利森（Larry Ellison）和
两位联合创始人想融资来创办甲骨文公司时，风险投资家们并不感兴趣。
"一听说投资是关于软件的，他们见都不想见我。实际上，前台还会搜查
我的公文包，以确保我在离开房间的时候没有顺走最新一期的《商业周
刊》。"埃利森说。[25]

库尔茨格在她 1976 年的商业计划书里一次也没有用到"软件"这个词，
她会说成"应用程序"业务，这么说的部分原因是，"软件"这个词在当时还
非常不为人所知，当她用这个词的时候，别人都以为她是卖内衣的 ①。软件开

---

① 这些人把 software 听成了 soft wear，软衣服。——译者注

发者们曾用一些笑话来让一无所知的客户知道，计算机里面的软件有多"重"。

即使是计算机公司，也可能很久之后才能认识到软件的价值。库尔茨格修复了与惠普公司的关系，但她仍然很难说服这家公司把 ASK 计算机系统公司指定为"原始设备制造商"（Original Equipment Manufacturer，简称 OEM）。惠普公司会把计算机折价销售给它的原始设备制造商，它们会把这些机器集成到自己的产品里面。比如，一家制造由惠普计算机控制的装配设备的原始设备制造商，能够以折扣价购买计算机，然后再加上自己的成本和利润得到最终的设备价格。

库尔茨格争论说，ASK 计算机系统公司安装在惠普计算机里的软件增加了计算机的价值，就像组装设备做的那样。ASK 计算机系统公司应该能够以折扣价购买惠普计算机，安装 MANMAN 程序，然后把这种软硬件组合套装作为一种"开箱即用系统"销售给客户。库尔茨格回忆到，她得拿出一本惠普公司的手册，向心怀疑虑的执行官们大声朗读里面关于原始设备制造商的章节，直到她取胜。这会花上好些年时间，但 ASK 计算机系统公司最终会成为 HP 3000 小型计算机最大的一家原始设备制造商，以及它必不可少的一家推广合作伙伴。[26]

1978 年的新年，库尔茨格在查看 ASK 计算机系统公司账目时满意地看到，她在过去几个月的努力有了成效。公司获得了 33000 美元的利润，和 1976 年的亏损相比，有了重大提升。

与此同时，库尔茨格必须承认，这份由马不停蹄的工作带来的利润，就比她付给自己的 24000 美元工资多一点儿。这是对自己开公司的辛苦的一点儿微不足道的补偿。她回忆道："我定了一个新年目标——再撑一年，不行就散。"[27]

道格·恩格尔巴特在旧金山举办的"演示之母"上做演讲，1968 年12月。
提供者：斯坦福国际研究院。

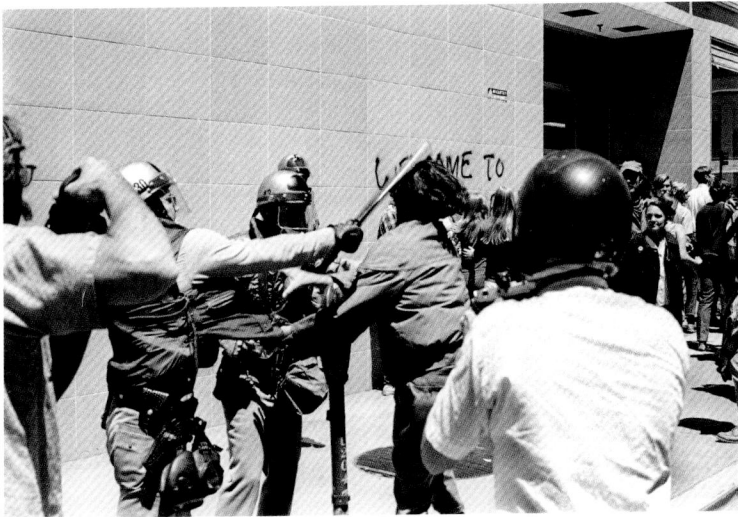

1969 年 5 月，伯克利人民公园的示威者开始暴动。
提供者：史蒂芬·莎梅斯 / 波拉里斯（Stephen Shames/Polaris）。

If she can only cook as well as Honeywell can compute.

Her souffles are supreme, her meal planning a challenge? She's what the Honeywell people had in mind when they devised our Kitchen Computer. She'll learn to program it with a cross-reference to her favorite recipes by N-M's own Helen Corbitt. Then by simply pushing a few buttons obtain a complete menu organized around the entrée. And if she pales at reckoning her lunch tab, she can program it to balance the family checkbook. **84A** 10,600.00 complete with two week programming course **84B Fed with Corbitt data:** the original Helen Corbitt cookbook with over 1,000 recipes 5.00 (.75) **84C** Her Potluck, 375 of our famed Zodiac restaurant's best kept secret recipes 3.95 (.75) Epicure **84D Her tabard apron,** one-size, ours alone by Garden House in multi-pastel provincial cotton 28.00 (.90) Trophy Room

霍尼韦尔"厨房计算机"在内曼·马库斯百货公司圣诞节产品目录上刊登的售价是 10600 美元。

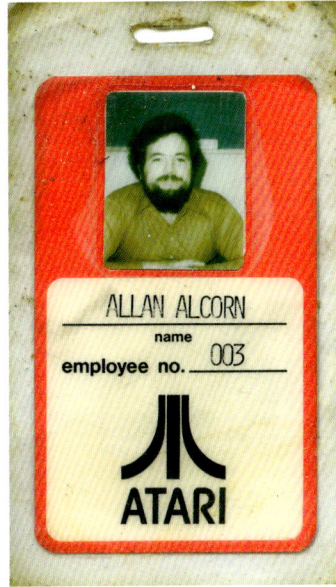

ALLAN ALCORN
name
employee no. 003

ATARI

艾伦·奥尔康在雅达利公司的工牌原件。
提供者：本吉·爱德华兹（Benj Edwards）。

雅达利公司的第一款电子
游戏《计算机空间》的传单。
公司当时还叫作"朔望"。
提供者：本吉·爱德华兹。

COMPUTER
SPACE

NA-2010

福恩·阿尔瓦雷斯在罗姆
公司组装线上班的第一
天，1975 年万圣节。
提 供 者 ：福 恩·阿 尔 瓦
雷斯·塔尔博特（Fawn
Alvarez Talbott）。

罗伯特・泰勒在帕洛阿尔托，驾驶着他 1967 年购买的心爱的
科尔维特"刺鳐"（Corvette Stingray）。
提供者：库尔特・泰勒（Kurt Taylor）。

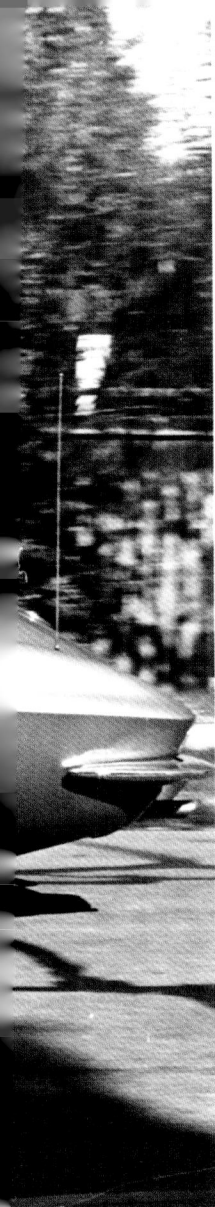

雅达利公司创始人特德·达布尼、诺兰·布什内尔、拉里·埃蒙斯以及艾伦·奥尔康。提供者：本吉·爱德华兹。

山景城的字节商店，它是第一家出售苹果计算机的商店，1976年。提供者：科里·科恩（Corey Cohen）。

尼尔斯·赖默斯在斯坦福大学技术许可办公室，1974 年。
提供者：斯坦福新闻中心。

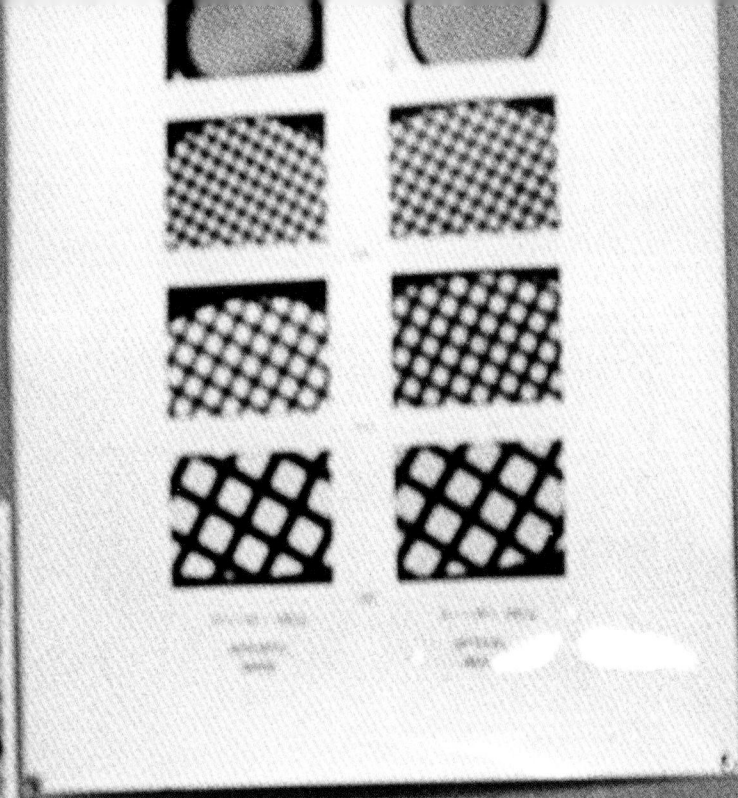

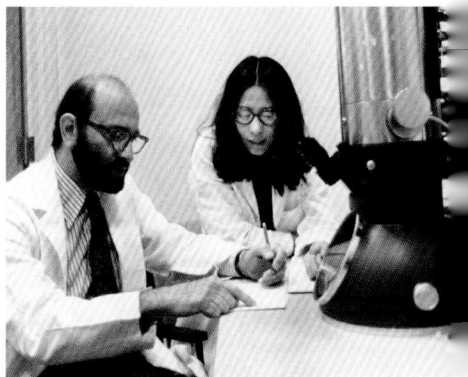

斯坦福大学教授斯坦利·科恩和安妮·张，1974年6月。科恩的实验室和加州大学旧金山分校教授赫布·博耶的实验室的工作激励了尼尔斯·赖默斯，使其代表两所大学为重组 DNA 技术申请了专利。
提供者：斯坦福新闻中心。

基因泰克公司的联合创始人赫布·博耶和罗伯特·斯旺森，成立公司后不久的他们。
提供者：基因泰克公司。

1977 年 3 月，示威者们打断了美国国家科学院的一次论坛。这次论坛讨论的是重组 DNA 技术的价值与危险（译者注：条幅上写的是"我们会创造最完美的种族。阿道夫·希特勒，1933"）。
提供者：美国国家卫生研究院（National Institutes of Health）。

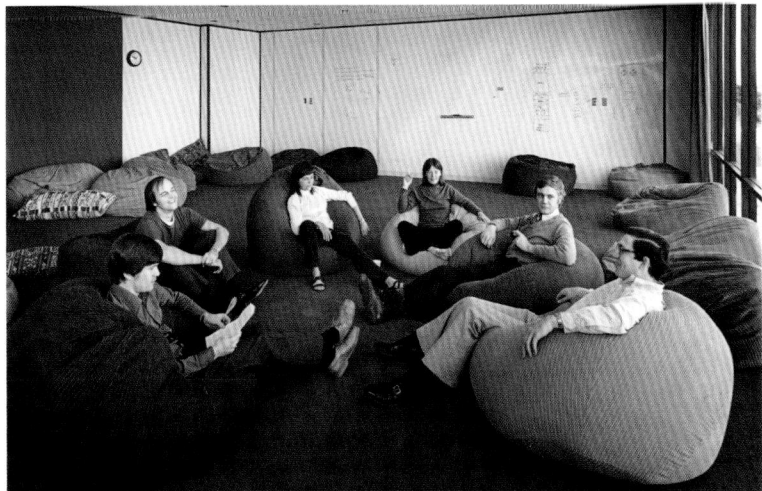

施乐公司帕洛阿尔托研究中心的懒人沙发会议室。从左到右：吉姆·米切尔、埃德·菲亚拉、特里·罗伯茨（Terry Roberts）、薇姬·帕里什（Vikki Parrish）、维斯·克拉克以及埃德·塔夫脱（Ed Taft）。
提供者：施乐公司帕洛阿尔托研究中心。

1977 年，儿童们在帕洛阿尔托研究中心使用阿尔托计算机。这台计算机从未向公众销售过。屏幕上是用 Smalltalk 语言编写的"Shazam"动画系统（1975 年由罗恩·贝克 [Ron Baecker] 使用史蒂夫·珀塞尔 [Steve Purcell] 的 2.5D 图形系统制作），12 岁的苏珊·哈梅特（Susan Hamet）对它进行过改动。

提供者：施乐公司帕洛阿尔托研究中心。

罗伯特·泰勒（持橄榄球者）和施乐公司帕洛阿尔托研究中心的同事们一起玩触式橄榄球。

提供者：库尔特·泰勒。

20 世纪 80 年代中期，风险资本家唐·瓦伦丁在他创立的红杉资本的办公室里。瓦伦丁是雅达利公司和苹果公司的早期投资人，他还投资了甲骨文公司、艺电公司、LSI 电子公司（LSI Logic）以及思科系统公司。

提供者：卡洛琳·卡德斯（Carolyn Caddes）/ 斯坦福大学图书馆特别收藏部。

桑德拉·库尔茨格在 ASK 计算机系统公司的办公桌前，1979 年左右。
提供者：霍华德·克莱因（Howard Klein）。

ASK 计算机系统公司的员工在公司的会议室里，1979 年。
后排（从左到右）：霍华德·克莱因（站立）、马蒂·布朗、斯图尔特·弗洛斯海姆（Stewart Florsheim）、安·雷林 (Ann Rehling)、莉兹·塞克勒、杰里米·卢茨克尔（Jeremy Lutzker）、桑德拉·库尔茨格、苏珊·格拉斯（Susan Glass）。
前排：汤姆·拉维、戴维·伊（David Yee）、特里希·克林顿（Trish Clinton）、马克·里普马（Mark Ripma）、阿琳·希尔（Arlene Hill）。
提供者：霍华德·克莱因。

尼尔斯·赖默斯（右）与斯坦福大学技术许可办公室的一位员工在评估一位学生发明的滑雪板固定装置。提供者：斯坦福新闻中心。

苹果公司公开募股的三个
月前，迈克·马库拉和史
蒂夫·乔布斯在欧洲。
提供者：迈克·马库拉。

里吉斯·麦克纳，1985 年左右。麦克纳帮助把微处理器、个人计算机和重组 DNA
技术推向了世界。在华盛顿特区组建硅谷代表处一事上，他的贡献也举足轻重。
提供者：卡洛琳·卡德斯 / 斯坦福大学图书馆特别收藏部。

苹果公司的执行团队在 1982 年庆祝迈克·马库拉的 40 岁生日。

后排（从左到右）：吉恩·卡特、戴尔·约卡姆（Del Yocam）、弗雷德·霍尔（Fred Hoar）、卡尔·卡尔森（Carl Carlsen）、约翰·库奇（John Couch）、马库拉、乔·格拉齐 亚诺（Joe Graziano）、约翰·瓦纳德（John Vanard）、罗德·霍尔特。

前排：安·鲍尔斯、阿尔·艾森斯塔特（Al Eisenstat）、肯·泽布、史蒂夫·乔布斯。在来苹果公司之前，这些人大部分都在半导体行业工作过。

提供者：迈克·马库拉。

福恩·阿尔瓦雷斯只在罗姆公司的组装线上工作了几个月就开始了快速晋升。1982 年在阿姆斯特丹照这张照片的时候，她正在环球旅游。提供者：福恩·阿尔瓦雷斯·塔尔博特。

迈克·马库拉和一台苹果 II 型计算机在他的后院，
20 世纪 70 年代晚期或 20 世纪 80 年代早期。
提供者：迈克·马库拉。

20 世纪 80 年代中期，桑德拉·库尔茨格
在 ASK 计算机系统公司的办公桌前。
提供者：桑德拉·库尔茨格 。

本书作者莱斯利·柏林在 Facebook 的指示牌前，2016 年 5 月。
提供者：莱斯利·柏林。

Facebook 的指示牌背面显示了原来太阳
计算机系统公司的指示牌，2016 年 5 月。
提供者：莱斯利·柏林。

艾伦·奥尔康 (左) 和诺兰·布什内尔 (右) 讨论雅达利公司的历史，2016 年。
提供者 : 莱斯利·柏林。

硅谷的最后一批果园之一，2017 年。
提供者 : 里克·多德（Rick Dodd）。

15

障碍重重，生物医学始祖基因泰克的漫漫长路

尼尔斯·赖默斯与罗伯特·斯旺森

No Idea How You
Start a Company

1976 年夏天，唐·瓦伦丁正在鼓励诺兰·布什内尔考虑卖掉雅达利公司，美国也正在用焰火和歌声庆祝建国 200 周年。不过尼尔斯·赖默斯却一直在关注着这个国家对他试图为之申请专利的重组 DNA 技术不断攀升的恐惧。一年前，科学家们在阿西洛马的"潘多拉的盒子"大会上做出了决议，要规范化对重组 DNA 技术的研究，却达成了事与愿违的效果：不仅没减轻大家对生物科技的恐惧感，反而越涨越高。

"我们不想被克隆"

《纽约时报》的一位作者警告说，重组 DNA 技术虽然还没有超越研究阶段，但比"原子弹、神经毒气、生物战和碳氟化合物喷雾剂"更具危险性。杂志还进一步指出，因为有了重组 DNA 技术，"肯定会发生实验性癌症的散播"。[1]《时代周刊》发表了一篇《世界末日：玩弄生命》（Doomsday: Tinkering with Life）的封面文章，标题的酷炫程度几乎可以和《化身博士》（Dr. Jekyll and Mr. Hyde）相媲美，后者是《地球之友》（Friends of the Earth）的一份关于克隆的警告。[2]《旧金山纪事报》的一位专栏作家认为："那些给了我们原子弹的可爱的人儿又在办公室给我们准备了一件新玩意儿，现在他们能够通过玩弄基因来创造新型生命了。"[3]

环境保护基金和自然资源保护协会发起了一次关于基因工程的公开听证

会。塞拉俱乐部（Sierra Club）通过了一项决议，反对在少数几个精心管制的政府实验室以外"以任何理由创造重组 DNA 技术"。[4]

马萨诸塞州坎布里奇市的市长要求美国科学院调查一种奇怪的橙色眼睛生物或是一种"2.7 米高的多毛生物"是否"和重组 DNA 技术的实验有任何关联"。其他人则担心有人在拥挤的航班上释放重组 DNA 超级病毒。或者，如果为工业上生产酒精而进行过基因改造的大肠杆菌侵入了人类的消化道怎么办？那里栖息着数十亿个大肠杆菌。如果这种情况真的发生，我们就会变成一个全是醉汉的物种。[6]

受到呼吁政府监管的舆论影响，美国国立卫生研究院发布了一项安全指南，要求某些研究必须在装有封闭气闸的设施内进行，科学家们则需穿着太空服一样的保护服。国会推出了 13 个关于管制重组 DNA 技术的议案。[7] 参议院爱德华·肯尼迪发起了国会听证会，宣布"科学家们必须告诉我们，他们能够做什么，而我们作为社会成员，则需要决定它们应该如何应用重组 DNA 技术"。[8] 包括加州在内的 6 个州的一些社区进行了关于禁止重组 DNA 技术研究的辩论。坎布里奇市宣布了一项针对某些类型的重组 DNA 技术研究的为期三个月的暂停令，这项举动迫使一位后来获得了诺贝尔奖的哈佛顶尖科学家将自己的实验室搬去了英国，在那里，他的团队继续进行着重组 DNA 技术研究。[9]

1977 年年初，示威者们打断了一次美国科学院的会议。一些人高喊，"我们不想被克隆"，而其他人则用标语阻断了讲台，标语上用特殊字体强调："'我们会创造出最完美的种族。'阿道夫·希特勒于 1933 年。"[10]

赖默斯和律师伯特·罗兰像传看棒球卡一样看了关于重组 DNA 技术的剪报，其中的 90% 都是负面的。到 1977 年年末，赖默斯关于重组 DNA 技术的政治问题的剪报资料已经有了 7 厘米厚。与此同时，这场争论使得卫生教育部门和福利部门启动了一项长达几年的重审，专门针对围绕机构专利协议的一系列政策。[11] 一位历史学家称"为重组 DNA 技术申请专利带来了太多的争议，它已经威胁到了联邦专利政策"。[12] 赖默斯在学校也遭到了反对。教职员工们不断抱怨这项专利走过了头，斯坦·科恩得在这些控诉中一次又一次地为自己辩护。[13]

尽管存在这些混乱，赖默斯还是无法掩饰对这项技术的兴奋之情。"我一直在想用它来做好事的潜力。"他后来说。尤其是他一想到新的治疗方法可能从重组 DNA 技术中诞生，就深受鼓舞。[14]他知道，虽然斯坦福大学的教职员工有反对意见，媒体大肆宣传着公众的恐慌，还有来自华盛顿专利律师的争论，但科学界已经得出了结论，重组 DNA 技术并不比其他任何类型的研究有更大的风险。①这个结论给了他希望。[15]

为了让斯坦福大学获得重组 DNA 技术的专利权，他开始思考什么样的公司会愿意取得该技术的许可。他注意到，这项技术的许可有可能同时带来收入和争议，但他想把注意力集中在收入上。[16]制药公司能使用重组 DNA 技术来开发药品、化疗药物、合成激素，以及不再依赖于杀死或削弱潜在致病病毒的疫苗。化学公司能够创造微生物来保护植物，或者从矿石中提取金属。食品和饮料公司或许能用这个方法来加速或者改进发酵过程。截至 1976 年 7 月，赖默斯列出的可以出售许可的公司有：普强公司（Upjohn）、美国先灵葆雅公司 (Schering-Plough)、默克公司（Merck）、辉瑞公司（Pfrizer）、礼来公司（Lilly）、陶氏公司（Dow）以及杜邦公司（DuPont）。[17]

赖默斯的野心

在旧金山的一间小办公室里，另一个人也在大家只感受到危险的地方发现了希望，那就是 28 岁的罗伯特·斯旺森。他自认为是一位创业者和风险投资家，虽然他从来没有开过一家公司，而且还刚刚被一家只成立了 4 年的风险投资公司解雇。斯旺森是个年轻人，总是忙于和朋友交往，时刻匆匆忙忙的。他的父亲是一名飞机维护组长，认为生活是一系列需要赢取的竞赛。在高中毕业舞会后，父亲问斯旺森："斯旺森，你亲她了吗？"[18]

---

① 1977 年，最初签署"重组 DNA 技术暂停协议"的几位签署者起草了一份新版本，以解释他们对重组 DNA 的顾虑有所减少，但从未发出。

斯旺森从父亲那里继承了这种竞争精神。作为一名麻省理工学院化学专业的本科生，他加快了自己的课程进度，还靠好口才申请到了研究生管理课程。这让他躲过了服兵役，并且能在 5 年内而不是通常的 6 年内获得学士和硕士学位。当位于纽约的花旗集团选中他来开设旧金山办公室的时候，他只有 25 岁。待了不到一年，他就加入了克莱纳·珀金斯风险投资公司。

斯旺森在克莱纳·珀金斯风险投资公司刚开始工作时充满了希望。这家公司于 1972 年成立，几乎和唐·瓦伦丁的红杉资本同时成立。像瓦伦丁一样，尤金·克莱纳和汤姆·珀金斯也有着丰富的运营经验，但却没有金融学背景，而他们想在注资的公司里扮演积极的角色。

富有绅士风度的克莱纳带有他称作"大陆腔"的口音，别人经常拿他与亨利·基辛格比较。克莱纳是著名的仙童半导体公司"叛逆 8 人组"中的一员，他们在诺贝尔奖得主威廉·肖克利手下工作之后成立了仙童半导体公司。克莱纳还是英特尔公司的原始投资人之一。①

14 岁时，克莱纳在维也纳目睹了纳粹逼迫他父亲打开家里的保险柜，然后把他投进了监狱。一位警官认出了老克莱纳是为部队生产过靴子的鞋厂老板，把他从前往集中营的队伍里拉了出来，救了他一命。后来，克莱纳全家人逃到了比利时，又去了西班牙和葡萄牙，最后定居在了纽约。克莱纳一直没有从高中毕业过，他自愿参加了美国陆军，他解释说，他和纳粹有一些"个人恩怨要解决"。在军人权利法案的帮助下，他从布鲁克林技术学院获得了工程学学位，还获得了纽约大学的硕士学位。[19]

汤姆·珀金斯 42 岁，比克莱纳年轻 10 岁，他英俊、傲慢、俗气而华丽，在办公室里面非常招摇，他的这份自信来源于他成功地让惠普计算机部门成为公司里最大的部门。与此同时，他还创立并经营着一家独立的激光公司。克莱纳来自一个知识分子家庭，而珀金斯则是他家里第一个上大学的人，他的光彩来源于认真的学习。他得过麻省理工学院的奖学金，又上了哈佛商学

---

① 仙童半导体公司的 8 位联合创始人都是英特尔公司第一轮的投资人：鲍勃·诺伊斯和戈登·摩尔是英特尔公司的联合创始人，其他 6 位是投资人。

院，在那里，他聆听了风险投资之父乔治斯·多里奥特（Georges Doriot）教授的课程，这位教授讲述了一名商人应该如何饮酒（少量地）、工作（有价值的成就都需要超过一周 40 小时的工作），以及选择什么样的婚姻（商人的妻子应该为他的丈夫阅读并注解文章）。[20]

克莱纳和珀金斯由一位共同的朋友介绍认识，他们开始合伙管理一份 800 万美元的投资基金，这是年轻的风险投资行业里最大的投资之一。这些钱，其中一半来自匹兹堡的工业家亨利·希尔曼（Henry Hillman），另一半来自其他个人投资者、信托基金或者诸如安泰保险公司（Aetna）和洛克菲勒大学这样的大型机构。克莱纳和珀金斯都对被前者称之为"投钱然后希望会好"的方法不感兴趣，他们的公司建立在理想的原则之上，还起草了一份"投资者权利法案"。普通合伙人（克莱纳和珀金斯）只在投资人的资本被全数偿清之后才能获得利润。利润会被返还给投资人（他们叫作有限合伙人）而非再投资在新的企业之上。克莱纳和珀金斯不能再以个人身份投资旗下已经投资的公司，而且任何一家由克莱纳·珀金斯风险投资公司投资的公司都需要有两人中的一个在董事会任职。投资将会集中在西部，最理想的是在旧金山湾区，以便合伙人协助和监督创业者。

克莱纳亲手挑选了斯旺森来担任准合伙人，他们曾共同任职于一家由花旗集团和克莱纳·珀金斯风险投资公司都投资过但正在走向倒闭的公司。[21] 克莱纳可能从这个年轻人身上看见了一些自己的影子——克莱纳也是靠口才获得了杰出的教育机会，他说服了布鲁克林技术学院的校长让他试一试，虽然他连高中毕业证都没有。

作为准合伙人，斯旺森和克莱纳一起工作，对新的投资进行评估，并监管既有的投资。克莱纳和珀金斯投资过一家给鞋换鞋底的公司、一家生产雪地摩托的公司、一家医疗设备公司，还有一家小型计算机公司——坦德姆计算机公司。① 在斯旺森加入克莱纳·珀金斯风险投资公司之后不久，公司就从

---

① 坦德姆计算机公司由吉米·特雷比格成立，他是惠普公司的前员工。库尔茨格的小团队在惠普园区里彻夜工作的时候，惠普公司保安的办公桌上放着他的照片。杰克·卢斯道努（Jack Loustaunou）是联合创始人。

沙山路搬到了旧金山内河码头中心二号楼的 29 楼。搬家是珀金斯的主意。但其他的风险投资公司，比如唐·瓦伦丁的红杉资本，都在往沙山路搬，而今天这里是硅谷风险投资家最大的集中地。不过，珀金斯不想让别的风险投资家看见他和克莱纳带谁去吃午饭，如他所说："我们不想被认为是鸟群的一部分。老鹰才不扎堆飞。"[22] 新的办公室使得斯旺森上班很方便，他和一位室友分摊房租，住在太平洋高地 ① 的一所能看见金门大桥的公寓里。

斯旺森在克莱纳·珀金斯风险投资公司充满希望的工作却在开始不到两年后就戛然而止了，原因他一直也没有弄明白。导火线事件似乎与一家叫作赛特斯的、从事生物实验室复杂仪器制造的公司有关。[23] 克莱纳和珀金斯担心这家公司的专注点不明确，叫斯旺森帮助赛特斯公司寻找一下值得持续关注的产品和市场。

在一次漫长的头脑风暴午餐期间，诺贝尔奖得主及加州大学的教授唐纳德·格拉泽（Donald Glaser）提到，赛特斯公司想要探索重组 DNA 技术的市场前景。会议现场没有其他人对此感兴趣，公司另外两个创始人没兴趣，珀金斯也没兴趣，他参加会议只是为了显示克莱纳·珀金斯风险投资公司有多么担忧这项技术而已。

然而，诺贝尔奖得主的建议却激起了斯旺森的好奇心。离开会议之后，斯旺森开始尽可能多地阅读关于重组 DNA 技术的资料。很快，他就兴奋地敲开了珀金斯的门报告说："这个想法真是棒极了！这是革命性的，将会改变世界。这是我读到过的最重要的东西！"[24] 斯旺森的一位早期同事回忆说："他当时有点儿像兴奋的小狗一样，表现得太热情了。"[25]

斯旺森，克莱纳·铂金斯意气风发的准合伙人

珀金斯建议斯旺森加入赛特斯公司来启动重组 DNA 技术的研究，这位年轻的风险投资家兴奋不已。但赛特斯公司的创始人却不这么觉得。若想把

---

① 旧金山城内一个风景秀丽的富裕区域，位于一座山坡之上。——译者注

这门技术商业化"尚需时日"，他们告诉斯旺森说，可能还需要 10 年。[26] 珀金斯回忆说，他们的回复可能还要难听一点："他们说没兴趣，有的话也肯定不会和斯旺森一起干。"[27]

这种拒绝让人失望，但斯旺森并不为些忧心，他觉得应该能在克莱纳·珀金斯风险投资公司继续待下去，直到另一个机会出现。他错了。珀金斯告诉他说，他就想和克莱纳"两个人在这里工作"。斯旺森还能领工资到 1975 年年底，但不能再长了。[28] 被迫离职让斯旺森有点困惑，他认为："可能我还不够好。"[29]

斯旺森仍旧坚持不懈地努力工作。每周好几天，只要下班铃声一响，他就去硅谷参加面试。他开着达特桑 240Z 一路直下，脑子里挥之不去的是他每月要付的 110 美元贷款。他拜访了位于斯坦福工业园区的惠普总部，还有英特尔公司。但斯旺森既没有运营经验也没有工程经验，跟这些公司并不算很搭。他甚至还见了一位斯坦福大学的教授，聊了聊关于成立一家公司，用一种新发明来浓缩和处理核废料的事情。随着冬季节日假期的到来，面试减少了，在经历了所有这些事情的同时，斯旺森却一直在思考着重组 DNA 技术的事。"天哪，这看起来挺有意义的。"他想。[30]

"他想改变世界。"布鲁克·拜尔斯（Brook Byers）回忆道。他和斯旺森同租一套公寓，之后他会成为一位专注于生物科技领域的杰出风险投资家。"斯旺森有时会无所事事，然后说些什么'你想要如何度过你的一生'的话，他当时才 28 岁。"[31] 斯旺森坚信重组 DNA 技术能够创造新的未来，无限的克隆会制造出橡胶、丝绸、医药以及肥料。斯旺森不愿意相信细菌工厂还要再过整整 10 年才能进入商业市场，就像赛特斯公司执行官们声称的那样。

斯旺森从没有听说过尼尔斯·赖默斯、斯坦·科恩或者赫布·博耶。他对分子生物学一无所知。但他喜爱科学，几乎每个月的《科学美国人》他都会从头读到尾。他需要一份工作，不过他还有大把的时间，也没有太多可以失去的。所以，他在家里兼任写字台和餐桌的乒乓球桌上，给参加过关于重组 DNA 技术的阿西洛马大会的科学家们打了一些电话。

"我是一位对重组 DNA 技术感兴趣的商人。"斯旺森会这么开头。然后问："能否请教几个问题？"一些研究者们说不能。另一些则为斯旺森觉得具有根本性的问题提供了一些模糊的答案：重组 DNA 技术还要多久才能商业化？什么时候这项尖端科学才能用来大规模生产一些他能够卖的东西？还需要些日子，这项技术还不存在，也没有大规模测试过。

DNA重组技术，迫使斯旺森出走

在给赫布·博耶打电话的时候，斯旺森已经没有正式工作了。他不知道博耶参与发明了让他如此兴奋的重组 DNA 技术。但让斯旺森高兴的是，博耶说该技术也许能在未来几年实现商业化。"没有一个和我聊过的其他科学家有这么大胆的观点。"斯旺森后来回忆道。[32]

"我能见见您，并聊一下这件事吗？"斯旺森问道。

博耶拒绝了。因为他非常忙。"我真的非常需要和您谈谈！"斯旺森坚持道。终于有一个顶尖科学家认为重组 DNA 技术可能很快就会具有商业潜力了。斯旺森对自己的胆量、恒心和商业敏锐度很有信心。他是个现实主义者。他并不了解重组 DNA 技术背后的科学，而且，他在电话里被拒绝这一点也清晰地表明，他在生物学家面前还没有什么信誉。没有一位科学专家帮助斯旺森，也没人开过公司。

对博耶来说，自从儿科医生测验了小儿子的生长激素水平以来，他私下就重组 DNA 技术的商业应用问题思考了好几个月。[33]儿子的健康是没什么问题，但医生碰巧提到了激素总是很难获得。博耶想，如果谁能把基因分离出来，应该可能利用重组 DNA 技术来制造大量的人类生长激素。"这纯属幻想，"他后来回忆道，"我完全不知道如何开一家公司。"[34]

博耶是一位坚定的科学家，甚至他的两只暹罗猫的名字都分别是沃森和克里克[①][35]。博耶愿意考虑他的科研成果能否商业化这一问题，这让他在

① 詹姆斯·沃森（James Watson）和弗朗西斯·克里克（Francis Crick）共同发现了 DNA 的双螺旋结构。

215

1976 年显得与众不同。当时大部分的生物学家都对商界心存怀疑。亚瑟·莱文森 ① 回忆说，在他还是个年轻的生物化学家的时候，如果他想和一家公司谈话，会出去用街上的付费电话，以免说话被同事听到。[36] 拜尔斯说，一个想着做生意的科学家就像鲍勃·迪伦在 20 世纪 60 年代转向电子音乐一样富有争议。人们在想，这是怎么回事？会有坏事发生吗？ [37]

与博耶见面

博耶对电话另一头急切的年轻商人能够围绕重组 DNA 技术创立一家公司并不抱太大希望，但也在想，为什么不和他聊聊呢？创立一家公司能够加快把他率先研究出来的技术推广到公共领域的速度。他能在实验室里工作，而且和斯旺森创办的这家未来公司又能提供另一种追寻实际应用的方式。博耶告诉斯旺森说，星期五下午会给他十分钟时间。

斯旺森把车开进了旧金山分校的一个停车场，径直向博耶的办公室走去。一位记者这样形容斯旺森说："体型矮壮，轮廓清晰，有点儿秃顶，只有站在钱包上才是大个子。"[38] 斯旺森穿着精致的西装，口袋里装饰着方巾，在满是休闲打扮的学生和教职员工的校园里很是显眼。他和娃娃脸的博耶形成了强烈的反差，博耶满头卷发，穿着带有流苏的翻皮背心。

两人先是在实验室里聊天，不过很快就移步到了附近的一所酒吧。三个小时和几瓶啤酒下肚之后，他们意识到彼此的长处和需求是互补的。斯旺森通晓商业，但不太懂科学；博耶正好相反。"回首看来，我不太确定到底是因为我的雄辩，还是博耶的热情，或者就是啤酒的效应，"斯旺森后来说道，"我们当晚就同意建立法律上的合伙关系，来考察重组 DNA 技术的商业可行性。"[39] 如博耶所说："找两个天真的人把他们放一间屋子里，他们会相互支持提高，直至爆表。"[40]

博耶很有信心地认为，通过重组 DNA 技术合成的第一项产品应该是一种

---

① 亚瑟·莱文森（Arthur D. Levinson）是将来基因泰克公司的 CEO 以及苹果公司和谷歌公司的董事。

人类激素，他建议斯旺森参考一下蛋白质结构图集，找一个最好的能合成的产品。斯旺森只花了一会儿工夫就找到了胰岛素。这是一个很有商业前景的目标，原因有四。第一，这个市场很大，估计有 1.31 亿美元，并且可能还会增长。美国的糖尿病案例数量每年都会增长 6%。第二，当前全美 150 万名糖尿病患者获取胰岛素的方法效率非常低，而且容易短缺。每一滴激素都是从猪或者牛的胰腺里挤出来的，需要 8000 英磅的胰腺才能生产 1 英磅的胰岛素。第三，利用重组 DNA 技术制造出来的胰岛素很可能比从动物身上提取出来的胰岛素更加安全，从动物身上提取出来的胰岛素在某些人身上造成了严重的排斥反应。第四，使用重组 DNA 技术来制造胰岛素在科学上看起来是可行的。有着 51 个氨基酸的胰岛素结构已经被研究得很清楚了，这是关键的一点。

成立基因泰克公司

有了一位合伙人和一个目标产品之后，斯旺森请求克莱纳·珀金斯风险投资公司在他创立重组 DNA 技术公司时提供一些资助。坦德姆计算机公司的创始人在孵化他们的公司的时候，就获得过这种驻场企业家的资格。

不过，克莱纳和珀金斯的态度非常明确，没有答应斯旺森的请求。① "他们俩好像遇到了什么事儿，"斯旺森后来猜测到，"他们想自己解决。"[41] 除了坦德姆计算机公司这两位创始人投资的其他所有公司都不怎么样。克莱纳·珀金斯风险投资公司 1973 年的回报率是 2.1%，接下来一年是 –7.1%，1975 年则是 4.2%。[42] 另外，珀金斯担心"新公司提案的数量和质量都很差"。[43] 克莱纳和珀金斯在启动公司的时候也犯了一些大错误。他们把资金的 800 万美元一次性都拿了进来，而非分批获得（现在的常规作法），也就是说，他们得找

---

① 在汤姆·珀金斯著的《硅谷男孩》（*Valley Boy*）中，珀金斯从未提及斯旺森离开风险投资公司一事，更没有说过他被开除。不过，珀金斯却把坦德姆计算机公司和基因泰克公司进行了直接对比，说"罗伯特·斯旺森使得我们可以再次使用坦德姆公式，从合伙公司里面分离出一家企业来"。相比之下，斯旺森描述的却是另一种情形。当被问到在开设公司之前他是否和克莱纳与珀金斯谈及了"任何细节"，斯旺森说："我告诉了他们要做这件事情，但没说细节。"采访者继续问道："所以你是不打算回去找他们做导师，咨询建议了吗？"斯旺森回答说："是的，是他们让我走的。"

一些方法来挣一些利息。他们还把钱都放在了一位套利者身上，珀金斯后来承认，此人使得"数千万美元都陷于做空的局面中"。

斯旺森此时靠每月 410 美元的失业救济金过活，他面临着一个选择。这些风险投资家们不会给他一个带工资的安全网。生意伙伴赫布·博耶愿意帮助他，但博耶不想放弃自己的教授职位。简而言之，只有斯旺森全身心投入，这家重组 DNA 技术公司才可能成立。这可能意味着，在好几个月斯旺森都没有收入，也无法保证公司一定会成功。

这个前景确实令人担忧。斯旺森记得在花旗集团工作的时候，有一次银行一天之内就解雇了 200 位副总裁 ①，其中有些在公司干了好几十年。[44] 为别人打工什么也保证不了。斯旺森问自己，如果舍弃创立一家公司的机会，到 85 岁时自己会怎么想。从这个角度来看，答案非常清楚："如果我不干，将来我不会太喜欢自己的。"[45]

作为创业公司的 CEO，斯旺森提出的第一条建议很不靠谱。他向博耶提议，把他们俩的名字合并起来，给公司取名叫 Herbob。[46] 博耶表示反对，建议叫基因泰克公司。

4 年后，基因泰克公司将成为华尔街历史上最大的首次公开募股的公司之一。但在 1976 年的春天，基因泰克公司没有实验室、办公室，也没有科学家，只有斯旺森和博耶（兼职），以及他们所共有的充满自信的天真。要是他们知道接下来会发生的事情，情况会如何呢？将胰岛素作为第一项要开发的产品来说太复杂了；他们能够合成的第一种激素（生长抑素 [somatostatin]）在早期开发中也出现了问题，斯旺森还因为压力太大被送进了急诊室；② 而博耶在学术界的同事惊骇于他"卖身给了工业界"，不但疏远了他，还向教授代表会议要求予以调查[47]；虽然这项调查没发现他做错了什么，但给他带来很多苦恼，让他长期充满"焦虑和抑郁"[48]；他俩之后还会相互有诉讼往来。

① 副总裁是欧美投资银行中较初级职务。——译者注
② 博耶比斯旺森更习惯于实验室方面的挫折，他一直坚持努力，直到生长抑素成功克隆的那一天，然后他宣布："我们和大自然狠心玩了一把。"

如果知道这些后果，他俩可能就不会成立公司了。

从虚拟企业到华尔街最大的首次IPO公司

斯旺森先写了一份商业计划书。第一个目标是：开发独特的微生物，它能制造出某种产物来改善人类的生活。然后，大量生产并推广某些产物。[49]

斯旺森和博耶讨论了员工的福利。斯旺森想提供一份慷慨的股票期权计划。博耶表示同意，但也告诉他，只靠钱是吸引不来也保留不住顶尖科学家的。基因泰克公司还需要允许研究者发表他们的成果。斯旺森同意了这条建议，但加了一条规定，要求在论文发表之前必须先提交专利申请。

博耶还建议重组DNA技术的联合发明人斯坦·科恩也加入基因泰克公司。科恩拒绝了。他已经是赛特斯公司的顾问了，如果涉足企业太深他担心会降低他在重组DNA技术上的可信度，特别是涉及它的安全性和希望时。[50]

斯旺森开始拜访本地的投资人，比如铁路大亨的后代查尔斯·克罗克（Charles Crocker）。[51] 截至1976年年末，斯旺森已经有三个月没有收入了，不过有了几位有兴趣支持他的投资人，但这还远远不够。他制订了一份计划，来争取克莱纳·珀金斯风险投资公司的投资。斯旺森忘了是这家公司邀请他来的，还是斯旺森自己争取来的机会，但他很紧张。他担心珀金斯对他的评价不好。[52] 但他需要资金来创立基因泰克公司，他也坚信珀金斯的见识与自信。

1976年愚人节那天，斯旺森在博耶的陪同下坐在了克莱纳·珀金斯风险投资公司的会议桌前，他不再是公司的一位初级准合伙人，而是一位寻求资金的创业家。克莱纳·珀金斯风险投资公司已经投资了十几家小公司，在最有市场前景的坦德姆计算机公司上的投资超过了100万美元，它在一个月内就要推出第一款产品了。[53]

斯旺森和这家风险投资公司的风险投资家们谈胰岛素市场的前景，并给出了一份财务计划。基因泰克公司会花 6 个月的时间和斯坦福大学以及加州大学协商许可问题并招募科学家，然后会租用并装备一间实验室，雇一位微生物学家和两位有机化学家。只需 18 个月的时间和 50 万美元，基因泰克公司就能制造出"渴望的微生物"，继续前进成为一家"全面运转的公司"，并拥有自己的生产设施和实验室。

博耶利用照片介绍了重组 DNA 技术背后的科学原理。克莱纳和珀金斯两人的生物学知识有限，他们不知道该问什么问题，于是问了一些非常宽泛却很重要的问题：你们要做什么？需要什么仪器？如何取得成功？需要多长时间？

在博耶回答了每个问题后，珀金斯变得兴奋起来。"这个实验有可能不会成功，"他这么想到，"但至少他们知道如何来做。"然而，实验可能失败确实是个问题。斯旺森想要 50 多万美元（合 2016 年 210 万美元）来为一家一旦实验失败就无法启动的公司雇用科学家和置备实验室。所以，必须得找个代价小点儿的办法。

珀金斯觉得，基因泰克公司的最大风险是"白热风险"：这家公司可能没法设计出它想要的激素。珀金斯清楚地记得自己问道："上帝会同意你创造一种新的生命形式吗？"[54] 得不到确定的答案，这位风险投资家是不愿意投资给斯旺森的。

第二天的会议中，珀金斯提供了一个建议："我们得找个方法去除一些风险，而不是我给你想要的钱，然后你拿去租设施、买仪器、雇人手。"[55] 他们能通过某种外包实验的方式降低前期成本吗？

几天后，斯旺森又回来找珀金斯，带了一份和博耶商讨之后开发出来的新计划。基因泰克公司不会雇用科学家（也不雇其他任何人，好几个月里，斯旺森都是公司的唯一员工），也不会租用并装备一间实验室。基因泰克公司率先使用了今天称作"虚拟企业"的模式，只雇用非常少量的员工。公司的预算不是花在工资或是设施上，而是用来资助具有专业技能的其他组织，比如由博耶指定的一批学术研究实验室。今天，这种外包行为在各行各业都很常见，比如美国的公司雇用印度的外包程序员，或是中西部的客户。然而在1976年，这个点子很新颖。

这种虚拟模式将会大大降低前期风险。只有当一支被资助的研究团队成功设计出人类激素时，基因泰克才能以更高的估值募集更多资金，并尝试进行大规模生产。[56] 如果设计的努力没有成功，公司则会以相对较低的代价和较快的速度倒闭。[①]

珀金斯还有一个要求：克莱纳·珀金斯风险投资公司要成为首轮独家投资人，斯旺森需要回去告诉克罗克和其他感兴趣的投资人，他们不能进入第一轮。如果斯旺森答应了，克莱纳·珀金斯风险投资公司就会投资10万美元，这算是这家风险投资公司首轮投资案例中最小的投资之一了。在之前投资的12家公司里，只有两家的首次投资额比这个小。[57] 但反过来，斯旺森和一个曾经开除了他、还拒绝他担任驻场企业家请求的人谈成了一笔艰难的生意。"他知道我所有的把戏。"珀金斯后来这么说斯旺森，但这位风险投资家最终还是投资了。[58] 9年后，基因泰克公司成为克莱纳·珀金斯风险投资公司由创立时的800万美元的资金变成1.65亿美元的主要贡献者。[②]

在克莱纳·珀金斯风险投资公司的答应投资的6天后，1976年4月7日，斯旺森和博耶成立了基因泰克公司。[59] 6月，斯旺森收到了克莱纳·珀金斯风险投资公司的支票。斯旺森在萨特街和蒙哥马利街街角的富国银行大厦配楼里租了一间小小的办公室，雇了一位兼职的秘书。他为基因泰克公司购买的第一份资产是一个文件柜。

博耶后来谈起基因泰克公司时说："做梦也没想到在财务上的回报会有这

---

① 稍作改动之后，斯旺森和博耶的计划将成为基因泰克公司初期的路线图。1976年，公司筹集了10万美元（来自克莱纳·珀金斯风险投资公司）来安排大学和研究团队的问题；1977年，公司又筹集了另外85万美元（来自克莱纳·珀金斯风险投资公司和其他机构）来资助研究，研究成果证明了重组DNA技术能够制造出人类激素；1978年，它又筹集到了更多资金来生产胰岛素。

② 另一个投资成功的是坦德姆计算机公司。虽然克莱纳·珀金斯风险投资公司的18项投资中的8项都已被勾销或者记为亏损，但这笔资金上的内部年回报率在开始9年内高达40%。

么多"。[60] 相比之下，斯旺森一开始就梦想远大。他的第二个企业目标是：创建一家盈利的大型企业。1976 年的一份商业计划书上写到，该公司的产品在一天之内会帮助"世界解决粮食问题，生产能够抵御病毒性感染的抗体。大体而言，任何由生命有机体制造的产品都在本公司的业务范围之内"。[61]

还差一份许可

这份商业计划书是一种很大胆的预言。多亏了博耶的伙伴关系和斯旺森对自己"总是个幸运儿"的坚信不疑，斯旺森才会确信，他能够让一种未经测试的技术成为世界第一家新型制药公司未来多年的基础业务。[62] 他现在唯一要做的事就是，从尼尔斯·赖默斯那里获得一份许可。

就在基因泰克公司成立的当月，斯旺森给赖默斯寄去了一封信，请他授予用"科恩－博耶"方法生产多肽激素的独家许可。[①] 作为交换，基因泰克公司将提供给斯坦福大学 4000 股股票，斯旺森估计，在公司能够"自负盈亏"时，这些股票将占公司利润的 4% 左右。秉承一贯的自信，斯旺森在信件的结尾写上了"我们将静待您的佳音"，还有一行空白以便赖默斯签署协议。[63]

对于任何发明，赖默斯都会很高兴出售独家许可，他相信这样的许可在制药领域尤其重要。在制药领域，公司要开发一项技术，必须投入大量的资金。[64] 如果开发出来的技术别的公司也可以复制，就没有公司愿意投资。

不过，这次情况不一样。这不仅是因为重组 DNA 技术非常有意义，值得更广泛地发放许可，还有一个更实际的原因是，斯坦福大学的两位有名的教授，包括斯坦·科恩在内，正担任着赛特斯公司的顾问，赖默斯相信赛特斯公司有朝一日会与基因泰克公司产生竞争关系。因此，给基因泰克公司独家许可应该是不可能的。[65]

赖默斯亲自找斯旺森告诉了他的决定，斯旺森当时看起来"就像刚满 15

---

① 斯旺森在玩一种假设性游戏：如果斯坦福大学获得了专利，斯旺森希望基因泰克公司（也只有基因泰克）能通过"科恩－博耶"方法来制造胰岛素和其他激素。

岁一样"，即使穿着剪裁得体的西装。听到答案后，斯旺森非常失望，但当赖默斯向他明确表示没人能获得独家许可之后，他松了一口气。这次会面标志着两人稳固关系的开始。斯旺森会偶尔会来斯坦福大学找赖默斯，给他带来业界八卦或待决法案等各种新闻，赖默斯则会确保基因泰克公司在他正在研究中的非独占性许可计划草案的名单上。[66] 他们对重组 DNA 技术的愿景是一致的。

为重组 DNA 技术申请专利的事占据了赖默斯的整个独立日 ①。就在过去的 4 个月里，他和卫生教育及福利部的专利律师交谈了至少 7 次，因为该机构正在决定是否应该将这项技术的所有权返还给斯坦福大学。[67] 律师伯特·罗兰告诉赖默斯，联邦专利办公室不允许凭借原专利申请来制造重组 DNA 产品，于是两人又补充了一份专利申请。[68]

赖默斯需要向斯坦福大学的财务主管和几位董事定期汇报进度。学校正在进行一次 3 亿美元的筹款活动，这是当时高等教育史上筹款金额最高的一次。[69] 赖默斯向副校长咨询了关于公共关系的问题，并写了一封公开信《致对重组 DNA 技术感兴趣的读者》来捍卫斯坦福大学申请专利的举动。[70] 赖默斯接到了斯坦·科恩的电话，科恩一反前态，希望时刻跟进专利申请的进度。科恩告诉赖默斯："出于重组 DNA 技术在科学上的复杂性和政治上的考量，以及暂停具有潜在生物危害的研究等问题，使得克隆技术和专利成为关注的焦点。因此，我和大学一样都面临着风险。"[71] 科恩还告诉赖默斯，如果大学叫停整个专利申请，他也完全可以接受。[72] 卡尔·杰拉西（Carl Djerassi）是斯坦福大学的一位化学教授，也是避孕药里一种关键化学剂的发明者。他打来电话说，利用重组 DNA 技术专利开发出任何商业应用至少还要 10 年。

美国原子能委员会（Atomic Energy Commission）声称，这份专利"似乎可以在生产或利用特殊的核原料或原子能上发挥作用"。所以他们要求赖默斯提供一份声明，说明基因工程研究并非承包自能源部。赖默斯一直在寻找潜在的许可发放方，他告诉律师说，如果听说了任何关于重组 DNA 技术在原

---

① 1976 年 7 月 4 日是美国建国 200 周年纪念日。——译者注

子能上的潜在应用，要让他知道。[73]

与此同时，赖默斯给加州大学的专利办公室打了不少电话，以至于管理员约瑟芬·奥帕尔卡都不想再接他的电话（"就让他担心一会儿吧。"她说）。[74]这招确实奏效。他非常具有紧迫感，申请专利的事情又是那么新颖又充满争议，他经常需要追着人跑好引起他们的重视。"工作之外的人会以为他脾气很坏。"他的助手萨莉·海因斯回忆说，"他老是一个人在那儿……有时候真叫人头痛。"[75]其他一些和赖默斯共事过并很尊敬他的人，比如海因斯，都赞同赖默斯是斯坦福大学的"叛逆者"，"他就像牛虻一样，会向别人不断地重复自己的观点。"[76]

赖默斯觉得取得原谅比得到允许更加容易，"对任何东西我从来不问上司同意还是不同意，我就直接做了。"他补充道，"我有个毛病，不知道如何在上司手下工作。"他回忆说，有一天斯坦福大学的一位律师来到他的办公室，告诉赖默斯在斯坦福大学的法律专家审查之前不要签署任何协议。

"如果我需要法律审查，我会说的，"赖默斯亲切地说道，"在我需要的时候你们都很会帮忙。"

"没有法律审查，谁都不能代表斯坦福大学签署协议。从现在开始，我想要你向我的办公室备案。"

赖默斯拒绝了。他告诉律师："如果你能在我签署的任何一个协议里找到任何漏洞，我们再谈。"赖默斯说他后来再也没有听到这方面的警告。[77]

到了 1976 年年末，花费在"科恩－博耶"专利上的费用一直在攀升，而斯坦福大学能不能从这项发明上面挣得一分钱还很难说。专利费用将高达 30万美元，和技术许可办公室在 20 世纪 70 年代大多数年份里的全年收入差不多。[78]赖默斯非常担心预算。虽然技术许可办公室已经为 21 项发明申请了专利，但其中 9 项只带来了不到 1 万美元的专利收入，有 10 项带来了 1 万～5 万美元的收入，还有 2 项带来了 4 万～10 万美元的收入。[79]当休斯顿的一位顾问让赖默斯报销他的差旅费用的 1/4 时，赖默斯拒绝了，因为他说这位顾问起初是因为其他原因来到旧金山的。[80]

重组 DNA 技术的专利申请工作占据了赖默斯的大部分时间，工作之外的人却没有把他当作一位项目策划者，而是一位擅长法律扯皮和熟悉专利许可细节的行政人员。将来，斯坦福大学和加州大学如何从重组 DNA 技术专利获得的专利费用？他建议两所大学成立"一所分子生物学研究院，专利收入的大部分可以重新投入这个领域"。斯坦福大学的一位副校长直截了当地说他，"还是去关心专利许可的事情比较好"。[81]

与发明者、律师、政府机构、公司或者媒体交涉的每一件事务，技术许可办公室的工作人员都需要跟进，而他们就只有 4 个人：赖默斯、萨莉·海因斯、一位助理和一位兼职的商学院学生。赖默斯从激发了他灵感的创业公司星期五的啤酒会中受到启发。他创造了一种叫作"亨利斯"（Henrys）或者偶尔也叫"啤酒式管理"的方法。在星期五下午，海因斯会带来爆米花、椒盐卷饼，还有赖默斯最喜欢的啤酒，然后几位同事们就会在一起处理每周都堆积如山的文书工作。[82]

16

苹果，颠覆时代的异类

迈克·马库拉

That Flips My Switch

1976 年秋天的一个星期六，迈克·马库拉打破了只在星期一面见创业者的惯例，从位于 280 号公路西边连绵群山中的家中开车出发，行驶了 6.5 公里后来到了位于洛斯阿尔托斯市克里斯特路 2066 号的一所普通平房前。这所房子属于保罗·乔布斯（ Paul Jobs ）和克拉拉·乔布斯（ Clara Jobs ），他们是唐·瓦伦丁所说的那位在家中车库里开计算机公司的年轻人的父母。本来，马库拉对这次会面并没有什么特别高的期待。

马库拉到达的时候，车库门已经打开了。"这些孩子们"① 看起来一点也不像每星期一到他办公室寻求建议的那些创业者，他俩头发蓬松，胡子拉碴，21 岁的乔布斯和 26 岁的沃兹尼亚克比那些人至少小 10 岁。他俩穿着李维斯和休闲衬衣，好像正准备去修一辆车，而不是和一位身价百万的商业顾问见面。乔布斯和沃兹尼亚克看起来很不像创业者，他们车库里的公司也是拼拼凑凑，在马库拉之前来的一位顾问用寥寥几个字总结了与乔布斯的会面："有点悬，注意点。"[1]

马库拉 34 岁，只比沃兹尼亚克大 8 岁，比乔布斯大 13 岁。马库拉对这两个年轻人的外表所暗示的拥抱嬉皮士、反主流文化一点儿也不感兴趣。几年前，英特尔公司的联合创始人戈登·摩尔说，大技术公司里的工程师"才是当今世界真正的革命者，而不是那些留着长头发、长胡子的小孩"。[2] 马库

---

① 指史蒂夫·乔布斯和史蒂夫·沃兹尼亚克。

拉同意这种说法。2016 年，马库拉坚定地说："我从来都没有抗议过任何东西。"[3] 但在提及 40 年前车库里的情景时却说："那儿的东西让他们穿什么都显得完全不重要了。"[4]

乔布斯和沃兹尼亚克把车库改装成了一条临时生产线，用来组装一台他们叫作苹果 I（Apple I）的计算机的电路板。[①] 当时他们已经以 500 美元一块的价格出售了 100 块电路板给字节商店（Byte Shop），那是位于山景城路边小商业区新开的一家很小的商店。字节商店会在电路板上面加了一个键盘和一块屏幕，再把这些计算机出售给消费者，大部分都是些年轻的白人。一位早期的访客将这种场面描述为"一堆怪人们在一起谈技术"。[5]

车库里的公司

马库拉小心地穿过堆在车库水泥地面上的零件盒子，他对苹果 I 计算机没什么兴趣。[②] 这台计算机不仅要求用户拥有一台显示器、一个键盘、一个磁带驱动器在每次开机的时候重新读入软件的每一位数据，还需要熟悉 16 进制代码和烙铁。苹果 I 计算机的使用手册上的第二步操作是："输入 -0：A9 b 0 b AA b 20 b EF b EF b FF b E8 b 8A b 4C b 2 b 0（回车）。"[6]

马库拉对于乔布斯和沃兹尼亚克以及苹果公司的计划很好奇。乔布斯，又高又整洁，说他和沃兹尼亚克在 1976 年的愚人节创立了合伙公司——苹果公司。[③] 现在乔布斯全职在公司工作。沃兹尼亚克身材矮壮，还戴着厚厚的

---

① 乔布斯和沃兹尼亚克付款给芯片经销商克拉默电器公司（Cramer Electronics），这是一家向位于圣塔克拉拉的公司提供芯片以组装计算机电路板的公司。乔布斯、他的朋友丹·科特基（Dan Kottke）以及妹妹帕蒂（Patty）会把更多的芯片插到电路板上，之后沃兹尼亚克会对每块电路板进行测试并排查问题。

② 苹果 I 计算机虽然没有给马库拉留下很深的印象，但已经有了不少爱好者。最早的一封爱好者来信是在 1976 年 4 月 14 日，信中附有一张连接到苹果 I 计算机的电视机的照片。电视屏幕上的绿色大写字母写着：这是一份声明的影像记录，由下面签名者先前通过苹果 I 计算机上的 BASIC 计算机语言编写。这台异常出色的计算机由史蒂夫·沃兹尼亚克和史蒂夫·乔布斯联合设计，他们是位于加州帕洛阿尔托的苹果公司背后的思想者。让我们为他们鼓掌！

③ 巧合的是，这一天也正好是罗伯特·斯旺森和赫布·博耶第一次向克莱纳·珀金斯风险投资公司推销基因泰克公司的日子。

眼镜，是他设计了苹果 I 计算机。沃兹尼亚克白天在惠普公司有一份全职的工程师工作，晚上为苹果公司工作。乔布斯喜欢阅读关于东方哲学和素食主义的书籍。沃兹尼亚克的高中则是与寝室墙上的一副贴画度过的——上面是一台计算机，这是一台通用数据公司的 Nova 小型计算机，售价接近 2 万美元。对沃兹尼亚克来说，这台计算机的魅力就如同法拉·福赛特（Farrah Fawcett）一样难以触及，福赛特迷人的微笑和红色的泳装让 20 世纪 70 年代多少高中男孩的寝室生辉。[1]8

　　乔布斯和沃兹尼亚克虽然都是从库柏蒂诺的霍姆斯特德高中（Homestead High School）毕业的，但中间相差 5 个年级，读大学时都辍学了。他俩都在雅达利公司工作过，乔布斯在艾伦·奥尔康手下当过技术员，沃兹尼亚克在一家保龄球馆玩过一次《乒乓》之后，回去自己就仿造了一台在家长指导下才能玩的版本（如果你没接到球，有一个 4 个字母的单词就会显示在屏幕上[2]），他还为雅达利公司设计了一款游戏——《打砖块》（Breakout），为此与乔布斯一起连续工作了 4 个昼夜。沃兹尼亚克和乔布斯最后都得了单核细胞增多症，而且从未全额付给过马库拉之前说好的报酬。苹果 II（Apple II）计算机使用了一种叫作 MOS 6502 的微处理器，和雅达利公司安装在史黛拉系统里面的一样。

　　是雅达利公司让马库拉间接地注意到了苹果公司。乔布斯曾经问过艾伦·奥尔康和诺兰·布什内尔是否愿意以个人或者雅达利公司的名义投资苹果公司，但两人都拒绝了，当然后来也都很后悔。奥尔康获赠了一台苹果计算机，而非股票，作为他后来为苹果提供咨询的酬劳，因为他当时觉得股票不会值什么钱。是奥尔康和布什内尔中的一人把乔布斯推荐给了唐·瓦伦丁（雅达利公司的原始投资人之一）。瓦伦丁还从公关与市场专家里吉斯·麦克纳那里听说过乔布斯和沃兹尼亚克，但当时他并没有兴趣投资苹果公司，就把这

---

① 仅在 1976 和 1977 年两年间，就有超过 500 万张法拉·福赛特的海报售出，当福赛特海报中的这件游泳衣在 2011 年被捐赠给史密森尼学会（Smithsonian Institute）时，就像一位评论员所说"这张海报成为有史以来最畅销的海报"。

② 4 个字母的单词指"FUCK"。——译者注

家公司告诉了马库拉。[①]

马库拉问这两位车库创业者，苹果公司还在做什么别的事情。沃兹尼亚克对马库拉的年轻、礼貌以及他在英特尔公司的资历印象至深："他说起话来不像那种城府很深的人。"[9] 沃兹尼亚克告诉马库拉说他设计了一台新的计算机，并指向一张几乎被电路板、电线、工具以及零件埋了起来的桌子，上面还有一个键盘和一台电视机，马库拉走近的时候，沃兹尼亚克开始在键盘上打字，计算机的屏幕亮了，很快出现了一些方块图形，图像是彩色的。"看着。"沃兹尼亚克提醒说。某一版雅达利公司的《乒乓》游戏出现在屏幕上了。沃兹尼亚克展示了几个他预先写入计算机内存的程序，都是用某一版 BASIC 语言编写的。[10] 沃兹尼亚克还给马库拉展示了他的计算机设计得如何灵活且易于扩展，上面带有扩展槽，用户可以插入打印机或者用来存数据的磁带播放器之类的外接设备。[11]

被苹果I惊到了

马库拉家中的办公室里有一台 Model 33 电传打字机，他熟悉几种编程语言，认为自己也算是一位高级的非专业计算机用户，但沃兹尼亚克展示的东西令他震惊。像沃兹尼亚克展示的那样的小计算机一般都只能做一件事情：在黑色背景上显示绿色大写字母，但不同是，这台计算机有色彩、图像、声音、游戏以及内置的编程语言。马库拉难以相信，他竟在洛斯阿尔托斯某个家伙的车库里看见这些东西都出现在一台计算机里。通常情况下，这些高级的功能属于那些价格数万美元的机器，它们由整队整队的工程师在一些世界最知名的公司里建造。[②]

当沃兹尼亚克清理了桌面，展示出计算机的电路板时，马库拉更是惊

---

① 最有可能的情况是，奥尔康将瓦伦丁介绍给了乔布斯，之后乔布斯在访问里吉斯·麦克纳寻求市场推广材料上的帮助时，提及了瓦伦丁的名字。瓦伦丁说，是从麦克纳那儿得知苹果公司的。

② 截至此刻，罗门克公司（Cromemco）已经面向牛郎星计算机推出了眩光（dazzler）图形卡，但是这不可相比。罗门克公司是家酿计算机俱乐部诞生的另一家创业公司，名字来源于斯坦福大学的克罗瑟斯纪念厅（Crothers Memorial Hall），其创始人曾在此居住。

讶得无以复加。这块电路板是常见的亮绿色，上面一堆电线掩盖了下面用以固定芯片的塑料容器。但马库拉看出了更多东西，毕竟他是一个无法让自己停止批判客户的电路设计的人，即使因此丢掉了生意。尽管马库拉不从事工程工作已经有十几年了，但在表达高度的热情时，仍然会说"这个开了我的闸"。[12] 马库拉认得出优雅的电路设计。"做得出奇地好，非常巧妙而且正确无误。"他回忆道。即使是在 40 年后，他还是为沃兹尼亚克的设计感到兴奋。"任何地方都没有一点点浪费，他用了一块 6502 微处理器，因为它最便宜……我是说，他做的一切都非常精巧。"[13] 沃兹尼亚克非常重视用户需求，甚至远到了对周边设备的电源供应都进行了仔细思考，这一点也让他印象深刻。

"它太领先于时代。如果要我做，肯定会完全照着做。"马库拉这么评价沃兹尼亚克的计算机。[14]

沃兹尼亚克看到马库拉非常激动，自己也很兴奋，他回忆道："他谈到要把计算机送到普通家庭中的普通人群中去，让他们在家里就能做事，比如记录喜爱的菜谱，还有结算支票。"[15] 虽然马库拉不知道人们最终会如何使用沃兹尼亚克的计算机，但他非常想要知道答案。"我等人做一台小计算机已经等了很久了。"① 他解释道。

沃兹尼亚克出色地设计出了一台浓缩到一块电路板上的计算机，带有便宜的微处理器，这是为连接普通电视机而做的设计，还有内置编程语言。这意味着，一个小型廉价计算机时代可能已经到来了。

一个时代从此被颠覆

乔布斯和沃兹尼亚克并不是硅谷仅有的两个在建造个人计算机的人。成立于 1975 年 3 月的家酿计算机俱乐部（Homebrew Computer Club）吸引了

---

① 小计算机（small computer）指微机一类较小的计算机，不同于小型计算机（minicomputer）。——译者注

数百人来到门洛帕克一所拥有 22 个房间的维多利亚式的大房子里参加晚上的集会，它曾是受反主流文化影响的孩子们的走读学校。迪士尼公司在这里拍摄了《魔鬼山历险记》(*Escape to Witch Mountain*) 里面的几个镜头之后，它名声大噪，人称"松林孤儿院"(Pine Woods Orphanage)。[16] 许多家酿计算机俱乐部成员都想建造自己的计算机，所有人都想学一些关于计算机的知识。家酿计算机俱乐部的狂热者大多是男性，且一般都很年轻，他们自称业余爱好者。对他们来说，建造一台计算机和建造一架模型飞机是同一类活动，在这个过程中的获得的乐趣和取得的成果一样多。

1975 年，一家位于新墨西哥州阿尔伯克基 (Albuquerque) 的 MITS 公司开始销售一种在 8080 处理器上运行的自制计算机牛郎星 (Altair)。虽然牛郎星计算机还非常原始，只能通过拨动开关编程，输出也不是屏幕或者打印机上的文字，而是一组闪动的小灯，但只用 395 美元的价格（未组装）就提供了一台价值 20000 美元的小型计算机的处理能力。MITS 从未声称牛郎星是一台个人计算机；公司把这台机器叫作"小型计算机套装工具"。如一位历史学家所描述的："在一位爱好者把它组装好之后，牛郎星 8800 经常不能工作；即使能工作，也做不了任何有用的事情。"[17] 在家酿计算机俱乐部第二次会议的时候，有人在牛郎星计算机上做编程，让它通过晶体管收音机的喇叭演奏了披头士的《山巅愚人》(*Fool on the Hill*)。[18] 这一类玩票式的发明是最常见的。

这种自制精神的发展方向一般都是理想化和反建制的。俱乐部的创始人之一弗雷德·摩尔 (Fred Moore) 因为违反了《选征兵役法》，在监狱里待过两年。[19] 李·费尔森斯坦 (Lee Felsenstein) 在每次集会开始时的致辞里都会提到："家酿计算机俱乐部，它实际并不存在。"费尔森斯坦为激进报纸《伯克利倒钩》(*Berkeley Barb*) 工作，他还倡导了人民公园的修建。[20] "家酿计算机俱乐部的每个人都期待着计算机能为人类服务——这是一件能为我们带来社会正义的工具。"沃兹尼亚克解释说，他也是家酿计算机俱乐部一位固定的嘉宾。

"我有一种很强烈的感觉，我们都是颠覆者。我们颠覆大公司掌控事物的方式，"另一位家酿计算机俱乐部的参与者回忆道，"我很惊讶于我们居然还能够继续开会，而没人带着刺刀来把我们里面的许多人抓走。"[21]

虽然许多成员都声称不信任企业，但家酿计算机俱乐部以及全美各地纷纷涌现的类似俱乐部，却是创业者的大熔炉。乔布斯和沃兹尼亚克在家酿计算机俱乐部会议上展示了苹果 I 计算机，在苹果 II 计算机的整个开发过程中，沃兹尼亚克也在家酿计算机俱乐部会议上做过好几次演示，那就是那台给马库拉留下了深刻印象的计算机。1976 年 1 月，21 岁的比尔·盖茨在家酿计算机俱乐部的简报里发表了《致业余爱好者的公开信》，严厉谴责了那些复制而非购买软件的人。像家酿计算机俱乐部和南加州计算机协会（Southern California Computer Society）这样的计算机兴趣爱好者俱乐部的成员创立了大概十几家公司，大部分和苹果公司的早期化身并无区别：一名技术专家和一家从车库或者卧室销售着几台计算机和外设的未来公司。[①] 在这些会议之后，家酿计算机俱乐部的业余爱好者兼创业家们会在埃尔卡米诺瑞尔街的绿洲酒吧碰头，然后围绕着雕刻得很深的木桌坐下，在霓虹灯啤酒广告牌的照耀下，年轻的发明家们会相互帮忙解决设计问题，寻找解决方案的竞争非常激烈，想出第一个或者最好的办法的人获得的荣耀远远超过了帮助竞争对手解决潜在担忧的人。

计算机业余爱好者兼创业家们一般都有技术能力、野心和动力，但没有钱，他们也对那些不那么懂技术的人会如何使用机器毫不关心，更不懂如何开一家公司。与此同时，另一帮想要建造小计算机的人却有着几乎相反的能力和缺点。1975—1976 年，在一家家大公司里，在那些制造半导体和制造小型计算机的公司里，一些员工想说服运转着公司的高层管理者为消费者打造一款

---

① 其中最有名的公司包括：IMSAI、罗门克公司、处理器科技公司（Processor Technology Corporation）、北极星计算机公司（North Star Computer）以及西南技术产品公司（Southwest Technical Product Corporation）。这些业余爱好者兼创业家在 1975—1977 年间创立了大约 200 家公司。

便宜的计算机，结果发现这是不可能的。[①] 沃兹尼亚克把苹果 I 计算机的设计提供给了惠普公司公司两次。[22] 惠普拒绝了，因为这台机器不是设计来服务它的核心客户的，也就是那些需要可靠且预先组装好的现成仪器的科学家和工程师们。惠普公司还担心质量控制。苹果 I 计算机需要连接到一台消费者自己提供的电视机上，惠普公司担心显示功能可能在某些型号上表现得好坏不一。

在英特尔公司，几位市场部门的执行官，包括马库拉的前老板埃德·盖尔博和比尔·达维多夫（Bill Davidow）将来都会成为杰出的风险投资家，试图说服高层管理者把英特尔公司的微处理器开发系统作为个人计算机来销售。[②] 联合创始人兼总裁戈登·摩尔否决了这个主意。

在国民半导体公司，吉恩·卡特，这位曾和马库拉在仙童半导体公司共享一间衣帽间大小办公室的科学家，也试图说服公司来制造小计算机。卡特和一位工程师（他将来会从事 Tandy/Radio Shack TRS-80 计算机的核心工作）合作，撰写出来了一套商业计划书，建议国民半导体公司创立一个独立的部门，来设计、生产和销售一种小计算机。但公司觉得当时没有市场。[23]

像英特尔和国民半导体这样的半导体公司担心，如果它们开始销售个人计算机，一种使用它们自己微处理器的产品，最好的情况不过就是与自己的客户竞争，最糟的情况则可能会亏钱。英特尔公司已经在试图销售围绕着芯片制造的电子表，国民半导体公司在计算器上也是一样；两项努力都耗资甚巨且一败涂地。"技术发展的速度比我们能够明智应用它的速度还快。"当被问及计算机的市场问题时，国民半导体公司的一位执行官承认道。[24] 与此同时，像惠普和数字设备公司这样的大计算机公司，则陷入了哈佛商学院教授克莱

---

① 在著名的计算机制造商中，只有康懋达公司有一些进入个人计算机市场的早期动作，这还是在沃兹尼亚克和乔布斯把苹果 II 计算机展示给一名康懋达员工查克·佩德尔（Chuck Peddle）之后。佩德尔在 MOS 科技公司（MOS Technology）工作的时候，也曾将 MOS 科技公司的 6502 微处理器卖给了沃兹尼亚克。

② 开发系统是为方便客户调试为微处理器而编写的软件，它可以被编程来模拟任何环境，不管是控制车床还是运行收银机。

顿·克里斯坦森（Clayton Christensen）所称的"创新者的窘境"：他们已经在一个既有市场投入了资源（小型计算机），然后他们看不见，或者不想看见这个更小型、更廉价，功能更弱的机器的新兴市场，有朝一日，这个新兴市场还会摧毁已经建立的市场。在施乐公司，罗伯特·泰勒的小组和系统科学实验室设计了方便易用、对用户友好的阿尔托计算机，其发展也受到了类似的阻挠。

总体上，一些有钱有经验的公司都不想开展个人计算机业务，而想做的业余爱好者却又缺乏资本、商业知识，甚至两者皆无。退休了的迈克·马库拉虽然只在星期一提供咨询，但他有经验，也有资本来弥合这道鸿沟。

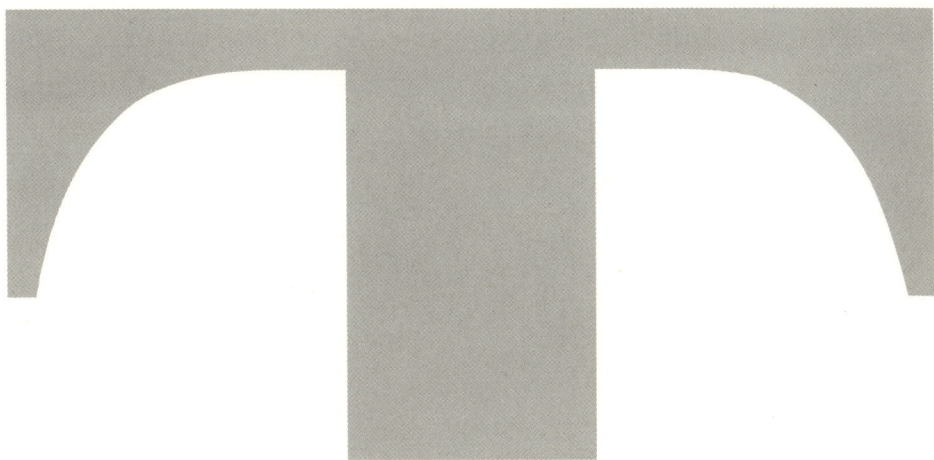

17

错误的抉择，诱发施乐覆灭

罗伯特·泰勒

I've Never Seen a Man
Type That Fast

罗伯特·泰勒花了很多年的努力才走到 1977 年 11 月的这一刻。在一个秋高气爽的早晨，距离大西洋只有几步之遥的博卡拉顿酒店俱乐部（Boca Raton Hotel and Club）正在他的眼前闪烁。俱乐部里坐了大概 300 位执行官和他们的妻子，他们坐着头等舱从世界各地而来，在阳光下参加为期 4 天的施乐世界大会（Xerox World Conference）。他们下榻在豪华的酒店，听亨利·基辛格谈苏联，空余的时间就去参加已经全额付款的深海钓鱼、网球课、鸡尾酒会或是赌场之夜等活动。[1] 在最后一天的早上，他们又聚在一起迎接大会的高潮部分：未来日（Futures Day），在这场凭请柬入场的活动里，观众得以一瞥"未来的形状"——会上将展示阿尔托个人计算机系统。[2]

未来日，施乐的最后一搏

在过去三个晚上，大家沉浸在美妙动听的交响乐中，觥筹交错。然而这三个白天却讲述了一个与之不同而且面目可憎的故事。1977 年，施乐公司已经陷入了麻烦。这次耗资数百万美元的世界大会正是鼓舞士气的最后一搏。[3] 施乐公司 30 年来不断增长的势头已经陷入了停滞。1975 年，公司注销了它以 9.18 亿美元收购进来的科学数据系统公司上 8440 万美元的账目，泰勒曾经对此发出过警告。大概同时期，日本的复印机公司开始蚕食施乐公司的市场，让施乐公司的股价从 1972 年的 179 美元，在 5 年后一路跌到大会第一天的 50 美元。[4] 在执行官的妻子们观赏时装表演的时候，执行官们却需要忍受施乐公司的一把手发表的清醒的演讲。CEO 彼得·麦科洛（C. Peter McColough）提出要"削减三四百万美元的开支"，总裁戴维·卡恩斯（David Kearns）也说，他不希望公司在下一年添加"哪怕一个人"。[5]

组委会希望大会能够在积极向上的气氛中结束。为了在阿尔托计算机上取得突破，施乐公司准备了 22 万美元的预算，该计算机将会在大会的最后一天进行展示。[6] 对泰勒来说，这次展示帕洛阿尔托研究中心成就的机会使得他两年前开始的努力达到了顶点。那时的阿尔托计算机已经含有执行官们即将在佛罗里达看见的大部分元素，包括图形用户界面、鼠标以及网络。在帕洛阿尔托研究中心里，对阿尔托计算机的需求已经非常高了，甚至有人在夜里来办公室使用它们。更有甚者，还讨论应该为每台计算机准备一份上机登记单。[7] 但在施乐公司总部，很少有人在意或是注意到这些。[8] 泰勒的老板杰里·埃尔金德试图说服施乐公司将其计算机战略从大机器转移到支持"一台类似阿尔托的个人计算机系统"上，但并无成效。①

一旦阿尔托计算机工作正常，泰勒就决定填平这条位于帕洛阿尔托研究中心和施乐公司其他部门之间的"信息系统鸿沟"。他想要帕洛阿尔托研究中心以外的施乐员工在日常工作中使用阿尔托计算机。"我们都非常关心阿尔托计算机的转移和缺乏相应的客户的问题。"他写道。他想进行一次"用户实验"，来判断阿尔托计算机及其软件在"实际被人使用"的时候到底有多好。[9] 为了这个目标，1976 年，帕洛阿尔托研究中心拍摄了一部关于阿尔托计算机的短片，泰勒担任了旁白。他坐在办公桌的一角，手里拿着烟斗，领结有他头那么宽。阿尔托计算机将会是一件变革性的事物，他解释到，它能够消除大部

---

① 1974 年，埃尔金德在泰勒、兰普森、撒克比尔·冈宁（Bill Gunning，当时系统科学实验室的主任）的协助下，给施乐公司的领导层写了一封值得一提的信。埃尔金德写到，个人计算机"这个想法的时代已经到来。今天的科技已经能够让我们生产实用而廉价的个人机型了"。他还解释说，阿尔托计算机的微代码"使得我们可以使用相同的基本硬件来实现不同的应用程序，就像惠普公司用相同的硬件来制造不同型号的计算器一样"。他建议施乐公司应该考虑阿尔托计算机的 7 项可能应用（面向特定用户群体的"超级计算器"、一个面向军队的定制化消息系统、会计系统、计算机研究系统、人员管理系统、速记系统以及出版系统）。

分"单调乏味的办公室工作",给办公室人员以自由,让他们可以去"进行对人的自我价值评判非常必要的高级活动"。[10] 他的推动起作用了。到了 1977年博卡拉顿大会的时候,已经有 400 多台阿尔托计算机被安装在施乐公司了。

但是在新用户里面,没有一个人是高级执行官。博卡拉顿的这个 11 月清晨将是帕洛阿尔托研究中心把阿尔托介绍给那些人的最好机会——那些能够决定这台计算机只是公司里的一件稀奇玩物还是更广阔世界里的一项真正产品的人。

大部分来自计算机科学实验室的 42 位工作人员正在全力以赴,为这次大会最后 40 分钟的"未来日"的名为"好莱坞遇上恩格尔巴特的一切演示之母"的演讲做准备。来自泰勒实验室的查克·格西克是负责整个演讲的约翰·埃伦比(John Ellenby)的副手。格西克将来会和他帕洛阿尔托研究中心的同事约翰·沃诺克(John Warnock)一起成立软件巨人奥多比公司。格西克说,他是在泰勒告诉自己具有管理潜力之后,才开始把自己看成是一位管理者。[11]

帕洛阿尔托研究中心团队托人谱写了一段音乐,并雇用了一位专业的解说员和几位名字上过电影字幕的灯光设计师。在好莱坞的一座摄影棚里演示过之后,他们把价值 160 万美元的设备——一打阿尔托计算机、5 台打印机、25 个键盘(其中两个还有日文字符)、服务器、上万英尺的电缆、能塞满一间小公寓的视频和多路复用设备、以英磅计的文档、好几打的鼠标、工具、修理用零件以及电源,装上了一家麦道 DC-10 飞机,送到了博卡拉顿。在那里,帕洛阿尔托研究中心小组会在 3 天里再进行 4 次演示。[12]

偷窥展示会

在佛罗里达的"未来日"终于到了。埃伦比和格西克连同他们的团队正在做最后的检查,并互祝好运。执行官们此时正在聚集而来。

从泰勒的角度来说,只有一个问题没处理好:他没被允许入场。

观看"未来日"演示需要一份特殊的通行证，但是泰勒没有，施乐公司还雇了额外的保安来执行规定。[13] 这张通行证就像是泰勒和乔治·佩克之间意志斗争的一个筹码。两人之间的关系闹僵了，导致佩克没有批准泰勒的通行证，泰勒也拒绝找佩克要一个。"我不想给他说'不'的机会。"泰勒回忆说。[14]

这件事的本质问题是，他们对帕洛阿尔托研究中心的看法在根本上的不一致。泰勒坚信计算小组是整个研究中心里面唯一有价值的部分，而佩克则觉得泰勒根本不知道自己在说些什么。泰勒在帕洛阿尔托研究中心的早些年里，相信佩克总有一天会"醒悟过来"，并把帕洛阿尔托研究中心大部分的预算用于建造一个小型的、对用户友好的网络计算机。泰勒至少请了三位杰出的计算机科学家来帕洛阿尔托研究中心，给佩克解释计算机科学实验室的工作有多么具有革命性和重要性。"他从来就没搞懂过，"泰勒说，"基本上是在受到恐吓之后才把一台阿尔托计算机放在了他的办公桌上。"[15]

在帕洛阿尔托研究中心的几乎每一个预算编制周期里，泰勒都试图说服佩克把资金从别的实验室里挪出投给计算机科学实验室。按泰勒的计算，计算机科学实验室产出了帕洛阿尔托研究中心 80% 的成果，但只获得了帕洛阿尔托研究中心 18% 的预算。[16] 当施乐公司开始在 1975 年实施财政紧缩措施的时候，佩克从每个实验室的预算里都削减了同等数量的资金，而泰勒觉得削减量应该体现每个实验室的相对重要性，因此他怒不可遏。

但佩克也想小心行事。他相信研究中心的工作是要广撒网，他对于削减将来可能对公司有价值的工作颇为犹豫。1977 年，他说，施乐公司有可能无法从帕洛阿尔托研究中心"收回它的投资"这一恐惧，"自他来到这里创立帕洛阿尔托研究中心以来，就一直在他心中萦绕"。[17] 与此同时，泰勒认为"广撒网"这个说法只是用来掩盖佩克不愿削减费用的真正原因：这位好脾气的主任害怕，如果选出了某些项目或者实验室会惹怒众人。①

----

① 比尔·斯潘塞（Bill Spencer）虽然和泰勒对大多数问题的看法都不一致，但也对佩克有着同样的描述。他很喜欢佩克，但也说过他过于担心所有人的看法。

如果泰勒没有公开嘲笑帕洛阿尔托研究中心的其他研究小组的话，泰勒和佩克之间的斗争也可能就只是一场普通的管理拉锯战。泰勒对通用科学实验室里的物理学家们尤其不屑一顾。① 佩克就是一位物理学家。泰勒喜欢那些嘲笑物理学家们在现实生活中多么愚蠢的笑话。一次在与通用科学实验室的物理学家们聊天时，他告诉聚集在一起的物理学家们说，他们中有一个人的妻子告诉他："计算机科学家不是真正的科学家。"然后他说："我们在计算机科学实验室里有数学家，他们比你们有的任何一位数学家都要好得多。"这是一次公然的挑衅。[18]

泰勒收到的每一份业绩评价都充满了赞扬之辞，但许多人也评论了他对其他实验室的表现："泰勒应该对施乐公司的其他团队的人员及其工作更具有包容心（1972 年）；他倾向于认为，其他研究领域在本质上都不如他自己的重要。将这种态度直接或间接地表达了出来对泰勒不利，因为人们都自觉地对他特别警惕（1980 年）；我很希望看到泰勒对他人的工作展示出一些更加慷慨的态度（1981 年）；我曾经敦促，并且反复敦促泰勒要'冷静下来'（1982 年）。"[19] 佩克并没有写下这些评语，因为两人之间几乎总是隔了一个管理层级，但他还是需要应付泰勒的这种门派偏见带来的影响，接受其他实验室的投诉，并和每年的预算做搏斗。泰勒说佩克以忽视这种典型的消极态度来回应他："他 13 年来就进过我办公室两次。"

即使是在"未来日"，泰勒还在给佩克找麻烦。泰勒过去一年都在管理计算机科学实验室，而他的老板杰里·埃尔金德被临时任命到东海岸的公司工程部门就职。在埃尔金德快回来的时候，就在"未来日"举行的前几个月，计算机科学实验室的研究员们开始游说佩克来为埃尔金德找一份不同的工作，好让泰勒成为实验室的正式领导。泰勒说他没有参与唆使这次政变，看起来

---

① 并不是每个在通用科学实验室里的人都受到了泰勒的谴责。相反，泰勒就非常仰慕激光打印机的发明人加里·斯塔克韦瑟（Gary Starkweather）的工作成果。阿尔托计算机硬件的总设计师查克·撒克说，泰勒在帕洛阿尔托研究中心对于物理学家的诽谤是毫无根据的。

也确实如此。^①

佩克并不急于想让泰勒完全掌权实验室。他非常警惕泰勒对他的研究者的影响，据说，他有一次把泰勒比作邪教首领吉姆·琼斯（Jim Jones），他在 1978 年说服了超过 900 位追随者饮下加有氰化物的"酷爱"（Kool-Aid）饮料自杀。²⁰ 面对研究者的投诉，佩克的回应是，把泰勒从实验室管理层的职位上撤走，而成为佩克的技术团队成员。

到了博卡拉顿大会开始的时候，泰勒才开始向佩克汇报工作只有几个月，但是已经有了问题。佩克很可能已经在计划那步他勉强会在 1 月份走的棋，就在"未来日"之后。那时，他会让埃尔金德负责把阿尔托计算机引进大学和一些政府机构，将泰勒任命为计算机科学实验室的主任。

然而，泰勒没被邀请参加"未来日"，他此时正在博卡拉顿酒店后面的一处码头徘徊，在想怎么才能溜进去。这个时刻标志着佩克和泰勒的关系处于新低谷。泰勒知道，他可以直接走进"未来日"的会场而无须请柬，而且会有足够多的人为他做担保。但这不是他的风格。如果佩克不想他正式出现在这里，他是不会正式进去的。

被低估了

泰勒正在找后门，他在码头附近侦查的时候，看见一群带着摄像设备和灯光的人正等着进入会场。过了几分钟，门开了。泰勒和工作人员们一起进去了。"他们上了楼，去阳台边安装灯光好照亮舞台，"泰勒回忆道，"我就和他们一起上去了。"

在阳台上藏好之后，泰勒蹲在一盏聚光灯后面俯看下面的会场。他看见

---

① 撒克、兰普森还有埃尔金德都同意说，泰勒没有参与这次政变。1977 年 5 月的一封电子邮件似乎也显示，并没有人在计划游说活动时咨询了泰勒，虽然信里面确实有说："我觉得泰勒会很乐意被热情邀请担任主管职。"电子邮件的作者鲍勃·斯普劳尔（Bob Sproul）写道，研究者们想要这个改变，"是因为泰勒很 '好'，而不是因为佩克很 '坏'"。

佩克和系统科学实验室的主任伯特·萨瑟兰（Bert Sutherland）坐在一起，他们和泰勒合作非常紧密。"萨瑟兰拿到了邀请。"泰勒注意到。泰勒转过了脸，等演示开始。[21]

室内的灯光变暗了。屏幕上出现了一部影片。"这就是我们的未来，现代的办公室，这也是我们的机会。"一个声音叙述着，镜头扫过帕洛阿尔托研究中心的大厅，泥土色调的沙发后面的墙上挂着泥土色调的纺织艺术品。"在铬合金装饰与协调的色彩下面隐藏着巨大的问题——这间办公室好几代人都没发生过什么变化了。"

影片又播放了几分钟，里面闪过了古希腊时期的雕塑，呈现了罗伯特·弗罗斯特（Robert Frost）所说的少有人走的路的名言，闪过了升起的太阳、纸飞机变成喷气式客机、科学家观看显微镜、穿牛仔服的人们坐在懒人沙发上以及一群小孩围着一台电视机玩《乒乓》游戏的场景。"今天的孩子告诉我们什么了吗？他们是在告诉我们，他们已经为明天做好准备了吗？"旁白问道。

一个新的声音在大厅里响起："明日的形态可能就在今日。是的，欢迎来参观全新施乐办公系统阿尔托计算机。"然后，演示开始了。

帕洛阿尔托研究中心的 42 人和另一组通过电视连接起来的团队展示了，阿尔托计算机如何编辑文档、绘制饼图、在软件程序之间切换，以及从内存里调出文档和图画。演示者操作着鼠标，在屏幕上标记了文字，并和阿尔托计算机上的另一组人进行了协作，填写了费用报销电子表格，并把它们发送出去。演示者输入了外文字母，发送了电子邮件，还打印了文档。[22] 旁白向观众们说："看起来复杂吗？我们向您保证，这很简单。这就是施乐的友好系统。在实地测验中，一位有经验的打字员几小时就能学会轻松驾驭，即使是新手，一两天也能学会。"演示者还向在座的执行官解释道，所有这些魔术般的演示无时无刻都在施乐公司上演着，每天都在为施乐工作，超过 400 台阿尔托计算机正在公司各种业务中使用。

由一个硬件、软件、网络、打印机和服务器组合成的这套系统，从构想到实现只用了不到 4 年的时间，而它的构想者此刻正偷偷地在聚光灯后面观看着这一切。

对于那些从没有用过或者看见过阿尔托计算机的执行官们来说，这次演示让他们大开眼界。在实验室之外，计算机一般分两类：大型的和业余的。两者都是专家的地盘。虽然桑德拉·库尔茨格和其他人正在为那些从没有用过计算机的人开发软件，但小型计算机一般都有专家来照管，普通人只会以非常有限的几种方式使用，比如回应屏幕上的提示。那些新的业余爱好者计算机只吸引了骇客们，就像家酿计算机俱乐部里的那些人一样，他们乐于拨动开关或者输入长串的字符，就是为了听晶体管收音机细声细气地演奏一首披头士的歌曲。

帕洛阿尔托研究中心里很少有人，包括泰勒，知道或者注意到了苹果 II 计算机，而它在博卡拉顿大会的 6 个月前就已经被推出了。尽管苹果 II 计算机标志着超越业余计算机、向对用户更加友好的计算机前进的重大一步，但它还是缺乏阿尔托计算机的图形用户界面、鼠标、易用性和网络功能。即使在苹果 II 计算机推出 5 年之后，普通用户还在抱怨，仅仅是搞清楚怎么开机，就得花上好几个小时。屏幕提示"载入一个文件"时到底是什么意思？什么是"启动盘"？[23] 当福恩·阿尔瓦雷斯在罗姆公司第一次使用计算机（一台苹果 II 计算机）时，她搞不清楚怎么开机，而开机之后，她又害怕关机，担心"它可能丢失信息"。[24]

阿尔托计算机代表着另一类计算机。业余计算机是以大计算机为模型的，但阿尔托计算机的模型却是建立在利克莱德和泰勒所构想的交互性和易用性之上的。阿尔托计算机是为日常办的人准备的，它还能与其他的计算机联网，使得文件存储、电子邮件和打印成为可能。[25]

施乐公司总裁戴维·卡恩斯之后会把帕洛阿尔托研究中心在"未来日"上的展示称为一场"技术盛宴"。他说："参加'未来日'的人说，他们看见了技术的未来，令人难忘。"[26]

系统帮对战复印帮，全盘皆输的前兆

此时泰勒从灯光后的藏身之处出来了，造访了摆放着为执行官们使用的若干台阿尔托的房间，因此他并没有看到卡恩斯所描述的这种热情。当看到佩克时，泰勒衷心对他说了句"哈喽"。佩克被惹怒了。泰勒注意到，坐在阿尔托计算机面前的不是施乐公司的执行官们，而是他们的妻子。她们的丈夫并没有受到感动，他们叉着手，站在房间的四周。后来，有人告诉泰勒，他听到一位执行官问另一位说，觉得演示怎么样，那人回答说："我从来没见打字那么快的人。"他完全看错了重点。

施乐公司继续商业化阿尔托计算机的后续产品，所以说这家公司对在"未来日"展示的技术毫无热情是不对的。但泰勒在这些聚在一起的执行官们身上观察到的反应，处于漠不关心和缺乏了解之间，是可以理解的。除了施乐公司展示的复印机，其他办公设备，比如电灯、打字机以及电话，几十年都没有变化过了。为什么人们现在该去拥抱这种激进的变化呢？

大多数人都比较关注复印机——它在信息和文档被创造之后才对其进行处理。相比之下，帕洛阿尔托研究中心的研究者们是想要在这个流程中倒退一步：去管理信息和文档的创造。计算机就显得更加陌生，因为这些加州来的自命不凡的执行官坚持认为，未来办公室的工作都是在集中在屏幕上的。这项预言对于一家复印机公司来说是很不吉利的，它大部分的利润都来自销售纸张。泰勒并不知道，但是在最高层执行官中召开的战略计划会议上，经常会有关于复印机是否会过时的辩论。一些执行官们怀疑"帕洛阿尔托研究中心的技术可能不只是一次投机，还可能潜在性地颠覆施乐公司未来的盈利能力"。[27]

帕洛阿尔托研究中心团队试图在"未来日"化解这种担忧。在一次又一次的伴随着演示的影片里，旁白几乎不说关于纸的坏话。关于"办公的问题"、他建议道："问题的主要症状——我们敢说出来吗？就是传递和存储信息的介质。这个坏人——我们能够直面事实吗？就是纸。"旁白向观众保证，此刻展示的技术所代表的不是对施乐公司业务的激进背离，而是公司应该选择走的合理的下一步。他保证道："无纸办公室？完全不是这样。但纸会拥有一种新价值，纸会拥有意义。它是重点。"在影片里还展示了一台复印机的部件被替换，最后变成了一台激光打印机。"熟悉的机器，为电子打印而改造。"旁白在跳动的音乐声中抚慰地说。

施乐公司对无纸办公室的恐惧不难理解，因为在来自帕洛阿尔托研究中心的技术里，公司选择来推向市场并且从中盈利的是激光打印机，它也是其中唯一直接消费纸张的。

泰勒还观察到：在正式演示之后，坐在阿尔托计算机前的不是男人，而是女人。在 20 世纪 70 年代美国的公司里，打字是秘书的工作，而秘书都是女性。最晚到 1980 年，计算机制造商们还在担心这些机器可能永远都不会在办公室里使用，如一位计算机市场经理所说，因为管理者"觉得键盘是一件不符合他们身份的东西"。[28] 泰勒的实验室的研究者都会打字，因为不打字就没法编程序，但在美国，很少有男性打字员。①

杰里·埃尔金德认为，即使是在博卡拉顿大会的演示之后，这种对于打字的偏见对阿尔托及其后继机型都还产生着消极的影响。阿尔托计算机上的旗舰软件程序是一个叫作 Bravo 的文字处理器。它的发明者查尔斯·西蒙尼（Charles Simonyi）之后会加入微软公司，Bravo 对微软 Word 字处理程序的设计颇有影响。文字处理当然是一种需要打很多字的任务。另外，在 20 世纪 70 年代晚期和 20 世纪 80 年代早期，文字处理器产生的文档和打字机打出来的在质量上并无差异。在文字处理器上编辑要方便一些，而且更容易得到某些字体和特殊字符，不过计算机和打字机最后产生的文档都差不多。

相比之下，真正把个人计算机像一块石头一样投进了商用市场的城堡

---

① 1977 年的 *Datamation* 杂志上一篇关于"自动化办公室"的文章许诺说，和键盘相关联的这种"办事员的耻辱"将来可能不是个问题，因为"在电子办公室里，管理者也会用键盘"。这篇文章总结了花旗集团的经验，他们安装了 12 组小型计算机，把高级管理者和他们的秘书通过拨号电话线路连接了起来。文中提到："我们的秘书在使用这些系统上面显示出了比管理者高得多的灵活性，且更加敢做敢为。"

里的"杀手级"软件是电子表格。[29] 在电子表格中，你只需要输入数字，男人们经常在加法机和桌面计算器上做这些事情。而且，和早期的计算工具相比，电子表格带来了巨大的好处：每改变一个数字，这个改变就能影响整个系列的计算。在过去，改变一个数值就意味着得擦除数字全部重算。只有人们的文化观念发生巨大转变，文字处理器才能发挥真正的力量，而电子表格不需要任何文化观念的转变，收益还非常巨大。巴特勒·兰普森曾说，帕洛阿尔托研究中心实验室的人们创造了他们自己需要的软件：他们需要一个文字处理器来相互交流，但他们不需要电子表格。阿尔托计算机优化了错误的软件。

到了 1977 年，施乐公司赞助的实验室里的一些研究者，对于把帕洛阿尔托研究中心捧为公司的巨大希望而心怀嫉妒。[30] 卡恩斯曾写道："残酷的文化碰撞……西海岸的系统帮对垒东海岸的复印帮。"许多东海岸的执行官都是从 IBM 和福特公司来的，有些人觉得泰勒的小组是一些"花时间想些复杂的点子，却从未给公司挣过一分钱的人"。与此同时，按卡恩斯的话来说，泰勒的小组"觉得搞复印机的人都是些老古董，是一群墨守成规的人，和世界的未来发展路线完全脱节"。[31] 施乐公司的一些执行官曾指名道姓地说，泰勒是内部摩擦的核心来源。"我经常和泰勒聊天，显然他对从罗契斯特（Rochester）到斯坦福德（Stamford）的所有人都怀有深深的鄙视。"有一个人回忆道。[32]

从泰勒到达帕洛阿尔托，并告诉佩克施乐公司买错了计算机公司开始，泰勒和公司高层管理者之间的裂痕就出现了。实验室成立还不到两年的时候，施乐公司的一位执行官造访了一次"庄家会议"，会上他被质问"公司的人到底有没有在倾听并回应我们在帕洛阿尔托研究中心说的话"。回答是："有，但有条件。"[33]

《滚石》杂志发表了斯图尔特·布兰德和安妮·莱博维茨于 1972 年的一篇文章，其中赞扬帕洛阿尔托研究中心的计算机科学家们，"摒弃了庞大和中央化的管理机制，去追求小巧与个人化，把最强大的计算机能力放进每个想要它的人的手中"，在这篇文章发表之后，分裂变得更加严重。布兰德回忆道：

"东海岸的总部反应激烈，说里面有未授权的信息、照片、脏话以及粗俗下流的《滚石》杂志。"在帕洛阿尔托研究中心，泰勒和其他员工要接受新的安全规则的限制，泰勒的在他的年度绩效评审里回应此事时说"跌了一跤"。[34]

泰勒的实验室里有一些人抽大麻，在工作之外使用烈性毒品，还有一些人在办公室练习静坐冥想。[35] 艾伦·凯把《全球目录》(*Whole Earth Truck Store*)期刊里提到的每本书都放进了帕洛阿尔托研究中心的图书馆。有一位研究员则在一家位于旧金山的非营利性组织做志愿者，其目标是在旧金山湾区各处建立公共的计算机终端。[36]

即便如此，计算机科学实验室还远没有成为嬉皮士活动乃至信仰的温床。施乐公司不允许在办公室饮酒，所以即便雅达利公司的工人可以在工厂里抽大麻，其他一些小公司也开始在园区里举行啤酒会，但帕洛阿尔托研究中心的研究者却只有茶歇。泰勒和许多研究者都穿着带领子的衬衣和宽松的长裤，工作时间也很正常。查克·撒克称实验室的核心人员都是些"非常正直的家伙"，他还注意到，虽然他们中的很多人在言论自由运动和人民公园示威那个时期到过伯克利，但他们都在没有标记的楼房里工作，而且"试图保持低调，因为我们不想数据中心被烧掉"。[37]帕洛阿尔托研究中心研究者经常通宵编程，穿着休闲，他们这么做不是因为在进行什么政治宣言，而是因为他们拥有大学计算机科学的学位，这样的行为再正常不过了。

实验室中的许多人，包括泰勒在内，都不喜欢自上而下、中央式的权威。但个人化交互式计算的根源，要上溯到水门事件和越南战争之前，直至像利克莱德这样的人。泰勒更关心的是怎么才能让计算机对普通人更加有用，而非要"对抗强权"。帕洛阿尔托研究中心是一所精英研究机构，大部分员工与家酿计算机俱乐部里的骇客们毫无共同之处。

然而，如果不从旧金山湾区进行观察，而是从 5000 公里以外施乐总部执行官的办公楼层来看，这些差异很难被察觉。按施乐公司计算机部门前主管所说，帕洛阿尔托研究中心就像是"伯克利分校校园，但是高了一级"。他提供的证据是："那里的人们会慢跑，餐厅里还有豆腐。"虽然他也承认，帕洛阿尔托研究中心的"女孩子们很苗条，善于坚持，有些女孩子真的很不错"，但他还是对于这个地方的主流哲学表示遗憾，并把这个地方描述为"计算机解放运动组织"（computer lib）。[38]

帕洛阿尔托研究中心是一架名为施乐的巨大机器的一部分。前总裁卡恩斯写的一本有330页厚的关于公司的书里，只花了十几页来讲帕洛阿尔托研究中心。[39] 这个让人难堪的顽童尽管聪明伶俐，但还不能礼貌地踏入社会；他经常是公司矛盾的激化之源。这一点不管是对计算机科学实验室，还是对罗伯特·泰勒来说，都不是件好事。

18

苹果还缺少一个标准

迈克·马库拉

There Are No
Standards Yet

1976 年秋天，在迈克·马库拉访问史蒂夫·乔布斯和史蒂夫·沃兹尼亚克时，苹果已经实现了盈利，即便公司还很小，运营得也非常业余。但那些500 美元一块卖给字节商店的电路板，苹果公司只需要花 220 美元的成本来组装。[1] 然而，在马库拉来之前，苹果只勉强算得上是一家公司。家里的卧室和车库都无须支付租金，而销售方式就是乔布斯和沃兹尼亚克开着车到处找电子商店，问老板想不想销售一些苹果计算机。[2] 仅有的两位领工资的员工是乔布斯的妹妹和一位名叫丹·科特基（Dan Kottke）的朋友，他们一个人从每块电路板中挣 1 美元，另一个每小时挣 4 美元。乔布斯和沃兹尼亚克将苹果 I 计算机的零售价定为 666.66 美元，这个数字是这样来的：他们在卖给字节商店的 500 美元上又增加了 150 美元，再加一些零头，这样价格里面就会有重复的数字——沃兹尼亚克喜欢这个。[3]

为苹果写商业计划书

马库拉记事卡片上写下的任务是，每周一天，以任何他做得到的方式去帮助那些有前途的创业家们。当站在乔布斯的车库里，马库拉便知道，沃兹尼亚克的苹果 II 计算机是对于任何期盼拥有一台个人计算机的人的渴望的一个有力回答。然而，他不知道的是，是不是真能够围绕着这台计算机创立一家企业。他给了乔布斯和沃兹尼亚克一条与他之前分享给其他有抱负的创业者们的相同建议：写一份商业计划书。你们要搞清楚材料成本、市场大小以及销售渠道。他当时甚至还建议，因为不太可能去估值一个还不存在的（个人计算机）市场的潜在大小，美国家庭拥有的电话数量可以用作一个不错的参数。

接下来的几周里，秋意渐浓，乔布斯（偶尔也有沃兹尼亚克）会开车去马库拉的新家。马库拉和一群年轻人在后院游泳池旁修建的小屋子里会面。沃兹尼亚克钦佩不已地说："他在山上有一所漂亮的房子，能俯瞰到库柏蒂诺的灯光夜景，风景棒极了，妻子也很漂亮。他什么都拥有了。"[4] 在每次会面结束的时候，马库拉都会布置一些作业：仔细想想你们的竞争对手会是谁？合理的利润应该是多少？如何为公司招来员工？你希望它成长有多快？每一条因素都会成为计划书的一部分，这个计划书能告诉乔布斯和沃兹尼亚克，他们能否建立一家有望成功的企业。[5]

每次到会面的时候，乔布斯都没有做作业。

随着时间一周周流逝，马库拉意识到乔布斯和沃兹尼亚克永远都不会写商业计划书。他们怎么可能写？沃兹尼亚克在惠普公司还要工作，没兴趣开一家公司。如果让他决定，他可能会把计算机设计给别人，或者就卖个成本价。[6] 乔布斯倒是很想创建一家公司，但在 1976 年秋天，这意味着把字节商店订购的电路板送过去，然后用收入来购买零件制造更多的电路板。乔布斯此时年仅 21 岁，而且在商业世界只有 15 个月的经验（一直在雅达利公司当技术员），所以他不可能知道马库拉问题的答案或是要求的估算。[7]

马库拉意识到，要看到商业计划书的唯一办法，就是他自己写一份。他从来没有为自己指导过的其他创业者做过这件事情。照他的评估，还没有人重要到那个程度。[8] 为苹果公司写一份商业计划书的时间会破坏他只在星期一思考生意的生活规则。

但沃兹尼亚克和他的计算机确实太棒了。乔布斯也不可或缺，马库拉已经开始觉得他是"一块未经加工的钻石"。"他确实是个非常聪明的孩子。"马库拉回忆道。[9] 是乔布斯首先发现了沃兹尼克第一台计算机上的商业潜力，而且他通过推广这台计算机来证明了自己的顽强和无畏。为了苹果 I 计算机，他说服了好几家芯片厂商给苹果公司 30 天的付款时间，但又要求在苹果 I 计算机电路板交付时立即付款，这和诺兰·布什内尔在创立雅达利公司时采用的自给措施一样。乔布斯会给潜在的客户一连打上好几个电话，直到他们接起电话为止。

1976 年 11 月中旬，马库拉开始为苹果公司写商业计划书。因为打字太快，他甚至把 "business"（生意）拼成了 "buisness"。他定义了苹果公司的主要目标和市场，建议苹果公司 "集中攻打业余爱好者市场，把它作为进入主要市场的第一块踏脚石"。他还说明了定价策略，并写道："这台基本的计算机应该比特定应用中的专用系统更为经济，即使并非苹果计算机[①]所有的功能都被用到。" 他认为除计算机以外，苹果公司还应该销售周边产品（显示器、用于载入软件的磁带录音机、用于打印机和电传打字机的接口电路板），并且期待在周边产品上获取和计算机一样多的利润。

马库拉思考得越多，就越发着迷。这家公司很可能会实现 20% 的税前利润，这足以支持其研发活动，它将会 "对家用计算机产业做出巨大的技术贡献"，并为未来的产品打下基础。上市时机也非常重要。"苹果公司需要成为家用计算机市场里第一位被公认的领袖，这一点至关重要。" 他写道。他计算出苹果公司在 10 年内年收入将增长到 5 亿美元，这比他能想到的任何一家公司都要快，他感到一阵激动。[10]

没有人投资，就自己投

马库拉想，他正在写的商业计划书可以用来说服其他人投资这家公司，这件事颇具挑战性。然而结果是，不仅雅达利公司和唐·瓦伦丁拒绝了，纽约市的第一家计算机零售店也拒绝了——乔布斯提出以一万美元卖给他们公司 10% 的股份。投资人斯坦·伟特（Stan Veit）后来回忆道："看着这个长头发的嬉皮士和他的朋友，我在想，'你们是这个世界上我最后愿意托付我一万

[①] 马库拉原文为小写的 apple，而非大写的 Apple（苹果公司）。——译者注

美元的人'。"[11] 乔布斯试图激起计算机制造商康懋达公司对苹果公司兴趣的努力也失败了，虽然这家公司很快就推出了自己的个人计算机。即使是最终带领苹果公司上市的投资银行家比尔·汉布雷克特也在第一轮私募资金时拒绝了投资。因为他的团队曾建议道，民用波段无线电只会流行一时，结果证明是正确的，而他们现在也这么评价个人计算机。[12]

不过，马库拉有其他潜在投资者没有的两项优势：他见过苹果 II 计算机，而且还算过数字，尽管这个早期计划看起来就像"从 1.5 千米的高空中看下去"那样希望渺茫。[13] 在给苹果公司起草商业计划书时，他体会到了这种心中的渴望与脑中的宣言相互交织的奇妙时刻。他爱上了苹果 II 计算机，他进行的每项计算都说明，这台计算机能够成为一家高度成功的企业的基础。

马库拉只能为这家年轻的公司想到一个重大的潜在问题：市场营销。你需要跟人们说他们需要一台计算机，因为这个时候，只有公司、大学和政府才会使用这些机器。电视和电影里，计算机都被描述得很恐怖。在《2001 太空漫游》里，一台计算机杀死了一位宇航员。在《魔种》(Demon Seed)里，一个人工智能程序制造的机器人让一位女子怀了孕。就在马库拉和乔布斯与沃兹尼亚克见面前的几个月，一位美国参议员问道："计算机是否很快就能够秘密地解读人的脑电波？"[14]

乔布斯具有成为传道者的巨大潜力，马库拉看出来了。但苹果公司要达到马库拉所预期的大小和规模，需要的远不只是一位异想天开的 21 岁年轻人的激情和魅力。苹果公司需要一位市场专家，他需要懂得后勤工作和如何协调计划、预测、销售以及客户服务；这人要能在城郊中产阶级家庭的需求和像沃兹尼亚克、乔布斯以及家酿计算机协会里的那些嬉皮士们敲敲打打做出来的东西之间搭起一座桥梁。马库拉知道这份工作的最佳人选：他自己。"我知道，再没有谁，哪怕有一丁点儿主意知道如何来营销一台个人计算机了。"他说。[15]

苹果公司的潜力让马库拉兴奋，但他未必真的愿意兴奋。在他高层商业计划中的数字带来的兴奋感过去之后，他试图控制自己。"这不是你退休之后想要做的事。"他提醒自己说。[16] 他正享受着轻松的新生活。"我们好不容易才找到待在家里的生活节奏，真的很舒服。"他说。[17]

相比之下，运营苹果公司的市场营销工作需要大量的精力和时间。这意味着不仅需要创建一份产品、一个公司，还要创建整个产业，而和马库拉一起工作的一位联合创始人还不想当创始人——当马库拉告诉沃兹尼亚克说，他需要辞掉惠普公司的工作来全职创建苹果公司时，沃兹尼亚克差点就选择了留在惠普公司①。而另一位创始人对于产品的激情则超越过了他的人际交往能力。加入苹果公司意味着马库拉得告别他的木工和志愿者工作，他的滑雪旅行和网球球友，还有，至少在一段时间里，还要告别他记事卡片上未完成的项目。

然而，马库拉又开始思考，如果创立一家公司，这家公司按他的计划，会比他听说过的任何一家公司都成长得快，这意味着什么？另外，按他所说，这家公司将是"我自己的，里面有我的价值观，按我自己的方式来管理"。他想做。

"天啊，现在这个机会太好了，"他告诉妻子琳达说，"我们得试试。"她看出了他对这台小计算机和两位年轻人有多么感兴趣。她知道，马库拉无法想象还能有什么别的事情能和他的技能与兴趣如此完美得合拍；这就好像苹果公司有一个马库拉形状的洞，需要把它填满公司才能成功。马库拉也信心满满地觉得：尽管他和妻子现在生活得非常舒适，如果苹果公司如他所期地成功了，"这会从经济上改变我们的生活"。

这对夫妇进行了一番被马库拉称为的"关于我是否应该重返工作的非常严肃的讨论"。最后，妻子告诉他，如果他想加入苹果公司，就应该去做。最后他们达成一致说，他工作的时间不能超过4年。马库拉在休斯飞机公司、仙童半导体公司以及英特尔公司都花了这么长的时间。在这些公司待了4年

---

① 沃兹尼亚克记得马库拉告诉他说："如果你想把一个点子变成钱，就去找一家公司。"沃兹尼亚克还说他最终决定参与创立苹果公司，是因为一个朋友告诉他说，作为联合创始人，他可以拒绝转入管理工作，工程师这个职位可以想当多久就当多久。

之后，他都感到"工作就像踩缝纫机一样"，事情总是变得无聊。他打算在苹果公司待足够长来创建公司，然后再回到他安静的退休生活中去。

马库拉尝试去说服一位想象中的投资人，苹果的生意如何可靠。结果他说服了自己。他会提供苹果公司所需要的钱。

1977 年 1 月 3 日，苹果公司成立了。乔布斯和沃兹尼亚克在合伙关系中每人各占一半（估值 5308 美元）。作为交换，他们每人获得新公司 26% 的股份。为了相同的 26% 的股份，马库拉付出了 91000 美元（每股 35 美分）。[18] 这份投资非同小可（折合 2016 年的 40 万美元），多亏了英特尔公司的股票和他在路易斯安纳州投资的超过 20 多家的初探油井，马库拉非常富有，他估计这次投资所花的钱不到他净资产的 10%。[①]

在马库拉看来，比直接投资更重要的是，他在美国银行（Bank of America）以个人名义作担保为苹果公司拿到的 25 万美元贷款和信用额度，他在英特尔公司工作时有一个这里的联系人。马库拉告诉银行家说，苹果公司在一年内就能盈利，到时候银行应该取消马库拉的担保。一开始就获取信用额度不是很常见，但马库拉在为长期做打算。及早与银行建立关系，在苹果将来需要增长时银行会提供所需的许可与信用额度。

马库拉以董事会主席和市场主管的身份加入了苹果公司，乔布斯和沃兹尼亚克也很乐意让他来负责。他们从合伙之初就知道，一位拥有更多商业经验的人提供的帮助对他们大有裨益。[②] 如乔布斯后来解释的（有点令人困惑，

① 马库拉在太浩湖（Lake Tahoe）的北星滑雪场，从路易斯安纳的一位石油商人那里购买了一套公寓，后者还邀请马库拉来投资一口未开采油井的 1/4。这口井开采成功了，马库拉把从中赚到的钱重新以较小份额又投资在了其他油井上。

② 最初的合伙人还有第三位，罗恩·韦恩（Ron Wayne），乔布斯在雅达利公司的时候认识了他。（乔布斯和沃兹尼亚克每人拥有合伙的 45%，韦恩有 10%。）韦恩要比乔布斯年长 10 岁，而且对于文书工作细节颇为注重；在雅达利时，韦恩编写了文档来说明应该如何对工程变更通知进行编号，以及如何识别印刷电路板。韦恩准备好了苹果公司的合伙文书，并把它们提交给了圣塔克拉拉县的登记办公室。10 天后，他退出了合伙。若干年前，他设计过一台老虎机，并去了一家保证会推广它的公司工作。这家公司后来在韦恩所称的"充满商场肮脏伎俩与贪婪的卑鄙战场"上倒闭了。韦恩害怕同样的事情会发生在苹果公司身上。倒不是因为他不信任乔布斯和沃兹尼亚克，而是因为他对字节商店有所怀疑。

因为马库拉的钱也是苹果公司唯一得到的钱）："我们不一定想要马库拉的钱，而是想要马库拉。"[19] 乔布斯又补充道："沃兹尼亚克和我决定，我们宁愿只要一件东西的 50%，也不想一无所有。"[20] 没有马库拉，就没有苹果公司。

理想的总裁

马库拉开始招聘。他的第一份聘书发给了迈克·斯科特，就是与他在仙童半导体公司共享衣帽间大小的办公室的那个人。马库拉和斯科特的生日在同一天，2 月 11 日，他们每年都一起吃午饭庆祝。马库拉在离开仙童半导体公司去英特尔公司之后，一直都关注着斯科特的职业变化。1972 年，斯科特去了国民半导体公司，在他们的第三位办公室室友吉恩·卡特手下工作，担任市场经理。斯科特后来被升职为混合电路业务主管。在这份工作里，他监督着混合电路板的所有业务，包括生产。①

在 1977 年的生日午餐上，马库拉告诉斯科特说，他想要斯科特来掌管苹果公司的生产工作，并担任总裁。斯科特性格直率、聪明过人、做事有条有理，而且对办公室政治不感兴趣，算不上是一个特别有魅力的新员工。但他和马库拉一样，善于制订计划。马库拉很有信心地认为，如果让斯科特来当总裁，苹果公司永远都不会遇上材料供应短缺和订单处理方面的问题，或是其他那些不太光鲜的干扰，它们能够损害乃至毁掉一家迅速成长的公司。"好的管理不是你能够多有效地解决问题，"马库拉曾说，"而是把事情做到让遇不到什么太严重的问题。"[21] 按这个定义，斯科特是一位理想的总裁，他曾把创业公司比作一盘永远都下不完的棋，"这里的挑战是要创造出一整套系统，让它无须看管就能工作"。[22]

斯科特还带来了另一项"资产"：他非常强硬。马库拉把罗伯特·诺伊斯当成他的个人楷模，这位谦卑的英特尔公司联合创始人有个外号叫"好人博士"。斯科特则按照查利·斯波克的样子塑造了他的管理风格，斯波克是国民半导体公司的 CEO，他受人爱戴，但情绪经常变化无常，一次他敲桌子强调

---

① 混合电路把数字与逻辑电路组合在了一起。

问题的时候撞坏了自己的手腕。诺伊斯和斯波克在仙童半导体公司创造了一个强大的团队（在英特尔公司，诺伊斯在安迪·格鲁夫身上也发现了斯波克管理风格的影子）。完全可以相信，斯科特将与马库拉完美互补。[23] 另外，按照马库拉所说："这项工作的核心职责就是让乔布斯别给我找麻烦。"[24] 这个任务需要一双有力的手来实施。[①] 马库拉很喜欢乔布斯，但也知道他讨论起诸如棕色的深浅或者是苹果 II 计算机的机箱角上的曲线等细节问题时毫不留情。乔布斯就像马库拉自己一样，对于苹果公司产品的细节和外观非常关心，马库拉对此很高兴。但是，他不想当乔布斯的老板。

马库拉想要的是把他的注意力集中到更大的问题上来。他的第一步是为苹果公司开发一套更详细的商业计划。"要有一个真正的计划，真正地打造一家企业，你得知道需要订购什么零件，从谁那里买它们，需要花多少钱？基于什么样的付款条件"。

制定一个详细的计划

为了更好地回答这些问题，马库拉雇了一位顾问——约翰·霍尔（John Hall）。霍尔是一位财务专家，32 岁，曾经在一家教育创业公司工作，他还帮忙起草了罗姆公司的商业计划书里与财务相关的章节。他现在是新泰克斯公司（Syntex）的国际财务总监，这家位于帕洛阿尔托的制药公司最有名的是率先生产出了避孕药。[25] 马库拉和霍尔两人在苹果公司新办公室的开放空间里专心花了两周时间讨论计划。霍尔会在马库拉的 IBM Selectric 打字机上记笔记。马库拉撰写了概述和市场营销章节，特别关注了竞争、市场大小以及苹果公司的目标客户：业余爱好者、小型办公室（牙医、律师和其他类似行业），还有那些希望家里会有一台计算机的人。霍尔撰写了财务章节，在带有暗线的长条绿色表格上用铅笔涂画着数字。斯科特在正式加入苹果公司之前就已经开始帮忙了，他对材料清单和生产成本进行了估算。乔布斯和沃兹尼

---

① 斯科特曾说："史蒂夫和我之间的问题是谁更固执，这个我很在行……他需要有人打压他一下，他肯定不喜欢这样就是了。"乔布斯说："我对斯科特嚷的次数比对谁都多。"

亚克时不时地会加入讨论。乔布斯对此尤其感兴趣，他提供了与零件供应商的合约细节，还帮助马库拉和霍尔编辑与润色最终的草案。马库拉对计划书内容有最终的决定权。[26]

最后，这个小组做出了一份 30 页的文档，给出了关于产品、生产、市场营销、客户群和财务的战略和具体预算。他们不可思议地发现，按照这个计划，这家在 6 个月内才销售了 500 台计算机的公司会在两年内的销售额到达 1350 万美元。"天呐，我都还不知道什么是个人计算机或者它会变成什么，"霍尔说，"我就在想'人们真的会买这个吗？他们拿来干什么'。"霍尔建议马库拉保守一点，把财务计划按照苹果公司只能完成马库拉预计的 70% 的销售额来做。马库拉拒绝了。"他想把目标摆在那里，激励大家前进。"霍尔说。[①]作为妥协，马库拉最终在计划里用了另外两组财务数字：一组假设，苹果公司达成最大胆的增长目标，另一组则假设完成 70%。[27] 这个决策最后被证明是非常明智的：1978 年，苹果公司的销售额是 780 万美元，大概是最大胆的期望值的 60%。

商业计划书编写完成之后，马库拉请霍尔加入苹果公司来担任 CFO（首席财务官），但霍尔觉得工资太低，股票期权给得也不够，他还担心自己无法与斯科特长期和睦相处。他要求以股票的方式支付 4000 美元的咨询费。但马库拉告诉他说，他要存着股票给员工。"他从不还价，我一直不知道为什么。"霍尔说。在和大家友好地握手之后，他离开了苹果公司，很快就在英特尔公司获得了一份新工作，之后又搬去了科罗拉多州，加入了一家叫作 Cadnetix 的创业公司，并担任了 CFO。这之后他只见过马库拉两次，他也从来没有以个人名义投资过苹果公司，但他一直都自豪地跟踪着公司的发展，而且按他所说，他为"曾参与过一点儿苹果公司的成立而感到高兴"。

商业计划书建议，苹果公司在占领了业余爱好者的市场之后，要以教

---

① 马库拉在苹果公司的整个期间都在不断设定"大胆得荒谬"的目标。员工们有时候开玩笑说，刻板的马库拉（他把大麻称为"有趣的香烟"），每次在做预测前都会卷上一根大麻烟吸上一口。"他的目标就像是，我们要建一艘能超越光速的船，但我们连音障都还没有突破，"1978—1982 年，特里普·霍金斯在苹果公司时说，"他就是这么一个乐观主义者，他想要鼓舞你。"

育市场为目标。1977年，马库拉已经在考虑如何实施了。他回想起他20多岁在休斯飞机公司做工程师的时候，公司里所有的示波器都是泰克科技公司（Tektronix）的。当他问为什么时发现，那些在本科或者研究生阶段使用过泰克示波器的科学家和工程师们根本没兴趣尝试不同的产品。马库拉也想为苹果公司创造这种忠诚度。

1979年，他开始这么做。苹果公司启动了苹果教育基金，拿出了25万美元（之后还要远超此数）来支持和推进通过使用小计算机来学习的方法与技术。苹果教育基金将教会一整代的学生使用计算机。理想的情况下，这也会增进苹果公司未来的销量。"在未来，地位上升了的家长和学生们将会购买他们在学校使用过的品牌。"苹果公司的一份秘密文档里这样解释道。[28]

就在苹果教育基金启动的两年内，为苹果II计算机开发的教育软件比其他任何个人计算机的都要多。1982年，在一个由乔布斯带领的叫作"孩子们等不及"（The Kids Can't Wait）的项目中，苹果向加州的各所学校捐赠了总价值为2100万美元的大约9000台苹果II计算机。[①] 当然，这次捐赠给苹果公司带来了税务的减免，更多的教育软件为这台计算机开发。如马库拉所说，更多的学生在离开大学后，在买计算机的时候会说'我想要一台苹果II计算机'"。[29] 到1983年，苹果教育基金已经累积捐赠了75万美元，在73%拥有计算机的高中和84%拥有计算机的大学里都有苹果计算机。第二名的竞争对手只有43%和48%的渗透率。[30]

1977年，当马库拉在撰写苹果公司的商业计划书、雇用斯科特时，这位大策划师也没能预料到苹果教育基金会如此成功。但他已经知道，他需要思考长远的收官之举。如果由斯科特负责管理工作，他就会有时间来进行一些苹果公司所需的战略性思考与规划。

在乔布斯和沃兹尼亚克面试了斯科特，并同意雇用之后，斯科特和马库

---

① 在一份秘密文件中，苹果公司向它的经销商保证，"孩子们等不及"项目的捐款"为加州的经销商提供了购买方的联系方式和后续业务"。加州的捐款是乔布斯原计划的一个缩减版，本来的计划是为全美每所学校都提供一台计算机，以获得税务减免，但这一计划在参议院未能通过。

拉就确认了一种新颖的工作汇报机制。因为马库拉是董事长，斯科特向他汇报，但马库拉又是市场副总裁，他又向斯科特汇报。马库拉认为这种交错的汇报关系传达了一条重要的信息：组织结构表和头衔在苹果公司并不重要。然而，按任何标准来说，无论谁雇用谁、谁拥有更多的股权（马库拉拥有的是斯科特的 4 倍）、谁拥有最终的权力，马库拉都是真正负责人。[31]

马库拉的第一项举措是让苹果公司回购苹果 I 计算机，找到多少买回多少。"因为苹果 I 计算机的质量有问题，"他说，"我不想公司一开始就有个坏口碑，所以说我们得消化所有的苹果 I 计算机。"[32] 这项举措是马库拉领头的更大一项计划的一部分，他想让苹果公司看起来尽可能庞大，尽可能复杂。他最大的担心是，像德州仪器这样的大企业可能会在苹果公司站稳脚跟前进入这个市场。"如果我们不够大，就会被挤碎的，"他说，[33]"我们这是孤注一掷，要么主导整个市场，要么就在这个过程中破产。"[34]

为了获得帮助，马库拉联系了里吉斯·麦克纳，麦克纳是半导体行业的一名老将。与他同名的市场公关公司在英特尔公司成功推出微处理器的过程中起到了关键作用。乔布斯第一次接触麦克纳的公司是为了请这家公司帮忙推广苹果 I 计算机，最后乔布斯被介绍给了一位印刷师傅，他可以帮乔布斯的宣传小册子排版。麦克纳让乔布斯在第一条广告投放结束之后再回来。[35]所以苹果的财务稳定了下来之后，乔布斯和沃兹尼亚克又回到了麦克纳的广告公司，进行了一次正式演示。两位创始人们到达的时候，还带了一台小型便携式彩色电视机、一台磁带录音机，还有一个塞满了电线和电路板的木头盒子。广告公司的许多人"都感到很困惑"，一位执行官这么回忆道："但是这些孩子显然很聪明，而且看起来他们坚信这个盒子会给世界带来革命，于是我们倾听了。"[36] 麦克纳很早就对乔布斯和沃兹尼亚克有了深刻的印象。他的第一份笔记记录了，甚至在苹果公司成立之前，就感受到了它的吸引力，为了凑集种子资金，沃兹尼亚克卖掉了他的计算器，乔布斯卖掉了他的面包车。麦克纳还提出了一条成功创立公司的实际标准。"现在还没有标准，而苹果公司有机会去设立这些标准。"他写道。[37]

　　就像麦克纳帮助英特尔公司解释什么是微处理器一样，现在轮到他把注意力转过来，帮苹果公司开发一个品牌，并向人们解释一下个人计算机了。这家广告公司设计了一个彩虹条状苹果的标志，设计师让它被咬掉了一口，好提供尺寸参考，并让它看起来明显像一个苹果而非一颗樱桃。[38] 麦克纳的广告公司还制作了用卡片纸印刷的宣传册，正面有一个令人垂涎欲滴的苹果，上面写着"简约，是复杂的极致"。这个作品花费了 10830 美元，颇为昂贵，但与费用相比，马库拉更看重苹果公司的第一印象。乔布斯在多年之后说，马库拉让他也学会了这件事。[39]

被咬了一口的苹果

　　苹果公司为宣传公司做的努力非常有成效，这可以从一个大大地鼓舞了他们的一件事情中看出。在旧金山市政礼堂举行的首届西海岸计算机展览会上，一张黄色的手绘传单上用大标题写着"旧金山湾区，一切开始的地方，终于团聚一堂"。大会的组织者认为出席的人可能会有上万人，[40] 所以苹果公司租下了一个展台，一位访客说它"大型、豪华，而且就在大门口"。[41] 马库拉知道，这次展会不仅是苹果 II 计算机和公司本身的首次亮相，竞争对手康懋达公司的 PET 计算机也是。

　　马库拉在展会的开幕日之前对乔布斯和沃兹尼亚克进行了培训。他们需要穿上好看的衣服，修剪好胡须。① 马库拉让他们练习苹果 II 计算机的宣传词，还带他们过了一遍他觉得这台计算机上最吸引人的那些功能。好几年后，他才知道，尽管他想给这两位年轻的创始人指一条严肃企业的努力方向，但沃兹尼亚克却在展会期间花了不少的精力，搞了一个精巧的恶作剧——打印并散发了 8000 份关于一台并不存在的计算机的传单。沃兹尼亚克后来回忆道："谢天谢地，史蒂夫和马库拉没发现假计算机这回事。迈克至少会说，'不要搞恶作剧，不要开玩笑，这对公司的形象不好'。"[42]

---

① 即使在该展会一年后，苹果公司还是需要给值守展台的员工发备忘录说："请记住着装要求是西服和领带。你代表着苹果，我们必须传达一份专业形象。我们现在是大公司，需要展示合适的形象。"

到周末结束的时候，超过12000人参加了展会，其中许多并不是业余爱好者，而是想多了解一下计算机的好奇的旁观者。这里的访客是苹果 II 计算机的理想观众。记者报道说，在现场的计算机中，唯一一台非常容易使用的就是苹果 II 计算机，"你只要会拨动开关就行，其他什么都不用知道"。相比之下，康懋达公司的 PET 计算机更像是一台发育过头的计算器，它有计算器上一样的小按钮，却没有键盘，也不能扩展来支持打印机或者驱动器。[43] 当一位记者问星期天早上在展台值守的马库拉，苹果公司追求的是什么样的市场的时候——"是想编程序的人、想玩游戏的人，还是其他人？"马库拉回答说："所有这些都是，而且还有更多。我们真心希望成为最有名的那家计算机公司，而不只是一家面向小企业的计算机公司或是别的什么的。苹果就是最有名的个人计算机公司！"他解释说苹果 II 计算机几周内就能做好交货准备，1298 美元的价格（2016 年折合超过 5100 美元）里面包含了两个游戏手柄和一个带衬垫的手提箱。[44]

一台不存在的计算机，沃兹尼亚克的恶作剧

展会之后不久的一个清晨，吉恩·卡特走进了苹果公司位于库柏蒂诺市史蒂文斯溪大道 20863 号的新总部。[45] 这是卡特的第二次来访；第一次的时候，马库拉和斯科特带他参观了一下这个 6×18 米的小空间。现在，卡特走过了斯科特、乔布斯以及沃兹尼亚克的办公室，到达了马库拉位于角落里的整洁的办公室，这间办公室围绕着一片开放空间而建，里面的东西几乎少得可笑，只有一张带层压板台面的白色金属办公桌，4 个颜色配套的悬挂式金属文件抽屉，还有一个小书架。办公桌后面的墙上有一个马库拉挂大衣的钩子，上方用图钉钉着一张打开的苹果 II 计算机的传单，就是为西海岸计算机展览会准备的那张。[46] 一张看起来不太稳当的桌子上面放着一台咖啡机。

"我想来这儿工作。"卡特说。他在西海岸计算机展览会上见过苹果 II 计算机。这台计算机与它的市场宣传材料都给他留下了很深刻的印象。

"你疯了吗？"马库拉问。卡特在国民半导体公司干得不错，不需要在一

家创业公司工作。另外，马库拉已经准备要做市场，这也是卡特的专长领域。

卡特毫不泄气。他长期以来一直深信小计算机大有希望。1976 年，在他试图说服国民半导体公司制造小计算机失败之后，就辞掉了工作，请求风险投资家唐·瓦伦丁来投资创建一家公司。他之所以来找马库拉要一份工作，就是因为瓦伦丁回答说："你知道你的朋友斯科特和马库拉都在做什么吗？"

卡特给了马库拉一张纸。在上面，他提出了自己想要的职位和报酬。"我想来管销售，"他告诉马库拉说，"不管你拿出什么东西来在市场上营销，我都会跟着你的。"卡特从没有干过销售，更不要说管理一个销售组了，但他疲于准备那些受到销售人员忽略的市场营销计划与材料。在仙童半导体公司，他和销售员上过一样的课程，学过如何给客户打电话、管理账户，掌握了七点销售（seven-point sale）的基础。卡特觉得自己知道销售的流程。

"我要公司 10% 的股份。"他补充说。

马库拉做了一个鬼脸："总裁我才给 8%。凭什么要给一个销售人员10%？"[①]

"嗯，我知道有多少工作要做，这就是我要的。"卡特回答说。

马库拉给了卡特比这少得多的股票。卡特很固执：要么 10%，要么拉倒。马库拉看了看他的朋友。他把卡特的建议揉成一团，扔进了办公室远端的垃圾桶。

"我知道他是认真的，我也知道我想要什么。"卡特多年后回忆道。他开车回了家，心里充满失望。[47]

他妻子快吃完午饭时，卡特起身弯腰越过餐桌。"我真的很想做这个。"他说。即使他得不到希望的那么多股份，但还是想在苹果公司工作。

---

① 按苹果公司的招股说明书所说，斯科特在加入后几个月时以每股 1 美分的价格购买了 128 万股股票（他后来又以每股 9 美分的价格购买了 192 万股）。吉恩·卡特在加入后几个月时以 9 美分的价格购买了 16 万股股票；在公开募股时，他还另有 62 万股股票。

妻子回答说，如果他真那么觉得的话，就应该告诉马库拉。卡特又开去了苹果公司。他走进马库拉的办公室。"这笔交易成了。"

马库拉让卡特 8 月份开始工作，那时苹果公司会有足够的钱来付他工资。卡特回答说，他现在立刻就可以开始工作，无须工资。"我要确保其他人不会得到我的这份工作。"他解释说，"我每天都去那里工作，复制磁带测试系统，编写数据表，要我做什么都行。"他工作了三个月才得到了员工卡，1977 年 8 月才得到了第一份薪水。

斯科特、卡特和马库拉构成了苹果公司最早的企业经营的核心。这三位年龄快 40 多的男人，过去十几年里都在半导体公司担任中层经理。即将加入他们的还有 CFO 肯·泽布（Ken Zerbe），他来自另一家半导体公司——美国微系统（American Microsystems）。大部分的苹果企业史都聚焦在那些与乔布斯和沃兹尼亚克一同工作的年纪轻轻、留着长发、穿着李维斯的技术专家身上，他们看起来和那些 20 世纪 70 年代典型的沉默寡言、IBM 风格的技术工作者迥然不同。[①] 但从很多角度来说，马库拉的任务是要把苹果公司打造成一家在"典型"标准衡量下的模范技术企业。它需要盈利、生产可靠的产品、拥有可预测的产量，然后通过稳定的销售分发渠道来发售产品。马库拉要靠那些他在半导体产业里认识和信任的经理来实现它。"我们都知道半导体生意的方方面面。"他解释道。[48] 他们已经经历过了生产灾难、供应链问题、流程失败以及设计故障。

他们不担心相互伤害感情，也不需要用花言巧语来掩饰他们的看法。他们只在乎前进。"在我们中间一直有一种紧迫感，"卡特说，"我们有足够深厚的共同基础或者商场情谊，我们可以相互叫嚷，但毫发无伤，然后关上门再相互叫嚷。"[49]

---

① 罗德·霍尔特（Rod Holt）是乔布斯招进来做开关电源的一位杰出的雅达利公司工程师，比乔布斯和沃兹尼亚克都要年长且更富有经验。

266

苹果经营核心集团成立

虽然马库拉在苹果公司最初的几个月里搭建的团队非常富有经验，但每个人仍然是第一次做这份特定的工作。马库拉从来没有参加过董事会，现在他是董事长。总裁斯科特从来没有掌管过一家公司，他若干年后解释说："我加入苹果公司是为了有机会看看，我之前学到的所有关于管理的东西是不是真的管用。"[50] 销售主管卡特从来没有做过销售。[51] 联合创始人乔布斯是行政副总裁，只管理苹果公司。职位上的合适人选只有沃兹尼亚克，他主管工程，而斯科特主管生产。

不过，这真的管用。人们都知道乔布斯赤脚和沃兹尼亚克搞恶作剧的故事，却忘了这些年轻人和比他们年长一些的半导体同事们在一起合作有多么努力和高效这个事实。在公司成立差不多刚刚一年、交付苹果 II 计算机之后 6 个月时诞生的苹果软盘驱动器，就是最好的证明。苹果 II 计算机卖得很好，但马库拉坚信，如果没有什么东西能让软件载入更快一些的话，苹果公司是不可能做到向更广阔的消费者市场飞跃的。当被问到消费者市场的早期战略时，马库拉说："软件，软件，软件。"在公司只成立 10 个月的时候，他们就成立了一个正式的"软件库"，准备通过奖励苹果礼品券的方式来鼓励用户开发程序。[52] 如果没有方便易用、随时可以载入的软件，这台计算机对大部分人来说都没有什么价值。到了 1977 年秋天，苹果已经有了大概 20 多款软件程序，大部分都是游戏，还有少量教育程序正在制作中。但是，从苹果 II 计算机的磁带驱动器里面读取像"上吊人"（Hangman）①这么简单的游戏都要好几分钟。一名业余爱好者可能愿意等那么久，但大部分消费者可不会。

1977 年 12 月，马库拉告诉沃兹尼亚克和乔布斯说，他想在苹果 II 计算机上面加一个软盘驱动器。IBM 的圣何塞（San Jose）研究中心在 6 年前发明了软盘驱动器，它比磁带驱动器大约快 100 倍。马库拉知道 20 厘米的磁盘和驱动器在一些专门的 IBM 产品里面有所使用，还有少量牛郎星风格的计算机也有。

---

① 上吊人，一个猜单词的游戏。——译者注

沃兹尼亚克从没有使用过软盘，但他非常有信心自己能够制造出一台驱动器。[53] 他问马库拉：如果磁盘驱动器按时完成了，苹果公司能出钱让他飞到拉斯维加斯去参加 1 月份的消费电子展吗？虽然当时计算机还太新，展览的计划者还没有为它们开辟专门的区域，所以苹果的展台被和电子表制造商们放在一起，不过沃兹尼亚克并不在意，[54] 因为他从没去过拉斯维加斯。马库拉同意说，如果驱动器做好了，苹果公司就会出钱让他去。

软件，软件，软件

虽然马库拉设定了目标，但只有乔布斯才知道如何启动沃兹尼亚克的工作。就像雅达利公司的诺兰·布什内尔和艾伦·奥尔康一样，乔布斯知道怎么引导沃兹尼亚克的天赋来吸引更广泛人群的兴趣。苹果公司是沃兹尼亚克的第二家创业公司。几年前，他和一位叫作亚历克斯·康姆拉德（Alex Kamradt）的人和伙开了一家叫作计算机对话（Computer Conversor）的公司，沃兹尼亚克造了一台廉价的电传打字机系统用以连接阿帕网。这桩生意失败了，部分原因是因为一旦沃兹尼亚克造出了自己能用的终端（这意味着每次坏了他都知道怎么修），就想去做别的了。康姆拉德没法说服他继续改进产品，直到它不再出故障为止。"他再有天赋，你从他身上拿不出来也没用，"康姆拉德后来解释说，"我没办法。"[55] 但乔布斯可以。是乔布斯建议了苹果 II 计算机的某些技术改进，当沃兹尼亚克说实现这些改进会太昂贵的时候，是乔布斯给芯片销售商打电话，说服他们免费给他几块芯片，好让沃兹尼亚克能做他的工作。①

乔布斯给沃兹尼亚克带来了最新的磁盘驱动器之一，由一家叫作舒加特

---

① 沃兹尼亚克谈及乔布斯说："一天他问我，'你怎么不用这些 16 针的动态 RAM（随机访问存储器）呢'，我在惠普工作时看过，但它们才新出来，我用不起任何不是免费给我的零件。我又有点害羞，也不认识任何销售代表，但乔布斯给他们打了电话，说服他们给我们一点样品。然后我就立刻开始工作。能用 8 块芯片替代 32 块这一点真是棒极了。"

联合（Shugart Associates）的厂家制造。① 乔布斯还给了沃兹尼亚克手册和线路图，乔布斯知道沃兹尼亚克想要了解磁盘驱动器的一切。

在一场和苹果 II 计算机一样引人瞩目的工程盛宴中沃兹尼亚克把它叫作"我在苹果最不可思议的经历，这是我最优秀的成果"[56]，沃兹尼亚克与一位名叫兰迪·威金顿（Randy Wigginton）的高中生合作，为苹果 II 计算机设计并制造了一台 13.3 厘米磁盘驱动器的可用原型。[57] 就在两周里，他设计出了一个控制器，只用了平常数量 1/10 的芯片，把之前需要好几打芯片才能做的事情移到了几行软件里。[58] 这项成就让沃兹尼亚克得到了他的拉斯维加斯之行，威金顿也去了。

乔布斯把沃兹尼亚克的设计拿去给舒加特联合工会看，一位执行官回忆起当时的情景时说，他惊讶地发现，他的下一场会议是会见"这个家伙……他的两个膝盖上都有洞，还有一双最黑最热情的眼睛"。舒加特联合公司成了苹果公司驱动器零件的原始供应商。[59]

与此同时，马库拉决定把驱动器的价格定在成本上只加 10%，虽然市场正在承受着高得多的价格。[60] 他不再期待如他在公司的第一份商业计划书里面所说的。周边设备将是苹果公司收入的重要来源。"我不在乎我在这个玩意儿上面是不是盈利，我就想人人都有一台，因为这是做有价值的东西的关键，"他说，"一台没有磁盘 II（Disk II，苹果的磁盘驱动器）的苹果 II 计算机是没用的。"[61] 在驱动器就要发货那天，马库拉叫所有员工都到仓库报道，在那儿（有时还有家人参加），他们彻夜工作，给设备装盒。[62]

沃兹尼亚克是位发明家，但乔布斯却是把沃兹尼亚克的创造与外部世界相连接的链条。苹果公司成立后才一年的时候，在一场有数百名供应商的贸易展览上，乔布斯受到了一位来自《纽约客》的记者的注意。他引用了乔布斯的诺言："第一次，人们真的能用一台好的立体声音响的价钱来买一台计算机，和它交互，并搞清楚它到底是个什么东西。"他声称苹果公司是"世界上最大

---

① 公司的创始人阿尔·舒加特（Al Shugart）在 IBM 工作期间发明了软盘驱动器。施乐公司在 1977 年收购了舒加特联合公司。

的个人计算机公司"。[63] 马库拉则位于乔布斯和沃兹尼亚克更外面一层，他解读更广阔的市场，研究销售方法，乔布斯后来会把这些技能磨砺到令人炫目的程度。

乔布斯的魔法时刻

与此同时，卡特正在组建一个销售团队和销售网络。[64] 他拒绝雇用来自 IBM 的销售代表："因为他们从来不需要为一张订单而战。"他想要那些已经"知道当一名弱者的感觉"的销售员。[65] 1978 年，180 家苹果公司授权经销商里的大多数都是创业者，他们除了销售还负责维修，这些先前的电子产品销售代表们都是刚刚踏进零售业，卡特为他们编写了一份新闻简报，还有一份循序渐进"经销商创业指南"。① 这份指南包含了从样板商业计划书到库存物品确认表格，再到一些基本建议的所有内容。比如，用彩色而非黑白模式来运行演示（"有滋滋声才卖得出牛排"）。这本指南还推荐在海报背面使用双面胶，而不是在四角贴上顾客能看见的胶带。

"不要害怕叫顾客下单或者留下承诺！"卡特劝道，他还敦促那些"技术型的人"要克制，不要"指出计算机的局限，而要强调优点"。他问道："汽车经销商有告诉过你，你的车可能会因为某些缺陷而被召回吗？或是它没法在 5.6 秒内从每小时 0 公里加速到每小时 96 公里吗？当然不会。切记，一般来说，你的顾客并没有评判的标准，他们会把你的批判当作不购买的理由。对你来说是局限的东西，对他来说很可能会是永远都用不到或者不想用的。他指望靠你来获得专业建议。"[66]

在全美，有着接近 400 家专门的计算机商店，包括字节商店、微商店、计算机集市以及数字美食店。另外 400 家囊括了从立体声音响和电视机维修店到小型百货商店等众多类型的公司出售的电子产品里面则有苹果、康懋达、坦迪、IMSAI 和其他公司生产的小计算机。创业者们都愿意尝试销售计算机，

---

① 卡特估计大部分经销商的净资产不到 50000 美元，他与苹果公司的 CFO 肯·泽布合作，为那些信用历史可疑的经销商提供临时发货许可。

但主要的零售商们都还没有准备好。希尔斯百货公司宣布说过要开始销售计算机，但还是退出了。梅西百货公司也打算在 1977 年圣诞节开始销售，但演示模型机无法工作，于是他们改变了计划。[67]

随着小计算机变得流行起来，顶尖的计算机科学家们也在试图发现，这些叫作"小型玩具"或是"非常小的东西"的机器，和他们在大学和研究中心里面的工作到底有何联系。"现在发生的事情，和我所熟悉的那种计算机科学与计算机科技合不到一块儿去，"贝尔实验室的科学家维索茨基（V. A. Vyssotsky）于 1978 年承认说，"我不知道外面在发生些什么，但我觉得它很重要。除非我们能理解它、向它妥协，不然我怀疑它会逃出去成为一项独立的新技术。"斯坦福大学教授的埃德·费根鲍姆（Ed Feigenbaum）说，他不知道怎样才能帮助个人计算机的制造者避免学术界已经犯过的错误。"这真的是一个很关键的问题，因为这个业余爱好者市场在做所有好东西的同时，也在重新发明着所有的坏东西。"他说。[68]

在苹果公司，斯科特监管着生产。出于对快速增长的期待，他安装了管理信息和订单处理系统，并以一家大得多的组织为目标进行了调整，马库拉对此举大加赞赏。[69]斯科特还开发了一套标准生产模块系统，能够在若干厂房之间移动和复制，使得快速扩展或者改动一条生产线变得非常容易。[70]苹果公司用芯片、主板、机箱和其他零件来组装计算机，它们大部分来自供应商，以公司指定的规格生产。斯科特还为苹果 II 计算机编写了一本内部参考手册，也就是"红皮书"，得名于它救火车般红色的封面。① 他还指挥了两次间隔很近的搬家，第一次是搬到史蒂文斯溪大道的小办公室，几个月后，又从那里搬到了位于班德利街 10260 号的 2000 平方米的设施里。专门为苹果公司修建的班德利大楼分为了 4 个区域：工程、管理 / 市场、生产以及一大块闲置空间。1978 年 1 月的一份平面图上开玩笑似地标着"网球场"这几个字。两个月内，这块"球场"就变成了仓库。四个月后，苹果公司得另外再租用两栋楼来满足业务增长的需要。[71]

---

① 克里斯·埃斯皮诺萨（Chris Espinosa）当时还是一位大一新生，很快他就会用红皮书作为苹果公司发行的第一本技术手册的基础。

马库拉编写了苹果公司最早的软件程序之———一份售价 20 美元的用于平衡收支的软件包，并颇为合适地命名为"支票簿 1977"（Checkbook 1977）。他从不喜欢引人注目，编写程序的时候使用了假名约翰尼·苹果佬（Johnny Appleseed）①。对几位苹果公司年轻的员工来说，他还担任了几乎像父亲一样的角色。艺电公司创始人特里普·霍金斯在 1978 年加入过苹果，他是马库拉的另一块"未经加工的钻石"。他说："斯科特的风格是'不要挡我的道'，他有一种关注业务的狠角色心态，做起事来都是简明干脆的。但马库拉很善于鼓励人，他能让乔布斯和我们大家都不断向前，并且对未来坚信不疑。他传达了一种感觉，那就是我们很重要，这份工作很重要，而且他对我们有信念。"霍金斯回忆说，在他加入苹果公司几个月后，他去见了一位风险投资家，提出要创立一家计算机公司。当他结束了会面回到苹果公司的时候，马库拉正在门口等着他。"你在干什么，霍金斯？"他问道，"你这样做真的非常不好。你在苹果公司有一个很好的未来，赶紧回去工作。"霍金斯回到了他的办公室，大为惊讶。"他到底是怎么发现我们在做这个事的？"他疑惑到，"现在他又在向我保证我会在这里大有可为？"几十年后，他反问道："你怎么可能不被像他这样的人鼓舞呢？"[72]

不要害怕叫顾客下单

苹果第一年的业务即将进入尾声，马库拉大部分的工作都专注在融资和建立董事会上。马库拉希望加入董事会的都是建设企业的专家，而把他们拉进来的唯一方式就是请他们来投资。到了 1977 年秋天，苹果早已不再是两位无精打采的家伙在车库里做的令人生疑的生意。苹果 II 计算机已经在 5 月份开始发货，而且公司已经盈利。1977 年，苹果 756000 美元的收入里有 49000 美元的存留利润，在欧洲的销售也非常强劲，贡献了公司几乎 25% 的利润。[73]公司有 24 名员工，商业计划书变成了一份 70 页的私募备忘录，销售在来年

---

① 苹果佬约翰尼是美国 18 世纪末 19 世纪初西进运动中的传奇人物，原名约翰·查普曼（John Chapman）（1774—1845），曾在宾夕法尼亚州种植苹果。今天苹果 iPhone 手机的宣传资料上通信录中的假想联系人也是用的这个名字。——译者注

也计划增长 10 倍，苹果预测该市场会在 1980 年增长到 2.9 亿美元[74]（实际上将会超过这个数的两倍）。[75]马库拉的领导也是苹果公司抽的一根好签。早期投资机构文洛克创投公司（Venrock，洛克菲勒家族的风险投资公司，也是英特尔公司的首轮投资者）管理合伙人彼得·克里斯普（Peter O. Crisp）说，文洛克创投公司对苹果公司的了解就只有"他们很诚实，并且马库拉推荐了他们"。[76]

1977 年秋天，苹果公司以 3 美元一股的价格售出了 150000 股股票，大部分都卖给了马库拉在半导体行业中认识并想要招进董事会来的人。风险投资家亚瑟·罗克，对马库拉在英特尔公司董事会会议上的表现印象至深。在加入董事会之前，罗克投资了苹果公司，并担任了 3 年的非正式顾问。[77]风险投资家唐·瓦伦丁也进行了投资，并加入了董事会。还有汉克·史密斯也来了，就是那位马库拉在几年前雇来编写英特尔微处理器技术文档的汉克·史密斯，他现在为文洛克创投公司工作。乔布斯和斯科特也在董事会上。在一次难忘的会议上，乔布斯把他的鞋子脱了，马库拉严厉地指责他说："你可以出去了，能表现得像一位董事时再回来。"乔布斯很快就把鞋子穿上了。[78]雅达利公司也许会在热水浴池里开会，但马库拉开的公司可得要遵守《罗伯特议事规则》。

1977 年，私募融资的备忘录提供了一次窥探马库拉想法的完美机会，此刻的苹果公司正开始加速发展。一份早期的草稿里列出了 15 项"使用个人家用计算机的好处"，其中包括个人休闲和娱乐、减少污染、更好地财务决策、更多闲暇时间（不论是用于休闲还是盈利）、更好的教育机会、娱乐、避免火灾与失窃、个人舒适，还有提高生活水准。[79]这份文件还回顾了康懋达公司和坦迪/无线电小屋公司最近推出的小计算机，它们的价格大概只有苹果 II 计算机的 1/3。备忘录还警告说，更强大的竞争对手——雅达利公司、德州仪器公司、以及美国广播唱片公司，也很可能会在一年之内进入市场。私募备忘录的草稿里有一行在编辑时被删去了，其中提到了苹果公司个人计算机的"市场总体发展策略"。[80]

　　这份备忘录刻画了苹果公司在 1977 年末所面临的挑战，以及马库拉非常重视市场营销的原因。"苹果公司对于既有产品的有限经验表明，至少需要两小时一对一的讨论，才能说服一个普通人，他需要一台计算机。"马库拉写道，"因为大众普遍缺乏对计算机所提供的好处的了解，20 世纪 80 年的大部分潜在客户在今天甚至没有一点儿购买的欲望。"[81]

TROUBLE-MAKERS

第四部分
胜　利
拥抱激动人心的黄金时代
1979—1981

"**20**世纪 80 年代将是电子产业的黄金时代。"本·罗森（Ben Rosen）这样预测道。1979 年,《财富》称这位分析师是"个人计算机最伟大的理想推手"。罗森断言,"这个富有活力、生机勃勃、激动人心的电子 80 年代",将基于那些能够增进生产力和提高生活水准的技术突破,带来第二次工业革命。[1] 支持"无烟"高科技产业的另一条理由是,这些新产业不会产生污染。这在当时颇有说服力,但后来人们悲剧地发现,事实并非如此。

电子产业的光明未来为 1979 年的美国注入了新的活力。有位美国人在伊朗被绑架,蒙着眼睛在电视摄像机前走过;美国也正面临着两位数的通货膨胀;150 万制造业工人在过去 10 年里丢掉了工作,来自日本的竞争击碎了美国的钢铁、汽车以及电视机产业的美梦。[2]

电子和硅谷可以让美国进入再次占据主导地位的新时代。硅谷在过去三年,每年都会带来 5 万个新工作岗位。在美国,几乎每 5 个新工作岗位里就有一个来自硅谷。[3] 旧金山湾区的高科技工作岗位在 1974—1980 年之间增长了 77%,圣塔克拉拉县的人均收入增长速度比加州其他地方快 10%。[4] 硅谷的失业率一直在 4% 上下浮动,《圣何塞信使报》（*San Jose Mercury News*）的分类广告专栏扩大到了 93 页,[5] 而《华尔街日报》将这种现象描述为"后淘金潮"。[6]

像国家风险投资协会和半导体业协会这样的新工业集团,派了一些硅谷最有名的创业家前往华盛顿说明风险投资、微芯片、生物科技、个人计算机以及软件的重要。①这些游说取得了显著的成果。1978 年，国会把资本收益税率从 49% 砍到了 28%，并且放宽了之前限制用养老基金进行风险投资的"谨慎人"政策（Prudent Man）。②一年之内，风险投资家们可以用于投资的资金超过了 50 亿美元，全美各地的养老基金、大学以及其他机构开始试着把少量资金交给风险投资公司管理。[7]

《华尔街日报》的一篇文章中这样写道，"逆向革命正在美国政治中发生"，它让大企业变得"无能为力"。[8] 加州州长杰里·布朗（Jerry Brown）成立了加州产业创新委员会（California Commission on Industrial Innovation），他自己担任主席，成员包括戴维·帕卡德、史蒂夫·乔布斯、国民半导体公司的查利·斯波克，还有斯坦福商学院的院长。[9] 1982 年，加州的财政预算为成立计算机中心和一家软件交换所提供了支持，此外，为数学和科学技术的教育提供了 2500 万美元的资金。在华盛顿，一些由加里·哈特（Gary Hart）、蒂姆·沃思（Tim Wirth）和迈克尔·杜卡基斯（Michael Dukakis）领头的民主党人对充满创业精神的高科技产业表示强烈支持，以至于被称为"雅达利民主党人"。几十年来，白宫第一次举行了一场由小型企业参与的会议。总统里根成立了产业竞争力委员会（Commission on Industrial Competitiveness），由惠普公司总裁约翰·扬（John Young）担任主席。

这一切为今天的硅谷与华盛顿之间的紧密联系奠定了基石。[10] 硅谷的故事翻开了高科技时代的新篇章。这是对那些敢于承担风险且自命不凡的人对

---

① 让创业家而非收费的说客前往华盛顿的建议来自里吉斯·麦克纳，前往华盛顿的人包括：安迪·格鲁夫、史蒂夫·乔布斯、罗伯特·诺伊斯、汤姆·珀金斯以及罗伯特·斯旺森。第一个电子产业协会是美国电子协会（American Electronics Association，原名西海岸电子制造商协会），由戴维·帕卡德于 1943 年创立。

② 在幕后推进降低资本收益税率和改革"谨慎人"政策的关键人物有贝克曼仪器公司的威廉·巴尔豪斯（William F. Ballhaus）、福特基金会（Ford Foundation）的罗杰·肯尼迪（Roger Kennedy）、风险投资家戴维·摩根塔勒（David Morgenthaler）和里德·丹尼斯（Reid Dennis）。埃德·肖（Ed Zschau）是一位代表美国电子协会领导了降低资本收益税率游说工作的创业家，1983—1987 年，他担任了加州第 12 选区的共和党众议员。1986 年，硅谷再次展现了它的政治影响力，美国对从日本的微芯片公司进口的 3 亿美元的产品可以征收 100% 的关税。

新领域的探索所带来的进步的巨大回报。

　　"每次想到这些硅谷发生的天翻地覆的变化，"1980 年，旧金山的一位风险投资家说，"我都会感到特别兴奋。"[11]

T

19

我看值一亿美元

尼尔斯·赖默斯　罗伯特·斯旺森

Looks Like $100
Million to Me!

风险投资家汤姆·珀金斯正在试图说服基因泰克公司创始人罗伯特·斯旺森和赫布·博耶让公司上市。刚满"三岁"的基因泰克公司已经成功地使用重组 DNA 技术合成了人胰岛素，正在给像礼来公司这样的大制药公司提供小批量的激素。这些公司将会批量生产这些激素并进行销售。

基因泰克公司已经开始盈利，虽然不是很多，全职员工（都拥有博士学位的超过 1/3）的数量超过了 100 人，办公地点位于旧金山南边的一个仓库里。这里租金很低，在这个自称"工业城"的地方，社会活动家也很少。在很长一段时间内，基因泰克公司的"邻居"都是些软色情书刊的经销商。

珀金斯、斯旺森和博耶都一致同意，基因泰克公司需要资金来建造生产设施。通过把公司卖给礼来公司或是强生公司来融资的努力也都失败了。珀金斯坚信，上市会给基因泰克公司带来能为"生物科技"这项新兴产业做出榜样的机会。[①]一次成功的上市也能让克莱纳·珀金斯风险投资公司有机会满载而归。

这门新兴产业还没有完全摆脱疯狂的科学家早年曾带给它的阴影，但整体而言，公众变得不再那么害怕生物科技，而且开始仰慕起来。基因泰克公司雇用了里吉斯·麦克纳推广和宣传生物科技的应用，也许因为他的影响力，

---

① 弗雷德·米德尔顿说"生物科技"（biotech）这个词是由名叫纳尔逊·施奈德（Nelson Schneider）的分析师于 1979 年 10 月的一次会议发明的。之前，人们称为"基因工程"或者"基因剪接"。

或者仅仅是因为时间的流逝，基因泰克公司成了光彩熠熠的主角，频频出现在像《时代周刊》《商业周刊》《华尔街日报》以及《纽约时报》等之类的刊物上，相关的报道有《关于基因研究的"惊人"报道》《基因剪接领域正快速走近商业阶段》以及《基因工程的大胆创业家们》等。[1] 几家能用得上基因工程的大企业还投资了一些年轻的生物科技公司。①

珀金斯相信，基因泰克公司的上市已经万事俱备：利润、产品、知名客户以及公众的认可都已具备。另外，他警告斯旺森和博耶说，如果另一家在管理上没那么保守的公司先上市了，会导致基因泰克公司将来的前景变得暗淡。基因泰克公司需要快速行动起来，向公众正式地说明一下，作为一家生物科技公司到底意味着什么。

上市与否，引发董事会大战

斯旺森不赞成，他认为公司还没有准备好。而且，利润还非常单薄——300万美元的收入里只有10万美元多一点的利润，况且，这些利润不是来自对患者或者医院的产品销售，而是来自与大型制药公司的供货协议。斯旺森并不认为，一家只能勉强盈利且还没有产品收入的公司是个上市的好苗子。何况，加州大学正在起诉基因泰克公司，称他们盗窃了基因研究材料。[2]② 另外，美国最高法院尚未判定新型的生命形态（这是基因泰克公司知识产权与产品的核心）是否能受专利保护。③ 不确定的因素太多了。

斯旺森不想再增加不确定因素了，也就是那些公司上市之后所必要的注意和报告要求。斯旺森焦虑地运营着基因泰克公司，他觉得这些压力正在"啃噬我的心"。[3]

---

① 1979年秋天，化学公司路博润（Lubrizol）用1000万美元购买了基因泰克公司15%的股份。1977年，印第安纳标准石油公司用1000万美元购买了赛特斯公司23%的股份；加州标准石油公司则在第二年用1300万美元购买了另外的26%。

② 就在申请首次公开募股前不久，基因泰克公司向加州大学支付了35万美元。

③ 基因泰克上市前不久，在对"戴蒙德诉查克拉巴蒂提案"（Diamond v. Chakrabarty）的判决中，美国最高法院判决"凡是阳光下人造之物"都可以申请专利。

斯旺森想再等一年，珀金斯听到这句话将铅笔扔到了桌上。"这是我听过的最荒谬的话了！"他嚷道，"我干脆卖掉所有的股份，从董事会辞职算了？"[4]

珀金斯请博耶来打破这个僵局，但这位科学家拒绝了，只说了句："我会和我的朋友站在一起。"

基因泰克公司的董事长和CEO就这样斗了下去。最后，珀金斯诉诸了斯旺森的竞争心态，问他，如果赛特斯公司成为第一家上市的生物科技公司，他会有什么感觉。答案一下子就明了了。

三个困境

下一步就是找投资银行来承销发行。克莱纳找了艾尔弗雷德·"巴德"·科伊尔（Alfred "Bud" Coyle），帮助基因泰克上市，科伊尔是布莱思·伊斯曼·佩因·韦伯投资银行（Blyth Eastman Paine Webber）的一名已经退休的合伙人。像硅谷还要重演的情形一样，前一代的创业者铸造的关系现在又在支持着新一代的成功。30年前，科伊尔和他的初级经理亚瑟·罗克曾经处理过创立仙童半导体公司的交易，克莱纳就是8位联合创始人之一。仙童半导体公司的这笔交易为8位默默无闻的年轻科学家和工程师提供了资金，他们决定离开获得获诺贝尔奖的老板去创立一家对手公司，这在当时看来是革命性的。克莱纳知道科伊尔是个敢于承担风险的人。

基因泰克公司的股票发行工作具有前卫性。"基因泰克公司是研究科学的，很难盈利，而且基本上没收入。"斯旺森的前室友布鲁克·拜尔斯说，他在1972年加入了克莱纳·珀金斯风险投资公司。基因泰克公司想成为多年以来创立的第一家新型制药企业，它会与著名的巨头们相竞争。没有科伊尔在后面帮忙发行，拜尔斯思忖道："就没有哪家纽约的投资银行家会注意到它。"[5]

珀金斯建议由汉博奎斯特创投公司来担任西岸的投资银行，他对这家公司非常熟悉，并认为在投资银行界那些愤世嫉俗的有钱人眼里，这家银行的负责人算得上是"童子军"。[6]① 1968 年，比尔·汉布雷克特和乔治·奎斯特合伙创立了这家公司。当时他们相信，西海岸的风险投资家们不知道如何带领小型高技术企业上市，而东海岸的银行家们虽然知道如何上市，但又不想承担风险。汉布雷克特和奎斯特采用了一种特殊的商业模式：他们的公司既是一家风险投资公司，对高风险的年轻公司进行早期投资，又是一家投资银行，通过带领年轻的公司上市来赚钱。

汉布雷克特是长岛人，他惊叹于在大陆的西端尝试一点新东西是多么容易。新成立的汉博奎斯特创投公司一个下午就从旧金山 4 个显赫家族那里募集到了 100 万美元，汉布雷克特把这归功于加州的"先锋传统"。[7]"从来没人问我，'为什么你觉得你干得了'，我们只回答说我们能！"汉布雷克特说："通过做这些，我们发现这东西是有市场的。"[8]

汉布雷克特可能是成功的金融家里唯一一位因为诺曼·托马斯②是校友而选择普林斯顿大学的人。[9] 2004 年，汉布雷克特会在采用了一种"拍卖模式"，使普通大众更愿意购买谷歌公司公开发行的股票，他也因此而声名鹊起。从他刚进入职业生涯开始，就一直致力于增进公众与高潜力公司的接触机会。在他和乔治·奎斯特合伙的前一年，他拜访过一位创业家——比尔·法里农（Bill Farinon），法里农请汉布雷克特帮助他的电子公司上市。③汉布雷克特告诉他，公司还太小，如果要上市，还需要达到某些指标：100 万美元的利润、1000 万美元的收入、持续 5 年盈利。正是这些同样的指标使得斯旺森对基因泰克公司的上市有所迟疑。

法里农问："是谁定的这些规则？"

"我不知道，它们就是规则。"汉布雷克特说。

法里农愤愤不平。"那些规则就是为你们这些人设定的，好让你们来挣一

---

① 汉博奎斯特创投公司拒绝了苹果公司的首轮投资机会，因为他们认为，个人计算机会像民用波段无线电一样只是一时的潮流。
② 他当过 6 次美国社会党的总裁候选人，也是汉布雷克特祖父心目中的英雄。
③ 巧合的是，法里农的公司也是第一家使用 ASK 计算机系统公司 MANMAN 程序的公司。

大把钱！它们和我什么关系都没有。"他追问汉布雷克特道，"你觉得我的公司好吗？你会把你的钱投进来吗？"

汉布雷克特承认说，他会愿意买些这家公司的股票。

法里农好像获胜了一样："如果你自己都愿意买股票，为什么不愿意向公众出售呢？"[10] 这项挑战成了汉博奎斯特创投公司的信条。

在珀金斯给汉布雷克特打电话，问他对带领基因泰克公司上市感不感兴趣时，汉博奎斯特创投公司已经是一家成功的投资公司了。这家银行有4位高级管理合伙人和12位普通合伙人。[11] 汉布雷克特检查了基因泰克公司的财务状况，同意对公司设施进行一次参观。他倾听了关于制冷和保暖房间的解释，访问了实验室，看到穿着白大褂的科学家们正专注于有许多旋钮和彩色阀门与管道的现代化发酵器。参观结束之后，珀金斯问汉布雷克特，觉得这家公司怎么样。汉布雷克特停顿了一下，看了看四周说："这东西我看值一亿美元！"[12] 他想要公司的风险投资部门参加下一轮融资，让银行部门带领它上市。

开启4天6城的"路演"

1980年9月，斯旺森开始了为期4天、纵横6座城市的欧洲"路演"之行，为定于下个月的公司首次公开募股做准备。陪伴他横跨大陆的是联合创始人博耶和董事长珀金斯，还有基因泰克公司的首席财务官以及三位银行家。从巴黎到日内瓦、苏黎世，再到爱丁堡、格拉斯高和伦敦，这些人结队而行。黑色的汽车把他们从飞机场送去与养老基金经理共进早餐、与主要信托公司的代表一一面谈、给保险基金经理展示他们的产品，最后又送回到机场。

这些演讲被字斟句酌过，而且演练到了团队里任何一个人都可以就任何一部分进行展示的程度。他们都严守脚本。首席财务官弗雷德·米德尔顿负责讲财务，他会指出基因泰克公司是第一家合成人胰岛素并盈利的公司。博耶讲重组DNA技术背后的科学原理，用一串色彩鲜艳的儿童塑料球来充当道具。他会把球串连成一个环来代表质粒，然后他会把环打开，插入一个新的球来表示不同源的 DNA。为了演示将质粒插入大肠杆菌，他把混合后的环放进了一个透明的塑料盒子里。[13]

"人们边听边打哈欠，"米德尔顿回忆说，"每次请人提问的时候，总是没有问题。人们不知道问什么。现场没有专家，也没有分析师。反正每个人就是表现得很惊讶。"[14] 几乎每一个听过基因泰克公司的产品的科学原理的人，在离开的时候都怀着同样的想法：我不太明白这到底是什么东西，但感觉很不同凡响。这公司已经找到了一种方法来在试管里合成维持生命的人胰岛素。下一步会发生什么？

斯旺森讲的则是公司的起源与希望。他天生就是做这个的料，镇定自如又充满热情，他在 32 岁的时候就已经是一位成功的执行官。在过去三年里，他在三轮私募里融到了超过 100 万美元的资金。在公司里，他知道如何哄劝、纠缠和诱导那些科学家们。"他懂的科学知识刚够用来烦人。"一位基因泰克公司的研究者这么说。然而，基因泰克公司的科学家们根本不缺乏动力。戴维·哥德尔（David Goeddel）带领大家率先制造出了人胰岛素，他有句口头禅："你要么争第一，要么甘居最后。"他还设计了带有哈雷（Harley-Davidson）标志、DNA 双螺旋和短语"不克隆，毋宁死"（Clone or Die）字样的 T 恤衫。

每次路演结束之后，斯旺森的体力"就像一块被拧干了的洗碗布"。一天结束之后，有人会去酒店的酒吧或是大厅，坐在柔软的椅子里抽一根雪茄，但斯旺森不能。对他来说，这趟旅行的意义要比银行家、投资人、资产负债表都大得多。还有一个人也在陪他路演，这人甚至都不为基因泰克公司工作。斯旺森觉得自己欠她一个道歉。因为这趟旅行也是他和妻子的蜜月之旅，他从来没想过会这样度过。①

斯旺森是在路演开始前不到一周的时候结婚的。他和新婚妻子朱迪只单独度过了一个周末，然后 6 位执行官就加入他们的蜜月中，斯旺森把这形容成是"白雪公主和七个小矮人"。在丈夫给潜在投资人进行推销展示的时候，

---

① 美国证券交易委员会担心基因泰克公司可能违反发行前的"静默期"，强迫基因泰克公司把上市时间推迟，推到了斯旺森婚礼后的几周。

朱迪会把观光活动塞进两小时长的档期里去。当整个团队待在伦敦的那几天，她租了一辆车，开去了湖区。"像你这么可爱的一个美国姑娘怎么会孤身一人？"有人这样问她。

"我在度蜜月。"她回答说。[15]

20分钟从35美元到89美元，创华尔街最快首日涨幅

1980 年 10 月 14 日，基因泰克公司在纳斯达克交易所以 GENE 为代码开始交易。在最初的 20 分钟里，每股 35 美元的开盘价飙升到了 89 美元，这是华尔街历史上最快的首日涨幅。"真正把这事做成的是乔治·奎斯特，"风险投资家布鲁克·拜尔斯推测说，"我觉得他可能就是拿起电话，给他在纽约认识的每个人都说'你得买这个'。"[16]收盘钟声敲响的时候，价格稳定了一些，基因泰克公司的市值是 5.32 亿美元（合 2015 年 16 亿美元）。斯旺森和博耶最开始各自投资的 500 美元现在价值大约 6500 万美元（合 2015 年 1.99 亿美元），克莱纳·珀金斯风险投资公司在第一轮花 10 万美元和后来另外 10 万美元买进的股份现在也值这么多。①

至少有一位科学家认为博耶是叛徒而非先驱，他评论说，这些意外之财可能对博耶的科学生涯不利，因为在科学圈子里，企业仍然会影响科学家的名声。[17]但更多的人不同意这种说法。有一打的生物科技公司在基因泰克公司上市之后两年内也都上市了，它们都有科学家在担任核心角色。[18]一位历史学家推断道："重组 DNA 技术把遗传学从科学的王国推进了技术的王国。"[19]风险投资家们知道如何围绕着科技来创建企业。

在基因泰克公司上市当天早上，珀金斯给留在加州的斯旺森打了一个电话，把他从熟睡中惊醒。他告诉这位他曾经解雇过的、睡眼惺忪的年轻创业家："你是我认识的最有钱的人了。"[20]

---

① 克莱纳·珀金斯风险投资公司在上市时拥有基因泰克公司约 15% 的股权，和斯旺森与博耶大致相同。

与诺奖失之交臂

在基因泰克公司上市的同一天，保罗·伯格获得了诺贝尔化学奖。伯格就是那位组织了关于重组 DNA 技术安全问题的阿西洛马会议的斯坦福大学的生物化学家，他还批评"科恩－博耶"专利试图"把一切都占为己有"。诺贝尔委员会表彰了他"在核酸生物化学原理，尤其是在重组 DNA 技术上进行的基础研究"。1976 年，伯格和弗雷德里克·桑格（Frederick Sanger）以及哈佛研究者沃尔特·吉尔伯特（Walter Gilbert）在英国的一家生物战设施里工作过。

在诺贝尔奖的记录中，都没有提到斯坦·科恩或是赫布·博耶的基础性成果。[21] 一些观察家指出，科恩和博耶被认为仅仅是对获奖者以及其他人的突破性成果"进行了实践"。也有可能，是科恩和博耶勉强同意赖默斯所建议的对重组 DNA 技术申请专利，让他们丧失了获奖机会。[22] 如果专利申请成功，那就意味着科恩和博耶将会因为这项建立在别的科学家成果之上的研究而被冠以"发明人"的称号，并获得重大的经济回报。

4237224

"诺贝尔奖问题困扰了我很久，老实说，"科恩承认道，"但我已经想通了。"[23] 博耶虽然很高兴，而且"从来没有预料到自己会做现在在做的事情"，但他仍然对诺贝尔结果的宣布表示失望。[24] 当科恩被问及是否感到难以接受时他说："商业界能够承认一家投身生物科技领域的公司的价值如此之大，这是一份惊喜。"[25] 科恩从 1986 年开始接受了自己作为发明者而获得的那一份重组 DNA 技术的专利使用费，并把它们都捐给了慈善机构；他从未用奖项或是金钱来衡量成功。[26]"我的兴奋点来自研究。"他解释说，"进化给了我们肺结核、疟疾和癌症。所有的医学科学都在改变进化带给我们的东西。"然后，他补充道："我要努力去做对的事情。"[27]

诺贝尔奖宣布两个月后，在 1980 年 12 月 2 日，律师伯特·罗兰给斯坦福大学的技术许可办公室的赖默斯打了一个电话，6 年过去了，重组 DNA 技术的专利终于要被授予了。"重组 DNA 技术的专利被许可了！"赖默斯得意地在备忘录上这样写道，相关的文件现在已经塞满了好几个抽屉。他把新的专利号写在了备忘录的最下方：4237224。[28] 这份专利和其他相关专利在未来的年份里，将会成为斯坦福大学和加州大学接近 2.25 亿美元收入的来源。

赖默斯等专利授予已经有好几个月了，但没有什么能比官方文件更能让许可办公室值得庆祝一场了。[①] 星期五那天，在亨利斯酒吧的奉行的庆祝活动欢乐非凡。

斯坦福大学副校长自豪地告诉《圣何塞信使报》："在我的记忆中，这是整个科学领域第一次以显而易见且明显盈利的方式，向商业应用敞开了大门。"[29]

与此大概同一时间，国会通过了《贝赫－多尔法案》（Bayh-Dole Act）。这项法案从本质上来说就是，赖默斯追求了 5 年的东西成为法律：赋予大学以权利来索取对联邦研究拨款资助的发明的所有权。赖默斯对这项法案做了大量的推动工作，他拜见了参议员和加州在众议院里的代表。《贝赫－多尔法案》的通过是他非常重视的问题，因为他想要所有的大学都能自动获得斯坦福大学一点一滴争取下来的同样权利。

有了专利，赖默斯开始把注意力转向优化重组 DNA 技术许可的条款。"科恩－博耶"方法的美妙之处就在于简单，这也意味着在专利申请尚不明朗的 6 年里，世界各地的科学家们已经开始使用这种方法了。在专利被授予的时候，国立卫生研究院已经在 717 个重组 DNA 技术项目上面投入了 9150 万美元；美国国家科学基金会在 184 项补助上投入了 1500 万美元；农业部也资助了 500 万美元用于研究。[30] 学术界和纯研究机构无需购买许可就可以继续他们的工作，然而现在专利已经被授予，任何使用这项技术的公司都需要从技术许可办公室购买一份许可。这也包括用这个方法开发激素的基因泰克公司。

---

① 3月时，罗兰称"专利会在年内授予的可能性是90%"，6月时，赖默斯觉得足够自信，给鲍勃·拜尔斯写了一封信，感谢他给了斯坦福大学和加州大学"一次得到有史以来最重要的一份专利产权的机会"。

赖默斯需要设计一份能够达成两个很难调和的目标的许可证：既要给斯坦福大学和加州大学带来收入，同时又要定价合理，所以公司才会愿意购买这份许可，而不是跑到法庭去，对这份宽泛的专利的有效性发起挑战。[31]

几年来，赖默斯尝试过不同模式的条款。最后，他采用了一种精明的方法，利用了公司讨厌不确定性的本能。便宜条款的许可将只提供给那些在 4 个月内签约的公司。之后，赖默斯开始发挥创造性了。他决定不提供任何关于 4 个月之后的新条款的任何信息。[32] "我不知道这个点子从哪儿来的，可能是这儿吧。"他敲敲自己的脑袋说。本质上，他就是在告诉公司，要么现在就接受交易，要么之后再碰运气。[33]

赖默斯把许可条款的草案寄给了大概半打公司，包括基因泰克公司。[34] 这给了那些重要的公司一次先睹为快的机会，它们的反馈能让赖默斯更好地了解，许可获取方到底看重的是什么。[①] 在收到条款草案之后，斯旺森就要求购买一份定制的许可。赖默斯拒绝了。因为只有一个交易，这是不能被定制的。为了强调这一点，他把最后的许可文书装订成了一本小册子，看起来更像一本印好的书，而非那些能够划去文字、标个姓名首字母就能修改的法律文件。[35]

73份专利许可合同，73万美元

为了达到宣传与销售的目的，赖默斯于 1981 年 8 月在《科学》《自然》以及《华尔街日报》上刊登了广告。这篇广告读起来像是一条出生公告。"斯坦福大学与加州大学共同宣布专利许可现已开始发售"，并感谢了赞助过的组织；介绍了许可的条款；拐弯抹角地警告说，12 月 15 日之后，条款"对购买者的优惠就会减少"；然后结尾许诺说，两所大学会把专利费收入投入"教育与科研领域，旨在促发新一轮的科学进步，以供公众使用和盈利"。[36]

---

① 许可合约的草案寄给了礼来公司、基因泰克公司、先灵葆雅公司以及普强公司。赛特斯公司也见过合约。

赖默斯的长期助手萨莉·海因斯把一张大纸用胶带贴在了她的办公桌前。她宣布,她会不断地统计登记购买许可的公司数量。安迪·巴恩斯是一位签了一年雇用合同的商学院学生,赖默斯把他派到美国各地、欧洲以及日本去动员各地公司购买许可。[①]在日本,政府把开发重组 DNA 技术定为了国家的目标,硅谷也在日本广受仰慕,巴恩斯说他受到的待遇"就像摇滚明星一样",到处出席媒体活动,甚至还有一小队小报记者跟踪他。[37]但在纽约和芝加哥,公司的代表们告诉巴恩斯,这份专利过于宽泛,因此无法强制实施。[38]在欧洲,各家公司则表示担心,如果现在就把自己锁定在这个专利费率上,将来可能会发现费用太高。[39]

巴恩斯回忆说:"这个计划有点儿鲁莽。每个地方的回应都是一样的:'这应该属于公共领域。斯坦福大学怎么能这样做?'"[40]

赖默斯希望基因泰克公司能够成为第一家签订许可协议的公司。"签订许可协议的公司要有名有姓,史克必成公司(SmithKline)[②]或是百时美(Bristol Myers)[③]那样的老派公司,要在行业里做得风生水起。"他回忆道。[41]然而,很快他就知道,他不能太挑。一家日本公司第一个签署了协议,海因斯很自豪地在大纸计数单上写下了一个大大的"1"。到了 9 月中旬,距窗口关闭只有三个月的时候,仍只有一家公司登记。[42]

斯坦福大学校长唐纳德·肯尼迪开始有点坐不住了。"我有点担心'科恩 – 博耶'许可最后阶段的情况。"他给一位高级管理者发电子邮件时写道——这也是校园电子邮件系统的早期应用之一。"赖默斯似乎没有想好一个稳健的战略,来解决预先宣布的期限或是这以后费用的处理问题。"[43]肯尼迪担心的另一件事是,赖默斯在没有请示上级的情况下就擅自预留了 20 万美元,这超过专利许可办公室前一年带来的收入的一半,用于对付针对专利的潜在挑战。[44]赖默斯想先留出这笔款项,不仅是用来维护专利,也"确保我们能从加州大学

---

① 虽然斯坦福大学并不拥有国际专利,但许多外国公司还是支付了许可费。
② 今为葛兰素史克公司(GlaxoSmithKline,简称 GSK)。——译者注
③ 今为百时美施贵宝公司(Bristol-Myers Squibb,简称 BMS)。——译者注

拿到钱"。[45]

私下里,赖默斯对自己说,如果有 30 家公司来购买专利他就很高兴了,赖默斯让办公室做好了迎接冲击的准备,甚至在海因斯的新计算机上安装了一个数据库程序用来跟踪进度。[46]7 年前,专利申请都是在打字机上打出来的。而现在,一台计算机就能计算它的价值。

许可合同如涓涓细流般地涌来了。海因斯办公桌上的计数板跳到了两位数。然后,在 12 月 15 日的清晨,许可窗口关闭的那一天,海因斯注意到了一些不寻常的事情。送快递的卡车一辆接一辆地在恩希纳厅门口的环形车道上停下,给技术许可办公室送来了信封。"我们都像孩子一样睁大了眼睛,"海因斯回忆,"那么多卡车,全都是来给我们送东西的。"[47]

一天即将结束,海因斯办公桌的大纸上已经是一大堆乱七八糟的数字划掉的线条。最终,有 72 家公司签下了许可合约。

赖默斯坐在桌前,查看着新的许可购买者的名字,把他们和自己的目标清单一一做了对比。赖默斯想要的每一家公司都在那儿,除了基因泰克公司。[48]接下来,在最后一刻,基因泰克公司的合同送到了。73 份合同代表着 73 万美元的直接收入和未来更多的未知收入,都到齐了。

赖默斯现在心满意足,并把成功的消息报告给了斯坦福大学的校长肯尼迪。[49]

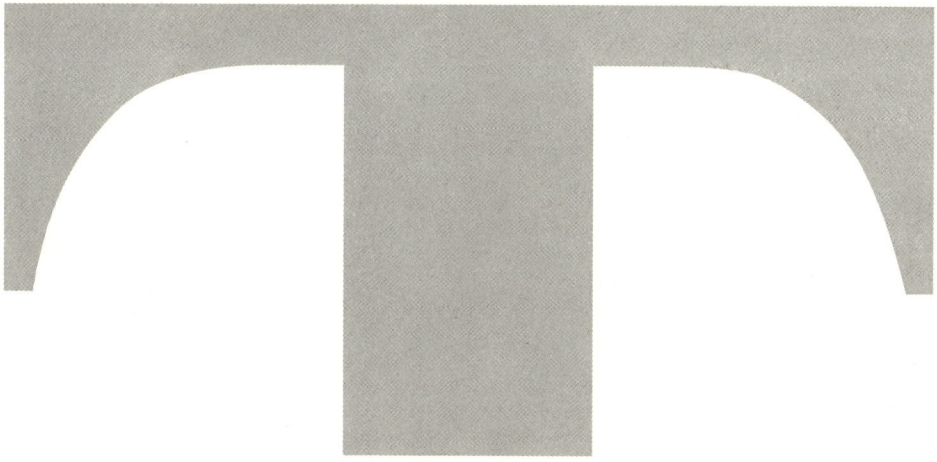

20

如果你不想淘汰自己的产品，会有人来淘汰的

艾伦·奥尔康

Sitting in a Kiddie Seat

"我这次真的搞定了。"诺兰·布什内尔对艾伦·奥尔康说。那是在 1978 年圣诞节的几周前，几个老朋友们正在纽约一间酒吧里喝酒。昂贵的饮料、擦亮的红木和黄铜酒吧内饰，还有 24 小时的客房服务以及舒适无比的床，它们就像睡眠一样吞噬着一个人。奥尔康知道布什内尔已经习惯所有这些东西了。布什内尔再也不是那个会坐一次私人飞机就惊叹不已的天真的犹他州男孩了，他现在有了自己的私人飞机，而且他家就和这个酒店一样富丽堂皇。

奥尔康刚花了一天在一个活动上介绍雅达利公司最新的个人计算机和专有软件，其中还包括一些游戏，以及报税和记账程序。名为雅达利 400 和雅达利 800 的计算机的市场推广完全对准了苹果公司的客户，连宣传册都带有彩虹条纹，这会让人联想起苹果公司的标志，上面饰以文字"大众的计算机"。一份官方新闻通报说，雅达利计算机是"雅达利公司的技术专长、规划与持续的消费者研究的自然结晶"。[1]

是无限创新，还是推广旧产品

布什内尔刚刚在城市的另外一头与曼尼·杰勒德（Manny Gerard）以及华纳通信公司的其他高层执行官开完预算会议。一天结束后，他和奥尔康在酒吧碰头。

布什内尔吞了一大口酒。"开完那场会之后，我觉得他们会炒掉我。"他说。[2]

会议的议程再常规不过了：完成雅达利公司 1979 年的预算。在过去的三周里，华纳通信公司的各个部门都和总裁办公室的成员以及 CEO 兼董事长史蒂夫·罗斯开了会。会议内容是各部门的主管展示一份预算书，然后大家公开讨论，地点就在位于洛克菲勒中心的华纳通信公司总部的主会议室里。在这种会议上，一般都不会有什么惊奇的事情发生。各部门的员工已经就预算达成了一致，华纳通信公司的领导层则采用比较宽松的方式，他们会问一些问题，但都让部门的主管来引领会议。

当布什内尔 1.9 米高的身躯从皮椅里站起来，开始讲话的时候，会议氛围发生了变化。他告诉奥尔康说："我开始管他们叫白痴。"[3]

雅达利公司和华纳通信公司的领导层之间的摩擦几乎从并购文件签署的一刻起就开始了。那之后不久，布什内尔休了一个非常及时的假期。他又结了一次婚，还在圣塔克鲁兹山脚下买了一幢 4000 平方米、带 37 个房间、占地 97 亩的大房子，并开始装修。[4]布什内尔缺席的问题变得越发严重。"自从我们卖掉了公司，拼命的动力小多了。"乔·基南承认道。[5]

与此同时，当年代号叫作史黛拉（现在叫作 VCS）的那种基于微处理器的卡带式游戏机，并没有给曼尼·杰勒德带来所期待的巨大成功。在头一年，芯片供应商无法按日程供货。第二年，供应商那边控制住了，有 30 万份游戏没卖出去。在这个时候，竞争对手们开始赶上雅达利公司了，开始销售它们自己的游戏卡带系统。[6]华纳通信公司在雅达利身上投资了差不多 1.2 亿美元，但这个部门还在亏损。[7]

杰勒德决定去雇一位执行顾问去雅达利公司待上 6 个月时间，并推荐一些变革方法。他说："是该有大人来管管的时候了。"[8]问题就从这时真正开始了。

雅达利的新总裁

这位顾问名叫雷·卡萨尔（Ray Kassar），在全美最大的 50 家公司之一的伯灵顿工业公司（Burlington Industries）工作了 28 年。他主管过伯灵顿工业公司相当大的家居用品部门，喜欢叫它"家庭时尚"。[9] 最近他没能当选公司的总裁，接受雅达利公司顾问的工作主要是看中了这份有保障的收入。[10] 卡萨尔从来没有玩过电子游戏，作为一个一生都在东部度过的人，他也没打算在加州长住。

卡萨尔知道怎么往客厅里面卖东西，而华纳通信公司希望有一天，那里的每一台电视机上都连着一台 VCS 游戏机。在伯灵顿工业公司，他帮忙说服了全美国的人：装饰和翻新客厅是一件需要持续不断进行的事情。

在卡萨尔的顾问期快结束时，他向华纳通信公司报告说，雅达利公司一团糟。他说，在布什内尔和基南的领导下，雅达利公司"根本就不管业务、产品的质量、回报、广告和市场，这些全都不管"。[11] 他建议退回到生意的基础面上，再结合针对 VCS 系统的正确市场进行营销和广告推广。有了这些变革，卡萨尔相信，雅达利公司才能取得杰勒德所期待的成功。

卡萨尔所推荐的举措与布什内尔心中关于雅达利公司的设想差距甚远。布什内尔相信："雅达利做一切事情的原因都是为了创新。"[12] 这么重视创新是因为布什内尔在街机游戏上的经验，它们都只能流行几个月。为了保持盈利，并比那些仿造机领先一步，他总会尝试来自雅达利工程师们的新想法。"一位工程师不一定总是很会说话，"他有一次解释说，"但他们不是白痴。你需要对他们有足够的信念，才能说：'我不知道你在说些什么；这些钱给你，做出来给我看看。'"[13] 当工程师们说，他们能够设计出更好的一版 VCS 电子游戏卡带系统时，布什内尔很乐意让他们试试，即使原来的 VCS 卖得也不好。如果他们说，他们能造出比雅达利公司正在销售的计算机更为强大的机器，布什内尔就会让他们去干。[14] 他的鼓励是一个非常强大的激励因素，特别是在和奥尔康和布里斯托坚持只追求最有希望的点子的性格相结合的时候。

布什内尔对雅达利公司有着雄伟的计划。他想要开带游戏机的餐馆，使用机器人演员，就像迪士尼乐园里的总统博物馆一样，让等着吃晚饭的小孩有东西玩耍。布什内尔甚至还为餐馆想了一个吉祥物，一只叫作里基的大老鼠。他在办公室里还放了一套里基老鼠的服装。

卡萨尔来自一个非常不同的背景，对生意的想法也很不一样。家装市场并不依赖于开发新产品。一条毛巾或者一张床今年与去年相比并没有太大的变化。他的成功之处在于用新的套路来销售旧的产品。布什内尔这种对下一个新点子几乎是强迫性的追求，在卡萨尔看来完全是误入歧途。布什内尔觉得雅达利公司应该把钱花在推广它已经有的产品上，尤其是 VCS 游戏系统。

布什内尔认为，卡萨尔和另一位来自华纳通信公司的代表要他"像去年那样来搞发明，而不是搞这些新东西"。[15] 他也有财务上的动机来开发新产品，而非推广旧产品。他和奥尔康以及雅达利的几位顶层员工都参与了一项奖金计划，作为团队，他们有资格获得雅达利公司 15% 的利润。[①]

群体对立，布什内尔和核心员工出走

布什内尔和卡萨尔之间的斗争是一种代际冲突，它发生在世界上最新的产业之一半导体电子和最老的产业之一纺织品之间。这也是地域之战。布什内尔一生都在西部度过；卡萨尔的生活轨迹则一直是在纽约、罗德岛，还有马萨诸塞州。如卡萨尔所解释的："我们东部要严肃得多。你有一份工作，就得做到最好，你知道，这不是游乐场。"[16] 布什内尔对在雅达利公司工作的描述则非常不同："你不用太担心法律责任，人们醉酒是常事。"[17]

布什内尔举办过热水池里的裸体派对，也喜欢挑衅权威。卡萨尔则喜欢寻觅古玩，而且据说他只花了节日的一个周末，就靠个人魅力打动了两个机构的大人物，既得到了一份伯灵顿工业公司的工作，又获得了一份哈佛商学院的奖学金。也许是受其家族在叙利亚的丝绸生意的影响，卡萨尔身穿剪裁

---

① 布什内尔说："华纳通信公司会说：'我们都是一家人。'胡扯。我们的奖金计划是建立在利润上面的。"

漂亮的西服的时候最为精神焕发。[18]

到 1978 年布什内尔说他会被开除的那次会议时，这份预算（很可能体现了卡萨尔的影响）要求华纳通信公司投入数百万美元来推广 VCS。布什内尔对这项计划的反对使他的言论在会上成为"白痴"言论的核心，尽管他具体说了什么尚有争议。杰勒德说，布什内尔告诉罗斯："把你的库存清掉；2600 已经完了。"事实证明，这份对于 VCS 游戏系统（经常昵称为"2600"）的预测是错误的。布什内尔声称，他是让华纳通信公司降低游戏机的价格，而不是放弃它。[19]基南也记得布什内尔告诉华纳通信公司说，没有 6 亿美元投资，做计算机的努力也注定会失败，这份警告倒是颇具先见。杰勒德却并不记得这些。布什内尔还反对了华纳通信公司关于雅达利公司很小的弹珠台部门的一些计划，而且想要在产品开发上多花一些钱。[20]

无论具体的摩擦出自哪里，最后都只有一个问题：到底谁会控制雅达利公司？是布什内尔，还是一名由华纳通信公司选择的像卡萨尔一样的执行官？

1978 年圣诞节三天后，布什内尔得到了答案。华纳通信公司要他担任"雅达利公司内部的其他职责"。[21]

一周后，华纳通信公司宣布，雅达利公司将迎来一位新总裁及 CEO：雷·卡萨尔。[22]

奥尔康抱憾离开

按照华尔街的标准来算，卡萨尔在雅达利公司的第一年干得非常不错。1978 年，他到来时还在亏损的公司，三年后便贡献了华纳通信公司 2.27 亿美元利润的将近 2/3。[①]卡萨尔决定增加广告预算，并且不仅在圣诞节期间，而是在全年都销售游戏，这些措施推动了利润的增长。在 1980 年和 1981 年，卡萨尔获得了 1000 万美元的分红，华纳通信公司还出钱为他在纽约的特朗普

[①] 这些数字来自消费电子部门，它几乎占了雅达利公司盈利的全部。在 1982 年，这一情况是 50% 的销售额和 62% 的利润。

大厦里租了一套豪华公寓。[23]

　　虽然雅达利公司的投币式游戏机卖得还不错，仅在 1980 年就售出了 70000 台，但最大的利润还是来自 VCS 卡带系统和 27 种游戏，尤其是《太空侵略者》（Space Invaders）游戏。每盒卡带售价 30 美元左右，雅达利公司有 89% 的毛利。[24]VCS 在 1981 年贡献了接近 2.5 亿美元的销售额。[25] 其他的几家公司也制造了卡带系统来与 VCS 竞争，但在 1981 年，美国家庭 400 万台游戏系统中有 80% 都是由雅达利公司制造的。[26]

　　雅达利公司已经成长为一家拥有接近 10000 名员工和 50 栋大楼的公司，在硅谷，它是计算机程序员和游戏设计师最有名气的雇主。[27] 当你说自己的工作是为雅达利公司编写游戏时，大家会觉得很酷。[28] 程序员对游戏的所有方面都有完全的控制权，从设计到规则、图像，再到音效。有些程序员会先在纸上设计游戏，然后再把代码输入成 VCS 系统能够理解的 16 进制语言。如果要测试游戏，程序员会把代码载入到一张直径为 20 厘米的软盘上，然后把它带到主实验室去，在一套所有程序员共享的开发系统上进行上调试。

　　这个调试过程能够为游戏的潜在受欢迎程度提供一些线索。有些游戏非常出色，其他程序员无法视若无睹。他们会在主实验室的屏幕前聚成一堆试玩游戏，并提供建议和窍门。一款真正的好游戏就是那些程序员们在结束之后要求立即重新开始玩的游戏。有个人将这种行为称为“自调制反馈”。每款游戏都是由一个人来想出，一群玩家来优化。

　　这项工作非常具有创造性，也非常艰巨。程序员们会对原创的想法加以发展，也会在玩投币式街机游戏的时候找到灵感（有些最有名的卡带游戏就是街机游戏的变种）。沃伦·罗比内特（Warren Robinett）深受欢迎的《魔幻历险》（Adventure）游戏就是基于斯坦福人工智能实验室开发的一款类似的文字游戏。

　　雅达利公司有一条不成文的规矩，一款游戏应该在 6 个月内从概念变成产品，雅达利 VCS 编程的某些怪异之处只会让这项任务更加拥有挑战性。“这是我见过的最难写程序的硬件系统。"霍华德·斯科特·沃肖（Howard Scott Warshaw）说，他编写了《夺宝奇兵》和《E.T. 外星人》卡带。"编写游戏本身就是一门游戏"。[30] 要想改变屏幕上的东西，就需要重写代码，还要重绘整个屏幕。VCS 的技术限制虽然束缚了图像的复杂性，但也带来了富有创意的编程方法。[31]

"我编写游戏的时候都是住在这些游戏世界里。"卡拉·梅宁斯基（Carla Meninsky）说，她编写了《躲车》（*Dodge 'Em*）和《军阀》（*Warlords*）游戏，她也是雅达利公司唯一一名女程序员。"人们会睡在办公桌上、计算机下面，还有地上。这些人是你的朋友。"

"外面日夜交替，但办公室里什么都没变。"[32]

为了应对压力，程序员们会搞恶作剧，在大楼外面放一个青蛙形状的气球，或是从附近苹果公司的设施里偷一块标志。沃肖在写《夺宝奇兵》的时候，戴着一顶破旧的帽子，还带了一根鞭子来办公室。程序员们穿着牛仔裤和体恤衫，工作时间很长，时段也很奇怪。他们把办公室的门从里面堵上，以便自己能够不受打扰地睡觉。委员会也是"创造性过程的关键环节"，人们觉得有需要的时候，就会在屋顶聚集。有一位设计师喜欢在一段特别狭窄的走廊两侧的墙壁上攀爬。在一面墙上踏一只脚，他能挪到离地面好几米高的地方，然后开始朝走廊的另一头爬去。有一次他的头还碰到了天花板上安装的烟雾探测器。[33]

游戏开发者们的办公室里还留有一些雅达利公司过去的自由精神，而其他部门在卡萨尔成为 CEO 之后就全变了。卡萨尔搬到了旧金山，每天都有司机把他送到硅谷，他专门修建了一间正式的行政餐厅，里面的侍者们都戴着黑领带。[34] 程序员们嘲笑说，这位 CEO 和他的那些专注于业务的执行官们都是些头脑空空的"体面人物"，他们从没有玩过电子游戏，更不要说喜欢了。即使局外人都开始担心说，雅达利公司是不是"穿细条纹衬衣的人太多，而穿法兰绒衬衣和留长发的人不够了"。[35] "市场部的人觉得程序员们都很懒；程序员们觉得市场部的人都很蠢。"一位程序员说，"我们不喜欢他们；他们也不喜欢我们。"[36] 一位 1981 年入职的产品经理说，他和许多"在职员那边"的同事们一样，从来没有玩过电子游戏。当被问到对工程师们的看法的时候，他说："我不太喜欢和这些人打交道。"[37] 关系紧张的程度如此之高，以至于一些员工甚至拒绝和另一些员工谈话，而是通过次日送达的邮件来传递备忘录，即使收信人就在他旁边的格子间里。

眼睁睁地看着工程部门和市场部门、搞技术的人和穿西装的人之间的对立导致一些早期的重要员工离职，奥尔康感到越发沮丧。当雅达利公司三个部门中的两个主管都辞职后，卡萨尔从美国制罐公司（American Can Company）雇来了一位纸制品市场主管来掌管计算机部门，还请来一家香水制造商的副总裁来掌管家用游戏部门。[38] 布什内尔被迫从总裁位置卸任下来几个月后，曾经的 CEO 乔·基南也离开了。①

布什内尔向华纳通信公司付钱买下了自己游戏机餐馆这个点子的使用权。在基南的帮助和唐·瓦伦丁的资金支持下，布什内尔创立了"比萨时间剧场"（Pizza Time Theatre）连锁餐馆，吉祥物就是里基老鼠，现在叫作查克·奇斯（Chuck E. Cheese）。几个月后，一位对 VCS 和雅达利计算机工程团队来说都非常重要的成员，也离职去创立了自己的工程公司。

距离卡萨尔上任才几个月，雅达利公司的 4 名顶尖 VCS 程序员也要离职了。他们分别是戴维·克兰（David Crane）、拉里·卡普兰（Larry Kaplan）、阿尔·米勒（Al Miller）、鲍勃·怀特海（Bob Whitehead），他们编写了这套卡带系统里最畅销的几款游戏；按克兰的估算，这些卡带占所有卡带销售额的 60%，至少在 1979 年为雅达利公司带来了 6000 万美元的收入。他们 4 人还协助编写了雅达利计算机的操作系统。他们的年工资加在一起还不到 20 万美元。

---

① 布什内尔和基南在法律上还保留了华纳通信公司员工的身份。当华纳通信公司收购雅达利的时候，母公司保留了收回核心员工职权但继续支付其工资直至 1983 年（也就是收购后的第 7 年）的权利。在这个报酬优厚的待定状态中（华纳通信公司对此的说法是"在沙滩玩"），布什内尔和基南不能从事任何与雅达利公司相竞争的工作。

这些程序员要求卡萨尔给他们涨工资或者发奖金,还有在卡带上认可他们的游戏作者地位。有些设计师已经把他们的姓名首字母缩写当作"彩蛋",藏在了玩家在游戏里能够自己发现的秘密房间里。据说,卡萨尔的回答是,游戏程序员对公司成功的贡献和那些在生产线上把游戏卡带塞进盒子里的工人没什么区别。[39]

这4位程序员决定离开,但他们不知道如何创办自己的公司。他们问乔·德库尔(不久前他还在雅达利),他是如何创办工程咨询公司的。德库尔就把他们介绍到了拉里·桑西尼那里去,这位年轻的律师经办过泰姆谢尔公司的上市,而且很快就要开始办理基因泰克公司的上市。桑西尼还在继续为程序员们做咨询,把他们介绍给了萨特·希尔风投公司(Sutter Hill Ventures)的风险投资家比尔·德雷珀(Bill Draper)。[①]德雷珀拿了一份桥牌游戏回家,玩过之后觉得体验非常"奇妙",于是同意投资。[40]

有了桑西尼和德雷珀的帮助,4位程序员创立了一家公司,取名为动视公司(Activision)。很快,动视公司就发布了与VCS兼容(之后和别的竞争对手系统也兼容)的游戏卡带,还打了一场官司,因为雅达利公司说他们盗窃商业机密。动视公司在卡带的说明书里会介绍他们的程序员,并且接下来会创造一系列畅销游戏,包括《大爆炸》(Kaboom)、《陷阱》(Pitfall)以及《运河大战》(River Raid)[②]。今天的动视公司完全换了一个样子,旗下最有名的产品当属《使命召唤》和《魔兽世界》系列游戏;这家公司在2016年的市值为300亿美元。

1981年,雅达利公司的市场副总裁和一群程序员,其中包括《爆破彗星》

---

① 德雷珀的父亲参与创立了德雷珀·盖瑟·安德森风险投资公司(Draper, Gaither & Anderson),这是硅谷第一家使用有限责任合伙制的风险投资公司。德雷珀的儿子蒂姆·德雷珀(Tim Draper)是另一家风险投资公司德雷珀·费希尔·尤尔韦特松(Draper Fisher Jurvetson, DFJ)的创始合伙人。

② 动视公司的一些游戏和雅达利公司的有所重叠。比如,两家公司都推出了《西洋棋》(Checkers)游戏,两名相竞争的程序员(雅达利公司的卡萝尔·肖 [Carol Shaw]和动视的阿尔·米勒 [Al Miller])在相互不知情的情况下都咨询了斯坦福大学的同一名教授——亚瑟·塞缪尔(Arthur Samuel),他当时正在制作该游戏的计算机版。

和《太空侵略者》游戏卡的创造者，又成立了另一家竞争对手公司：梦想家（Imagic）。[41]

因为雅达利公司在 VCS 系统上几乎所有的利润都来自卡带，公司无法承受自己的程序员都变成了竞争对手。就在动视团队离开几周后，雅达利公司开始提供给程序员们大约每部游戏 10000 美元的奖金。这份奖金是加在从 20000 美元起步的工资之上的，程序员卡拉·梅宁斯基记得，她在最开始申请雅达利公司时觉得这是一个非常大的数字，大到有些荒谬，以至于她需要在卧室的镜子面前练习说"两万美元"这几个字，以便能在面试的时候面不改色地要求这个数字。[42]给高级程序员的工资和奖金要高得多。虽然有了这些鼓励游戏设计师提高生产力的努力，雅达利公司发布的游戏卡带数量还是在动视公司的创始人们离开之后减少了一半。[43]

虽然有了更高的报酬，工程部门的许多人还是觉得卡萨尔和他雇来的那些管理者们并不欣赏他们的想法与工作。卡萨尔曾经接受了一次采访，他把游戏背后的技术头脑们称作"超级明星"，但也是些"容易激动的大牌"。许多程序员觉得"打针"可能才更贴近卡萨尔真正的感觉。[44]

奥尔康知道为什么那些他钦佩的人们离开了雅达利公司。每个星期，奥尔康和其他几位高级技术员工都会与卡萨尔开会。最开始他还很高兴参加，但几次会议之后，奥尔康就意识到这些会议什么结果都没带来。卡萨尔会点点头，甚至允许人们开始研究，但没有什么项目超越过原型阶段。

"这就像坐在汽车后面的儿童座椅里一样，手里转着一个玩具方向盘。"奥尔康说。[45]卡萨尔想给他最资深最懂技术的员工们一种他们拥有影响力的假象，但实际上，卡萨尔想要他们在后座玩他们的玩具，好让他搞清楚应该带领公司去向何方。技术团队私下里给卡萨尔开的会议取了一个名字"软鸡鸡会"。[46]

奥尔康决心通过技术创新来赢得卡萨尔的尊重。布什内尔不在旁边鼓励他尝试一些看起来不可能的东西，于是他复印了一份需要回避的"点子杀手"

语言清单："太激进""违反政策""不会行的""老板不会喜欢的""潜在利润点在""你能保证这能行吗"。这份清单的开头是一段神经外科先驱威尔弗雷德·特罗特（Wilfred Trotter）医生的警告："我们在一个新想法还没有被完全表述之前就开始反对它了。"并把它与最重要的工作文件放在了一起。[47]

在 1980 年的一次会议中，奥尔康提议雅达利公司制造一套类似 VCS 的卡带系统，但是游戏会包含三维全息图像。当时，全息图像的前景激动人心。在 1977 年的电影大作《星球大战：新希望》中，机器人 R2-D2 就投射了一副前来求助的莱娅公主的三维全息图像，两个角色还下了全息象棋，里面三维的象棋子漂浮在一个圆形的棋盘上。[48]

奥尔康感兴趣的并不是想重现《星球大战》里的奇幻故事，而是想为研究全息图像技术找一个借口，他觉得这项技术看起来"困难"且"有趣"，而且"技术挑战无与伦比"。[49] 当然，他给卡萨尔提供了一些另外的理由，卡萨尔用金钱来衡量成功，而非技术成就。奥尔康说，带有增强全息功能的游戏系统售价或许只要 VCS 系统的一半，因此可以为雅达利开辟一个全新的市场。[①]

卡萨尔让奥尔康去和市场部谈谈，市场部经理让他写一份商业计划书。

"我们当年搞《乒乓》游戏或者 VCS 的时候也没写过商业计划书。"奥尔康回答道。

他现在必须得有一份了。[50]

一旦市场部门通过了奥尔康的计划，他就开始组建团队了。他招来的人里面有几个告诉他说，不管产品有多好，卡萨尔都不会发布的。卡萨尔只在乎 VCS，他们说。

奥尔康并不担心。"我是奥尔康。"奥尔康提醒他们说。他帮助公司在

---

① 奥尔康想通过不使用卡带（就像 VCS 一样），而是将游戏软件和主机结合在一起的方式来降低售价。卡带里只含有一套全息图像和一个用以告诉主机启动何种游戏的关键字。

1972 年成立，在 1975 年还挽救过它，这应该值点什么。

奥尔康的团队只用了几个月就开发出来了一套全息游戏系统原型，叫作 Cosmos（宇宙），只有一本平装书那么大，还带有一个小小的屏幕。Cosmos 能够玩 8 种卡带游戏，每个都能在系统中载入一个全息图像作为背景，给人一种三维游戏场景的错觉。比如在游戏《超人》中，超人能够在建筑物间飞过，它们似乎是从屏幕里冒出来的一样。Cosmos 虽然不是《星球大战》里的全息象棋，但《广告周刊》（*Adweek*）称这套游戏系统是"自彩色电视机以来最激动人心的视频技术"。[51]

奥尔康把这套原型带去了 1981 年的消费电子展，结果收到了 8000 份该系统的订单。雅达利公司市场副总裁告诉媒体说，雅达利公司为推出 Cosmos 准备了"超过 100 万美元"的预算。[52]

当奥尔康回到雅达利公司，在与卡萨尔的又一次会议中汇报这项进度的时候，这位 CEO 看起来似乎无动于衷。"他坐在那里，嘴唇紧闭，"奥尔康说，"过了一分钟，他摇了摇头。"

奥尔康从没有把 Cosmos 游戏卖出去过。[①]奥尔康把卡萨尔的决策视为雅达利文化衰退的明证，对此，他用了 5 个字总结："创造力死了！"[53]原先 VCS 系统背后的团队设计了一套后续系统，但直到 1982 年底才发售，技术团队的很多人都对此颇有不满。在新一代计算机上的努力也遇到了同样的挫折。[②]史蒂夫·布里斯托是雅达利公司最资深的工程师之一，花了好几年时间做了一个网络项目，完成了一套高级电话系统（有些还有视频功能），它能把语音和数据结合在一起，甚至还可能让玩家们通过电话线来联机对战。这套叫作雅达利电话（Atari-Tel）的系统宣布之后，从未发售。[54]

卡萨尔既害怕对工程部门说"不"，又害怕发布一套不如 VCS 成功的新

---

① Cosmos 项目被关闭的时候，至少有 250～1000 台游戏系统制造出来了，但没售出过一台。

② 雅达利公司的计算机虽然一开始还卖得不错，大部分借力于公司在电子游戏上的良好声誉，但这台计算机的吸引力很快就消失了。雅达利计算机缺乏扩展槽，深受软件短缺之苦，市场营销将它们定位于游戏系统和个人计算机之间的混合系统这一点也非常令人困惑。

产品。他允许雅达利公司的工程师们追求新点子，但又只能限于某个程度。

在奥尔康看来，这些问题究根结底都是为了规避风险。"我们在雅达利公司还年轻的时候，会赌上整个公司来做新产品。如果 VCS 失败了，或者《乒乓》完蛋了，公司可能会倒闭。"他说。布里斯托同意道："公司的思路从'我们不知道能做什么，让我们来试试'变成了'你需要证明为什么需要做这个新产品'。"几十年后，奥尔康仍然不能理解，为什么在雅达利公司营业额如此高，以至于即使 Cosmos 全息系统失败了，也不会对公司造成什么能够察觉的影响时，卡萨尔仍不愿意冒一点风险将其发布。按奥尔康估计，卡萨尔和华纳通信公司其他的执行团队已经因为"害怕失败"而瘫痪了："他们不是硅谷搞创业公司的人，也不是些敢于承担风险的人。所以什么也没做出来！"[55]

影响卡萨尔管理方法的更重要因素不是他东海岸的背景，而是他技术背景的缺乏。他是一名市场营销专家，他相信，VCS 的大部分成功都来自市场推动。但他没有意识到，雅达利公司的一项产品之所以能够被推向市场，是因为它的工程师们曾经拥有开发它的自由。卡萨尔似乎只有一种手段来评估新想法：这东西能不能像 VCS 一样赚钱。奥尔康知道，这是一个有缺陷的标准。没有新产品在发布的时候就能与 VCS 比肩，VCS 是那 10 年里最成功的消费电子产品之一。另外，没有哪项产品能够永远流行；如果需要证据，出了雅达利公司，沿着门前的路走几公里就能找到。在奥尔康为 Cosmos 游戏进行游说的时候，惠普公司 75% 的营业额都来自 5 年前还不存在的产品。[56]一家消费电子公司不做后续产品是不会有好结果的。奥尔康喜欢说："如果你不想淘汰自己的产品，就会有人来淘汰的。"

在卡萨尔最终取消了 Cosmos 全息游戏之后，奥尔康想再和他私下谈谈，看能否争取一下。但这已经不可能了。"我在过去几天都在试图给卡萨尔打电话，结果很糟。"他在一份备忘录里写道。[57]

不回应本身就是回应。"他们不再需要我了。"奥尔康说。

　　奥尔康，这位曾经谨慎的冒险家，再也不需要布什内尔来推他一把才能跨出去了。

　　他辞职了。①

---

① 奥尔康在 1979 年也采纳了和布什内尔与基南一样的"在沙滩玩"的安排：名义上，他还是雅达利公司的员工，但不为公司做任何事情。

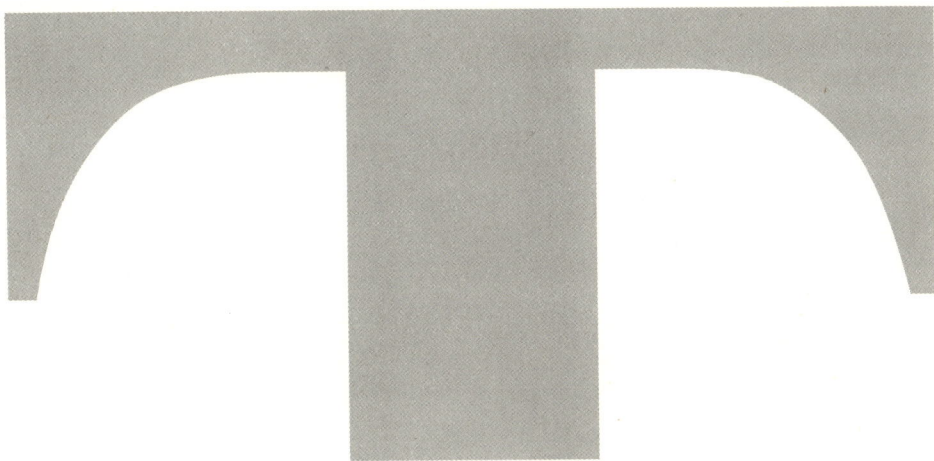

21

你能想象你奶奶也在用吗

罗伯特·泰勒

Can You Imagine Your
Grandmother Using One?

1980 年年初，罗伯特·泰勒正坐在施乐帕洛阿尔托研究中心的办公室里，烟斗放在他办公桌上阿尔托计算机旁边的架子上，此时，拉里·特斯勒走了进来。严格来说，特斯勒不在泰勒的小组里，他在系统科学实验室工作，但他一直是阿尔托团队不可缺少的一员。特斯勒会定期造访泰勒的办公室，所以当他进来时，泰勒没觉得有什么不寻常。

"我要离开施乐公司了，"特斯勒开门见山地说，"我要去苹果公司。"

苹果？那家制造小型计算机的公司？泰勒知道特斯勒对小型计算机很感兴趣，但谁会愿意离开帕洛阿尔托研究中心去苹果公司？帕洛阿尔托研究中心提供了几近无限的资源，能使用功能强大的阿尔托计算机和斯坦福大学世界级的计算机，报酬丰厚，同事也都是该领域的杰出人物，还能自由选择项目。泰勒坚信，帕洛阿尔托研究中心是计算机科学家最好的去处。

相比之下，苹果公司有什么？它正面临着来自销售、客户以及上市时间的压力，还有一个没有受过正规计算机科学训练的技术团队，只不过是一群业余爱好者一起拼凑计算机罢了。据说一个大学辍学出来渴求关注的创始人还干预技术决策。

苹果公司能提供什么帕洛阿尔托研究中心没有的东西？泰勒想知道。

多年以来，一直有人问特斯勒这个问题，不是问苹果公司，就是苹果公司建造的计算机的种类。特斯勒自小型计算机发明以来就一直浸淫其中。弗雷德·摩尔是家酿计算机俱乐部的一位创始人，曾经是特斯勒的邻居，他曾邀请特斯勒参加过俱乐部的第一次聚会。当摩尔告诉特斯勒"人人都会建造自己的计算机"时，特斯勒觉得这个想法很荒谬。他反问摩尔说："大部分人连个沙发都组装不好，更何况是计算机？"他没去参加聚会。

然而凑巧的是，家酿计算机俱乐部第二次聚会的地点就在特斯勒女儿读的一所进步而富有嬉皮文化的学校里，[1]特斯勒是学校董事之一。有一天他正要离开学校时，注意到一群年轻人从停车场走过来，他们还带着成箱的电线、电路板以及各种电子玩意儿。

值得看看，他想，于是特斯勒跟随这些人进了一间充当学校礼堂的木棚子。

"基本上就是一些人在炫耀一些闪动的灯，"他回忆道，"我不太感兴趣，我感兴趣的是容易使用的东西。"[2]

然而，一年之后，当特斯勒又一次参加家酿计算机俱乐部的聚会时，他的兴趣被点燃了。特斯勒发现有更多的人加入了这个小组，当时的聚会地点在斯坦福大学线性加速器的礼堂。晚上结束时，他不得不承认自己被震撼到了，倒不是因为那些计算机，而是因为它的发展速度。那些一度只能用一系列闪动的小灯来显示结果的计算机，现在能够在屏幕上显示字母和数字了。人们交换着装有软件的磁带，分享着编程心得。

特斯勒从两位自称是处理器科技的业余爱好者那里买了一台 Sol 计算机，还从康懋达公司买来了一台 PET 计算机。[①]他的这种行为就像是 F1 赛车的机械师对卡丁车的好奇心。这个小东西能做什么？他尝试为这台计算机编写软件，很快就写了一个会计程序来管理财务，甚至还为女儿学校的学生写了一个绘画程序。

---

① 特斯勒说他没有买苹果 II 计算机是因为他想要小写字母，而早期的苹果 II 计算机上面只使用大写字母。

特斯勒还把这种小计算机带去了帕洛阿尔托研究中心。有几位研究者悄悄地向他透露，他们也是小计算机的业余机的爱好者，但大多数人要么毫无兴趣，要么就略带轻蔑。那些是计算机？它们没有鼠标，没有网络，不能打印，也没法向任何人发送信息。帕洛阿尔托研究中心的计算机可以发送电子邮件，但小计算机的用户如果要发送文字信，首先要在计算机上打一段文字，然后用照相机拍下来拿去冲洗，再把照片邮寄给对方。[①]许多在帕洛阿尔托研究中心和其他研究中心工作的人用了同一个词来描述这些小计算机，一个会惹怒马库拉的词，因为他认为苹果 II 计算机是一件强大的工具，这个词就是"玩具"。小计算机是玩具。[3] "你无法编写程序，没法协同工作，因为它没有网络。应用程序也很少，没有 FORTRAN 或者 C 语言的编译器，"一位计算机专家回忆道，"而且每次只能做一件事情，还不能存储太多的数据。你能用它来干什么？"[4]泰勒认为，这种小计算机可以帮助那些手头拮据的学生学习编程，而普通大众对像苹果公司在造的这些计算不会太有耐心。[5] "你能想象你奶奶会用这种计算机吗？"他问特斯勒。

特斯勒承认说，他带进帕洛阿尔托研究中心的那台小计算机与阿尔托计算机的构造差异很大，远不如后者易用，外观也不好看，通信能力也远不如阿尔托计算机。但它有一个优点，人们能买得起。在过去的三年里，苹果、雅达利、康懋达、无线电屋（Radio Shack）以及德州仪器这些公司都开始发售个人计算机，共卖出去了接近 20 万台小计算机。[6]

没有一个人能买到阿尔图计算机

相比之下，在 1980 年，距离开始创建阿尔托计算机已经有 8 年了，距离"未来日"的演示也过去了 3 年，普通大众还是买不起阿尔托计算机。苹果公司的特里普·霍金斯还记得在 1979 年全美办公机器经销商协会上访问施乐公司展位的情景。和苹果公司的许多人一样，霍金斯听说过阿尔托计算机。霍

---

① 英特尔公司联合创始人罗伯特·诺伊斯的儿子是计算机技术的早期采用者（当时只有十几岁），正好就做了这件事，给他的祖母寄去了这样一条消息。苹果公司的第一封爱好者来信也是一张屏幕的照片。

金斯看见某个展位角落放着一台阿尔托计算机，就在施乐公司展示的专用文字处理机的后面。

"你们计划把它商品化吗？"霍金斯问负责办公产品的一位高级副总裁说。

那人扭头看了看连电源都没插上的阿尔托计算机，回答道："没有。"

霍金斯说："为什么它没有鼠标？"

"因为我不喜欢。"

"为什么？"

"因为鼠标会从桌子上滚下去。"[7]

20世纪70年代末，大约有1200台阿尔托计算机投入施乐公司内部使用，但走出了公司围墙的计算机却很少。国会用了几台借来的阿尔托计算机和打印机（也由施乐公司提供）来处理委员会报告和其他一些大型文档。吉米·卡特总统的信息管理助理在自己和助手的办公室各安置了一台阿尔托计算机，来跟踪项目的进程和维护清单。他说阿尔托计算机是"我用过的功能最强大的设备"。阿尔托计算机还在几家精选出的高校和公司里做过实地测试。

虽然大部分"测试场所"对这些借来的设备非常满意，但施乐公司还是没打算将阿尔托计算机商品化。测试开始一年多后，参议院的技术服务主任还在观望，施乐是否会"优化阿尔托计算机，给我们带来量产型号的所有优点"。[8]

从来就没有人买到过阿尔托计算机。特斯勒来拜访泰勒时，施乐公司决定把一台不同的计算机——思达（Star），以16000美元（合2016年的45000美元）的价格推向市场。思达计算机就像一个结构复杂、令人敬畏、外观漂亮的"执行官工作站"，是在帕洛阿尔托研究中心先前的研究者的指导下开发，没有参考施乐公司的市场或者销售部门的任何意见。

特斯勒找不出任何证据来说明思达计算机（它具备计算机科学家们想象

出来的所有功能）销售潜力。当思达计算机进入市场时，他正确地预测到，小计算机已经站稳了脚跟，思达计算机显得太不合时宜了——它的强大功能超过了所有人的需要，价格也高于大多数人所能负担的水平。

特斯勒不自觉地将帕洛阿尔托研究中心的情形和他在苹果公司看到的进行对比。1980 年，他了解到了苹果公司内部的情况。特斯勒第一次和苹果公司的深度接触发生于 1979 年 12 月。当时，他和阿黛尔·戈德堡（来自系统科学实验室）给来自苹果公司的一群人进行了两次阿尔托计算机的演示，其中就有史蒂夫·乔布斯。[9]

在给苹果公司的人做演示前的 6 个月，也就是 1979 年 6 月，施乐公司以105 万美元的价格，在苹果公司第二轮私募融资时购买了 10 万股股票。[①] 无论从哪方面来讲，投资苹果公司对施乐公司都有利可图。如果这家小公司表现得不错，施乐公司能赚不少钱；如果失败了，也有利于施乐公司收购它。[②]这时的苹果公司已经被公认为一项非常具有盈利潜力的投资，所以马库拉能够精心挑选投资人。他允许施乐公司来投资，因为施乐公司的零售店（销售打印机和复印机的零售店）将来也可能成为苹果计算机的销售网点。[10]

当苹果公司的几位工程师要求演示一次阿尔托计算机时，施乐非常高兴地答应了。戈德堡和特斯勒给苹果公司做的第一次演示是非常正式的，不过没有展示那些最惊人的功能。当乔布斯得知苹果公司还没有看到这台计算机所有的功能时，他要求再进行一次更全面的演示。

戈德堡拒绝了，因为他只能在施乐公司的高层管理者同意时进行展示。乔布斯给施乐的高层管理者打了几个电话之后，他和苹果公司的工程师们才第一次看到了阿尔托计算机的图形用户界面：鼠标、图标、菜单，以及它如何能

---

① 在这一轮私募融资里，苹果公司以每股 10.5 美分的价格出售了 72 万股股票。施乐公司比其他任何投资者都买得多。因为分股，施乐公司在苹果公司上市时拥有 80 万股股票，占苹果的 1.6%。施乐公司在苹果公司上市时出售了其股票的 10%。

② 特斯勒猜测，施乐公司因为员工拥有工会，希望没有工会的苹果公司能够成为施乐公司计算机的一家低成本、高产量的代工工厂。他曾对罗伊·拉尔（Roy Lahr，施乐公司高级开发部门的经理）开玩笑说，施乐公司在生产计算机的塑料壳子上花的钱比苹果公司生产整台计算机花的钱都多。

够方便地根据不同用户的需求而重新配置。在第二次展示的过程中，乔布斯兴奋地跳来跳去、大吼大叫，离得近时，特斯勒的脖子都能感受到他呼出的气。

苹果公司的工程师给特斯勒留下了深刻的影响。他们懂得阿尔托计算机的魔力和美妙所在，也提出了正确的问题。他们可能不如研究中心的研究者一样是科班出身，但谈到计算机内部的工作原理时，都很有悟性。这次演示结束之后不久，乔布斯给特斯勒打了一个电话，请他来苹果公司做丽莎计算机（Lisa），特斯勒同意了。[11]

罗伯特·泰勒后来才知道给苹果公司工程师们做的这次演示。他表示，在自己出差的时候发生了这种事情，性质非常严重。"我绝不可能让乔布斯来的，如果他已经来了，我会把他扔出去。"泰勒气愤地说。不过，泰勒属于系统科学实验室，不太可能中止演示，何况戈德堡已经尽可能强硬地推辞过了。

从顶级成果到产品，让成千上万人都能使用

特斯勒不是泰勒见过的第一位离开帕洛阿尔托研究中心的研究工作，投身于蓬勃发展的高科技产业的人。以太网的发明人之一鲍勃·梅特卡夫也在一年前离开，并且创立了网络公司3Com。[①]在两年内，查克·格西克和约翰·沃诺克也将离开并创立奥多比公司；查尔斯·西蒙尼将会离开，成为微软公司的第40号员工，并领导微软 Word 和 Excel 的技术开发工作；戴维·利德尔（David Liddle）和唐·马萨罗（Don Massaro）则会开办一家叫作美塔孚计算机系统（Metaphor Computer Systems）的个人计算机公司。[12]

大多数人离开的原因和特斯勒一样：在施乐公司待着会有一种几近徒劳无力的挫折感。"工程师存在的意义只有一个——建造一种成千上万人都能使用的东西，"格西克解释说，接着他又补充道，"金钱并不是目标。"[13]金钱也不是特斯勒离开的主要因素，苹果公司向他提供股票期权时，他还问这

---

① 惠普公司在2010年以27亿美元收购了3Com。梅特卡夫在1979年前短期地离开过帕洛阿尔托研究中心，但又回来了。

是什么。如果你的想法从来就没有影响过任何人,当世界第一又有什么意义呢?

最后,苹果、IBM以及像奥多比与微软这样的公司商业化了很多来自帕洛阿尔托研究中心计算机科学实验室和系统科学实验室的发明。批评家称,如果不是施乐公司"对未来笨手笨脚",公司本可以拥有全部的个人计算产业和一大块软件产业。[14] 而施乐公司的辩解是,从帕洛阿尔托研究中心开发的激光打印机上挣的钱超过了在整个研究中心上所花的钱,这是实打实的成功,足以让那些理论上可能遭受的损失黯然失色。[15]

按照泰勒的"算法",在计算机上面"成功"与金钱或者商业上的成功根本没有关系。对泰勒来说,成功意味着实现他和利克莱德对于建造真正交互式的、能够促进交流的计算机的设想。按这个标准,帕洛阿尔托研究中心在20世纪70年代末就已经成功了。阿尔托计算机已经在施乐公司内部的许多地方投入使用,泰勒的实验室也已经转向了新的挑战:建造更快、更小、能够理解语音命令的更具交互性的计算机。泰勒所看重的那些人——那些学术界的顶尖计算机科学家,而不是风险投资者、股东、购买计算机的大众或是媒体,都知道他已经成功了。麻省理工学院、斯坦福大学以及卡内基梅隆大学的教授们对帕洛阿尔托研究中心的成就印象至深,对泰勒的实验室的水准也惊讶不已。1983年,斯坦福大学的计算机科学教授唐纳德·克努特(Donald Knuth)把计算机科学实验室称为"迄今为止,由计算机科学家组建过的最伟大的团队"。[16]

就算施乐公司非常短视而没能把顶级成果转化为产品,就算普通大众毫无辨别能力以至于会去买一个"玩具"还把它叫作计算机,这也不意味着泰勒的团队就失败了。这些人知道什么呢?

泰勒和这所实验室里的其他领头人的思路,与硅谷传统上的思路有着根本上的不同。1984年,计算机科学实验室的技术领头人巴特勒·兰普森看到了苹果公司的麦金塔计算机(Macintosh),它至少部分受到了特斯勒和戈德堡5年前给苹果团队进行的阿尔托计算机演示的启发。兰普森的反应既没有因为受到了抄袭而愤怒，也没有因为别人从帕洛阿尔托研究中心的发明中赚了钱而生气。"我觉得麦金·托什计算机棒极了，"他在几十年后回忆道，"这个计算机能被制造出来真是太好了。"[17]

起初，有研究者离开去商业公司时，泰勒感到非常受伤。"他老觉得这是因为自己的缘故。"特斯勒说。但随着更多的人离开，而且几乎是出于同样的原因，泰勒的痛苦变成了愤怒。他的怒火不是指向那些离开的人，而是针对施乐公司。因为步履缓慢、反应迟钝，施乐公司才驱散了他的团队。如泰勒后来所说："我理解他们的挫折感，因为我也很受挫，但我还不准备放弃。"泰勒创立了计算机科学实验室，他自豪于它的成就，更尊敬研究者。如果要背它而去，对他个人和他的职业生涯来说都是巨大的损失。1980年，他曾经考虑加入惠普公司，那里有更高的报酬和头衔，他还能带上自己团队中的一些成员。但泰勒不喜欢那位即将在惠普公司成为他老板的人，他俩曾共有过一段不愉快的经历。"我承受了这些挫折，才看清了现实。"事后他回忆说。

对于帕洛阿尔托研究中心来说，与好似发生在窗外的硅谷创业浪潮的完美隔离，在今天看来是难以想象的。从很多方面来说，帕洛阿尔托研究中心和硅谷的创业者都在朝同一个方向前进：制造更小、更快、更个人化和对用户更加友好的设备，并且都是在轻松的工作环境里制造。不过，两者走的道路却一直没有交集，帕洛阿尔托研究中心的力量源于学术界，而硅谷大部分的地方却深受反主流文化思想的影响。当格西克和沃诺克在1982年离开帕洛阿尔托研究中心创立奥多比公司时，他们对就在他们身边的创业生态系统毫无察觉，以至于需要给沃诺克在犹他大学的论文导师戴夫·埃文斯打电话寻求建议。埃文斯帮他们联系上了风险投资家比尔·汉布雷克特，而汉布雷克特的办公室就在距离帕洛阿尔托研究中心很近的地方。

汉布雷克特同意投资奥多比公司，在开车回家的路上，格西克对沃诺克说："你意识到我们就要开一家公司了吗？你上过商业类的课程吗？"[18]沃诺克没上过。于是，他们在门洛帕克市的开普勒书店买了一本教授如何开公司的书。①

20世纪70年代就要结束了，帕洛阿尔托研究中心和硅谷之间的虚拟吊桥也开始缓缓放下。让泰勒沮丧的是，这座桥上的人流似乎主要都是朝着一个方向走：从帕洛阿尔托研究中心前往硅谷。就像瓦伦丁所说："我们经常在帕洛阿尔托研究中心的水井里打水喝，井打得很深，我们喝得也很勤。"

---

① 格西克不记得书名了，但他说："有一章叫《市场价值分析》，其中提到，如果你要开一家公司或者做一款新产品，就要去寻找那些有需求但还没有竞争迹象的地方，然后做出产品，放到市场上去，就会得到100%的市场份额。如果你没法保住它就太丢脸了。我们在奥多比公司做的所有事情都基于这个观点，这一章的价值抵得上同等重量的黄金。"

22

年轻的狂徒，称霸个人计算机全盛时代

迈克·马库拉

Young Maniacs

从注资苹果公司，并要求最高质量地完成市场营销、公关宣传以及广告战役的那一刻起，迈克·马库拉就一直在努力工作，为了让这家年轻的公司看起来专业、值得信赖，时尚且充满创意，制造的是工具而非玩具。"人们确实靠封面来评判一本书，靠销售代表来评判一家公司，靠材料质量来评判一款产品。"他在1979年12月说道："公司形象是用户所看到、听到、感觉到的苹果公司的东西的组合。"[①] 为了提升苹果公司的形象，马库拉和几家著名的公司结下了盟约并签署了品牌合作协议。电信巨头（美国国际电话电报公司）在欧洲发售苹果公司的计算机。贝尔·豪威尔公司是一家给学校提供媒体设备的公司，也推出了一套用于教室的苹果 II 计算机，带有防打开的黑色外壳。

苹果上市，美国史上最成功的一次IPO

马库拉对于公司形象的关注与史蒂夫·乔布斯和里吉斯·麦克纳不相上

---

① 马库拉在《苹果公司的营销哲学：移情、聚焦、归因》（*The Apple Marketing Philosophy: Empathy, Focus, Impute*）（1979 年 12 月）一书中写到，他想要苹果公司的市场营销把握住三项基本原则：（1）移情："如果我们能移情到客户与销售商，与他们感同身受，我们才能比别的任何公司更好地理解客户的真正需求。"（2）聚焦："为了能做好那些我们打算要做的事情，我们必须排除所有不重要的机会，从剩下的里面只挑出那些我们有资源做好的东西，并把我们的努力都集中于它们之上。"（3）归因："我们可能有最好的产品、最高的质量、最有用的软件等；如果我们以马虎的方式展示它们，人们就会觉得它们是马虎的。如果我们以富有创意、专业的方式展示它们，就能让人们将这些质素归因于我们。"

下，1980 年 12 月 12 日苹果公司的首次公开募股深刻地证明了这一点。作为一家年轻的公司，其董事会成员都是重量级的人物，包括洛克菲罗家族的风险投资公司文洛克创投公司的 CEO，零售巨头梅西百货公司的 CEO，以及仙童半导体公司、科学数据系统公司和英特尔公司背后的风险投资家。[①] 这次募股的投资银行汉博奎斯特创投公司和摩根士丹利公司（Morgan Stanley）也位居世界上最受尊敬的银行之列。"这些是我们能找到的最有名气的名字。"董事会成员亚瑟·罗克说。他还提到，摩根士丹利公司一般来说根本不愿意屈尊帮助初创科技公司上市。[1] 这次股票发售的总量也非常惊人（它的融资达 1.012 亿美元，相比之下，两个月前上市的基因泰克公司的融资只有 3500 万美元），承销商名单里也都是些当时金融界最顶尖的公司。30 年后，按市场价值来算，苹果公司将成为世界上最大的公司，而它的一些承销商则破产的破产、出售的出售。

没有出现在投资人名单上的是红杉资本，这是唐·瓦伦丁经营的一家风险投资公司。这家公司在第二轮私募融资时出售了其全部 140008 股苹果公司股票，而施乐公司则买进了 100000 股。"这不是一个让我高兴的决策。"瓦伦丁在多年后说。当时红杉资本决定出售苹果公司的股票时，他正在非洲。[2] 这是一个昂贵的假期。这些股票在 1979 年的夏天卖了 147 万美元，但在苹果公司于 16 个月后上市时，这些股票的价值将会增长近 17 倍（2464 万美元）。

像瓦伦丁这样的半导体产业的前辈对年轻的苹果公司的影响非常显著。在苹果公司处于私人持有的三年里，这些核心管理者都由在半导体产业里工作过的人担任：董事长、总裁、首席财务官、生产副总裁、销售副总裁、市场副总裁、人力资源副总裁以及通信副总裁。在核心管理者里面，只有苹果

---

① 汉克·史密斯是原来苹果公司董事会中的文洛克创投公司的合伙人，在公开募股前不久被其 CEO 彼得·克里斯普替代（"他们想董事会里面有一名管理合伙人。"克里斯普对此解释说）。在 2008 年接受美国国家投资风险协会的一次采访时，克里斯普回忆说，在苹果公司上市的前一晚，戴维·洛克菲勒（David Rockefeller）邀请了一些苹果公司的人，包括乔布斯和沃兹尼亚克在内，去他位于曼哈顿的联排别墅参加鸡尾酒会。第二天克里斯普遇到了洛克菲勒，感谢了他的招待。"非常荣幸，我很高兴见到他们，"洛克菲勒说，"但下次叫他们别在镜子上留下贴纸。"在派对的某个时刻，有人把一张彩虹条纹的苹果公司标志贴在了厕所的镜子上。

公司的首席顾问和两位高级技术主管不是来自半导体产业。另外，在苹果公司最重要的早期投资者里面，有三位都是因为马库拉在半导体产业里的纽带关系才来到了苹果公司。里吉斯·麦克纳在苹果公司的公众定位上面起到了至关重要的角色，他也是一名半导体的前辈。

苹果公司的增长速度快得惊人。1977 年是苹果公司的第一个财政年，销售额达 77.4 万美元，在第二年就增长了 10 倍，1979 年到达 4000 万美元，1980 年到达 1.17 亿美元，利润也从 42000 美元增长到了 1170 万美元。苹果公司的员工数量从 1976 年年底的 3 位（乔布斯、沃兹尼亚克、马库拉）增长到了大约 1000 名。通过吉恩·卡特新设计的分销模式，苹果公司通过 1800 家零售计算机商店，销售了 131000 台苹果 II 计算机。[3] 在上市前的一个月，苹果公司推出了苹果 III 计算机，这是一套带有内部软盘驱动器的、具备更为复杂的部件以及更大内存的高端机型。还有两种计算机丽莎和麦金塔正在开发之中，处于保密状态。这两台计算机会拥有图形用户界面、鼠标、菜单、图标，以及受阿尔托计算机启发而来的其他功能。苹果公司很快就会开发出很多机型，在 1980 年，品种繁多是一件很值得庆祝的事情。

有数百种软件为苹果 II 计算机而开发。虽然游戏仍然是最热门的种类，但最受欢迎的一个软件却是 VisiCalc[①]，这是第一个方便易用的电子表格程序。[4] 它在苹果 II 计算机上独家发售了一年，VisiCalc 对苹果公司来说意义非凡，苹果公司的招股说明书里特辟了一章来讲述一个未透露名字的"财务建模系统"。[5] 有了 VisiCalc，用户每改动一个数字，整个表格都能根据链接而自动重新计算。以前，改动一个数字就得重算每个值。吉恩·卡特回忆说，为了有足够的空间来容纳所有擦掉和重算的数字，他会把一大卷的包肉纸在地上展开，在上面画上格子，格子要大到足以容纳所有的改动。[6] 马库拉也非常喜欢 VisiCalc，称它为"如果程序"，当改变模型里的某个变量之后，它会显示发生了什么。[7]

VisiCalc 与苹果公司的独家交易，与很多在早年惠及公司的其他决策一

---

① "可视计算"之意——译者注。

样，都可以追溯到马库拉、乔布斯和沃兹尼亚克的共同努力。这个软件的创作者选择为苹果 II 计算机编写软件，一方面是因为乔布斯给 VisiCalc 的母公司的创始人留下了很深刻的印象，另一方面是因为这台计算机很可能带有软盘驱动器，而它之所以能存在，还得感谢马库拉当年坚持让沃兹尼亚克制造了一个。[8]

苹果公司在上市时已经有了几家竞争对手。坦迪／无线电小屋公司（Tandy/Radio Shack）的 TR-80 计算机拥有比苹果 II 计算机更大的市场份额，康懋达公司的 PET 计算机紧追其后。在招股说明书里，苹果公司预料到其他竞争对手会立即出现，其中包括 IBM，它的财力要雄厚很多。不过，苹果公司是这个爆炸性市场里的一家激动人心的独特公司，对它的期望在上市前的几周就到达了顶点。记者赞扬说"它有同等大小公司里最精良的管理团队"，以及"苹果公司自 1977 年以来成就的东西比大部分公司过去一整个世纪成就的还要多"。[9] 随着投资者对苹果公司的热情变得更疯狂，马萨诸塞州禁止了该股票在州内的销售，认为风险过大。[10] 那些在伊利诺伊州想要投资的人也运气不佳，因为州法律对于新发行股票的限制甚严。

苹果 III 的滑铁卢

1980 年 12 月 12 日公开发行的股票在几分钟之内就卖光了，这为苹果公司募集了 9000 万美元的资金，这也是美国历史上迄今为止最为成功的公开募股之一。[11] 股市休盘时苹果公司的售价是 28.50 美元。马库拉拥有公司 14% 的股票（只比乔布斯少一点，他拥有 15%），这些股票价值超过 2 亿美元（合 2016 年 5.4 亿美元）。换句话说，马库拉在 4 年前投资的每 1 美元现在就值 2200 美元。沃兹尼亚克拥有联合创始人股票的一半，他的前妻也拥有本来是赠予他的 100 多万股股票。另外，马库拉还曾经赠送和出售了一些股票给那些他觉得应该多拥有一些股票的员工。

苹果公司是从车库里飞出来的一只金凤凰。在公开募股后一周举行的闭幕派对上，马库拉穿了一套西装，打了一条蛇皮条纹领带，还戴了一顶巨大的翻皮牛仔帽。在整个晚宴期间，都有人轮流起来发言或是收到恶作剧式的礼物，这些人包括马库拉、乔布斯、执行团队、律师拉里·桑西尼（他指导了整个苹果公司的上市）。一群来自摩根士丹利的银行家向苹果公司发起了挑战，要他们也组建一个团队来参加下一年横跨旧金山的越湾长跑，与摩根士丹利的团队对垒。[12] 凯瑟琳·谢弗（Catherine Schaefer）和加勒特·达罗亚（Garrett C. D'Aloia）是汉博奎斯特创投公司的员工，他们穿上了饰有苹果标志的彩虹条纹体恤衫，伴随着肯尼迪·罗杰的流行歌曲《露西尔》的曲调唱着"你找了个好时机，带来一门新生意"。两人还给电影《绿野仙踪》的主题曲《彩虹之上》重新填写了一段歌词：

> 在柜台某处
> 不太高的地方
> 有一只我听说过的股票
> 等我去买
>
> 在柜台某处
> 当我感到忧伤时
> 我会一块钱买进来
> 十块钱卖给你

几个月后，苹果公司雇来了财务规划及会计专家，来帮助员工规划那些他们即将在公开募股之后得到的财富。[13] 但实际上，这场派对完全是为那些被乔布斯称为"年轻的狂徒"的产业建造者准备的庆祝会。[14] 庆祝会上的欢声笑语、傻气的帽子和礼物，以及洋溢在律师、银行家和苹果员工脸上的笑容，让人觉得这一切似乎永远都不会结束。

然而问题果真出现了。1980 年 2 月份，公开募股两个多月之后，沃兹尼亚克驾驶着一架飞机在一个小机场刚起飞就坠毁了。[15] 他受了重伤，大概有5 个星期，他都一直饱受失忆症的折磨，无法记住任何以前发生的事。他对苹果公司的态度开始变得越来越不好，怀疑同事根本不会想念他。苹果公司有超过 100 位工程师，沃兹尼亚克说，他觉得自己不被需要了。[16] 在康复之后，他离开了苹果公司，并以洛基·克拉克（Rocky Clark）的假名报读了加州大学伯克利分校，想要完成他的学位。洛基是他的狗的名字——洛基·浣熊，而克拉克则是他妻子坎迪（Candi）的姓。[17] 沃兹尼亚克在一年后又回到了苹果公司。

与此同时，刚刚推出的苹果 III 计算机正面临着严重的生产与技术问题，情况非常严重，据说 20% 的计算机在送达经销商处时都不能工作。用户把计算机带回家之后问题出现得更多。[18] 苹果公司把苹果 III 计算机从货架上撤走了。这次"摔跤"让马库拉非常愤怒，也十分难堪，因为他把公司的第一印象放在了至高的位置。"我们学会了什么不能做。"这次他承认说。[19]

苹果公司的员工规模增长得非常快，在公司上市前，一半的员工都还没有加入。这一趋势让先前供职于英特尔公司的人事关系副总裁安·鲍尔斯开始警惕起来，她给执行团队发放了一份紧急备忘录。她指出，虽然公司的人员数量翻了一倍，但按人均销售额计算，生产力却下降了40%。"有时候我们好像是在往问题上扔人。"她写道，"员工知道该做什么吗？他们把时间花在了正确的事情上了吗？"苹果公司如果继续以这种方式增长，它将会遭遇挫折。[20]

到了 1981 年的时候，苹果公司正在生产或者在开发 4 种不同的计算机：苹果 II 计算机、苹果 III 计算机、丽莎计算机以及麦金塔计算机。每台计算机都有自己的团队和文化。其他类型的部门也开始出现。在公开募股之前就拥有股票的员工普遍比新进员工要富裕得多，新招进来的执行官也获得了大量的期权，这也是公司员工之间紧张气氛的另一个源头。乔布斯曾经想要说服斯科特让他来负责丽莎计算机的项目，但被拒绝了，之后斯科特又在努力想要控制麦金塔计算机。按计划，这将是一台价格低廉且对用户友好的计算机。

员工开始对时常变更项目计划、招聘以及新决策政策抱有怨言。工作过度劳累也是个问题。"每天得工作 12 个小时，周末也要上班，"一位员工回忆道，"即便是去饮水器喝口水的时间，都会让我慢一拍，错过一项日程安排。"[21]

在公司外面，关于苹果计算机夸大其词的故事仍在到处传播。一位记者报道说，卢卡斯影业公司（Lucasfilm）的一个叫工业光魔（Industrial Light & Magic）的部门正在使用苹果 II 计算机来开发特效。乔布斯把这篇文章裁剪了下来，寄给了苹果公司公关部门的主管。有几份报纸报道了一位牧师通过苹果 II 计算机主持婚礼仪式的故事。"你好，我叫苹果牧师，是世界上第一台受命的计算机。"然后屏幕上显示出一段来自哈里利·纪伯伦（Kahlil Gibran）在《先知》一书中写下的文字，并要求新娘和新郎输入"Y"表示"我愿意"。甚至还有一篇文章讲述一位皮条客用一台苹果 II 计算机来存储客户名单，并想询问他们："他们下一步会想些什么？"[22]

苹果公司获得的这些负面报道，是它自创立以来的第一次。记者调查了苹果 III 计算机的失利，并提出了关于士气和公司开发新产品能力的问题。为此，《福布斯》发表了一篇标题叫作《苹果失去了它的光彩》（*Apple Loses Its Polish*）文章，[23] 而《华尔街日报》发表的文章《苹果计算机遭遇挫折》（*Apple Computer Takes a Bruising*）则引用了马库拉所坚称的"光彩没有丢失；它变得更加明亮了"。[24]

辞退总裁，马库拉从幕后走到台前

根据马库拉和妻子琳达在他加入苹果公司时定下的"4 年就退出"计划，1981 年马库拉该从苹果公司退休了，但苹果公司深陷问题的泥潭，让他无法脱身。

1981 年 3 月 16 日，就在沃兹尼亚克飞机坠毁之后的一个月，马库拉做了一件"他一生中最艰难的事情"。他要求他的朋友、苹果公司的总裁迈克·斯科特辞职，并担任副董事长这一非运营性职位。这显然是一次降级。就在马库拉要求他辞职的三周前，斯科特在一天之内就辞退了 40 位员工，苹果公司的官方出版物把这一天称为"黑色星期三"。[25] 马库拉说，裁员是合理的，他要求斯科特辞职也"不是因为这个"。他说，这也不是因为苹果 III 计算机的发布失败。直到今天，马库拉都拒绝说出为什么想要斯科特走的原因。[26]

自从公开募股以来，斯科特就一直在担心，苹果公司对其员工过于溺爱了。任何在公司工作了至少 60 天且展示了基本的软件程序使用能力的员工，都能免费拥有一台计算机。[27] 在出差时，员工也都坐头等舱、租赁豪华汽车。[28] 公司还推出了一套苹果系列的产品，这是一个携带了苹果标志的服装及家居用品，以供员工们购买。在公司的一次户外活动中，执行官们花了半个小时来讨论公司是否应该为员工在提供普通咖啡的同时，也提供无咖啡因咖啡。当时，人们担心咖啡因对人体有害。斯科特觉得这些讨论纯属浪费时间。

斯科特在新职位上待了几个月，直到 1981 年 7 月，他正式离开了苹果公司。在他的辞职信中，他谴责了苹果公司"过于注重头衔与高工资而不够注重节约"。他写道："我辞职不是为了去一家新公司，也不是为了个人原因。这样做，不是为了那些害怕我的观点和工作风格的人，而是不想给那些忠诚者以虚假的希望。"[29]

苹果公司的第一位总裁（他还拥有公司的 6% 的股份）就这样离开了。在他辞职期间接受了一次罕见的采访，并拍摄了照片，在照片中，斯科特与他的两只猫一起坐在具有高挑的天花板且空气清新的客厅的地板上。他告诉记者说，他计划"创立两三家电子公司"，再投资另外几家，然后再买一些房地产。[30] 在过去几年里，他在世界各地旅行，提供资金支持了水下火箭发射的研究，还支持了建造一种被他描述为《星际迷航》里"三录仪"（tricorder）的仪器的研究：只要对准一块石头，这种仪器就能立刻显示出它的信息。[31]

即便是在任职苹果公司总裁的时候，斯科特也从来没有担任过公司的代言人。但他是苹果公司灵活而易于扩展的生产运作模式幕后的策划者，这使得苹果公司能够如此迅速地增长。他做了从编写手册到建造幕后系统的一切工作来支持公司的增长。"斯科特是公司每天的节奏所在，就像是那颗每天在身体里规律地跳动的心脏。"特里普·霍金斯说。[32] 沃兹尼亚克则说："这个世界永远都不会知道斯科特有多么重要。"[33]

斯科特并没有培养后继者。当时 26 岁的乔布斯要来担任公司的总裁时在经验上太显不足，这家公司就前一个季度的销售额就有 8000 万美元。苹果公司的疯狂增长和日趋激烈的竞争对手，还有计算机巨人 IBM 很快就要推出一台个人计算机的谣传，都意味着这不是空降一位外来者的好时机。"我们需要一个了解这个组织的人。"人事关系主管安·鲍尔斯告诉马库拉说。[34] 她想要马库拉来代替斯科特担任苹果公司总裁。她知道马库拉对苹果公司及其员工都非常忠诚，而且他有超过 1 亿美元的个人财富都在苹果公司的股票里。[35]

马库拉从来就没有想过要担任苹果公司的总裁一职。他不想每天都负责管理工作，而且他也非常注重自己的隐私——连编写软件都用假名，所以更不喜欢作为苹果公司的代言人来面对股票分析师和媒体。但是，除了马库拉没有人能胜任这份工作了。

在决定斯科特继任者的董事会会议上，一位秘书的出现并打断了马库拉，告诉他的岳母打电话找他。他的岳父因为心脏病突然去世了。琳达此刻还不知道，因为岳母找不到她。

马库拉回到会议室说："不好意思，各位，你们得在我不在的情况下做决定了。如果你们要我来管理这家公司，可以，但我现在有一件个人事务必须得处理一下。"他开车到处问琳达的朋友是否见过她。几小时后，在马库拉给自己的办公室打电话时，得知了董事会任命他为苹果公司总裁的消息。

对马库拉来说，失去这位充满欢乐而酷爱运动的岳父兼朋友是"在这纷繁事务中间出现的巨大打击"。他安排了葬礼，抚慰了妻子，应对了悲痛，还成了美国历史上成长最快的一家公司的总裁。独自一人时，他告诉自己："我会花时间思考，如何才能熬过这一切。太难了。这一切都过去之后，我发现自己比想象中的要坚强得多。"[36]

乔布斯在斯科特离开之后成为苹果公司的董事长，他告诉记者说："马库拉担任总裁，是因为他的管理风格更适合来掌管一家多维度、多部门的跨国公司。"[37] 马库拉告诉《圣何塞信使报》说："在几年内，我希望自己还在这个位子上。"[38] 马库拉向董事会解释说，他会在"找到更好的人之前"一直担任这份工作，至于那是 6 个月、一年，还是几年后，他无法预测，但他希望这个时刻早点到来。当总裁，"不是我这辈子想做的事情"。[39]

让苹果人自己做决定

斯科特和沃兹尼亚克都走了，马库拉和乔布斯失去了那位与他们一起创立苹果公司的人，但是马库拉和乔布斯合作得很好。霍金斯说马库拉像一块海绵一样吸掉了压力，与乔布斯更富有激情的性格取得了很好的平衡。[40] 马库拉非常看重乔布斯预测消费者下一步想要什么的能力，这份能力即使是在一家充满了聪明而富有创造力的人的公司里也能脱颖而出。马库拉还相信，只要足够成熟和积累到足够的经验，乔布斯就能够成为一位有影响力的领袖。对乔布斯来说，他把马库拉视为学习商业敏感的模范，每当在公司早期的私募融资轮中有机会出现时，他总是和马库拉出售一样数量的股票。[41] 他也把马库拉誉为他的信念之源：用户通过与公司相联系的细节来形成对公司的感受。[42] 他后来这样评论马库拉："他的价值观和我非常一致。他强调说，你永远都不应该以发财致富为目标来创立一家公司，而应该是建造　些你所信仰的东西，创造一家能够持续发展的公司。"[43] 唐·瓦伦丁称马库拉是"乔布斯的个人教练"。[44]

苹果公司的官方发行物开始把马库拉和乔布斯描述为一个团队。现在，两人都会在季度财务报表上签字，虽然之前只有斯科特一个人签字。1983 年的年度报告里包含了一张马库拉和乔布斯的合影，两人并肩走向光芒之中：乔布斯打着领带，留着短小整洁的胡须，比划着手势，看着马库拉，而马库拉的手则放在口袋里，专心地聆听着。在他们的照片下面有一句承诺："我们坚信，通过个人计算机把技术带给每个人，将会是这 10 年里最意义非凡的事业。"[45]

马库拉和乔布斯各自划分了在苹果公司的职责。马库拉重新调整了公司的管理，在三个月内请来了 4 位副总裁。[46] 作为一位永远的规划者，马库拉还推行了一个全公司大会，在会上，他会和员工们一起审阅苹果公司来年的计划与工作重点。"我想让员工知道，他们到底身处什么位置，以及应该把钱用到什么地方，"他说，"我想要让人们关心他们的同事在做什么，因为只有大家团结一心，这项事业才能成功。"[47]

马库拉相信"一个人监管太多是最常见的管理错误之一"，他采取一种不干涉的管理路线。"他会经常在办公室里待很久，深思熟虑地规划大局，"霍金斯说，"他不用走来走去的方式来管理。"[48]马库拉喜欢说，他想要听到人们在大厅里或者他的会议上争论。当两位副手不能在圣诞季节应该生产多少台苹果 II 计算机达成一致时，马库拉会告诉他们说，如果你们没法挑选出一个数字，我就自己来挑，"但你不会想要我来做决定的，因为我知道的还没有你知道的一半多"，[49]这可能是他说出过的最具威胁性的话了。他让苹果公司的人自己做决定，也自己犯错误。

乔布斯从未停止过探索未来。"我从第一天开始对乔布斯的策略就是，让他有事可忙，所以他不会找麻烦。"马库拉说。乔布斯接管了麦金塔计算机小组，有人鼓掌欢迎，也有人震惊不已。当乔布斯在开发麦金塔计算机的大楼上挂起一面海盗旗的时候，苹果公司的许多人觉得这个举动很是目中无人。马库拉却不这样认为："我想要乔布斯在合理的情况下尽可能多地利用丽莎计算机的技术。他们要是觉得自己像海盗一样在偷盗，我也无所谓。"[50]丽莎计算机团队也把麦金塔计算机小组列为他们用户界面备忘录的发放对象。[51]

半年15万台，乔布斯的品牌魔法

里吉斯·麦克纳继续与苹果公司在广告和公共关系上保持着紧密合作，他相信，让一家复杂的技术公司显得平易近人的最好办法就是，把它和一位富有魅力的人物联系起来。"真正让一家企业脱颖而出的是人，"他曾经说，"赋于企业以个性这个想法很早以前就有了。"[52]麦克纳已经让英特尔公司的罗伯特·诺伊斯成为英特尔和微芯片产业的代言人。在苹果公司，这个角色最显而易见的选择就是年轻、英俊、富有激情的史蒂夫·乔布斯。麦克纳称乔布斯是苹果公司的"媒体人"。

虽然马库拉偶尔也会与媒体和金融分析师们谈谈日常运营，但乔布斯是这家公司，甚至这个产业里年轻的哲人王。在私下的谈话中，马库拉会编织出鼓舞人心的梦想，一位仰慕者称之为"富有魅力、亲密而温暖，让我坐在床沿，来告诉你这将有多么伟大"。[53] 但乔布斯无论是与一大群人还是一小群人在一起，无论是对朋友、陌生人还是记者，都散发出一种魔法般的魅力。他给予苹果公司的产品一种无法抵挡的气场，一种转天换地的力量。乔布斯清楚地表明，买一台苹果计算机，会让你成为某种非凡事情的一部分，而这种非凡事情就是一家公司，就像它年轻的董事长一样，乃明日希望之典范。

乔布斯接受了一次非常深入的访谈，麦克纳把它改编成了三整页广告，发布在《华尔街日报》上。[54] 广告上刊登了乔布斯的 4 张不同的照片，并引述了他的宏伟构想，比如"一台个人计算机不止是一台小的'大'计算机"。在广告里，乔布斯还讲了一些他喜欢的故事：苹果 II 计算机帮助英国的一位缝纫机修理工保住生意，医疗中心用这些计算机来处理救护车报告，教师们发现计算机图像"让学习变得更有乐趣"。他又进一步解释道："我们发明个人计算机时，也就创造了一种人机伙伴关系。"[55] 这可能是对利克莱德关于"人机共生"的论文的一次无意的呼应，这篇文章在 1963 年也给了罗伯特·泰勒以灵感，但声称自己发明了个人计算机，将会惹怒泰勒和其他许多帕洛阿尔托研究中心的人。

乔布斯在波士顿举行的一次苹果公司用户大会上说："每次有某种免费的新能源出现时，文明都会往前跃进一步。石油化工是一种能源，犁也是一种能源。① 人们要么利用机械能，要么找到智能的免费源泉，就像语言和数学。但从来没有过一种人造工具，使得我们能够自由地使用智能。苹果 II 计算机让我每天的工作时间节省了两个小时。这就是免费的智能。"[56] 乔布斯告诉《洛杉矶时报》说："个人计算机能够推进个人主义，这不同于自我孤立，因为它能够帮助到那些不得不在爱工作和爱家庭之间进行两难选择的人。"[57]

---

① 一年前，当时还在摩根士丹利公司的分析师本·罗森也做出了类似的评论，说电子设备提供了免费的能源和免费的智力。

这位苹果公司的董事长有时也会显得像个 26 岁的年轻人，是的，他本来就是。"我们最初创立苹果公司的时候，对于这项生意感到格外不安。"他承认道。[58] 但是 5 年后，他改变了想法："我觉得做生意是这个世界上最大的秘密。虽然从外面来看，人们对它的印象都非常负面，但它确实非常精彩。"他最享受的莫过于在定义一个新市场时的兴奋感："就像在刀锋上冒险一样。"[59]

欢迎你，IBM，真的

1981 年，苹果公司在广告上花费了 1000 万美元。[60] 除了印刷广告，公司还在电视黄金时段打了一系列广告。这些广告由著名的脱口秀主持人迪克·卡韦特（Dick Cavett）主演。靠着闲聊易于使用的苹果 II 计算机，他成了技术产业的"第一位明星代言人"。是麦克纳说服这位明星接下这份工作的。[①] 到了年中的时候，苹果公司已经销售了 15 万台计算机，80% 的问卷调查者都能够认出苹果公司的品牌和业务。[61]

但这丝毫不能让马库拉松一口气。1981 年 8 月 12 日，就在他成为苹果公司总裁的 5 个月后，IBM 在纽约华尔道夫酒店举行的一次新闻发布会上推出了它的个人计算机。IBM 的计算机拥有 16 位英特尔微处理器，速度更快，内存更多，而且据称能比苹果计算机处理更复杂的任务。IBM 只用了一年，让佛罗里达州波卡拉顿的秘密团队开发出了这台个人计算机。

苹果公司在《华尔街日报》上用了一整版广告对 IBM 推出的个人计算机做出了回应。巨大的粗体字写着："欢迎你，IBM，真的。"下面的小字响应了这句大胆的标题："在把这项美国技术传播给世界的巨大事业中，我们欢迎负责任的竞争对手，我们感谢您巨大的承诺。"一年后，艾伦·凯很快就会以苹果之友（Apple Fellow）的身份加入苹果公司，他说："苹果公司欢迎 IBM 进入这个市场就像是一个洞穴原始人欢迎一只剑齿虎进入他的山洞一样。"[62]

---

① 这些广告都有一种令人愉快的自嘲语气，其中一条广告拥有明显的女权主义倾向：当卡韦特以菜谱存储量为例子，给一位女性解释苹果 II 计算机的多才多艺和内存容量时，她微笑并点了点头，然后说在她掌管的炼钢厂里也用这台计算机，还用它来跟踪黄金期货上的投资。

　　马库拉一直都在"期待"IBM 的进入，他只能希望苹果公司已经占到了足够的地盘来暂时抵挡进攻。[63] 如今他回忆起 IBM 推出个人计算机时说，这事让他苦乐掺半，乐是因为它证实了市场的存在，苦是因为苹果公司有了一个可怕的对手。当时，IBM 进入市场似乎并没有打扰到他。"马库拉吸了一口温斯顿香烟，用与他温柔的声调和随和的态度完全不符的姿态夸耀道：'除了第三次世界大战，我看不出还有什么能把我们从个人计算机第一制造商的位置上踢下去，我们不但能够抵挡住 IBM 新的个人计算机，还能赢过它。'在 IBM 宣布个人计算机 5 天后，一名记者写道。"[64]

搅局者的反超

　　今天，苹果公司以打破偶像的局外人形象自居而出名。这一名声之所以能够存在，大部分要感谢苹果公司 1984 年麦金塔计算机的标志性的广告，在其中，IBM 被比作乔治·奥威尔的老大哥 ①，苹果公司则是一位勇敢的女性叛逆者（一如后面的广告战役，比如 1997 年的"不同凡想"[Think Different]）。然而在 1981 年，由马库拉领导的苹果公司就是个人计算机行业里的明星公司。马库拉的计划从一开始就是要第一个进入市场，以便让苹果公司能够设立标准。1981 年，至少对于个人计算机而言，IBM 才是一个搅局者。"IBM 和任何人都一样，深谙一个既已确立的基础用户群的威力。"马库拉在 1981 年告诉《华尔街日报》说，"现在情况颠倒过来了。"[65] 他把 IBM 比作一个新的汉堡摊位，把苹果公司比作麦当劳。[66] IBM 打的广告里则会出现女性和一些温暖而模糊的承诺（拥有你自己的 IBM 个人计算机的好处之一就是，它属于你），还有查理·卓别林在《摩登时代》里面扮演的流浪汉 ②。[67]

　　IBM 的个人计算机被证明非常受欢迎，在发布几天之后，公司产量翻了 4 倍。[68] 到了 1982 年年末，几乎每一分钟里都有一台 IBM 计算机售出，IBM 在那一年生产了 150000 台计算机，距离苹果公司生产的 225000 台已经不远了。[69]

---

① 乔治·奥威尔的反乌托邦小说《1984》中的虚构人物，他是大洋国从未露面的领袖，也是全面监控社会的极权政府的代称。——译者注

② 这部电影讲的是一名小人物与大公司以及官僚式技术效率作斗争的故事。

一年后，IBM 个人计算机的市场份额超过了苹果公司。到了 1985 年，IBM 的个人计算机部门已经非常成功，如果它是一家单独的公司，将是世界上第三大计算机公司，仅次于数字设备公司和 IBM 自己。[70]

就在 IBM 个人计算机推出一年内，世界各地的软件开发者就为这台计算机编写好了 753 种程序。[71] VisiCalc 的母公司为 IBM 的个人计算机专门开发了一版软件。微软公司的成功也能追溯到 IBM 决定在个人计算机上采纳微软的操作系统。如潮水般出现的新软件开启了一个良性循环：更多的软件意味着更多的销量，更多的销量则意味着更多的人想要给这台畅销的计算机编写软件。

因为微软公司把个人计算机的操作系统许可也授予了其他计算机制造商（它们也可以购买和 IBM 计算机中使用的相同的微处理器和其他芯片），苹果公司面临着来自不同公司生产的 IBM 兼容机甚至更多的竞争。如马库拉后来所说，IBM 进入市场，"好处是它合法化了个人计算机市场，但坏处就是我们现在面临的不只是 1 家竞争对手，而是 20 家"。[72] 1980 年年末，大概有 20 多家公司在销售个人计算机。到了 1981 年年末，也就是 IBM 个人计算机推出的那一年，就有了 44 家。[73] IBM 个人计算机推出一个月后，分析师们降低了对苹果公司第四季度收益的估计，公司股价也下跌了 13%。[74]

虽然 IBM 和苹果公司都企图霸占的计算机市场正在快速增长，但它还是很小。1981 年，美国大概有 100000 个家庭拥有计算机，在办公室和公司里，大概有 275000 台个人计算机。[75] 而在同一年，全美一共有 8100 万台电视机。[76] 对大多数人来说，计算机还是非常陌生的，甚至会觉得它们隐约有些邪恶。"今天的计算机是平易近人的伴侣，它们只想为我们服务，给我们提供教育和娱乐。"奢侈品杂志《城市和乡村》（*Town & Country*）的一位撰稿人在 1981 年年底许诺道。但他承认："我们中的大多数人还是很害怕计算机，甚至对它们怀有彻头彻尾的敌意，它们简直是不可理喻的怪物，不断地给我们发送着同一张错误的账单。"[77]

如果 1980 年的公开募股年是苹果公司前所未有的增长期与值得庆祝的时

期，那么 1981 年对马库拉和苹果公司来说，则是一次考验。"我们的进步不会掩盖我们的问题，不管是来自内部的还是外部的。"马库拉在 1981 年的年度报告中写道。他对一位本地记者说得更为直接："从外面看来，我们好像在水面上魔法般地行走着；但在内部，我们都知道，我们并没有。"[78]

23

从蓝领到白领，硅谷每天都有新工作

福恩·阿尔瓦雷斯

What in the Hell Are
You Trying to Say

就在迈克·马库拉开始计划苹果公司的公开募股时，福恩·阿尔瓦雷斯被升职为罗姆公司的生产主管。她的新工作虽然仍然算是一份生产线工作，但她终于有权在罗姆公司的 CBX 远程通讯系统生产线旁边拥有一间私人的格子间了。阿尔瓦雷斯喜欢拥有自己的空间，尽管她还没有像与之合作的那些工程师一样，有一条自己的电话线。

作为主管，阿尔瓦雷斯要负责招聘、解雇，以及对在组装线上工作的大约 100 位妇女进行培训。此外，她最重要的职责之一就是在生产线上实现产品工程师们所要求的那些改动。在阿尔瓦雷斯工作的远程通信部门大概有 20 位产品工程师。每天至少会有一个变动需求，有时候还会更多。有时需要把一种零件替换成另一种，或者需要重新配置生产线来制造另一种高需求版本的 CBX 系统，再或者将一个全新的装配过程结合到生产过程中去，比如说一种不同的电源。每天，阿尔瓦雷斯都会在邮件里收到几份变更命令。对于那些紧迫的改动，有的工程师甚至会来亲自递交指令。

令人费解的变更命令

变更指令一般都有十几页纸长。阿尔瓦雷斯会快速扫过顶头的模板文字，跳过几位主管和部门领导的签字，直接去看改动内容以及这对她到底意味着什么。她需要把多少人分配到新工作上去？新的零件是什么样子的？新的制造计划和图纸说清楚了零件安置在哪儿了吗？她需要移动工作台吗？这项改动能不用停下生产线就加进去，还是需要暂停生产？

阿尔瓦雷斯经常会收到一些她无法理解的变更指令。比如"阻止 U4 的电阻"，或者"加快频道驱动器"。阿尔瓦雷斯看到这些文字就会生出怨气。因为它描述了要解决的问题，而非修复的方法。她需要去找他们问清楚。这时，她会带着一摞纸前往某位提出问题的工程师的办公室，把纸从桌上给他推过去，问道："你到底想要说什么？我不知道你在说什么。我们谁也不认识这些词。"工程师们都习惯了阿尔瓦雷斯的直接来袭，他们总能解释要做什么：换掉一个芯片，或者切断零件之间的连线并接上一条新的。与此同时，阿尔瓦雷斯需要站在旁边，等候工程师重写变更指令，以便解释必要的步骤。这种事情每周至少要发生好几次，她觉得非常烦人。

罗姆公司的一位前产品工程师杰夫·史密斯知道原因在哪。经过了 40 年和多份高级管理工作，史密斯注意到在工程师们写变更指令时，"根本不管生产过程是什么样的。这就是一个部门给另一个部门发布的法令，而完全不知道这些法令的效果是什么"。[1]

阿尔瓦雷斯向她的老板比尔·雷抱怨了很多次，最后他告诉她说，如果她能把变更命令写得更好，就应该试试。找一份命令草稿，问她的问题，然后把变更命令以她觉得合理的方式重写一遍，而不是等工程师来做。只要工程师批准了她的版本，雷也没问题。阿尔瓦雷斯很快就发现，雷的建议不但让这份工作变得容易了，对工程师也变得容易了，他们可以少花些时间在撰写和重写变更指令上了。

几周后，阿尔瓦雷斯告诉雷说，她不想再当生产主管了，请他给她一份新工作，一份以前不存在的工作——全职撰写变更指令。此外，因为这是一份专业工作，她想搬出生产部门，加入产品工程师部门的工程师队伍。

雷也是一位爱冒险的人，不怕颠覆传统。"在罗姆公司，温顺的人得不到股票期权。"杰夫·史密斯解释说。雷愿意一试。他给阿尔瓦雷斯找了一间办公室。这间办公室有一扇门，不同于她的格子间，而且还有一部电话和一个固定的电话号码。

22 岁的阿尔瓦雷斯终于得到了她期待已久的坐在办公桌旁的工作。

当阿尔瓦雷斯身处生产部门，来向工程师请教问题时，他们觉得她非常可爱而且朝气蓬勃，现在，他们却觉得她是个潜在的威胁。一位从来没有上过大学的女人就坐在他们隔壁的办公室里，做着一份他们也在做的工作——撰写变更指令。阿尔瓦雷斯能感觉到，她的存在降低了他们的威望。

很快，工程师们便给阿尔瓦雷斯送去了大量需要重写的变更指令，她开始怀疑他们故意让她喘不过气来。她又到了雷那里，提议雇用三位女性来与她一起工作，而且提出，三名女性的工资都要低于工程师，而且工程师能够腾出手来去做别的工作了。

就在第三位女性被雇来之后的几周内，工程师们连他们变更指令的初稿都不用再写了，他们只需要给这些女人粗略的说明就行。"当他们发现没上过大学的女孩都能做这些事的时候，就再没有工程师愿意做了。"阿尔瓦雷斯回忆道。从那时开始，工程师会批准变更指令，但不再需要撰写它们了。她补充道："现在那是女人的工作了。"[2]

在阿尔瓦雷斯开始新工作的时候，罗姆公司庆祝了创立 10 周年，也迎来了历史上最高的利润（1130 万美元）以及 1.14 亿美元的营业额，比前一年增长了 128%。有超过 2000 人为公司工作，数量是三年前的 5 倍。在这期间，公司股票也拆分了两次。

罗姆公司惊人的增长对于创始人以及获赠了慷慨的股票期权计划的执行官和工程师们来说，都意味着巨大的财富。另外，这一利好也渗透到了公司各层。1980 年 1 月，阿尔瓦雷斯的母亲维内塔退休了。她多年来一直在购买罗姆公司的折扣股票，之前她还获赠了 2000 股的期权。她没能被允许以 50 美分一股的价格购买股票，就像罗恩·迪尔把她从西尔维尼亚公司招过来时所许诺的那样；在加入后不久，她就被告知，州法律禁止女性购买未在证券交易所挂牌交易的公司的股票。[3] 尽管如此，在连高中学位都没有的情况下，她把自己和女儿们从危险的经济状况中拉扯了出来——女孩们曾经连自己的脚长大都会担心，因为这意味着得买新鞋，她们负担不起。现在，43 岁的维内塔再也不用工作了。

在阿尔瓦雷斯与产品工程师们一起撰写变更指令的两年里，最值得纪念的日子应该是她决定离开的那天。在新职位上，她开始注意到在罗姆公司办公室工作的其他女性。她看见她们沿着园区里修剪整齐的草坪散步，或是在餐厅吃饭。有一个女人特别引人注目，她总是穿着优雅的套装，经常戴着一顶帽子。阿尔瓦雷斯首先注意到了帽子：毡制或是盖着羽毛，颜色一般都很鲜艳。她从来没见过像这样的东西，看起来非常昂贵，就和这个女人穿的套装一样。她觉得这个漂亮的女人一定在罗姆公司的工资很高，阿尔瓦雷斯想知道她是如何做到的。

想要一份新工作

"有一天我径直走向她，开门见山地做了自我介绍，然后问她是做什么工作的。"阿尔瓦雷斯回忆道。那个女人说她做市场营销，阿尔瓦雷斯向她道了谢就走开了，因为她不好意思再问"市场营销"是什么意思。

她去了图书馆，借了很多商业书籍。在阅读了大多数公司里中的不同部门（工程、财务、生产、销售、市场等）的知识之后，她认定，唯一能够给一位女性带来有保障的良好收入的部门就是销售部，在这里，酬劳几乎完全由你销售了多少产品来决定。而在其他领域，女人可能仅仅因为她们是女人而挣得更少。

一旦决定以最短的步骤跳入销售部或者市场部门，阿尔瓦雷斯画出了罗姆公司的组织结构图。只有一个部门既和产品工程部门合作，又和市场与销售打交道。有一个预测组把销售和市场预测（"我们要销售 X 套带有 Y 功能的 CBX 电话系统"）翻译成生产预测（"我们需要采购 Z 份这一类或者那一类的零部件")。如果她能够调到预测组去，下一步再要跳去销售部或是市场部应该就是一件很容易的事。

1981 年，就在阿尔瓦雷斯图书馆之行的一年之后，她加入了预测组。她很喜欢这份工作，但很快就发现，她正遭受着歧视——正是她担心的那种，只要她做销售之外任何工作都会遇到压制她的那种歧视。她无意中听到她的男同事在炫耀自己的工资，那是她的两倍。她气坏了。她的工作是为非常大型的 CBX 系统做预测，比他们做的要复杂得多，一旦犯错误，代价也会大得多。①

阿尔瓦雷斯向雷抱怨此事。雷获得过很多次晋升，还成了阿尔瓦雷斯的好朋友，现在是她老板的老板。"我想要跟那个男的挣同样多的钱，然后再加一块钱。"她告诉雷说。当他试图解释这种差异，说那位同事已经结婚了，有小孩需要抚养时，阿尔瓦雷斯怒不可遏地说道："和这个有什么关系？"她问。"要看的是能力！"最终，她的工资涨了上去。

离开生产线，进入市场营销

到了 1981 年，罗姆公司又把位于硅谷的旗舰园区扩张了 4 万平方米，还在附近购买了 9 平方米的土地。这家公司销售着两类产品：商用的 CBX 电话系统，以及军用的加固型计算机。新增的空间多用来容纳行政和工程人员。罗姆公司把许多装配工作，就像阿尔瓦雷斯和她的母亲从事过的那些，移到了科罗拉多州的科罗拉多斯普林斯（Colorado Springs）。那里的工厂用地要便宜一些，工资也要低一些。当地军方部门不少，也意味着相对容易找到熟练的装配工。

20 世纪 80 年代早期，整个硅谷的公司都在把它们的生产活动搬出这个

---

① 罗姆公司制造若干种尺寸的 CBX 系统。阿尔瓦雷斯负责的是可支持多达 4000 台电话分机的系统。她无意中听到的那个人负责预测的系统只支持最多 144 台分机，这种系统需要小组来进行成本预测的零件数量也要少得多。阿尔瓦雷斯说："我很气愤，因为我要比他多预测 90% 的烂东西，如果我犯一个很小的错误，和他的同样程度的错误相比，给公司造成的代价要大得多。我一直在被利用。"

区域。英特尔公司在俄勒冈、亚利桑那以及新墨西哥修建了工厂。国民半导体公司也在华盛顿州和亚利桑那进行建设。其他公司也在亚洲组装产品，一般是在菲律宾，这里的工资低达每小时 13 美分。苹果公司还在爱尔兰的科克修建了工厂。

制造以外的工作机会也在流失。罗姆公司把一个专注于产品开发和产品营销的团队搬到了得克萨斯州的奥斯汀。"我们认为搬迁势在必行，"联合创始人鲍勃·马克斯菲尔德解释道，"和很多别的公司一样，我们想要招进足够多的工程师，还得承担得起他们的生活开销。"[4] 惠普公司采纳了一项正式决策，未来所有的增长都需要在硅谷以外发生。对圣塔克拉拉县的 60 家公司进行的一次问卷调查发现，这些公司期待中的新增工作机会的 41% 都在加州之外。[5]

"这个区域的特征会有所改变，从以生产为主逐渐转变为以研究为主，并由能够承担起这里的生活成本的高技术专业人才来掌管。"惠普公司的总裁约翰·扬在 1980 年这样预测到。他表示了对于"蓝领工人、穷人、老人以及弱势群体即将遇到的压力"的担忧。[6] 无疑，他的担忧预见了未来。

24

我们不要钱，而是要赢

桑德拉·库尔茨格

We Don't Need Any Money

大约在福恩·阿尔瓦雷斯得到她撰写变更指令工作的同一时间，桑德拉·库尔茨格正在和一位男子吃午饭，她希望他加入 ASK 计算机系统公司的董事会。很难相信，就在一年前，公司的前景还看起来岌岌可危，她甚至考虑要把公司卖掉，然后去找一份收入更好的工作。现在 ASK 计算机系统公司却快要将 1979 年 280 万美元的营业额翻上 3 倍，利润翻上 5 倍，达到 100 万美元。

爆炸性发展的小型计算机市场，就像 ASK 计算机系统公司为之编写MANMAN 程序的那些惠普计算机一样，正是公司增长的燃料。1975 年，惠普公司卖出了大概 80 台顶级小型计算机。5 年后，世界各地已经有 5000 台这种计算机被安装使用。[1] 随着硬件价格的下降和消费者的购买，ASK 计算机系统公司也乘风前进。虽然 MANMAN 程序是为那些没有编程知识的管理者和工人们设计的，但那些写代码的客户也能够很容易地添加自定义的功能，这是因为 MANMAN 程序是以一种众所周知的语言（FORTRAN）编写的，并连同源代码一起交付给客户。[2]

摆脱直觉型管理

虽然库尔茨格对带领公司走过的起步阶段感到非常兴奋，但她也知道，作为一位迄今为止凭"直觉"管理公司的工程师，她还是应该寻求一些指导。[3]

她已经报名参加了哈佛商学院的小企业管理课程（SCMP），这个为小企业所有者和 CEO 设计的为期三周的高强度课程在夏天连续如期举行了三年。她也雇了一位副手，名叫汤姆·拉维（Tom Lavey），一位 35 岁的前陆军中尉。他是一位有经验的销售员，之所以认识库尔茨格，是因为他来过加州问她是否想把 ASK 计算机系统公司卖给一家巨大的计算机出租集团艾特尔集团（Itel Corporation）。和拉维待了一天之后，库尔茨格宣布："我不想卖给艾特尔公司，但我想买你，你值多少钱？"

库尔茨格马上就会意识到，ASK 计算机系统公司，这家从她厨房的餐桌上开始的小企业，可能会成为硅谷的一家高科技创业公司。保罗·埃利（Paul Ely）是惠普公司计算机部门的一位执行官，他也是这么认为的。当库尔茨格请埃利推荐一些潜在的董事会成员时（当时的董事会就只有她、她的父亲以及丈夫阿里），他推荐了一些沉迷于硅谷的金融和创业圈里的人。①

这些人中就包括伯特·麦克默特里（Burt McMurtry），此刻他正坐在库尔茨格的餐桌对面。麦克默特里领导着一家风险投资公司，名叫机构风险联合公司（Institutional Venture Associates），其主要基金价值将会在 6 年之内翻 5 倍，从 1900 万美元增加到近 2 亿美元。麦克默特里是一位 45 岁的得克萨斯人，25 年之前就搬来了谷里。他拥有斯坦福大学的工程学博士学位，在成为一位风险投资家之前，曾在西尔维尼亚公司掌管着一所重要的实验室，阿尔瓦雷斯的妈妈还曾在这家公司工作过。是麦克默特里把罗姆公司的 4 位创始人招进了西尔维尼亚公司工作；在他们创立罗姆公司之后不久，麦克默特里加入了这家创业公司的董事会。作为谦逊乃稀有之物的硅谷的一位谦虚的人，麦克默特里将自己的成功归因于所受到的大量技术训练，这让他坚信"实际上，你什么都懂得不太多……所以进步的唯一办法就是说'我不懂'。"[4]

大商机，一家不存在资本的高科技公司

库尔茨格对于麦克默特里的背景一无所知。埃利之所以推荐他来 ASK

---

① 库尔茨格最初邀请埃利加入董事会。但他拒绝了（他后来才加入），并给了她一些别的名字。

计算机公司的董事会，是因为麦克默特里是一家叫作三合系统集团（Triad Systems Corporation）的公司的董事，它的客户和 ASK 计算机公司的很像。三合系统集团背后的投资人有汉布雷克特·奎斯特创投公司和麦克默特里的公司，它向汽车零件经销商销售一套库存管理系统。

因为风险投资家们很少会在没有金融投资的情况下加入一家公司的董事会，麦克默特里认为库尔茨格邀请他来加入董事会，就是在邀请他来投资 ASK 计算机系统。在他告诉库尔茨格，他很乐意投资，也愿意担任董事长，但库尔茨格拒绝了他时，他感到非常惊讶。

"你说你想投资我们公司是什么意思？"她停顿了一下问道，"我们不需要钱。"

库尔茨格在哈佛商学院的管理课程上到第三年了，经营 ASK 计算机系统公司快 8 年了。她邀请与麦克默特里一起共进午餐，却对他从事的风险投资行业一无所知，这看起来不太可能。

但库尔茨格确实没有把她自己或者 ASK 计算机系统，看作是高科技创业圈或是风险投资圈的一部分。她没有在斯坦福大学接受过管理教育，而是在距离硅谷 5000 公里远的哈佛接受的教育。她的大部分同学都在经营家族企业，而非技术创业公司。她获得的所有的媒体曝光都来自制造业杂志或者新闻上，或者是在惠普公司的出版物上。

库尔茨格不是英特尔公司、国民半导体公司或者 AMD 的那些一起在车轮酒吧里喝酒的团体中的一员。她没有加入过那些植根于家酿计算机协会、成员胡须凌乱的帮派，更与帕洛阿尔托研究中心、斯坦福计算机科学系或者硅谷诸多人际网络中任何一个圆点都没有什么联系。相比之下，她归属于像美国生产与库存管理协会（American Production and Inventory Control Society）一类的组织。她没有像迈克·马库拉一样的导师，也没有像汤姆·珀金斯或是唐·瓦伦丁一样的人来助推她一把。她从来都是独自作战，从她的父亲和丈夫组成的董事会或是由客户组成的顾问委员会那里获取建议。每年，她都是亲自翻看惠普公司的年度报告，计算惠普公司的毛利和税后利润率，好为 ASK 计算机系统公司找出合理的目标。

造成库尔茨格的局外人状态的部分原因来自她所从事的这个产业。20 世纪 70 年代，大部分硅谷技术公司生产的都是有形产品，比如仪器、计算机、微波装置、芯片、磁盘驱动器。在 1980 年以前，围绕软件的风险投资交易很不常见。在 1978 年才有第一家软件产品公司的上市交易，这家公司名叫卡利南数据系统公司（Cullinane Data Systems），由汉布雷克特·奎斯特创投公司承销。在卡里南 1983 年挂牌之前，纽约证券交易所里都没有软件公司在挂牌交易。[5]

对普通大众来说，软件的意义更加模糊不清。1980 年，《商业周刊》准备刊登一篇关于该产业的重要报道时，还需要定义一下这个词（即一长串用来告诉计算机应该干什么的命令或指令）[6]。创业者抱怨说，虽然个人计算机已经开始引起了注意，但控制这些计算机的软件却罕有人重视。"你踢不到它，"一个人解释说，"人们就是不懂，也不喜欢。"[7]

1980 年年初，当库尔茨格邀请麦克默特里共进午餐时，风险投资、公开募股以及股票期权这些说法，在金融家和执行官的小圈子之外都是些艰深晦涩的概念。[8]但这在几个月内就会改变，就在基因泰克公司和苹果公司的公开募股之后。麦克默特里发现库尔茨格不熟悉风险投资也算合情合理，让他印象至深的是，她想见他是因为她觉得他有董事会的经验。"她没把精力集中于融资或者资产的流动性问题上这一点，让我更有兴趣投资了，"他说，"她所专注的是建设一家伟大的企业。"[9]午饭结束时，在拒绝了加入董事会之后（因为他不能投资），他向她推荐了另外一位合适的人选。

在他们的对话中，库尔茨格问麦克默特里，如果他要投资 ASK 计算机系统公司，他想要投多少钱，并期待什么样的回报。他回答说，以 100 万美元作为交换，他期望获得"在上市之后"以同等价钱能买到的两倍数量的股票。[10]

为什么女人不行

库尔茨格说，这是她第一次听说"上市"这个词。[11] 她请麦克默特里解释一下什么叫公开募股。现在回望 40 年前的情景，人们会很自然地猜想，库尔茨格是否刻意如此，因为她知道，作为一位年轻的女性，假装什么都不懂能帮她从有权力的男人那里获得帮助与支持。也许她确实向麦克默特里以及在其他时候夸大了她的无知。不过，历史环境很重要。当时，女性正在探索和穿越一个仍然由男性主导的职场。就在库尔茨格和麦克默特里吃午餐的同一时期，有一位主管在福恩·阿尔瓦雷斯的胸口贴了一张便利贴，上面写着："我在找一个平的地方贴这张纸。"20 世纪 70 年代晚期的最畅销的女性职业发展指南书籍里有一章讲，"如果他们叫你阉人婊或者拉拉女同怎么办"，里面还建议说避免挑逗的最佳办法是，说"很荣幸受到您的邀请，但是……"。[12] 一家技术公司 CEO 是一位女性，这在当时可以说是闻所未闻，库尔茨格所走的每一步路都是全新的。

库尔茨格仔细听麦克默特里解释了公开募股，很快她就坚信，上市是"让 ASK 计算机系统公司成为一家更好的公司的下一步，是对我个人的下一项挑战"。在上市之后，公司的形象会透露着庄重和严肃，这将让客户更加安心，并吸引到更多的员工。上市也能让这家拥有 830 万美元营业额的公司扩大业务，库尔茨格和他的员工们也能出售股票。

在吃完午饭回到公司之前，库尔茨格已经开始研究走向公开募股的下一步了。她采取了诺兰·布什内尔、查克·格西克、约翰·沃诺克以及福恩·阿尔瓦雷斯在遇到商业问题时都会采取的一种办法：读书。她开车去了公共图书馆。

在读完书、打了几个电话之后，库尔茨格发现 ASK 计算机系统公司比当时上市的大多数公司都要小。① 然而，她希望它的增长率、债务负担以及拥

---

① ASK 计算机系统公司的大部分营业额都支付给了惠普公司以购买计算机，然后在上面安装 MANMAN 程序后再重新出售。计算机仍然非常昂贵：ASK 计算机系统公司 830 万美元的营业额代表只销售了 40 套系统，因为每套约 20 万美元。

有围绕高科技企业不断增长的兴奋点，能弥补公司在规模上的遗憾。特别的是，快速增长的科技公司作为抵御通货膨胀的一种对冲方式，ASK 计算机系统公司的价值也开始被认可。

库尔茨格还获得了一些经验：一位女性如何带领高科技公司上市。"我听到的全是男人们在带领公司上市。这是带有男子汉气概的事情，男人们在相互竞争。"她回忆道。这一发现也点燃了她心中的火焰。"为什么女人不行？"她问自己说。

恭喜上市，ASKI

几个月后，在 1980 年 6 月，就在库尔茨格在与麦克默特里的谈话的启发下创建的新董事会召开了第一次正式会议之后，她主持了一次晚餐。侍应生在四周恭敬地站着，而她则审视着围在桌边的董事们。她邀请了几个大家都熟悉的人物来参加，包括投资银行家汤米·温特博格（Tommy Unterberg）、泰姆谢尔公司的执行官罗恩·布兰尼夫和罗姆公司 CEO 肯·奥什曼。

库尔茨格举办这次晚餐本来是为庆祝在她的期待中全票通过的让公司上市的决定，上市时间是 1981 年 3 月。[13] 这位从没有听说过公开募股的天真的孩子现在打算亲自领导公司上市了。她找到了几家愿意承销的投资银行，其中就包括汉布雷克特·奎斯特创投公司，它当时已经在协同管理着即将成为当年前三名的高科技公司的公开募股。[①] 但是库尔茨格认为，汉布雷克特·奎斯特创投公司在带创业公司上市之前还要在里面投资有点太"贪心"：这家银行既作为投资人又作为承销商赚钱。她还是选择了来自纽约的罗斯柴尔德集团，这家公司曾经带领过英特尔公司的上市。[14]

库尔茨格对 ASK 计算机系统公司感到颇为自豪。她期待在几周里，这家公司就会第一次在一天内销售超过 100 万美元的产品，这将是一项里程碑

---

① 1980 年，高科技股发行的前三名是苹果公司、基因泰克公司以及巨石存储器公司（Monolithic Memories）。

式的成就。除了以前一度依赖惠普公司，ASK 现在正和第二家公司，也就是位于马萨诸塞州的小型计算机制造商数字设备公司开始协商。寻找第二家供应商的举动，部分要拜惠普公司决定发布一套相竞争的生产软件包所赐。其名为 MM/3000，与 MANMAN 程序可疑地相似。"我们明显地感受到"，ASK 计算机系统公司的成功"全依赖于惠普公司的硬件"，惠普公司的一位执行官回忆说，他把惠普公司和 ASK 计算机系统公司的关系描述为"有一点爱恨交织"。[15]

晚餐开始时一如库尔茨格的期待，觥筹交错。但当甜点的盘子被撤下去以后，肯·奥什曼把他的餐巾放在了桌上，说了一些她不想听到的话。

"如果你想上市，可以，大家都在上市，"奥什曼说，"但我就是觉得 ASK 计算机系统公司还没准备好。"库尔茨格和桌上其他人都一声不吭，奥什曼罗列了他反对公开募股的理由。ASK 计算机系统公司并不需要钱，如果库尔茨格要想外界的投资者，他们应该很容易以私募的方式找到。公开募股具有风险性，ASK 计算机系统公司仅有 830 万美元的营业额也大大低于大部分处于公开募股阶段的公司。（苹果公司，无可否认是个异类，在公开募股时却有 1.17 亿美元的营业额。）除了汤姆·拉维，这位库尔茨格在 1978 年"买"来的销售执行官，ASK 计算机系统公司的管理团队普遍缺乏这家公司以外的经验。奥什曼说，ASK 计算机系统公司在实现更大增长并且雇到更多的高级管理人员之前，不应该上市。

"我知道你想要全票通过，我也愿意从董事会辞职，"奥什曼说，"但我的建议是等待。"[16]

库尔茨格不知所措，她询问其他董事会成员对奥什曼的观点有什么看法。她听见他们清了清嗓子，说出了同意奥什曼的意见。库尔茨格想了想，也同意了。

库尔茨格借故离开了房间，她在女卫生间里放声大哭，她知道不会有其他董事会的成员跟着进来。[17]她已经这么接近上市，而公开市场又这么变幻无常。市场上一家又一家的公司成功地公开募股，比去年的步伐快了三倍，每个月公开募股的数量的纪录都会被刷新。[18] 如果她听从了奥什曼的建议，机遇向她关上了窗口怎么办？她就没法把 ASK 计算机系统公司带进下一个阶段了，她也不能套现。

几分钟后，库尔茨格擦干净了脸，做了一次深呼吸，然后回到了饭桌上。第二天早上，她把 ASK 计算机系统公司的上市时间推迟了 6 个月，推到了1981 年 10 月。

在库尔茨格推迟了 ASK 计算机系统公司的公开募股之后的几个月里，白热化的公开募股市场显得那么诱人。在库尔茨格决定性的董事会议召开三个月后，基因泰克公司创纪录的公开募股甚至激起了更多的兴奋；仅在 1980 年最后一个季度，就有大约 50 家公司上市，苹果公司也是其中之一。1980 年 2 月到年末，记录纳斯达克市场表现的趋势图几乎呈一条垂直的线条向上延伸。[19]

在这疯狂的上市交易之中，就在苹果公司 1981 年 12 月 12 日公开募股的前一周，库尔茨格开车去圣塔克拉拉参加美国电子协会举行的关于"上市"的研讨会。和差不多 200 位创业者坐在一起，她听到一位投资银行家警告说，对于新技术公司的渴求自从 1969 年的泡沫以来就从来没有这么强烈过。当年，上市公司的名字里有一半有像"数据"（data）、"计算机"（computer）这种词，或者"电子"（electron）这个词的某种衍生版。"你最好赶紧注册上市。"他多半是开玩笑地说。《商业周刊》已经开始担忧风险投资家们推出了一些"没有足够能力、人员和业绩"的公司，华尔街也没有足够的科学敏感度来对这些新发行的股票进行恰当的分析。这位银行家向库尔茨格和其他充满希望的创业者们保证（他们每人都付出了 155 美元来参加这次会议）这份热潮还能持续好几个月。[20]

库尔茨格希望它能持续将近一年，这一年里她会遵从奥什曼的建议，招募有经验的管理人员，并提高营业额和利润。她从惠普公司雇来了一位经验丰富的研发主管，从一家叫作高级电子设计（Advanced Electronic Design）的公司雇来了一位首席财务官。她和拉维一起花了一整晚的时间来进行头脑风暴,试图想出一个办法来吸引来那些负担不起全套 20 万美元的 ASK 计算机系统的客户。她和拉维设计出来的办法名叫 ASKNET,允许那些在公司安装了终端(不是完整的计算机)的客户使用 MANMAN 程序,并按月支付处理费用(因为它们运行在 ASK 计算机系统公司的计算机上),而非一开始就需大额采购。在某种意义上,ASKNET 是对过去分时模式的一种"复古"。它也提前用到了今天称为"软件即服务"(Software as a Service, SaaS)的概念,在这种方式里,企业(最有名的就是 Salesforce.com)的服务都是通过软件的方式提供,用户可以通过浏览器在网页上访问它们,而不用在计算机的硬盘上安装一个程序。

ASKNET 本来是为那些太小、太新或是不敢投资购买它们自己的计算机的公司准备的引路石,但这些公司到了在经济上已经不划算时还待在 ASKNET 上。一家计算机生产商的一位执行官告诉拉维说,他愿意多付些钱留在 ASKNET 上,因为不这样的话,就得买一台独立的系统,也就意味着要买惠普公司或者数字设备公司的小型计算机。"我是卖计算机的,"他说,"你觉得我会放一台惠普计算机在我的办公楼里面吗?我们在和他们竞争呢。"[21] 到了 1984 年,ASKNET 已经贡献了 ASK 计算机系统公司用户群的 20% 以及营业额的 15%。[22]

到了 1981 年 7 月,库尔茨格已经把 ASK 计算机系统公司塑造成了一家看起来非常典型的公开募股在即的公司:ASK 计算机系统公司有了一支经验丰富的执行团队;有了和两家主要计算机供应商的合作;有了多个收入来源;有了一套现已带有图形功能、日益复杂和集成化的 MANMAN 程序包;有了分布在公司洛斯阿尔托斯总部以及纽约、波士顿、芝加哥和南加州的销售办公室的接近 100 位员工;还有了 1300 万美元的年营业额,远远超过奥什曼建议她达到的 1000 万美元的目标。考虑到新出现的重要竞争对手,ASK 计算机系统公司的业绩更是令人钦佩。有超过 70 家供应商(它们来自其他软件公司和大型机制造商)在销售物料资源计划软件,与 ASK 计算机系统公司的旗舰产品 MANMAN 程序相竞争。[23]

与此同时，主流媒体也开始注意到 ASK 计算机系统公司的故事了。库尔茨格成为令人敬佩的主角，出现在《商业周刊》《信息学》（*Informatics*）、《旧金山商业日报》（*San Francisco Business Journal*）、《旧金山执行官》（*Executive SF*）、《圣何塞信使报》（*San Jose Mercury*）以及《计算机系统新闻》（*Computer Systems News*）的文章里。打字机打出来的单页新闻通讯《女性执行官》（*Executive Women*）赞扬说："任何东西都困扰不了她……富有自信，善于应对家庭和生意问题，在一个男性世界里作为一名女性而毫无顾虑。"[24] 库尔茨格向一位记者吐露说，她私下里和人打了一个赌，计划要在 5 年内让 ASK 计算机系统公司成为一家价值 1 亿美元的公司："我想让他让着我一点，因为我是个女的，但他不同意。我们会这么做是因为我想赢这场赌。"[25]

库尔茨格请求里吉斯·麦克纳，来帮她设计 ASK 计算机系统公司的公开募股路演所需的幻灯片和要讲的故事。麦克纳是拥有基因泰克公司、苹果公司以及英特尔公司这样的知名客户的公关、市场和战略专家。"他很有名气，所以我们请不起他。"库尔茨格说。[26] 她用折扣股票作为他的报酬：1000 股股票，每股 6 美元，总价值大约是 ASK 计算机系统公司上市价格的一半。[27]

ASK 计算机系统公司开始把它的完整客户名单交给任何潜在客户，只要它们保证对该项目上的其他竞标公司也做同等要求。ASK 计算机系统公司对自己满足客户需求的能力非常自信，所以给每一位客户打了一个电话。这不仅对 ASK 计算机系统公司非常有利，而且也帮助它构建了一个客户社区，他们在互相打推荐电话的过程中认识了对方。1980 年，ASK 计算机系统公司把它所有的客户们请到了一起，开了一场颇为夸张的用户大会。会场被布置成了好莱坞风格，就像是公司周五啤酒会的加强版，会上有伯特·雷诺兹（Burt Reynolds）①的模仿秀，还有几乎可以汇成一条河的酒水。客户们相互展示他们如何使用 MANMAN 程序，或者如何改动 ASK 计算机系统公司交给了所有客户的源代码。"就像一场同学会一样。"ASK 计算机系统公司最早的员工

---

① 美国演员，代表作有《警察与卡车强盗》（*Smokey and the Bandit*）等。——译者注

之一莉兹·塞克勒回忆说。

ASK 计算机系统公司的精神还在，但很多东西都改变了。这家公司再也不是那个由摇滚歌迷或是一群刚毕业然后拖着睡袋去惠普公司工作的学生组成的杂牌团队了。拉维虽然深受爱戴和尊敬，却有着一个叫"西服"绰号，因为他的穿着整洁而时髦。新雇来的研发主管肯·福克斯（Ken Fox）开着一辆奔驰车，库尔茨格则有一辆捷豹车。ASK 计算机系统公司总部的用地连续两年都各翻三倍，里面有全玻璃墙壁的计算机展示室，它现在占据了埃尔卡米诺瑞尔街旁的两座单层建筑。[28] 门前一块标志牌上刻着"ASK 计算机系统公司"，上面有一个由库尔茨格设计的两环相套的标志，代表着"信息传递进来，由 ASK 计算机系统公司的软件处理，再以可处理信息的形式传送出去"。[29]

在 1980 年的公司圣诞节派对上，霍华德·克莱因（他在 ASK 计算机系统公司只有 4 位员工时就已经加入）唱了一首西蒙和加芬克尔（Simon and Garfunkel）的《我是一块石头》（I Am a Rock），他还为它重新填写了一份非常直白的歌词："我需要一份贷款 / 凝视窗外，我在想该怎么办 / 那儿有一台奔驰，一定很值钱……销量大增，钱却不见了 / 全花光了，去买新副总。"

库尔茨格把这些歌词存在了一份剪报册里，这既显示了她的幽默感，也展示了她与员工们所维持的融洽关系。她知道有些员工不喜欢当前正在发生的改变。马蒂·布朗团队的一些成员，虽然没有布朗本人，在新的研发主管来上班的第一天就穿出了写有"ASK Me If I Care"（问问我在不在乎）的体恤衫[30]。但是，库尔茨格把这些反对意见都当成成长过程中不可避免的烦恼。

1981 年 8 月，ASK 计算机系统公司向美国证券交易委员会提交了初步的招股说明书，也就是所谓的"红鲱鱼"（red herring）。[①] 一个月后，库尔茨格前往欧洲进行路演，与基因泰克公司和苹果公司曾做过的类似，每晚参加在不同的豪华酒店里举行的不同的豪华晚宴。

---

① 这份文件之所以叫作"红鲱鱼"，是因为它的开头有一项以红色字标出的显眼声明，指出本文件所包含的信息并不完整且可能改变。

不过，参加了这趟旅行的马蒂·布朗注意到，ASK 计算机系统公司的路演有一个特别之处。投资人"是来看库尔茨格这位女 CEO 的"。[31] ASK 计算机系统公司的首席承销商的市场副总裁警告库尔茨格说，许多人来参会"就是因为他们从来没有见过一个女人做这件事。你要为这个做好准备"。他俩都觉得，她本身就是一件新奇事物，这个情况是需要应对的，不过还算不上是一种侮辱。所以，当副总裁建议她修短她红色的长指甲，把它们染淡到几乎看不见以显得更加专业，她照办了。[32]

路演结束之后，ASK 计算机系统公司定于 10 月 8 日公开募股之前几周的日子非常难熬。在过去的 9 个月里，标准普尔指数下跌了 17%，似乎就要应验库尔茨格对于她可能错失最佳上市窗口期的恐惧。[33] 分析师们已经在说市场崩溃了。

几乎每个人都是股东

随着上市的日子一天天临近，ASK 计算机系统公司罗斯柴尔德集团都没有要取消的意思。然而，库尔茨格和银行家们已经足够担心，他们把股票的价格定在了 11 美元，这是初步招股说明书里建议的最低价格（其范围是 11～13 美元）。最高价则意味着会融来额外的 270 万美元，但市场的不确定性意味着库尔茨格和银行家们还是需要以稳妥作为第一诉求。

当温特博格打电话告诉库尔茨格 ASK 的上市成功了，代码是 ASKI 时，库尔茨格还在睡觉。公司的价值接近 5000 万美元。库尔茨格在公开募股时卖掉了 546550 股股票，价值大约 560 万美元，但是她还持有 300 万股，价值超过 3300 万美元（合 2016 年的 9200 万美元）。在公开募股之前，她拥有 ASK 计算机系统公司的 87%，之后仍拥有 66%。这一百分比非常之高，部分原因可以上溯到她在上市途中不引入私人投资者的决定。在前一年里上市的其他大部分公司里，股东持股比例都是 ASK 计算机系统公司的 3～12 倍。[34]

库尔茨格所展示的，是女性确实能够"在这个领域里竞争"。在 ASK 计算机系统公司上市两周后，另一家由女性所拥有的技术公司，也就是位于洛杉矶的计算机制造商维克多图像公司（Vector Graphic），也进行了公开募股。[35]

在 ASK 计算机系统公司的总部，人们对公开募股的反应非常冷淡。库尔茨格承认说，她想要将自己的几百万美元都兑现，换成一大堆一美元的钞票，然后"在里面裸体玩耍，就像小时候看到的的迪士尼漫画书里的史高治·麦克老鸭（Scrooge McDuck）一样"。不过她还是把持住了。她确实在斯坦福购物中心花掉了 40000 美元，不过那是给她的管理团队买表。[36] 除了这个，再加上和几位经理的一顿午餐，庆祝活动就只有在新办公室的餐厅里举行的低调的公司派对，一块蛋糕上用糖霜写着"恭喜上市，ASKI"。

庆祝活动如此冷淡，可能也反映了 ASK 计算机系统公司的股权分配。公司在 1974 年实施了一套股票期权计划，库尔茨格说公司中的"几乎每个人"都是股东。塞克勒还记得，在 ASK 计算机系统公司刚成立的时候，库尔茨格问她选择每月涨 50 美元的工资，还是多 50 股的股票。塞克勒选择了多涨 50 美元的工资。库尔茨格的父亲也做了同样的选择。1979 年，库尔茨格要归还他贷款时，她提议说可以用股票代替现金。"我拿纸质股票来干什么？给卫生间贴墙纸吗？"他开玩笑说。"那个卫生间本可以价值 1250 万美元的。"库尔茨格后来指出。[37]

虽然 ASK 计算机系统公司的许多员工都拥有股票期权，但很少有人拥有大量的股票，包括那些早期的员工。公司上市的时候，库尔茨格的股票值 4000 万美元。她拥有 360 万股，是其他所有员工股票总和的 7 倍。[①][38]

到 ASK 计算机系统公司上市的时候，公司已经采用过了一家传统硅谷公司的不少套路。它的企业文化很随性，可以讲笑话、直呼其名，以及权力分散。公司的董事会里面有罗姆公司的 CEO，有一家主要投资银行的高级管理合伙人，有一名来自威尔逊·桑西尼·古德里奇·罗萨提律师事务所的律师

---

① 库尔茨格说："对我来说，给股票要比给现金容易一些，但当时员工们不想要股票，他们想要现金，没人期望股票会值什么钱。当时的想法是，股票又不能拿来吃——特别是一个女人'内衣店'的股票。"

（就是那所拉里·桑西尼此刻已经成功改造为为创业者提供一站式服务的律师事务所）。[39] 穿着牛仔裤的年轻程序员们在 ASK 计算机系统公司总部低矮的建筑里工作着。

然而，论及股权分配，ASK 计算机系统公司的结构却像一家老派的公司或是一家典型的小企业，创始人或 CEO 占有着公司的绝大部分，即使最早的员工也只得到了一点点。就像克莱纳深情演唱的那首充满嘲讽意味的圣诞歌曲里说的一样，"我要卖光我工作得来的所有期权／我将会身价数百，或许更多"。

虽然共享股份当时在硅谷很常见，但还是不如今天普遍，而在库尔茨格最熟悉的制造业里则尤为罕见。另外，虽然在公开募股时，库尔茨格的董事会上已经有了人脉广博的 CEO、银行家和律师们，但在公司最早期，她与金融家们和其他方面的专家并无合作，不然他们可能会推动她采纳另一种股权结构。[40] 库尔茨格在硅谷选来作为模范的那家硅谷公司——惠普公司，在她开始分析它的时候，已经非常成熟，且已经被公众持股了 15 年。它拥有慷慨的股票购买计划，但期权赠予只向那些级别最高的员工们开放。① ASK 计算机系统公司研发主管肯·福克斯（她给了他 45000 份限制性股票期权，每股 1.67 美元）在惠普就从来没有拥有过期权，尽管他在那里工作了 12 年。[41] 查克·豪斯（Chuck House）是惠普公司计算机部门的一位执行官，说他在成为新员工第一年里获得的股票是他在惠普公司整个 29 年里获得的股票的总和 ②。[42]

ASK 计算机系统公司的股票分配对早期员工来说一直是一个敏感的话题，有几位员工表达了对公司的厚爱，谈到了他们对取得成功的自豪之情，但也谈到了相对较少地分享公司上升红利所感到的苦涩与困惑。

毫无疑问，库尔茨格是历史上唯一一位在自己路演时，会举着别人递给

---

① 惠普公司在 1964 年、1966 年以及 1969 年实施的股票期权计划把股票赠予限制在那些"非凡的杰出人员"以及"其长期雇用对于公司的持续发展至关重要的关键人员"上。惠普公司有利润共享奖金，员工也能够以慷慨的 25% 折扣购买股票。ASK 计算机系统公司照搬了这一举措，不过折扣只有 15%。
② 也就是说他在第一年之后就再也没有得到过任何股票了。——译者注

她的一件亮黄色体恤衫的 CEO，上面写着"ASK me if I go down"（问问我去不去下面），然后在她雇来的豪华轿车前面照相的女人了。[43]。

不过，4000 万美元能够弥补很多充满性别歧视的胡扯。在 1981 年上市的 448 家公司里挣到钱的数千名创业者和员工里，只有 8 人在公开募股之后拥有的股票价值超过库尔茨格在 ASK 计算机系统公司的 4000 万美元的股份。（诺兰·布什内尔的比萨时光剧场在 ASK 计算机系统公司之前 6 个月上市，他的股份大约价值 2850 万美元。）[44]

库尔茨格从来没去钱堆里面打滚过，但她做了这件事情的硅谷版。她给一家又一家的法拉利经销商打电话谈了价钱，买了一辆红色的法拉利 308 GTSI。在公开募股的几年后，她与丈夫离婚。这份离婚协议（据报道，说她给了前夫 2300 万美元）提及："在美国历史上，由妻子以现金和股票形式给丈夫的离婚费用里，就算不是最高的，也是最高的之一。"[45]

在库尔茨格将法拉利开来上班的第一天，马蒂·布朗问她能不能开一开。库尔茨格把钥匙扔给了他。

TROUBLE-MAKERS

第五部分

裂　变

现代高科技先锋疯狂崛起

1983 —1984

即使在坏新闻面前，即污染、过度拥挤、飙升的离婚率和房价，硅谷在 1983 年仍然在捕捉着公众的想象力，基因泰克公司和苹果公司创纪录的公开募股已经过去 3 年了。在一个类似好莱坞的"明星地图"大小的大巴游活动里，富有事业精神的向导们会开车带领大家经过惠普公司和苹果公司创始人的车库办公室。一家公司造了一整排的车库，把它们租给那些渴望以硅谷传统来启动他们企业的未来创业者们。[1] 美国企业平均把它们 38% 的资本设备预算花在信息技术上，在 15 年前还只有 22%。之前并不关注科技创业公司的杂志和报刊也都开设了"小企业"与"新秀"专栏。[2] 在 1983 年的国情咨文讲话中，里根总统赞扬了硅谷的"明日先锋们"，说"就像美国的先锋精神把我们造就成了 20 世纪的工业巨人一样，今天，同样的先锋精神打开了新机遇的另一条广阔前线，也就是高科技的前沿"。[3]

对硅谷的很多人来说，20 世纪 80 年代的中段是一个过渡期。一些创始人离开了他们的公司，另一些人的形象则一飞冲天。一个主要技术产业垮掉了，另一个则成熟了。现代互联网距离现实又更近了一步，这要感谢一个通用网络操作协议的广泛采用。①

与此同时，一个由超过 3000 家硅谷公司组成的生态系统正在逐步进化，发展到了能为新公司提供创业专家指导的阶段。[4] 这些风险投资家、芯片设计师、吹玻璃匠人、制衣工厂、冲压裁剪机、设备供应商、专门的法律、招聘以及公关公司，他们就是创业者，它们就是创业公司。他们助力了新一代创业者的启动，其中许多人所站立的基石，正是他们之前这些搅局者所开创的突破与先例。②

---

① 这个协议是 TCP/IP，它使得不同的网络（比如阿帕网、卫星网络以及其他数据网络）能够相互通信。

② 奥多比公司、思科系统公司、赛普拉斯半导体公司（Cypress Semiconductors）、艺电公司、硅图公司、太阳系统公司、还有 Sybase 公司都是在 20 世纪 80 年代中期创立的企业。

25

兔子们都跳走了

罗伯特·泰勒

The Rabbits Hopped Away

1983 年 5 月，罗伯特·泰勒收到了一封在施乐公司工作的一位惊慌失措的员工发来的电子邮件。此时，施乐公司舍弃了阿尔托计算机而推行另一套昂贵的计算机 STAR。[①]

汉密尔顿的恐惧

"我们有十几个人今天下午去加州大学洛杉矶分校参加了苹果公司丽莎计算机的演讲和展示，我们被吓个半死！"这位名叫布鲁斯·汉密尔顿（Bruce Hamilton）的员工写道。丽莎计算机于 4 个月前被推出，它还有几个问题，比如，应用程序启动太慢，对电子邮件和网络的支持据说也还要好几个月才能解决，但是这些在汉密尔顿看来，和丽莎计算机已经展示出的优势相比微不足道。苹果公司的计算机集成了鼠标、图形用户界面，还有和阿尔托计算机与 STAR 计算机一样的互动性。另外，苹果公司还允许外面的程序员为丽莎计算机编写软件。结果就是，"再过 12～18 个月，STAR 计算机上就再也不会有任何重要功能是丽莎计算机上没有的了，"汉密尔顿预测道，"认为施乐公司能找到什么'安全市场板块'，使得我们能够保有我们的专长纯属痴人说

[①] STAR 计算机于 1981 年 4 月 27 日发布，其售价接近 17000 美元，但仍然需要与激光打印机和以太网一起作为一套系统来安装，其价格达到约 30000 美元。苹果公司的丽莎计算机在 1983 年 1 月 19 日发布的时候，售价只有 9995 美元。

梦。"他用警告的口吻说任何"土里土气的……在车库里有两个家伙的公司"都能在比施乐公司编写一份新功能的规格说明还少的时间里创造并发布一款新产品。[1]

汉密尔顿的恐慌有些夸张，但并非毫无根据。施乐公司花了超过 7 年时间才把第一台可用的联网阿尔托系统发展为产品，苹果公司用了一半的时间就做了基本上相同的事。这个场景就正是拉里·特斯勒（那位在 1980 年离开并去了苹果公司的帕洛阿尔托研究中心研究者）告诉泰勒的故事的展开方式。其他人正在优化、再创造和推广帕洛阿尔托研究中心的发明，然后还要超越它们。

泰勒的一位员工把汉密尔顿的电子邮件以"供君一笑"的标题转发给了他，但泰勒并没有笑，因为他的团队在好几年前就证明了什么是可能的。应该由施乐的其他什么人来决定而不是苹果公司，用泰勒的话说就是，"在一个受限制的消费者环境中什么是管用的"。总体而言，泰勒喜欢研究和生产部门之间有着清晰的划分。"你不会想要一个研究者来修建你的公路、地铁、航线和房屋。"他写道。[2] 然而，丽莎计算机还是让人耿耿于怀。施乐公司现在本该已经霸占个人计算的天下了，而不是把它拱手让给毫无来头的创业公司。另外，IBM 的个人计算机及其克隆品的成功也让泰勒和帕洛阿尔托研究中心的许多研究者目瞪口呆。"我们从没想到过人们会买废物。"艾伦·凯解释说。[3]

剑拔弩张，从盟友到敌人

过去几年，特别是最近几个月，对于泰勒来说非常艰难。他的婚姻正在分崩离析，所以他很快就要离开帕洛阿尔托的手艺人房屋（附近有网球场，还有习习微风吹过），搬到伍德赛德（Woodside）蜿蜒的道路尽头的一栋孤零零的俯瞰山谷的房子里去。在工作上，那些累积了很久的问题现在都开始暴露了出来。他继续和其他的帕洛阿尔托研究中心部门和管理者斗争。核心员工都灰心丧气，逐渐离开。预算冻结变成了预算缩减。在他最近的一次业绩考核中，他发现他的年工资的涨幅还不及生活成本的涨幅，这在施乐公司本来都是理所当然的。拿着118440美元的年工资，他的收入已经是同级别里面最高的了。[4] 他没法再期待更多了。

然而，就在所有这些麻烦之中，泰勒却找到了一位意想不到的盟友：他过去5年的直接上司鲍勃·斯宾拉德（Bob Spinrad）。斯宾拉德是一位工程师，在乔治·佩克被提升为公司研发主管之后，被任命为帕洛阿尔托研究中心的主任。斯宾拉德在施乐公司的工作最初是从科学数据系统公司开始的。施乐公司在1970年收购了这家计算机公司，然后在亏损了8400万美元之后把它关闭了。

斯宾拉德理解泰勒。他写到过泰勒的"明显的双模式"表现：他在自己的实验室里是一位出色的领导，但他同时也是帕洛阿尔托研究中心的实验室之间大部分的紧张关系之源。有一天，泰勒觉得自己不受重视，他用一把直尺和一张绘图纸把他办公室的资源做成了图表。根据他的计算，在他掌舵期间，实验室人均获得的款项从37000美元猛跌到了2000美元。他把图表送去给了斯宾拉德，上面附了一张纸条问："这是受重视的表现吗？"他的语调并非想要挑战，而是有点儿悲伤，他在请求帮忙从佩克那里再多拨一些钱出来。[5] 斯宾拉德非常看重计算机科学实验室的重要性和它所从事的工作。"不能充分支持计算机科学实验室的员工们所从事的所有这些杰出而多彩的工作，是我的痛苦源泉之一。"斯宾拉德在1981年早期写道。大概在同一时间，他给在总部的佩克寄去了一份5年计划，提出重新分配帕洛阿尔托研究中心的预算，给计算机科学实验室多拨一些钱。[6]

在斯宾拉德提交了他的5年计划之后不久，佩克却给他降了职，他把帕洛阿尔托研究中心一分为二，让斯宾拉德只担任计算机一侧的主管。泰勒的实验室里传言说，斯宾拉德之所以被免去了主任位置，是因为担心他受到泰勒的摆布。斯宾拉德第二年就离开了帕洛阿尔托研究中心，成了施乐公司总部的一名职员。

斯宾拉德走了之后，泰勒和佩克之间的缓冲带消失了，新的缓冲带以物理学家比尔·斯潘塞（Bill Spencer）的形式出现了。斯潘塞是一位高大英俊的堪萨斯人，他于 1981 年加入施乐公司，掌管帕洛阿尔托研究中心的一个新的集成电路实验室。他和佩克相处得不错。几个月后，佩克叫斯潘塞来担任帕洛阿尔托研究中心的主任。

斯潘塞有着足以和泰勒匹敌的任性性格。在桑迪亚实验室（Sandia Laboratories），他热衷于激怒那些让他讨厌的上司。40 年后，回想起他让一个人"非常愤怒以至于要取消一次会议"时，他还笑出了声来。[7] 在另一份工作里，他收到过一份礼物，是一支巨大的皮下注射针——因为他老是"扎"别人。[8]

斯潘塞和泰勒太像了，泰勒要么会非常喜欢他，要么会非常恨他。结果泰勒对他两种态度都有。斯潘塞来了之后的前几个月里，当他还在掌管集成电路实验室的时候，两个男人在周六早上会一起打网球。他们的妻子们关系非常友好，泰勒一家人还参加了斯潘塞妻子的 50 岁生日庆祝会。总而言之，两家人共度了"很多有啤酒和胡椒博士汽水的夜晚"，据斯潘塞说。[9]

但当佩克升了斯潘塞的职，让他担任帕洛阿尔托研究中心的领导者并成为泰勒的上司之后，这份友谊就消退了。泰勒很快就指出，斯潘塞的本科学位是体育，即使他是一位擅长半导体电子的物理学家这一点也没有什么帮助。泰勒鄙视物理学家，这一点在帕洛阿尔托研究中心是众人皆知的，他对半导体的态度也是一样，觉得那是无聊的研究，因为摩尔定律已经指明了一块芯片上的零件密度能以多快的速度增长。他还觉得微芯片在数字革命中也属过誉。对泰勒来说，半导体是必要的，但它只是软件借以表演其优雅而复杂的舞步的单调舞台。"如果没有软件，硬件不过是一块发热的熨斗。"他喜欢这样说。[10]

斯潘塞当上帕洛阿尔托研究中心领导者后的第一项举动是，安排了一次实验室领头人会议。泰勒提出可以在他的懒人沙发房间开会。当另一个实验室的一位代表说，只要会议是在泰勒的地盘上开的，她实验室的人一个都不会愿意来参加时，斯潘塞颇为震惊。"他们害怕身体受到攻击。"斯潘塞说，虽然他承认在帕洛阿尔托研究中心他从来没听说过什么身体上的暴力。[11] 这次会议没有开成。

很快斯潘塞就认定，泰勒阻碍了帕洛阿尔托研究中心实验室之间的协作。另外，正因为泰勒所捍卫的研究与开发分离，他也阻碍了施乐公司对帕洛阿尔托研究中心的技术进行商业化的进程。"让施乐公司的其他部门采用这些技术是我的责任，"斯潘塞回忆道，"这要求技术专家要花时间与施乐公司其他部门的人合作，而泰勒完全不愿意参与其中。"[12]

但是泰勒所看见的，是他的研究者已经在推动技术进入施乐公司的其他部分了。泰勒曾做过 STAR 计算机的研发工作，他还鼓励一位关键的研究者（格西克）在施乐公司内部成立了一个新的图像实验室。但斯潘塞规划的却是另外一种景象：在他的设想中，施乐公司的研究者会帮助外面的公司开发基于帕洛阿尔托研究中心技术的产品，以此为施乐公司换取股权。斯潘塞之后将成功地在光谱二极管实验室和新思实验室（Synoptics）之间推行这种模式。[13]

泰勒认为，斯潘塞的目标既不是实验室之间的合作，也不是开发产品，而是要控制自己的实验室。

后来，在回顾 40 年前发生的事时，斯潘塞感叹地说："我要是没有那么着急想要离开桑迪亚实验室，可能会认清楚帕洛阿尔托研究中心的情况，然后去往惠普公司。"[14]

泰勒的防御心和斯潘塞的挫败感在 1983 年 8 月同时到达了顶点，在斯潘塞的办公室里的一场剑拔弩张的会面之后，斯潘塞给了泰勒一份打好的备忘录。"你的管理方式和你的个人态度正在起负面作用。"斯潘塞写道。如果还不改变的话，他说泰勒将会面临纪律处分，包括解雇。[15]

斯潘塞给了泰勒三周时间来重组计算机科学实验室，让它看起来更像帕洛阿尔托研究中心其他的实验室。以后，再也没有人任何人会向泰勒汇报。此外，泰勒还要把实验室拆分成几个小组，每个小组设有一位专门的管理者。斯潘塞认为这一举动会"帮助施乐公司培养未来的管理者，增进施乐公司其他组织之间的联系"。他指示泰勒："不要对施乐公司的项目或部门发表贬损言论，导致他们离开公司。"最后，泰勒还需要每周一早上 9 点和斯潘塞会面，"汇报你对这些行动要求的遵从和进度"。[①]

从来没有任何人，包括喜爱规避风险的佩克，这样专横地对待过泰勒。甚至连杰里·埃尔金德，这位计算机科学实验室早年名义上的管理者，都从来没有告诉过泰勒该如何管理这个实验室。[16] 斯潘塞设计了这一备忘录来让泰勒搞清楚自己的位置。

"我反复阅读了你的备忘录，"泰勒 6 天后给斯潘塞写信说道，"我越发对你使用的方式、语调以及内容感到震惊。当我的心情平静下来之后，我的第一反应就是立刻辞职。然而，我花了很长的时间，在我人生中最富有生产力的这一段时期里，给施乐公司带来了最好的人才和技术。如果我就此离开，而对你令人惊愕的备忘录不作任何更为详尽的回应，就对不起我的这份心血。"[17] 在接下来的单行距的 5 页纸里，泰勒捍卫了他的实验室和他的管理方式。

泰勒否定了一项指控，说他鼓励其他人离开施乐公司，或是与他一起加入一家新企业。"从你备忘录的语调中可以很明显地看出，我已经在别的什么地方面试了，但我并没有。"他写道，他一直都欢迎斯潘塞来参加实验室的会议，而且反对重组实验室能够培养新管理者的观点。帕洛阿尔托研究中心雇用研究员是因为看中了他们的研究能力，而非他们在管理上的技能和兴趣。泰勒还列出了 10 项来自他实验室的"我们自己和施乐公司的数千人每天都在使用"的技术。他的名单上有局域网（LAN）、一个服务了超过 4000 个电子邮箱的互联网络、集成电路设计辅助以及激光打印机。[②] 至于泰勒实验室的这些和其他成就未能惠及公众，这并不是泰勒的责任。

对于贬损的言论："从根本上而言，我有着正面、乐观的精神，我对贬损

---

① 泰勒还需要告知斯潘塞所有的员工会议和计划会议，以便斯潘塞参加。另外，泰勒还被要求和最近刚解散的图像实验室的一些成员会面，以确保一旦他们愿意，就能够加入他的实验室（不管泰勒觉得相关与否）。

② 泰勒的清单里还有：一套带有配套的经优化的机器架构的系统实现语言；编程环境；个人工作站；交互式文本格式器；用于打印、文件归档以及邮件的服务器工作站；带有传输和认证功能的电子邮件；还有"能够容纳上面所有东西的一套完整的分布式系统架构"。

不感兴趣。"泰勒承认说有时候他可能批判性太强，但"真相与开放的言论应该是"研究环境里面的"硬通货"。相比之下，帕洛阿尔托研究中心的"政治化程度远远地超出了我的想象"。

在结尾，泰勒请求允许把斯潘塞的备忘录和他自己的回复分享给他的一些高级研究者（被拒绝了）以及施乐公司的 CEO 戴维·卡恩斯和其他高层执行官（被允许了）阅读。在给卡恩斯和另外两位高级执行官的一封短信里，泰勒写道："毋庸置疑，我不能再向斯潘塞汇报，以及通过他汇报给佩克了。"泰勒并不知道的是，卡恩斯早就知道了斯潘塞原来那份备忘录的内容。在质问泰勒之前，斯潘塞就已经把他的主要观点和卡恩斯讨论过了，并警告他说泰勒可能会以辞职来回应。[18]

收到泰勒的短信之后，卡恩斯派他的副手和泰勒与斯潘塞在位于东海岸的施乐总部开了一次会议。4 小时后，泰勒知道了施乐公司的高级管理层支持的是斯潘塞。两位对手一言不发地一起坐着施乐公司的一辆汽车回到了飞机场。[19]

回到加州之后，泰勒知道他不得不走了。他把情况告诉给了他的几位核心员工，安排了一次第二天早上的实验室会议。

泰勒辞职，引发施乐大地震

站在他的团队面前的，还有斯潘塞。他耸立在房间的最后，然后泰勒阅读了一份他用细小的连笔字手写在纸上的短小通知：

> 13 年零 19 天前，怀着要创造一种全新的信息处理形式，以服务千万大众，我成立了一个实验室。你们成功创造出了这种新形式，我永远都会感激你们……
>
> 到了 20 世纪 70 年代中期，你们已经建立了一个很好的基础，我期待公司的研究机构能够在上面继续开发。但这份期待没能实

现，帕洛阿尔托研究中心在计算机系统研究上的投入的资源一直小于20%……

因此，我决定离开公司，并且没有其他马上的安排。在9月30日之前，我都会休假。我还不知道下一步要做什么。

能与各位共事是一份极其美好的经历。[20]

随之而来的只有震惊与沉默，研究者看着泰勒放下纸条，走了出去。斯潘塞走到了泰勒刚刚站过的位置，准备好回答问题。而他得到的，却只有愤怒。除了几位泰勒前一天晚上通知过的领头研究者，泰勒被解雇这件事（任何了解他的人都知道，他是绝不会以这种方式主动辞职的）完全是突如其来。研究者开始朝斯潘塞叫喊——最好的一次"庄家"会议上，激情变成了愤怒。刚刚发生了什么事？斯潘塞对泰勒做了什么？实验室要解散了吗？

查克·撒克站了起来。他说他也不干了，然后离开了房间。当天晚些时候，他提交了正式辞呈，告诉斯潘塞说他怀疑"你的动机和你的智慧"，并解释说他不希望"见证或者参与"在泰勒离开之后无可避免会发生的实验室的解散。[21]

与此同时，斯潘塞自己也还处于泰勒要离职的震惊之中。虽然他说"我的意图从来不是要逼迫泰勒离开帕洛阿尔托研究中心"，然而在内心深处，他并没有觉得计算机科学实验室有一位新的管理者乃至一套新的核心研究班子，对施乐公司来说是一件糟糕的事。"我想他们已经做出了他们能做出的几乎所有贡献，"他之后对泰勒领导下的计算机科学实验室如此反思道，"我觉得他们的成就大约来自1971—1980年之间，之后他们就好像一直都在微调他们做的东西了。"[22]

但斯潘塞没有料到泰勒会来这么一手。"我没想到他会突然离开。我觉得我们应该坐下来好好谈谈，如果我们还不能达成妥协，再想别的办法。"[23]这一误解比其他任何事情都更能显示，斯潘塞对泰勒到底有多么地不了解。妥协，不是泰勒的风格。

一个谣言开始在计算机科学实验室的邮件列表上传播，说斯潘塞已经命令要关闭实验室。就在几天内，斯潘塞的备忘录和泰勒的回复以电子版的形式传播（是谁做的至今都是个谜）。但很快，两份帖子都被删掉了。

有几位最资深的计算机科学家飞去了施乐公司的总部，劝说 CEO 戴维·卡恩斯把泰勒留在施乐公司。[24] 他们想要卡恩斯知道，如果泰勒离开了，其他人也会离开。另外，就算这个实验室毫发无伤地保住了（它不会的，他们向卡恩斯保证说），斯潘塞也永远都不可能管理好它。至关重要的是要理解，是泰勒"在为实验室工作，而不是反过来"。此外，泰勒为实验室"转移了外部干扰"，使得研究者最高程度地关注了研究工作。

相比之下，斯潘塞有着一套完全不同且格格不入的管理风格，研究者告诉卡恩斯说。"他预先设想了一些关于技术转移的点子，他不懂系统研究，他不把计算机科学实验室已经展示的成功考虑在内，而且不经咨询就让实验室接下研究工作。"

他们保证道："泰勒是可以管得住的"，而且他们作为一个团队，已经找到了方法来"弥补"泰勒的"不足"。这群人所建议的挽救局面的方式是劝说泰勒回来，让卡恩斯汇报给斯潘塞之外的什么人，并增加给计算机科学实验室的资金。[25]

很难想象，这些研究者会觉得他们的请求会有什么真正的效果。真的要把泰勒请回帕洛阿尔托研究中心来，还要给他更多资源和更大的权力，而这只会恶化那些施乐公司管理层对这件事的态度。

在实验室的研究者向卡恩斯据理力争的时候，其他一些成员联系了世界上最有名的一些计算机科学家，请他们给 CEO 写信施压，让他不要让泰勒离开。几天内，这些信都到了卡恩斯的办公桌上了。

"这一次令人难以置信的事件，"斯坦福大学杰出的计算机科学家唐纳德·克努特（Donald E. Knuth）这样称呼这件事情，"鲍勃完成了这么多充满奇迹的东西。我一直以为他是施乐公司最重要的人之一。"泰勒走了之后，克努特写道，世界上最好的一群计算机科学家们就要解散了，这将"预示着施乐公司在计算机系统上的领先地位的终结"。[26]

很多类似的信件纷至沓来，写信的人包括卡内基梅隆大学的达纳·斯科特（Dana S. Scott，"这件事情对于计算机科学的未来至关重要，我无法保持沉默"[27]）、加州大学伯克利分校的理查德·卡普（Richard Karp，"我知道计算机科学界有很多人都有和我一样的担心"[28]），以及斯坦福大学的布赖恩·里德（Brian K. Reid，"从我的角度看来，施乐作为一家公司之所以能够得以存活，很大程度上都依赖于泰勒先生，显然您没有意识到这一点，不然您会花更大的功夫来保住他"[29]）。泰勒的导师利克莱德从麻省理工学院的实验室写来一封长信，担忧地说："如果他的辞呈被批准并生效，这一定会干扰乃至毁掉这所许多计算机科学家（包括我）所认为的世界上最好的计算机科学实验室。"利克莱德写道，这所实验室正是因为有了泰勒所促成的"氛围、精神、临界质量以及良好的人际互动"，它的价值"远超过里面个人的简单组合"，"如果泰勒真的离开了，您可能还是有办法能把泰勒搭建起来的团队保住，但您需要另一位'泰勒'。不过，恐怕您再也找不到了。"[30]

最好的情况是，随着帕洛阿尔托研究中心的研究者逐渐散去或是在其他地方重组，计算机科学的发展可能会被推迟。最糟的情况则是，计算机科学实验室里的这种精神势头永久地消失。计算技术在美国的发展将会受到伤害。此时，美国人正在害怕日本会对美国的技术卓越地位造成威胁。

忽然来袭的信件让卡恩斯不知所措，也让他大发雷霆。"如果我知道会这样话，我就不会同意你提议的变动了。"他告诉斯潘塞说。斯潘塞提醒他说，你早就知道会发生这些。斯潘塞告诉过他的。[31]

但卡恩斯也说过他会支持斯潘塞，他也确实这么做了。罗伯特·泰勒走了。

那只琥珀色的兔子

不到一个月后，泰勒在位于帕洛阿尔托的数字设备公司创立了系统研究中心。"我说我会给他们提供咨询，接下来发生的就是，几个家伙跑来问我实验室想建在什么地方。"泰勒说。他的工资是 145080 美元，比他在帕洛阿尔托研究中心的工资涨了 22%。他还获得了 2500 份股票期权，他向一位他喜欢并尊敬的杰出计算机科学家萨姆·富勒（Sam Fuller）汇报工作，富勒是数字设备公司的研究与架构副总裁。[32] 泰勒称富勒是"我有过的最好的老板"。

回到帕洛阿尔托研究中心的计算机科学实验室，一位匿名的作者传播了一份用帕洛阿尔托研究中心漂亮的打印机打印出来的愉快的《兔子的寓言》。在这个故事里，一群兔子（有一些是软件专家，有一些是硬件专家）很高兴地听说："一只琥珀色的兔子是这群兔子的领袖，它知道如何帮助兔子们一起和谐工作，让它们互相帮助，造出美妙的东西"，但它最后却去了一家"别人的公司"。现在每只兔子"内心里都有一个温暖的想法：他要去找那只琥珀色的兔子，然后告诉它，'我能在别人公司为您工作？'" [33]

施乐公司的年终奖一发放，"兔子们"就都跳走了。在泰勒离开 8 个月内，有 28 人辞职，人数超过了计算机科学实验室技术人员的一半，[34] 其中 15 人去数字设备公司加入了泰勒。在泰勒指挥下的研究者将会又一次地为易用的分布式计算系统上新一波的技术发明铺下基石。在这些项目之中，泰勒在数字设备公司的团队开发了可靠的计算机网络、多处理器机器，还有一种电子图书。其中一位名叫迈克·伯罗斯（Mike Burrows）的研究员，是世界上第一个快如闪电的搜索引擎 AltaVista 的关键贡献者之一。AltaVista 在谷歌成立前三年就进入了市场。[35]

26

一年亏损 5 亿，雅达利诱发电子游戏大海啸

艾伦·奥尔康

Video Nation

到了 1983 年，电子游戏，特别是雅达利公司，已经俘虏了整个美国。在美国，每周都有 50 家新的游戏厅开张，[1] 每 5 家便利店里就有一家至少有一台游戏机，[2] 一个主张禁止 17 岁以下青少年玩电子游戏的诉讼案甚至打到了最高法院。[3]《新英格兰医学杂志》（*The New English Journal of Medicine*）上报导了一种新型的韧带拉伤"太空侵略者肘"，得名于太东集团（Taito Corporation）生产的热门街机游戏，雅达利公司的里克·莫勒（Rick Maurer）把它改造成了最为畅销的家用游戏机卡带。史蒂文·斯皮尔伯格告诉《新闻周刊》（*Newsweek*）说，他家里就有 8 台街机，他严重怀疑自己是不是入错了行。雅达利公司打了一系列围绕着一个沉迷于电子游戏的国度展开的广告，甚至还开通了一条"匿名戒雅达利会"（Atari Anonymous）[①] 的免费热线。[4]

蝴蝶效应

几乎仅凭雅达利部门的一己之力，华纳通信公司的股票在将其收购后 6 年里就涨了 3000%。这个部门的利润之高，以至于华纳通信公司的其他部门都只会冲淡雅达利的业绩，虽然它们也在挣钱。

---

① 这个名称模仿了著名的互助戒酒组织 Alcoholic Anonymous（匿名戒酒会），两者的缩写均为 AA。
　　——译者注

　　然而，一切最终都崩溃了。6 月，华纳通信公司宣布在 3 个月里就亏损了 3.1 亿美元，每天超过 300 万美元。即使是华纳通信公司的 CEO 史蒂夫·罗斯也瞠目结舌，承认说他虽然也预期到会有亏损，但"像这种程度的亏损显然是没有想到过的"。[5] 雅达利在 1982 年年底的时候就开始错过收益预期，但 1983 年第二季度的结果还是令人难以置信。在那一年结束的时候，公司已经损失了接近 5 亿美元。而在前一年，它还实现了 3.23 亿美元的利润。

　　罗斯和曼尼·杰勒德把在游戏卡带销量上的毁灭性失败归罪于竞争对手，迄今为止它还是雅达利业务里利润最高的部分。雪上加霜的是，美泰（Mattel）之类的公司还在销售更为高级、图像更好的游戏系统。雅达利推出了一些新游戏，其中包括《吃豆人》（PAC-MAN）以及《E.T.》，《E.T.》这部游戏与环球影片公司（Universal）的电影搭售这款游戏的，但许多玩家都认为其图像和设计都非常原始。关于《E.T.》，一名评论家写道："这不是一款游戏，这就是一个东西在屏幕上摇摇晃晃地走路。"[6]《E.T.》是在罗斯和斯皮尔伯格谈成了一笔交易之后匆匆上市的。据报道，这笔交易给这位电影制作人带来了至少 2300 万美元的稳当的版税，而这件事没有咨询过雅达利的任何人。[①]

　　到了 1982 年年底，大约有 20 家竞争对手都在销售雅达利 VCS 游戏系统的卡带，而雅达利只生产了该游戏机上可用的 300 种卡带中的 1/3。[7] 游戏有来自像动视这样的严肃公司，但也有像《篷车大追逐》（Chase the Chuck Wagon）这样不太严肃的游戏，这款游戏来自一家名为普瑞纳（Purina）的公司。这家游戏制造商的可怕口号是："得分就是搞定！"雅达利起诉了《卡斯特的复仇》的制造商。这款游戏也引发了女性和美洲原住民团体的的抗议，说它鼓吹强奸。[8] 雅达利失去了对它所创造的市场的控制。

　　1982 年 12 月，就在华纳通信公司宣布亏损前几个小时，雅达利的总裁

---

①　许多人都指出，与斯皮尔伯格进行的《E.T.》这笔版税交易——2300 万美元，比任何人曾为一部电影的电子游戏版权所付出的都要多 2200 万美元，这件事是雅达利倒闭的开始。但是，如果参考点不是这笔交易对雅达利产生了什么影响，而是它对华纳通信公司起了什么作用，罗斯可能还是做了一笔好生意，因为这项协议把斯皮尔伯格（他之前为环球影片公司制作电影）带到了华纳旗下。

雷·卡萨尔出售了 5000 股股票。因为受到美国证券交易委员会的内线交易调查，他不得不返还了利润。接下来，他就被开除了。华纳通信公司 CEO 罗斯在宣布雅达利盈利下滑前的几个月里也出售了价值 2100 万美元的股票，却没有受到任何调查。[9] 雅达利在 1983 年裁掉了 3000 名员工，之后公司还挺过了一次很快就失败了的组织工会的企图。"这是一段很折磨人的时期，"一位执行官说，"这里曾经是硅谷最好的地方，人们想不通所有这些是怎么发生的。"[10]

"就像整个产业都消失了一样。"华纳通信公司的杰勒德解释说。巴利公司的利润下跌了 85%。Intellivision（一种家用游戏主机）的制造者美泰公司也裁掉了其 37% 的员工。[11] 在 1983 年的前 9 个月就有大约 2000 家游戏厅关门。电子游戏看起来就好像是一波流行一时的风尚。

长达10年的沉寂

这次崩溃几乎毁掉了刚起步的第一代电子游戏创业公司。动视，这家由四位心怀不满的雅达利游戏设计师创立的公司，在损失数百万美元之前，刚在 1983 年经历了一次乏善可陈的上市。想象是另一家从雅达利发展出来的公司，直接就关门了。"雅达利的垮台导致了一场大海啸，彻底冲走了公众对游戏的兴趣，并且给游戏业带来了长达 10 年的发展停滞期。"特里普·霍金斯说。[12] 霍金斯就是迈克·马库拉在苹果公司"未经打磨的钻石"之一，于 1982 年离开了公司并成立了艺电公司，生产面向个人计算机的电子游戏。艺电公司的第一位外部投资人是唐·瓦伦丁，是他投资了雅达利、并把马库拉介绍给了史蒂夫·乔布斯和史蒂夫·沃兹尼亚克的风险投资家。本·罗森是一位乐观的技术分析师，是艺电公司的另一名早期投资者。①

艺电公司在 1983 年 10 月推出了自己的第一部热门游戏《J 博士和拉里·

---

① 瓦伦丁在红杉资本给了霍金斯一个办公室，还帮他找到了一轮 200 万美元的投资，投资者有凯鹏华盈和西文·罗森基金公司（Sevin Rosen）——一个由本·罗森创建的基金。艺电公司最初的名字叫作惊奇软件（Amazin' Software）。

伯德一对一》(*Doctor J and Larry Bird Go One-on-One*)，这个篮球游戏里有着该运动的两位巨星。它是苹果 II 计算机上最受欢迎的游戏之一，也是授权运动类游戏拥有巨大市场的早期信号。艺电公司 5 年后会在这个市场的开发上取得巨大成功，推出《约翰·马登美式足球》(*John Madden Football*)①。但在 1983 年大崩溃的余波下，即使是艺电公司（它为计算机制造游戏，而非任何特定的主机或者街机）也得紧缩开支。"我们需要像《沙丘》里的弗莱曼人一样生存，回收我们自己的唾液来求生，"霍金斯说，"我们需要花很多年的时间一砖一瓦地重建这个行业。"[13]

雅达利再也没能从崩溃中恢复过来。就像艾伦·奥尔康和其他人所害怕的一样，当雅达利游戏的销量开始下降的时候，公司不能提供任何新东西。在 1982 年年底发布的一种更高端的游戏系统，只能玩少数几种游戏（来自2600 系统的早期 VCS 卡带不能在上面使用），而且价格比能够做更多事情的个人计算机还要贵。②同时，雅达利的另外两个部门（投币式游戏机和个人计算机部门）也在亏损。

雅达利试图认真地关注研究和开发的时候已经为时太晚。在奥尔康离开之后，卡萨尔雇了帕洛阿尔托研究中心的艾伦·凯来监督"长期研究"，并给了凯自己称为"基本上无上限"的预算。[14] 1983 年早些时候，微处理器的联合发明人、英特尔最资深的工程师之一特德·霍夫（Ted Hoff），也加入了雅达利，着重关注"短期和中期研究"。[15] 两人都在不到一年内就辞职了，时间远不够让他们的努力在雅达利的账本底线和技术方向上产生任何效果。

1984 年，华纳通信公司把雅达利进行了拆分，保留了街机部门，但把家用计算机和游戏主机部门卖给了康懋达公司的前 CEO 杰克·特拉米尔（Jack Tramiel）。第二年，华纳通信公司把街机部门也卖给了南梦宫（Namco）。"很显然，旧的雅达利已经死了。"一位分析师告诉《纽约时报》说，"它已经一文

① 截至 2013 年，艺电公司已经销售了超过以 1 亿份《马登美式足球》游戏（今天叫作《马登 NFL》[Madden NFL]），获得了 40 亿美元的收入。
② 一些低端的家用计算机售价只要 200 美元，而新的雅达利 5200 售价则高达 269 美元。

不值了。"[16]

　　1985 年，任天堂推出它的 NES 游戏机 ① 的时候，电子游戏产业将会再次复苏。NES 这部在 2011 年被评为历史上最好的电子游戏机的主机是一套封闭系统，只能玩由任天堂制造或者认可的游戏卡带。[17] 这家日本公司从雅达利的失败中吸取了教训。②

---

① NES (Nintendo Entertainment System) 为任天堂在美国发布时的名字，即日本发布的 FC 游戏机，俗称"红白机"。——译者注
② 任天堂的崛起标志着电子游戏产业的一次重大转变，从开放系统变为了封闭系统。苹果公司在大概相同的时期经历了类似的转变，从苹果 II 计算机及其后续机型的开放操作系统转变到了麦金塔计算机的封闭系统。

27

用股权换许可，重新定义斯坦福

尼尔斯·赖默斯

Knew It Before They Did

　　1983 年，斯坦福大学在技术许可上的收入超过了其他任何大学：250 万美元（合 2016 年的 610 万美元）。[1] 重组 DNA 技术的专利占了这项收入的几乎 60%。尼尔斯·赖默斯带着他自我鼓舞的话语和坚持不懈的精神，是最早认识到如何从学术界的发明中取得财富的人之一。他也是看到了重组 DNA 技术的经济潜力的第一人。他比发明者本人发现得早，也比那些创业家和风险投资家们发现得早。不过，这份财富并没有进入他个人的腰包。他说他没有获得过奖金、升职，甚至在他做了为重组 DNA 技术申请专利的大胆决定之后，连工资都没有涨得特别多。但他还是知道，他帮助启动了 2700 亿美元的生物科技行业，并重新定义了世界各地大学发明的本质。[2]

　　在重组 DNA 技术的专利带来的激动过去之后，赖默斯回到了他在技术许可办公室里日复一日的工作。在他的座位上，他看见了新一代植根于斯坦福大学的发明创造的科技公司的崛起，其中包括工作站巨头太阳计算机系统公司、远程通信巨头思科系统公司。像这样的以斯坦福大学的技术为核心的快速成长的公司的诞生，更激励了赖默斯与大学的上层领导者进行又一次战斗。这次，又有数百万美元悬而未决。

斯坦福，成为发财大学

　　赖默斯希望，对于那些通过技术许可办公室申请专利的大学发明，斯坦福大学在接受现金的同时，也应该可以接受股票。接受股票使得年轻的创业公司（经常现金短缺）能够获取许可，这一举动对斯坦福大学有好处。因为在年轻的技术公司里，变化的步伐非常迅猛，赖默斯担心这些被许可的技术可能甚至会在到达市场之前，就已经被从产品里设计没了。斯坦福大学的许可收入一般是使用了该技术的产品销售额的一定百分比，因此其会下降。他推断，斯坦福大学持续持有创业公司的股权应该会更好。截止到20世纪80年代中期，他估算到，因为没有接受股权，技术许可办公室"错过了超过5000万美元的收入"。[3]

对此，斯坦福大学的校长唐·肯尼迪有着不同的见解。他担心，如果接受了私有公司的股权以及随之而来的所有权，斯坦福大学可能会不经意地成为很多公司的竞争对手，而它们的捐赠则构成了学校每年所筹集到资金的18%。为了证明他的这份担心，他引用了一位高科技公司CEO的话，说他欢迎高校加入他的行业协会，"但我不太可能会为他们的努力做贡献"。[4]

那些由教职员工和学生成立的、仍然和斯坦福大学保持了关系的公司则摆出了一个更棘手的问题。"我很难想象，一所大学怎么能够既是若干教职员工成果的股权持有者，又同时被它所有的教职员工视为公平的奖学金支持者以及机构资源的分配者呢？"肯尼迪说。[5]

斯坦福大学已经通过公开课程、远程学习计划，以及关于教职员工从事咨询的慷慨政策支持周围的创业社区有几十年了。另外，这所大学还是几个风险投资基金的早期有限合伙人，仅在1983年一年，它就通过风险投资家们投资了6400万美元。[6]但赖默斯提议的是一些新东西：作为风险投资基金的一有限合伙人，斯坦福大学既不能选择单独的公司来投资，也不能大比例地持有其股票。对于围绕着斯坦福大学的发明而建立起来的公司，赖默斯大学想要斯坦福大学两者都能做到。

赖默斯称他对肯尼迪所预见的问题并不担心。当被问到研究者是否会倾向于或者被大学所推动去关注那些能够产生可市场化产品的工作，进而为斯坦福大学带来金钱时，赖默斯说这种情况不太可能发生。他说，科学家的动力不是来自金钱，而是来自"在科学上勇争第一"。[7] 肯尼迪这位生物学家则不太相信这一点。

在经过了好几年的辩论之后，赖默斯的看法终于在学校里占据了主流。技术许可办公室从 1989 年开始接受年轻公司的股权。[8] 在接下来的 20 年里，这所大学接受了来自 136 家公司用于换取专利的股权。[9] 这些公司里有 2007 年最成功的上市公司之一威睿公司（VMware），还有谷歌，它授予了斯坦福大学 180 万股股票，以换取由谢尔盖·布林和拉里·佩奇在研究生期间于美国国家科学基金资助下开发的搜索算法，仅是谷歌的股权就给斯坦福大学带来了 3.36 亿美元。[10] 截至 2015 年，斯坦福大学因许可协议持有着 121 家公司的股权。[11]

赖默斯在帮助斯坦福大学定义它与周围创业环境的关系中发挥了重要的作用。今天，斯坦福大学赞助了大量支持创业的努力，以至《纽约客》给它起了一个外号，有点不太公平地叫它"发财大学"（Get Rich U）。[12]

赖默斯在技术许可办公室继续掌舵直到他 1991 年辞职。在股份所有权上的斗争，加之组织上的变动，导致赖默斯不再直接向研究院长或校长汇报，因此，赖默斯决定接受建议提前退休。虽然赖默斯"强烈推荐"了一位特定的人选来替换他，但学校还是做了一个不同的选择。[13]

虽然他就要离开了，技术许可办公室还是证明了赖默斯的领导与愿景的成功。有三项发明——重组 DNA 技术、FM 声音合成以及一项对于核磁共振成像仪（MRI）的开发颇为关键的专利，每年分别都给斯坦福大学带来超过 100 万美元的收入。[14] 截止到他辞职的时候，赖默斯在 21 年前作为试运营项目创建的这间小小的办公室，已经带来了超过 8700 万美元（合 2016 年 1.77 亿美元）的收入。[15] 这间许可办公室作为吸引和保留富有创业倾向的教职员工与学生的工具，其价值更是高到难以计算。

28

没人以为他们会卖掉罗姆公司

福恩·阿尔瓦雷斯

No One Thought They
Would Sell

1982 年，罗姆公司推出了一项突破式发明：语音邮件。打电话的人第一次能够留下较长的录音信息了。语音邮件让罗姆公司的 CBX 电话系统的销量直冲云霄。福恩·阿尔瓦雷斯和其他那些安装了语音邮件的公司的员工们现在得学会使用它。那些最早的留言一般都是"是我，给我回电话"之类的。要过一段时间，人们才能理解，他们能在录音里留下重要的信息，让对方不用再回拨电话。

在过去的两年里，阿尔瓦雷斯在预测组里面的工作变得更加有趣了。她的老板戴夫·林（Dave Ring，他之后会成为思科系统公司的生产副总裁）正在彻底改造整个预测过程。他想要财务和产品管理部门的人都来参与合作，还有销售、市场、生产部门也不例外。他依赖阿尔瓦雷斯来帮他在公司上下发现那些富有影响力的人选，并让他们产生兴趣。[1]

林毕业于哈佛大学和斯坦福大学。很快，一位生产专家就会加入预测组，而他是毕业于耶鲁大学的研究生。除了阿尔瓦雷斯，人人至少都有一个本科学位。"我想阿尔瓦雷斯因为她没有学位而产生了一些危机感。"安·马格尼·凯伐贝尔（Ann Magney Keiffaber）说，她从耶鲁管理学院毕业后加入到了这个组里来，是唯二的另外一位女性，"但她不需要有。她的自信和她在公司里的人脉真的很难有人匹敌。她思路敏锐，也知道所有的角色以及他们的目标是什么。"[2]

阿尔瓦雷斯说："尽管我可能散发了一些自信，但我脑子里总有一个想法，那就是我也许（我不是说作假）没有我想的那么聪明，可能我就是个固执的大嘴巴。我看见所有这些人和他们的学位，就会想，'如果我要提出什么东西，最好知道自己在说什么。'我怕我会说一些或者做一些很蠢的事情。"[3]

IBM的收购橄榄枝：计算机与电话的黄金组合

1983 年，在电子游戏行业崩溃的同一时期，作为防御之举，IBM 购买了罗姆公司 23% 的股权。就在前一年，司法部才迫使美国电话电报公司从自己身上剥除了提供本地和长途电话业务的贝尔电话公司（Regional Bell Operating Companies）。许多人相信，没有了这些地区营业公司，美国电话电报公司会进入商业计算机市场。[①] IBM 推断，如果美国最大的远程通信提供商开始销售计算机，那么最大的计算机制造商也需要踏入远程通信的生意。罗姆公司则提供了一条路径。

1984 年 10 月，IBM 宣布将以 18 亿美元（合 2016 年 43 亿美元）全资收购罗姆公司。这是蓝色巨人 22 年以来的第一次收购，也是它历史上最大的一次。[4] "我们每个人都记得听到收购消息的那一天，"罗恩·拉芬斯珀格回忆道，他是一位 1976 年加入罗姆公司的高级工程师，"这就像问：'肯尼迪死的那一天你在哪儿？'"[5]

好几周里，阿尔瓦雷斯一直听传言说有"大事情"要发生，但收购的消息还是让她感到震惊。罗姆公司最近刚刚踏进了《财富》500 强之列。公司拥有 3700 万美元的利润，6.6 亿美元的销售收入。[6] "没人以为创始人们会卖掉公司。"阿尔瓦雷斯回忆道。她不知道，虽然罗姆公司的销售额在持续攀升，但利润空间却一直在减小。创始人们自己都有点儿吃惊地决定，卖掉公

---

① 美国电话电报公司的信息系统于 1984 年成立。贝尔实验室开发了 UNIX 操作系统，已经从事了几十年的计算机设计，仍然保留为美国电话电报公司的一部分，此外留下来的还有西部电力公司，其长期制造内部使用的位居电话网络深层的计算机。1982 年的法令的另一个效果是，随着像 MCI 和 Sprint 这样的公司的市场份额增加，在长途电话业务上的竞争有所加剧。

司在所难免，而且对罗姆公司的股东来说，越早越好。

在纸面上，罗姆公司和IBM看起来很搭。《财富》前100强的公司里面，几乎所有都拥有来自IBM的计算机（要么是大型机，要么是才一岁的IBM计算机）和来自罗姆公司的电话系统（其占有电话交换机市场的15%），仅落后于美国电话电报公司。[7] 好几年来，分析师和预测师们都在争论，是计算机系统还是电话系统，或者数据还是语音，将会成为"未来办公室"的核心。① 罗姆公司与IBM的结盟，则可以无缝地集成数据和语音的系统，让这个问题消失。收购的新闻出来之后，两家公司的股票都涨了。

"罗姆公司一片欢腾，然后人们说：'天呐，接下来会怎么样？'"拉芬斯珀格回忆道。[8] 这片欢欣鼓舞来自这次收购对罗姆公司的股东们带来的财务喜讯。任何在罗姆公司1976年上市时购买了股票的人都在8年内得到了40倍的回报。（"他们要付多少？"拉芬斯珀格记得自己问道。）一个人回忆说，即使是装配线的女工们都在谈论罗姆公司股票的价值以及它可能去向何方。[9] 阿尔瓦雷斯的母亲维内塔，一股也没有卖掉她在罗姆公司时花7000美元购买的股票，现在她发现她的股票价值36万美元（合2016年的83万美元）。[10]

恐惧随之而来

兴奋之后，很快而来就是恐惧。罗姆公司，一家有着9000名员工的公司，怎样才能在IBM这家拥有350000名员工的公司吸收了它之后，还能保存自己的身份和"一个工作的好地方"的文化呢？在罗姆公司，许多人穿牛仔裤上班，星期五下午的啤酒会更是神圣不可侵犯。在万圣节里，罗姆公司的市场副总裁会打扮成"管理超人"（Supermanager）的样子，穿上红色紧身衣与红色斗篷全套服装。相比之下，IBM则有着不成文的着装要求（白色牛津布衬衣，打领带），以及禁止在工作中饮酒的公司政策。[11] IBM在个人计算机上的成功（完全秘密开发，基本上就是一家内部的创业公司）带来了一丝

---

① 说语音数据之分有点过度简化，罗姆公司的CBX系统把语音消息也作为数据来存储。

希望，这家巨人公司或许会欣赏罗姆公司的创新和创业精神。三位 IBM 顶级执行官的来访也令人宽慰，他们衣着休闲，在一次星期五的聚会上举着啤酒。然而，人们还是不可能不去想，照拉芬斯珀格的说法："IBM 会对我们做什么呢？"

阿尔瓦雷斯也经历了这种欢乐和焦虑带来的复杂情绪。她从没有收到过股票期权。"我敢肯定，如果我找他们要的话，肯定会得到的，"她说，"但是我当时不知道去要。"然而，一旦走出了她"又年轻又笨"的阶段，她还是在过去 5 年里尽可能多地购买了罗姆公司的股票。母亲的榜样鼓舞了她，她也知道大部分工程师和执行官们都在允许范围尽可能多地购买股票。阿尔瓦雷斯把一些股票变成了现金，好让她能够旅游，在 20 世纪 80 年代早期，她便游览了 25 个国家。但她还是保留了足够的数量，在 IBM 收购之后她能够卖掉一些股票来购买一栋房子。"我并不富有，"她说，"但我是一个女人，靠我自己的力量，在硅谷买了一栋房子。"[12]

然后焦虑又来了。"好吧，真的会变得很难，"她当时这么想到，"我们在这里做了一些很惊人的事情，现在我们要被世界上最保守的公司买了。这会是地狱。"她问自己，IBM 会如何来管理这家收购来的公司呢？然后，她做出了决定："我要帮助他们。我能告诉这些'开宝马车的人一两件事，教他们如何才能不毁掉这个地方'。"[13] 作为一名预测组的成员，阿尔瓦雷斯所在的职位在传统上并没有太大的影响力，但这从来就拦不住她。

29

整个世界再也不一样了

迈克·马库拉

The Entire World Will
Never Be the Same

1983 年 2 月的一个晴朗的午后，超过 3000 名苹果公司员工涌出了安放在公司总部停车场的一顶巨大的帐篷。一辆涂成苹果特有的彩色条纹风格的赛车就停在附近。在帐篷里，大量的苹果和装满了零食的红色玻璃杯摆放在长条桌上，旁边是苹果公司彩虹色的餐巾纸。在显眼的位置，还摆放着一座公司形状的巨大冰雕。山景城高中的爵士乐团进行了演奏，这之后，斯坦福大学的乐团齐步穿过人群，来到了迈克·马库拉所站的讲台前，他手里拿着葡萄酒杯，咧嘴笑着。

一个月前，《时代周刊》在其 60 年的历史里，第一次把"年度风云人物"颁给了一件没有生命的物体——计算机。相关的文章单独挑出了苹果 II 计算机的许多新颖用法：感恩致死（Grateful Dead）乐团用苹果公司的计算机来处理会计工作和日程安排；一位精疲力竭的父亲给他的计算机编程来摇动婴儿的摇篮。《时代周刊》断言，正因为有了计算机，"整个世界再也不会一样了"。虽然只有 30% 的美国人能在家里或者学校里接触到计算机，但 80% 的人都期待在未来不久，计算机会和电视机一样普及。[1]

10亿销售额，马库拉的总裁成绩单

不过，苹果公司在庆祝的是另外一件事：明年 10 亿美元的销售额。"我们在今年 12 月的销售额是 8870 万美元，"在乐队停止了演奏、人群相互发出嘘声好安静下来听见的时候，马库拉说，"这意味着10亿美元的年销售额。我们应该庆祝起来！"①马库拉介绍了董事长兼麦金塔计算机小组的领头人史蒂夫·乔布斯。他穿着白色的亚麻布衬衫，引用了一句罗伯特·肯尼迪的话："有些人看见东西是一个样子，然后会问，为什么是这样？我却会梦想到东西从未是过的样子，然后问，为什么不是这样？"乔布斯接下来特别提到了两位工程师，比尔·阿特金森（Bill Atkinson）和里奇·佩奇，他们对新的丽莎计算机做出了贡献。帐篷里也有一座这台机器的冰雕。乔布斯交给他们这两位刚刚成为的"苹果之友"（Apple Fellow）一人一件超人的斗篷和一块巨大的奖牌。之后，他们还会收到奖金支票。

马库拉回到了讲台上。他说，每一位苹果公司的员工都会收到一对水晶高脚杯，就像他手中拿着的那支一样，以纪念公司的"10亿美元成就"。他对员工们的工作表示了感谢，在欢呼声和掌声中离开了讲台。[2]

马库拉私下里也在庆祝。他希望很快就能结束他作为苹果公司总裁的两年任期。"我没有不喜欢当总裁，"他多年后回忆道，"而且我还干得很好。"但一旦苹果公司找到"更好的人"，他随时都做好了离开的准备。1982年午底，他觉得公司找到了更好的人选——唐·艾斯特里奇（Don Estridge），他是IBM个人计算机成功发布背后的总策划师，但艾斯特里奇不想离开IBM。苹果公司也考虑了来自诸如数字设备公司、惠普以及通用数据公司（Data General）等小型计算机制造商的人选，但一直都没有找到合适的。公司把搜索范围扩大到了电子和计算行业之外，如今似乎苹果公司找到了新总裁：约翰·斯卡利（John Sculley），他是百事（PepsiCo）的风云人物。

斯卡利空降

带着很高的期望和不少的解脱，马库拉在4月离开了苹果公司总裁的职位。他的接替者斯卡利被吸引到这个位置上来的部分原因，是因为乔布斯求

---

① 苹果公司未能达成其年营业额10亿美元的目标。1983年的销售额是9.89亿美元，在那一年的第三季度，面临来自IBM个人计算机的竞争以及丽莎计算机的受接纳度低于预期，利润开始下滑。

了他："你想这辈子剩下时间都在卖糖水，还是想和我一起来改变世界？"斯卡利对计算机知之甚少，但在20世纪80年代中期，一些技术公司认为，聘请那些拥有通用商业经验的领袖要比那些拥有技术商业经验的领袖更为明智，苹果公司就是其中之一。在卡萨尔被解雇之后，雅达利任命了菲利普莫里斯公司（Philip Morris）①的一位前执行官来当CEO，而奥斯本计算机公司（Osborne Computer）则把CEO的职位给了联合食品公司（Consolidated Foods Corporation）的总裁。[3]

因为苹果公司急需吸引那些对计算机不熟悉的人，因此聘请斯卡利这位世界级的消费者市场专家来就更说得通了。今天，几乎一半的美国人说他们离开手持计算机（智能手机）就无法生活，但在20世纪80年代中期，当给消费者们看一张清单，问他们哪一样产品他们"没有了就不知道如何才过得下去"时，只有2%的回答指向了家用计算机。有两倍数量的人说"在家自己染发"是必要的，有38%的人说他们无法想象没有铝箔纸的生活。[4]

1983年，计算机使用起来并不容易。《新闻周刊》曾派了一位没有计算机经验的记者去学习使用一台个人计算机，她总共花了70个小时，用了3台不同的计算机（包括一台苹果II计算机和一台苹果III计算机），最后得出结论是："我还是完全无法利用它们，来满足那些我可能本来要购买它们来满足的需求。"[5]苹果公司需要搞明白如何向普通公众销售计算机。在1983年，IBM拥有个人计算市场的26%，而苹果公司只有24%[6]。斯卡利应该是个知道如何去做的人。

在请来了斯卡利之后，马库拉继续担任着苹果公司的董事。与此同时，斯卡利和乔布斯所达成的汇报关系，几乎和马库拉与麦克·斯科特在苹果公司成立时所创造出来的完全一样。作为总裁，斯卡利向董事长乔布斯汇报。但乔布斯作为麦金塔组的领导者，也向斯卡利汇报。这个反传统的结构对马库拉和斯科特来说运转得不错，但对乔布斯和斯卡利而言，还存在些问题。

---

① 世界上最大的烟草公司，旗下品牌有万宝路（Marlboro）等。——译者注

　　在马库拉辞职后的一个月，也就是 1983 年 5 月，生意处在历史最高点、年仅 6 岁的苹果公司成为历史上进入《财富》500 强的最年轻的公司，正如马库拉所预言的那样。[7]

　　马库拉对苹果公司的影响在今天并没有得到广泛的承认，他自己也不在乎这点。在乔布斯之后，马库拉是第一个意识到藏在沃兹尼亚克的苹果 II 计算机里的商机的人。他动用自己的关系为公司添置了员工，还拉来了投资。他编写了苹果的商业计划书，并推动了关键的技术开发。他设定了公司的市场焦点，以及对于细节和第一印象的关注。他领导苹果公司进行了美国历史上最成功的一次公开亮相，担任了乔布斯的导师（乔布斯称马库拉"像一位父亲"），在自己不情愿的情况下仍然介入担任了总裁，并引领苹果公司进入了《财富》500 强之列。[8] 诚然，苹果公司的利润在他辞职后 6 个月之内就开始下滑，这证明，在他的监督下所准备的产品和计划并不足以对付来自 IBM 和其他竞争对手的挑战。另外，他于 1983—1997 年继续在董事会供职，并短暂地担任过董事长，这段时间公司坎坷重重、几近崩溃。然而，他在早期所发挥的决定性作用却不应该被贬低。

　　没有迈克·马库拉，就不会有苹果公司。

30

她为钱努力工作

桑德拉·库尔茨格

She Works Hard for the
Money

1983 年，ASK 计算机系统公司已经是一家发展迅速的软件公司了，并且是全美成长速度排名第 11 的上市公司。① 从 1981 年公开募股时的区区 100 名员工和 150 名客户，现在公司已经飞跃到了 350 名员工和 700 名客户的规模。在同一时期，它的收入从 1300 万美元上升到了 6500 万美元，利润从 160 万美元涨到了 610 万美元。MANMAN 程序也从一个带有 6 个模块的独立产品开花结果，成为 10 种集成产品，带有 33 个模块，并且与 VisiCalc 以及受欢迎程度与日俱增的 Lotus 1-2-3 电子表格程序兼容。[1]

硅谷女王

桑德拉·库尔茨格现在是硅谷精英的一员了。在分析师中举行的一次问卷调查，她被评为软件行业的三位顶尖 CEO 之一。《职业女性》(*Working Woman*) 杂志把她称作"硅谷女王"。[2] 在她位于沙山路附近、建造在连绵群山中的漂亮的家里，她举办过有史蒂夫·乔布斯和唐·瓦伦丁参加的派对，还和加州州长杰里·布朗约会过。

库尔茨格和汤姆·拉维把 ASK 计算机系统公司带进了硅谷生态系统的中

---

① 阿尔托斯计算机系统公司（Altos Computer Systems）（与帕洛阿尔托研究中心的阿尔托计算机无关）是成长第二快的；诺兰·布什内尔的比萨时间剧场（里面充满了电子游戏和会唱歌的电子角色）排名第三位；苹果公司排名第五位。

心，而在事业早期的大部分时间里，她都身在其外。他们瞄准的客户是正在崛起的新一代创业者们。拉维派了一个人全职做风险投资家与银行家们的工作，以便这些金融家们更有可能给富有潜力的年轻公司推荐 ASK 计算机系统公司的服务。ASK 计算机系统最大的客户之一就是通过这种机会找到的：一位银行家给拉维打来电话说，他刚刚结束了和一家打算制造计算机的创业公司举行的一场会议。"我跟他们说，在买任何东西之前，他们应该给 ASK 计算机系统公司先打个电话。"这位银行家如此说道。[3]

拉维第二天早上派了一位销售员去了这家名叫康柏计算机（Compaq Computer）的公司。[①] 康柏成为 ASKNET 的一位客户，这个软件是拉维和库尔茨格设计出来的、让客户不用预先付款和购买硬件就能访问 MANMAN 程序的远程计算服务。拉维估计在未来几年里，康柏计算机公司能为 ASK 计算机系统公司贡献 1 亿美元的销售额。[4]

库尔茨格给她的公司购买的第一样东西是一个文件柜，她想要让 ASK 计算机系统公司成为"人们在融到资之后购买的第一样的东西"。她用哑剧模仿了把投资人的支票从创业者的手中抽走的动作："别让上面的墨水变得太干！"[5]

ASK 计算机系统公司的客户名单上有一些 20 世纪 80 年代高科技行业最有名气的公司，其中有思科系统公司、希捷公司、太阳计算机系统公司、还有康柏计算机公司。在蒙特利的德尔蒙特凯悦（Del Monte Hyatt）酒店举行的美国电子协会的一场重要大会上，库尔茨格给 ASK 计算机系统公司的每一位客户都送去了一打长茎玫瑰，以便他们与投资人见面的时候摆在房间里展示。"我是女的，所以我可以这么做，"库尔茨格说，她又补充道，"每一束花都是一份广告。投资人会问那些没有花的公司，为什么你们还不是 ASK 计算机系统公司的客户？"[6]

---

① 从分析师变成的风险投资家的本·罗森投资了康柏计算机公司，并将担任其董事长之职达 18 年之久。

指甲油与金手铐

库尔茨格将自己的团队留在一起工作了好些年，尽管公司的许多员工并没有获赠大量的股票期权——它们会被推迟兑现，作为"金手铐"来拴住那些在成功的公开募股之后变得已经非常富裕的员工。拿库尔茨格的财富来打趣的行为一直都存在。1983 年，在库尔茨格的办公室拍摄的一段搞笑视频里，一双女性的手把一个手提包倒空在办公桌上。数百张一美元的钞票散落在了木质桌面上，那双手穿透钱堆，从里面刨出一瓶指甲油来。一只手开始给另一只手的指甲涂指甲油，当有一点点指甲油不小心涂到了皮肤上的时候，那只手拿起一张钞票，就像那是一张纸巾，然后擦去了涂坏的部分。指甲涂好之后，这双手开始把钞票从桌上推开，全推到了库尔茨格的垃圾箱里去。在整个过程中，背景里一直大声地播放着唐娜·萨默（Donna Summer）的《她为钱努力工作》（*She Works Hard for the Money*）的合唱。[7]

这双手并不是库尔茨格的手，但她还是配合演出了这个笑话。在故事结尾的时候，库尔茨格的指甲已经完美地涂好了，她在镜头前假装打着电话，笑容灿烂。

一浪接一浪，硅谷正在不断重塑自我

　　Facebook 位于硅谷的总部就像一个小镇，它的 9 栋大楼里有着超过 9.3 万平方米的办公空间。除此之外，对员工来说，几乎所有的东西都是免费的。那里有餐馆、干洗店、自行车店、游戏厅，还有一位理发师。在周末，公司一般都会提供空间举办一次农贸集市，员工与来自周边社区的人们可以购买新鲜的农产品，在现场玩游戏、观看烹饪表演，还可以在距离旧金山湾几步之遥的地方聆听本地的音乐家们的演奏。[1]

　　这家公司翘大拇指的标志很是引人注目，它占据了在黑客路正门入口指示牌的大部分空间。但这个鲜艳的 Facebook 标志只是一张表皮，欢快地印在一大张高强度乙烯基的横幅上，而横幅紧紧地绷在一块金属指示牌前面。而在指示牌的背后，就像一条倒着播放的唱片音轨一样，有着另一家公司的名字和标志：太阳计算机系统公司（Sun Microsystems）。

　　Facebook 的园区曾经属于太阳计算机系统公司，这是一家成立于 1982

年的硬件及软件公司，它最后成长为硅谷最成功与最知名的公司之一。① 太阳计算机系统公司用了 6 年时间将销售额就做到了 10 亿美元，和苹果公司一样快，太阳计算机系统公司曾经考虑过收购苹果。1985—1989 年，太阳计算机系统公司是美国增长速度最快的公司。[2] 公司联合创始人安迪·贝托尔斯海姆（Andy Bechtolsheim）和维诺德·科斯拉（Vinod Khosla）在自己的祖国德国与印度都是名人。这家公司非常成功和具有标志性，以至在 20 世纪 80 年代中期，一位造访硅谷的美国参议员惊讶地向其 CEO 麦克尼利问道："谁告诉你说能这么干的？"[3]

贝托尔斯海姆的成功源自前一个 10 年发展出来的创新成果与人际网络。计算机工作站的技术设计是基于帕洛阿尔托研究中心的技术，贝托尔斯海姆读研究生时在那里工作过。[4] 凯鹏华盈公司的创始人也是太阳计算机系统公司的一位早期及主要投资人。贝托尔斯海姆在斯坦福大学读书时就设计了工作站，所以赖默斯的技术许可办公室也收到过一份发明披露书。[5] 多年来，太阳计算机系统公司都在使用运行在 ASK 计算机系统公司编写的 MANMAN 程序来跟踪物料需求计划。[6]

在世纪之交，太阳计算机系统公司以".com 里面的点"（the dot in dot-com）的形象来自我推销；当那些失败的 .com 公司取消了它们的计算机和服务器订单时，太阳计算机系统公司彻底地崩溃了。此外，面临着来自 Linux 和 Unix 操作系统的更为廉价的服务器的竞争，太阳计算机系统公司再也没能恢复元气。2010 年，甲骨文公司以 74 亿美元收购了太阳计算机系统公司。甲骨文公司联合创始人及 CEO 是拉里·埃利森，以前在安佩克斯电气制造公司工作过。埃利森和雅达利公司的艾伦·奥尔康、诺兰·布什内尔以及特德·达布尼都曾经从事过视频文件系统上的工作。

Facebook 的 CEO 马克·扎克伯格让太阳计算机系统公司的标志保持一定

---

① 太阳计算机系统公司所制造的称为计算机工作站的强大而复杂的网络计算机，价格大概是个人计算机的三倍。工作站的用户不是迈克·马库拉称作"路人甲"的那些个人计算机用户，而是在计算密集型领域（比如计算机辅助设计 [CAD]）工作的科学家和工程师们，他们的工作需要速度快和存储能力强大的计算机。

的角度，使得从主园区出来的员工们能看见它，目的是在给人们传递一条信息：不要把 Facebook 的成功——财富、荣耀、免费的午餐以及你从公司的名字里所感受到的自豪，当成理所当然的事。就算是一家一度具有标志性的公司，也能因为疏于警惕、几个业绩不好的季度、一系列糟糕的决策或是一位新的竞争对手的兴起而消失。

如果说太阳计算机系统公司从它之前的发明浪潮中吸取了能量，那它也为后来者创造了前进的势头。太阳计算机系统公司的遗产不只是那块在指示牌背后褪色的标志，它的 Java 编程语言正运行在数百万的网站和应用程序里、诸如 Google Docs 的基于网页的应用程序里、金融交易系统里，以及在像《我的世界》(Minecraft) 一样的电子游戏里。曾经在太阳计算机系统公司工作过的员工超过的 25 万，里面就有谷歌、雅虎和摩托罗拉的前 CEO。[7]

太阳计算机系统公司的创始人们继续向前，为新一代的科技公司提供了资金。科斯拉作为风险投资家，先在凯鹏华盈公司工作，之后在科斯拉风投公司 (Khosla Ventures) 投资了好几十家创业公司。1998 年，贝托尔斯海姆接见了两位年轻的斯坦福大学计算机科学研究生，他们想要成立一家公司。两位研究生对他说，公司还没有正式组建，所以还没有名字，但由于贝托尔斯海姆将要组建的公司太感兴趣了，就开了一张 10 万美元的支票，还提出了最有可能选择的名字。[8]"收款人，"贝托尔斯海姆写道，"Google, Inc.。"①

这一条跨越代际的支持链以来自上一代创新者的技术、校友以及资源来支持下一代，这是硅谷对世界经济的伟大贡献，这就是史蒂夫·乔布斯在2005 年斯坦福大学毕业典礼的致辞里提到的"接力棒"。

在硅谷，玩一局"公司接龙"的游戏非常容易。斯坦福大学和帕洛阿尔托研究中心带来了太阳计算机系统公司，太阳计算机系统公司又带来了其他无数的公司与技术。仙童半导体公司带来了英特尔公司和国民半导体公司，

---

① 2012 年，贝托尔斯海姆在谷歌公司的股权价值估计超过 15 亿美元。

通过马库拉、斯科特还有卡特的传承，又带来了苹果公司，再通过曾经为马库拉工作的特里普·霍金斯，又带来了艺电公司（Electronic Arts）。斯坦福大学带来了思科、谷歌、惠普、IDEO、Instagram、MIPS 计算机系统、网景、英伟达、硅图公司、Snapchat、太阳计算机系统公司、瓦里安医疗系统公司、威睿公司以及雅虎。这些公司许多都由唐·瓦伦丁的红杉资本或是凯鹏华盈公司提供资金，它们又带来了其他的公司。斯坦福大学也是两家风险投资公司的有限合伙人。安佩克斯电气制造公司带来了美瑞思公司、甲骨文公司以及雅达利公司，雅达利公司又带来了其他许多电子游戏公司，包括动视公司。来自帕洛阿尔托研究中心的计算机科学实验室的研究者带来了微软 Word、AltaVista 搜索引擎、以太网、先锋网络公司 3Com 以及奥多比公司。直到 2016 年，谷歌最资深的几位研究者来自帕洛阿尔托研究中心。即使是那些在谱系上算不上硅谷前辈的公司，比如 Facebook，也搬到了这个区域，以便能够充分利用其独特的网络与资源。

要开办一家公司，甚至是发明一个产业，你需要有勇气，不过勇气经常会跑偏变成傲慢。在过去的 60 年里，支撑了硅谷一波又一波创新浪潮的并非全都是好故事。波浪会被击碎，潜流也会暗自强劲。无论什么时刻，硅谷都会比任何时候更加拥挤、更加昂贵，在硅谷居住了几十年的人不再能支付得起这里的生活。那些支持了维内塔和福恩·阿尔瓦雷斯以及成千上万人的制造与装配工作，大部分都已经从硅谷消失了，它们被送去了海外更廉价的劳动力市场，或是被自动化所取代。这个数字化的世界暴露了贫富差距，而有人也认为贫富差距的扩大反而是数字化导致的。在硅谷，男性作为一个群体比同等学历的女性挣得更多，收入最低的种族和族群挣的钱只有收入最高的人群的 70%。[9] 电子废品在世界各地都是污染的主要原因之一。高科技公司耗资上千万美元来游说联邦、州及地方政府，有些人由此觉得，科技行业拥有大到不成比例的政治影响力。[10]

硅谷的记录也并非都是洁白无瑕的，但来自这个区域的创新影响力确实无与伦比。《硅谷搅局者》这本书所谈论的年代见证了 5 个主要产业的诞生：电子游戏、个人计算机、生物科技、现代风险投资以及高级半导体逻辑元件。

在接下来的几十年里，硅谷还将一次又一次地重塑自我。电子游戏机和个人计算机的电子浪潮变成了强大的软件与网络公司浪潮，之后又是互联网与搜索业务，然后再是今天的云、移动与社交网络产业。

最近的创新浪潮因为不断有新的移民来到硅谷而得以维持。新想法与新视角的结合，一直就是硅谷在其整个历史上保持生命力的根源。1969 年，移民大部分来自美国的其他地方。到了 1980 年，硅谷在国外出生的人口的比例大概是美国人口整体的两倍。今天，每半个小时，就有一个在外国出生的人搬来硅谷。这里有 37% 的人口都在外国出生，几乎是美国人口整体比例的 3 倍。[11] 在硅谷 5 岁以上的人口里，有超过一半还会说英语之外的另一种语言。硅谷拥有学士学位且从事科学与工程工作的人口，有 2/3 都出生在另一个国家。[12] 在估值超过 10 亿美元的美国创业公司里，超过 70% 的移民员工是管理和产品开发团队的关键成员，他们还是超过半数公司的创始人。[13] 当下一个伟大的"硅谷点子"来临时，它将能从世界任何地方吸取能量，也能向任何地方输出影响。

艾伦·奥尔康

于 1981 年离开雅达利之后，艾伦·奥尔康从事了一个项目——部分由诺兰·布什内尔的新技术孵化器公司投资。这个项目的目的是，玩家可以从自动售货机购买空卡带，并往里面载入游戏。这相当于是实时软件下载的一个非常原始版本。

1986 年，奥尔康作为"苹果之友"加入了苹果公司。这是一份他梦寐以求的工作，还有一段让他兴奋不已的工作说明：改变产业。[1] 他从事了视频压缩技术方面的工作，以及一个把麦金塔操作系统移植到 IBM 个人计算机上的项目。他的老板是拉里·特斯勒，就是那位曾经给乔布斯演示过阿尔托计算机并且后来也去了苹果公司的帕洛阿尔托研究中心的员工。

在苹果公司工作了 5 年，并在另一家生产多媒体老虎机的公司又担任了 4 年工程副总裁之后，奥尔康加入了音程研究公司（Interval Research Corporation），这是一家位于帕洛阿尔托的孵化器实验室，由微软公司联合创始人保罗·艾伦（Paul Allen）和帕洛阿尔托研究中心的戴维·利德尔创立。奥尔康掌管着一家由音程研究公司资助的公司的工程部门——这家公司制造能在小人和积木块里嵌入电子装置的"智能"玩具套装，后来卖给了乐高（Lego）。[2] 玩具的真实移动图像能够投射到一台连接的个人计算机的屏幕上。

奥尔康后来还帮助成立了"黑客未来"（Hack the Future）科技节，这是一个面向中学生和高中生的科技节。他经常出现在地方活动上，手上拿着烙铁，穿着一件背上写有"导师"（MENTOR）字样的 T 恤衫。

福恩·阿尔瓦雷斯

福恩·阿尔瓦雷斯在罗姆公司被 IBM 收购之后继续进步。1987 年，她接受了一份担任罗姆公司 –IBM 的总裁雷·阿布扎伊德（Ray AbuZayyad）助手的工作。一年后，罗姆公司被卖给了西门子公司（Siemens），她继续在罗姆公司的总裁彼得·普利比拉（Peter Pribilla）手下担任同样的工作。这些并非秘书工作，她的职能更像是总参谋长，并会利用到她在罗姆公司长期任职的所带来的在生产、工程、财务和市场方面的经验。她自己有一名秘书。她在西门子担任过不同的职务，直至 1997 年，她成为一位市场顾问，终于做上了自从她在罗姆公司见到那名穿着漂亮套装、戴着精美的帽子的员工以来就一直想做的工作，并且做了很久。2005 年，阿尔瓦雷斯结了婚，把她的名字改为了福恩·阿尔瓦雷斯·塔尔博特（Fawn Alvarez Talbott）。10 年后，她退休了。

阿尔瓦雷斯的母亲于 1970 年在库柏蒂诺花了 22000 美元买的房子现在超过 100 万美元。那条当年邻家小孩比赛骑自行车的两车道马路史蒂文斯溪大道（Stevens Creek Boulevard）现在有 6 车道宽，而高科技公司在两旁一字排开。果园都不见了。

和母亲维内塔一样，阿尔瓦雷斯也离开了硅谷。这两位女士现在都住在内华达山脉的脚下，相距一个半小时的车程。维内塔在退休后开始了投资，并且密切关注着市场动态，阿尔瓦雷斯则成为一位积极的志愿者和园艺师。她种植了自己大部分的食物，里面还包括李子，和她小时候摘过的一样。

408

桑德拉·库尔茨格

1984 年，当董事会成员罗恩·布兰尼夫成为总裁之后，桑德拉·库尔茨格改任 ASK 计算机系统公司的董事长兼 CEO。在变动之前，她于 1983 年花 750 万美元收购了软件维度公司（Software Dimensions），在一年后又把它的组成部分以低于 100 万美元的价格出售。[3] 尽管有这步失策之举，但在 1991 年，ASK 计算机系统公司拥有 3.15 亿美元的营业额，仍然是世界上第 10 大独立软件供应商。[4] 在库尔茨格离开 ASK 计算机系统公司总裁位置的接下来 10 年里，她在公司领导岗位上进进出出，若干次介入并担任 CEO。

个人计算机崛起的浪潮最终让 ASK 计算机系统公司陷入了困境。企业不再使用适用于 ASK 计算机系统公司模式的核心的小型计算机，但这家公司从来没有成功地开发出一套用于个人计算机的 MANMAN 程序。[5] 1994 年 5 月，在经历了一系列合并与收购之后，ASK 计算机系统公司连同另外 5 家排名前 15 名的独立软件公司都被 CA 公司（Computer Associates International）收购。ASK 计算机系统公司当时被《纽约时报》描述为一家"挣扎中的软件供应商"，它拥有 2000 名员工，市值达 3.1 亿美元。[6]

在世界各地大概还有 100 套 MANMAN 程序仍在被使用。ASK 计算机系统公司的企业 DNA 继续在今天的企业软件产业里存活，其前员工在甲骨文公司、Workday 以及根源软件公司（Rootstock Software）都担任过关键角色。库尔茨格经历过几次职业转变，她当过传记作家，还做过《早安美国》（*Good Morning America*）的商业记者，最后在 2010 年回到了创业圈，创立了一家基于云的企业软件公司 Kenandy，并得到了来自 Salesforce.com、凯鹏华盈以及拉里·桑西尼的律师事务所威尔逊·桑西尼·古德里奇·罗萨提（Wilson Sonsini Goodrich & Rosati）的风险投资部门的支持。她现在是 Kenandy 的执行主席。

迈克·马库拉

1984 年，从苹果公司总裁位置离开一年后，迈克·马库拉创立了一家公司，名叫 ACM 研究公司（ACM Research），用以研究分布式智能控制系统。[①]
今天，这家公众持股的公司的名字叫埃施朗公司（Echelon）。它的第一任
CEO 是罗姆公司的联合创始人肯·奥什曼，就是他在 1980 年告诉桑德拉·库
尔茨格说，ASK 计算机系统公司还没有做好公开募股的准备。它早期的董事
会成员包括拉里·桑西尼、前苹果公司董事亚瑟·罗克和文罗克公司的彼得·克
里斯普。[7]

马库拉还创立了其他一些成功的企业，其中有一个位于北加州海岸 5.7
公顷的牧场和天然牧草农场，还有一个面向私人飞机的喷气式飞机中心，但
对他来说最重要的还是圣塔克拉拉大学的马库拉应用伦理学中心。他和妻子
琳达在 1986 年为这个中心的成立播下了种子。几年后，他捐赠了 500 万美元
设立了一个基金。[8] 这个中心开发了一套经常被引用的用于进行合乎伦理的决
策的框架，并且为商界人士、教育者、学生、政府官员和医疗机构开办了课
程。当伦理学中心启动的时候，马库拉担心商业界已经被"两代道德不可知
论者"占满了。他坚信，他们并不真的是有什么坏心，而是在做决策的时候
过于看重"一分一角的钱财或是个人的进步"，而没有考虑到道德。他把伦理
学中心称作"我慈善捐款花得最值的地方"。[9]

马库拉在苹果公司的董事职位一直持续到了 1997 年，在 12 年前离开了
公司去创建 NeXT 电脑公司的史蒂夫·乔布斯这时回来了。他和除两位以外
的所有董事一起请他辞职。马库拉和乔布斯已经相互疏远了很多年。在 1985
年的导致乔布斯离开的权力斗争发生的时候，马库拉支持了约翰·斯卡利，
乔布斯觉得这是对他的背叛。马库拉觉得乔布斯离开苹果公司的方式"不道
德"，在给 NeXT 电脑公司招募员工的同时还仍在担任苹果公司的董事长。[10]

但在苹果公司花了 4.29 亿美元把 NeXT 电脑公司买下来以及乔布斯回归
之后，马库拉与他保持了长久的亲密联系。两人在马库拉的伍德赛德庄园的
红杉下散步和谈话。乔布斯变得深思熟虑、态度友善，看起来再也不像是"美

[①] 这些系统是今天的物联网的前身。在物联网中，从家用恒温器和电灯，到工业机器人的所有东西都
会和网络与计算资源相连，以发挥更大的用处及实现更大的价值。

国资本主义的约翰·麦肯罗"（John McEnroe）①了，一如《新闻周刊》曾经给他取的称号一样。¹¹ 马库拉同意从苹果公司的董事会辞职。在内心里，他是感到非常欢快的。多年来他一直就想要离开，但公司当时正处于可怕的困境之中，如果最后一位和公司创始有联系的人辞了职，他害怕公司挺不过去。¹²

在他们的谈话就要结束的时候，马库拉说，他给乔布斯提供了一些离别时的忠告：苹果公司需要"善于抓住机会"，需要重塑自我，就像当年惠普公司把自己从一家仪器公司改造成了一家计算器公司，然后再变成了一家计算机和打印机公司一样。他告诉乔布斯说，他不知道乔布斯如何让苹果发生一次蜕变，但是他必须这么做，不然公司就会消亡。马库拉，这名伟大的计划师，对这一步却没有特别的计划；他只是想要他这块"未经打磨的钻石"能够"学会我知道的所有东西，再在加上自己所学的东西，并能成为世界的领袖"的这一小群人中的一员，可以做成一些事情。

当然，乔布斯做到了。他把一家挣扎中的计算机企业改造成了世界上最有价值的公司，它制造人们渴望得到的音乐播放器和移动电话，当然还有计算机。在这过程中，他重写了三个主要产业的规则：计算机、音乐以及电话。

里吉斯·麦克纳

里吉斯·麦克纳，这位让高科技在全世界显得不再神秘的广告和公关大师，于 1981 年把自己公司的广告部门卖给了李岱艾（Chiat·Day），以便能够把公司的注意力集中在战略咨询和公共关系上。在整个 20 世纪 80 年代以及后来很长一段时期，他都在继续在和硅谷最重要的一些公司合作，其中包括苹果公司、英特尔公司、坦德姆公司以及罗姆公司。他还在帮助半导体产业协会成功向国会说明高科技产业的重要性的时候起到了不可或缺的作用。

苹果公司一直就对麦克纳来说尤其重要。在 20 世纪 80 年代中期，他是唯一一位能够参加苹果公司执行主管会议的非苹果公司员工。在这个位置上，

---

① 约翰·麦肯罗是美国网球运动员，性格暴躁，言论出格，经常和裁判与观众产生争执。——译者注

在约翰·斯卡利和史蒂夫·乔布斯 1985 年争夺公司控制权的时候，他扮演了双方知己的角色。随着紧张关系的不断升级，斯卡利告诉执行主管们说："我的领导力从来就没有出过任何问题；从一年级开始，我就是一切东西的领头人，然而我却知道你们在质疑我的领导。"[13] 他把麦克纳叫来了他的办公室，问他："乔布斯要干什么？他会走吗？他会一枪把他的脑子崩出来吗？他要去印度当一个和尚吗？他想把我摧毁吗？"[14]

与此同时，乔布斯也祖露了他的心声："我在成长过程中需要有人帮助我，我以前从没有过。"他说："如果我在柯达公司（Kodak），比如，然后我表现得像个混蛋，他们可能就会叫我改，要不然就把我扔出去。但我一辈子都在苹果公司，没人来挑战我。"[15]

在乔布斯的整个一生里，麦克纳一直都是他最信任的咨询对象和朋友之一。在乔布斯被从苹果公司赶走的第二天，他好像有预感似的告诉麦克纳："也许我们能够开发一套新的、成功的产品线来增强苹果公司的产品线，然后他们就会买下我们。"[16] 当乔布斯特别喜欢一种苹果产品的时候，他就会送一份给麦克纳。当一个产品有问题的时候，比如当 iPhone 4 的天线有接收困难，或者是当乔布斯担忧苹果公司的形象的时候，他也会给麦克纳打电话寻求建议。

1995 年，麦克纳把他公司的公共关系部门卖给了他的员工们。他于 2000 年从自己的同名公司退休，但还在继续提供咨询，并在凯鹏华盈担任了几年的咨询合伙人。他也是一位成果卓著的作家（写了 5 本书和几十篇文章），麦克纳今天担任着几家非营利性组织的董事以及创业公司的非正式顾问。他也游历甚广，在市场、战略以及硅谷的历史方面，他有很高的话语权。

尼尔斯·赖默斯

在离开斯坦福大学之后，尼尔斯·赖默斯创立了加州大学旧金山分校的许可计划，并在 1996—1998 年之间对其进行了管理。他后来为世界各地计划开办或者经营自己技术转移办公室的大学提供咨询。在 2008 年，他入选了

IP（知识产权）名人堂，以赞扬他在改变大学使用专利以及向私有领域转移研究成果的方式中所起的作用。

2016 年，技术许可办公室的累计收入达到近 20 亿美元。[17] 但赖默斯的影响力远不止斯坦福大学的校园。在他设立技术许可办公室之前，大部分大学都只是把专利当成一项工具来帮助技术转移到校园之外。在这以后，大学会用专利来挣钱，公司会申请学术界知识产权的许可来制造产品。当赖默斯启动技术许可办公室的时候，全美只有 9 个这样的办公室。今天，大学里的许可办公室已经成了常态，而且，几乎都是在重组 DNA 技术的突破性专利的影响之下建立起来的。[18] 仅在 2014 年，美国的学术研究就带来了价值大约 280 亿美元的产品销售额。同一年里，企业以大学许可的专利为基础，创造出了 965 种新产品。[19]

赖默斯在退休之后归隐到了加州海岸的一个整洁的小屋。他童年大部分时候也是在同一个小镇度过的，每天，在邮局里，或者是在街上散步的时候，他都能见到那些认识了他超过 70 年的亲爱的朋友们，然而他们谁也不知道，赖默斯对他们周围的世界带来过什么样的影响。他喜欢这种感觉。

罗伯特·斯旺森

1990 年，在罗氏公司花 21 亿美元买下了基因泰克公司这家 14 岁的公司 60% 的股份之后，罗伯特·斯旺森离开了 CEO 的位置。1999 年，在从基因泰克公司的董事会退休三年后，52 岁的他因脑癌去世。这个在 28 岁的时候就想改变世界，然后通过想象自己在 85 岁的时候回顾一生的样子来鼓励自己的男人，却没能活到 85 岁。"具有讽刺意味的是，他把一生大部分的时间都奉献给了这项科技，用它来创造医学上的突破，生产能够拯救无数生命的药物，"基因泰克公司前 CEO，也是谷歌公司的董事和苹果公司的董事长亚瑟·莱文森说，"但不幸的是，他却没能拯救他自己。"[20]

基因泰克公司是第一家通过把基因剪辑到细菌里来制造人类蛋白质的公司，第一家通过基因工程来制造药物的公司，以及第一家上市交易的生物科

413

技公司。[21] 基因泰克公司允许它的科学家们发表研究论文，而非把它们作为秘密收藏，这也给制药行业设立了一个新标准。今天，生物学界许多开创性的论文都是由被企业雇用的科学家们撰写，这在基因泰克公司创立之前是不可想象的。[22]

在过去 40 年里，基因泰克公司不仅生产了人胰岛素，还生产了人类生长激素、抗癌药物安维汀（Avastin）和赫赛汀（Herceptin）、抗焦虑药物氯硝西泮（Klonopin）、抗发炎药物萘普生（Naprosyn）以及抗流感药物达菲（Tamiflu）。[23] 2009 年，罗氏公司以 468 亿美元全资收购了基因泰克公司。在收购的时候，于 1980 年公开募股时以 35 美元的价格购买的每一股股票，现在价值 4560 美元。[24]

罗伯特·泰勒

1996 年，罗伯特·泰勒从数字设备公司退休，他创立了这家公司的系统研究中心。当时，世界上已经有 7.25 亿台个人计算机，它们中的许多都有着大屏幕、图形用户界面、鼠标、电子邮件以及网络打印功能。阿帕网滋生了互联网，第一个网站距当时也有 6 岁了。

泰勒于 2017 年 4 月 13 日去世，享年 85 岁。几十年来，他一直都住在一幢能够俯瞰硅谷的僻静房子里。每年夏天，他都会举办一场盛大的聚会，吸引好几十位世界顶尖的计算机科学家们来参加，他们全都在他手下工作过，就在他位于陡峭山壁之上的一个简朴的院子里。

泰勒对技术的感觉很复杂。他认为互联网在整体上有利于民主，谷歌能让大家方便地获取信息，这是他"最喜欢互联网的地方"。他回复电子邮件时，所用的文字非常诙谐幽默；他的 Kindle 上也总是装满了书。他认为，Facebook 和 Twitter 纯属"浪费时间"，尽管在许多方面，这些应用程序做到了他曾经梦想一个以人为中心的计算机网络所能做到的事情：创造跨越地理边界的社区。

他拒绝预测计算的下一个潮流是什么。

金钱从来就没有激励过泰勒，他认为做律师和市场营销工作会使人分心，而不去从事主要活动——研究。当实验室里受他尊敬的人创立或者加入一家公司的时候，他可能会买一点股票，他就是这样得到奥多比公司、谷歌公司和 3Com 公司的早期股权的。但是这些投资都太少，也不是他的关注所在，当问及他的投资时，他谈的都是他 401(k) 计划 ① 中的股票。

让正确的人得到认可是泰勒退休的梦想。他获得了一系列奖项，包括 1999 年的美国国家技术奖章以及 5 年后的美国国家工程院德雷珀奖（Draper Prize）②，但他两次颁奖仪式都没有参加。当他双料入选计算机历史博物馆的资深会员堂（Hall of Fellows）和互联网名人堂（Internet Hall of Fame）的时候，他也没去。然而，他却提出了一些意见，"我对社会发奖的方法有些意见，"他写道，"奖一般是发给个人的。但在计算机研究中，特别是在计算机系统的研究中，重大的成就都是由一个团队完成的，而非一两个人。"他说，人们之所以知道他的名字，那是因为他在帕洛阿尔托研究中心和数字设备公司领导的团队"让我看起来很厉害"。

泰勒长期以来一直都在建议创造一个奖项，给予团体创造性活动以荣誉。他喜欢引用一句日本谚语："我们任何一个人都不如我们所有人加在一起聪明。"25 这是泰勒自己觉得很好的一句墓志铭，也是送给所有创新者的一句话。

---

① 美国用于私人公司的延迟课税退休金投资计划。——译者注
② 美国工程学界最高奖章之一，被认为是工程学界的诺贝尔奖。——译者注

希望在这些故事里，我已经说清楚了，创新是一项团体活动。能把《硅谷搅局者》的故事落在纸上同样也是。虽然我写了里面的每一个字，也对每一处错误负责，但我所求助的这个团队，是任何人能够想象得到的最棒的团队。

Allison Hoover Bartlett、Leslie Crawford、Frances Dinkelspiel、Kathy Ellison、Sharon Epel、Susan Freinkel、Katherine Neilan、Lisa Wallgren Okuhn、Gabrielle Selz、Julia Flynn Siler、Jill Storey：谢谢你们的智慧、你们的幽默，还有你们在编辑上的付出！

书中提到的人物是必要信息和灵感的来源，他们耐着性子接受了我的采访，还给我指明了其他的信息源。致你们所有人：感谢你们分享的时间、故事、论文、回忆以及想法。

如果一个人给你的论文提供了指导，又成了你最重要的导师，而且不知道怎么的还做到了每次在审阅你的文稿的时候既让你痛苦又给你鼓励，你叫他什么？谢谢你，戴维·肯尼迪，谢谢你阅读和剖析了我的整个手稿。朱利娅·瑟勒（Julia Flynn Siler）也做了同样的事，她甚至还到我家里来，坐在我的沙发上，就其精彩的建议侃侃而谈。而且，兰迪·斯洛斯（Randy Stross）在花了好几个小时审阅草稿之后，出于某些原因他还觉得有义务带我出去吃午饭。谢谢你们所有人的帮助。

还要谢谢你们，5 名热情而亲切的灵魂，你们对部分章节进行了技术审阅，让我免受尴尬：Raiford Guins、Sally Smith Hughes、Mark Seiden、Doogab Yi、Henry Lowood。Henry，我在斯坦福大学近 15 年的老板，对这本书提供了无尽的支持以及更多帮助。谢谢你。

我还要对那些共享了他们的专长和帮助的人深深地鞠一躬：行为科学高等研究中心 2012—2013 级的朋友们、Janet Abbate、Bob Andreatta、David Brock、Carolyn Caddes、Martin Campbell-Kelly、Catherine de Cuir、Beth Ebben、Benj Edwards、Bret Field、Terry Floyd、Daniel Hartwig、HP Alumni Association、Paula Jabloner、Kathy Jarvis、Laurene Powell Jobs、Kris Kasianovitz、Mike Keller、Chigusa Kita、Greg Kovacs、Steven Levy、Sara Lott、Anna Mancini、Natalie-Jean Marine Street、John Markoff、Pam Moreland、Mary Munill、Tim Noakes、Bill O'Hanlan、Margaret O' Mara、Sue Pelosi、Nadine Pinell、Sarah Reis、Paul Reist、Nora Richardson、James Sabry、Larry Scott、Lenny Siegel、Lisa Slater、Kurt Taylor、Bill Terry、Fred Turner。

还有两名根本就不知道我存在的人，也是这本书写作过程中很重要的一部分。约翰·奥古斯特（John August）和克莱格·麦辛（Craig Mazin）主持了一档叫作《脚本笔记》（Scriptnotes）的播客，谈了一些关于"剧本创作和对剧作家来说有趣的东西"的事情。我不是剧作家，但我从奥古斯特、麦辛以及他们的嘉宾那里学到了很多关于如何讲故事的手法。

在西蒙与舒斯特公司（Simon & Schuster），我有幸和几位杰出的编辑一起工作：Ben Loehne、Jon Karp、Cat Boyd、Amar Deol。也非常感谢我的代理人 Christy Fletcher、Don Lamm、Sylvie Greenberg；还要感谢 Mark Fortier、Pamela Peterson。

家庭是我生活的轴心，我很幸运你们成为我的家人，Rick、Corbin、Lily

Dodd，你们是我的明星。Steve、Vera、Jessica、Loren Berlin、Jim、Liz、Ryan、Rob Dodd、Debbie、Brian、John、Olga、Katie、Lukas、Trevor、Sadie、Fiona、James，你们是最棒的。

未来，属于终身学习者

我这辈子遇到的聪明人（来自各行各业的聪明人）没有不每天阅读的——没有，一个都没有。巴菲特读书之多，我读书之多，可能会让你感到吃惊。孩子们都笑话我。他们觉得我是一本长了两条腿的书。

——查理·芒格

互联网改变了信息连接的方式；指数型技术在迅速颠覆着现有的商业世界；人工智能已经开始抢占人类的工作岗位……

未来，到底需要什么样的人才？

改变命运唯一的策略是你要变成终身学习者。未来世界将不再需要单一的技能型人才，而是需要具备完善的知识结构、极强逻辑思考力和高感知力的复合型人才。优秀的人往往通过阅读建立足够强大的抽象思维能力，获得异于众人的思考和整合能力。未来，将属于终身学习者！而阅读必定和终身学习形影不离。

很多人读书，追求的是干货，寻求的是立刻行之有效的解决方案。其实这是一种留在舒适区的阅读方法。在这个充满不确定性的年代，答案不会简单地出现在书里，因为生活根本就没有标准确切的答案，你也不能期望过去的经验能解决未来的问题。

湛庐阅读APP：与最聪明的人共同进化

有人常常把成本支出的焦点放在书价上，把读完一本书当作阅读的终结。其实不然。

时间是读者付出的最大阅读成本

怎么读是读者面临的最大阅读障碍

"读书破万卷"不仅仅在"万"，更重要的是在"破"！

现在，我们构建了全新的"湛庐阅读"APP。它将成为你"破万卷"的新居所。在这里：

- 不用考虑读什么，你可以便捷找到纸书、有声书和各种声音产品；
- 你可以学会怎么读，你将发现集泛读、通读、精读于一体的阅读解决方案；
- 你会与作者、译者、专家、推荐人和阅读教练相遇，他们是优质思想的发源地；
- 你会与优秀的读者和终身学习者为伍，他们对阅读和学习有着持久的热情和源源不绝的内驱力。

从单一到复合，从知道到精通，从理解到创造，湛庐希望建立一个"与最聪明的人共同进化"的社区，成为人类先进思想交汇的聚集地，与你共同迎接未来。

与此同时，我们希望能够重新定义你的学习场景，让你随时随地收获有内容、有价值的思想，通过阅读实现终身学习。这是我们的使命和价值。

湛庐阅读APP玩转指南

湛庐阅读APP结构图:

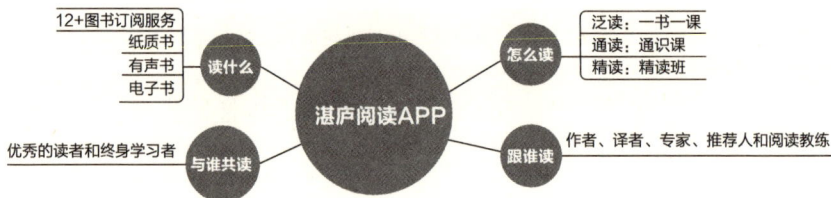

12+图书订阅服务
纸质书
有声书
电子书

读什么

湛庐阅读APP

怎么读

泛读：一书一课
通读：通识课
精读：精读班

优秀的读者和终身学习者

与谁共读

跟谁读

作者、译者、专家、推荐人和阅读教练

三步玩转湛庐阅读APP:

读一读 ▼

湛庐纸书一站买，
全年好书打包订

书城

听一听 ▼

泛读、通读、精读，
选取适合你的阅读方式

扫一扫 ▼

买书、听书、讲书、
拆书服务，一键获取

扫一扫

APP获取方式:
安卓用户前往各大应用市场、苹果用户前往APP Store
直接下载"湛庐阅读"APP，与最聪明的人共同进化！

湛庐CHEERS

使用APP扫一扫功能，
遇见书里书外更大的世界！

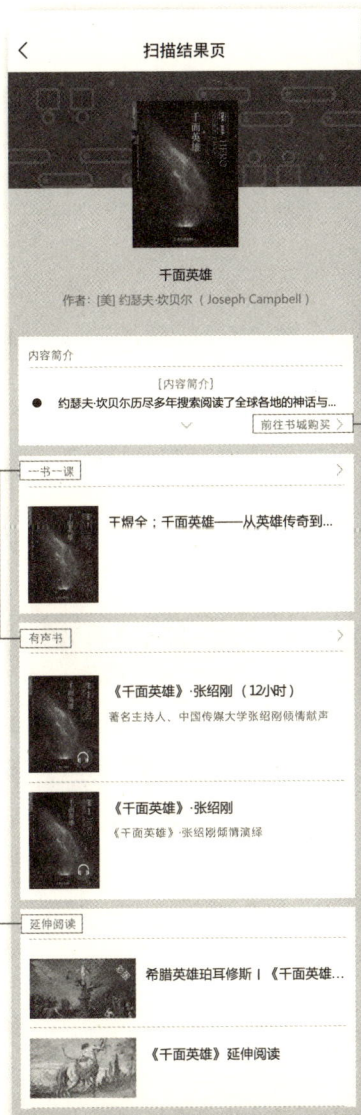

扫描结果页

千面英雄
作者：[美] 约瑟夫·坎贝尔（Joseph Campbell）

内容简介

[内容简介]
● 约瑟夫·坎贝尔历尽多年搜索阅读了全球各地的神话与...

前往书城购买 >

快速了解本书内容，
湛庐千册图书一键购买！

一书一课 >

干撰伞；千面英雄——从英雄传奇到...

大咖优质课、
献声朗读全本一键了解，
为你读书、讲书、拆书！

有声书 >

《千面英雄》·张绍刚（12小时）
著名主持人、中国传媒大学张绍刚倾情献声

《千面英雄》·张绍刚
《千面英雄》·张绍刚倾情演绎

你想知道的彩蛋
和本书更多知识、资讯，
尽在延伸阅读！

延伸阅读

希腊英雄珀耳修斯 I《千面英雄...

《千面英雄》延伸阅读

延伸阅读

《生命 3.0》

◎ 与人工智能相伴，人类将迎来什么样的未来？

◎ 麻省理工学院物理系终身教授、未来生命研究所创始人迈克斯·泰格马克重磅新作。

◎ 引爆硅谷，全球瞩目的烧脑神作；霍金、埃隆·马斯克、雷·库兹韦尔、王小川一致力荐。

使用"湛庐阅读"APP，"扫一扫"获取本书更多精彩内容
ISBN 978-7-5536-7278-6

《奈飞文化手册》

◎ 奈飞前 CHO 帕蒂·麦考德颠覆之作，对下载超过 1500 万次的"硅谷重要文件"进行的深度解读。

◎ 本书系统介绍奈飞文化准则，全面颠覆 20 世纪的管人理念。

◎ 高瓴资本创始人张磊、优客工场创始人毛大庆、爱奇艺创始人龚宇、奈飞创始人里德·哈斯廷斯联袂力荐！

使用"湛庐阅读"APP，"扫一扫"获取本书更多精彩内容
ISBN 978-7-5536-7805-4

《飞奔的物种》

◎ 本书从脑科学的角度，解释了人类创造力何以产生，以及大脑进行创新思考的独特方式。

◎ 享誉全球的脑科学家、《西部世界》科学顾问携手美国知名音乐大师，提纯人类创新史，揭示了创造力突破的核心法则。

使用"湛庐阅读"APP，"扫一扫"获取本书更多精彩内容
ISBN 978-7-5536-7855-9

《社群的进化》

◎《人类简史》作者尤瓦尔·赫拉利、微信创始人张小龙、罗振宇等都在关注他的理论。

◎"邓巴数"提出者、著名进化人类学家罗宾·邓巴重磅新作。

◎ 洞悉人类社交的秘密，重塑你对社群的认知。

使用"湛庐阅读"APP，"扫一扫"获取本书更多精彩内容
ISBN 978-7-220-11348-2

图书在版编目（CIP）数据

硅谷搅局者 /（美）莱斯利·柏林著；王天译. —
成都：四川人民出版社，2019.6
ISBN 978-7-220-11125-9

Ⅰ.①硅… Ⅱ.①莱… ②王… Ⅲ.①名人—生平事
迹—世界—通俗读物 Ⅳ.①K811-49

中国版本图书馆CIP数据核字（2019）第087365号
著作权合同登记号
图字：21-2018-715

上架指导：科技趋势

版权所有，侵权必究
本书法律顾问　北京市盈科律师事务所　崔爽律师
　　　　　　　　　　　　　　　　　　张雅琴律师

GUIGU JIAOJUZHE
硅谷搅局者
［美］莱斯利·柏林 著　王 天 译

责任编辑：吴焕姣　　蒋科兰
版式设计：董丹阳
封面设计：ablackcover.com

四川人民出版社
（成都市槐树街 2 号　610031）
石家庄继文印刷有限公司印刷　新华书店经销
字数 402 千字　开本 720 毫米×965 毫米　1/16　印张 28.75　插页 12
2019 年 6 月第 1 版　2019 年 6 月第 1 次印刷
ISBN　978-7-220-11125-9
定价：109.90 元